オーストラリアの教員養成とグローバリズム
多様性と公平性の保証に向けて

本柳とみ子

東信堂

はしがき

　グローバル化が進行する中、国境を越えた人の移動は一段と活発になり、多様な文化的・言語的背景を持つ人々がともに暮らす社会が広がっている。また、情報通信技術などの発達によって社会構造が大きく変化し、人々の背景に見られる多様性(diversity)は文化や言語ばかりでなく、宗教、ジェンダー、社会経済的階層、労働形態、家族のありかた、居住地域などにおいても顕著となり、学校教育にも影響を及ぼしている。すなわち、学校における児童生徒の背景も多様化し、多様な教育的ニーズが生じており、教員には、背景の違いによって児童生徒が教育的不利益を受けることがないよう配慮しながら、個々の「差異」に目を向けた教育活動が求められている。変動する社会の中で児童生徒が自立して生きていくためには、学業の達成が不可欠であり、それはすべての生徒に公平に実現されるべきものだからである。

　しかしながら、現実には「差異」に目を向けた教育活動を行うより、「差異」によって生徒を分離する傾向の方が強く、結果に不平等が見られることが多い。その原因としては、制度面の不平等、政策の不備、不適切な実践などが挙げられるが、教員の資質・能力も重要な要素のひとつである。学校教育の充実は教員に負うところが多く、教員の資質や能力は児童生徒の学業に大きな影響を及ぼす。だが、教員の中には多様性に対応できる資質・能力を十分に備えていない者もいる。こうした中、近年は児童生徒の多様な背景や教育的ニーズを重視する多文化教育やインクルーシブ教育を推進して、教育における不公正を是正しようとする動きが広がり、教員養成においてもこれらを効果的に実践するための資質・能力の形成に力点が置かれるようになってい

る。そうした国のひとつがオーストラリアである。

　オーストラリアは多様性や公平性を重視し、「不利な立場」にある人々に対する教育の充実に向けて積極的に取り組んできた国である。その背景にあるのが国是としての多文化主義である。オーストラリアでは1970年代に多文化主義を採用して以来、社会的公正を重視する政策が実施されており、すべてのオーストラリア人は文化的・言語的背景に関わりなく、公平・公正な処遇を受けることが基本原則となっている。そして、学校教育でも「不利な立場」にある児童生徒に焦点を当てた教育活動が実施され、教員にもそのための資質・能力が求められている。

　多様性への対応が必要であることは、日本の教員も同じである。日本の学校でも多様性は顕在化しており、様々な対応が求められている。たとえば、来日する外国人が増加する中で外国籍児童生徒が増加し、生徒の民族的背景は多様化している。しかし、すべての外国籍児童生徒が公平に処遇されているかと言えば決してそうとは言えず、不就学や進路選択の制限、学業不振など数多くの問題が生じている。また、以前から国内に居住している人々の中にも多様な民族的背景の人々がおり、国籍だけで多様性を語ることはできない。さらに、グローバリゼーションは労働形態や家族形態にも影響を及ぼし、児童生徒の背景は国籍を問わずこれまで以上に多様化し、学校教育も既存の枠組みでは対応が困難になっている。経済的格差が広がり、貧困家庭の割合は増加しており、家庭の経済状況により学校教育への参加が十分にできなかったり、進学を断念せざるを得なかったりする生徒の数は増加している。また、国際的にインクルージョンやノーマライゼーションの理念が広がる中で、2007年から特別支援教育が実施され、障害のある生徒も通常の学校に在籍して、特別な支援が受けられるようになった。しかし、すべての生徒に適切な支援がなされているとは言えず、課題は山積している。その中には教員に関わる課題も少なくない。教員の中には多様な背景の生徒を前にして、指導に戸惑いを感じている者も少なくないと推察される。そもそも、これまでの日本では学校教育における多様性の問題が議論されることは少なく、多様性に対応する上で必要とされる教員の資質・能力も明確にされてこ

なかったのではないだろうか。

　こうした問題意識から、本書はオーストラリアを事例とし、学校教育において多様な背景を持つ児童生徒に対する教育活動が日々どのように行われ、多様性と公平性の保証がどのようになされているかを、政策と実践の両面から検討する。そして、教員にはいかなる資質・能力が必要とされ、それが養成段階でどのように形成されているかを明らかにする。それによって、日本をはじめ社会の多様化が進行する国や地域への示唆が提示できれば幸いである。

2013年8月

本柳　とみ子

オーストラリアの教員養成とグローバリズム／目　次

はしがき ……………………………………………………………… i
　図表一覧 ………………………………………………………… vi
　略語一覧 ………………………………………………………… ix

序章　研究の目的と方法 ……………………………… 3

第1節　研究の目的 ……………………………………………… 3
第2節　本研究の主要概念 ……………………………………… 6
第3節　先行研究の検討 ………………………………………… 8
　1　日本におけるオーストラリアの教育に関する研究 ……… 9
　2　多様性と教員の資質・能力に関する研究 ………………… 11
　3　多様性と教員養成に関する研究 …………………………… 13
第4節　本研究の枠組み ………………………………………… 15
　1　研究の対象地域と領域 ……………………………………… 15
　2　研究の課題と方法 …………………………………………… 19
第5節　本書の構成 ……………………………………………… 21

第1章　社会の多様性と教員の資質・能力 ……… 31

第1節　社会の多様性と学校教育 ……………………………… 31
　1　クイーンズランド州における社会の多様性 ……………… 31
　2　クイーンズランド州の学校教育 …………………………… 38
　3　州の教育改革 ………………………………………………… 44
　4　学校教育と社会的公正 ……………………………………… 48
第2節　学校教育と教員と資質・能力 ………………………… 51
　1　オーストラリアの教員 ……………………………………… 52
　2　教員の資質・能力とその形成－現状と課題－ …………… 53
第3節　教育政策と教員の資質・能力 ………………………… 57

1	連邦レベルの教育政策	58
2	州レベルの教育政策	67
3	政策で求められる教員の資質・能力	73
4	教員養成における社会的公正への対応	80

第2章　クイーンズランド州の教員養成　99

第1節　教員養成の歴史的変遷　100
1 見習い制度による養成　100
2 教員養成カレッジでの養成　101
3 高等教育カレッジと大学での養成　104
4 大学での養成　107

第2節　クイーンズランド州の教員養成・登録・採用・研修制度　108
1 教員養成制度　108
2 教員登録制度　124
3 教員採用制度　131
4 教員研修制度　134

第3節　クイーンズランド州の教員養成制度　137

第3章　教員養成プログラムの構造　149

第1節　1980年代から1990年代のプログラム　150
1 ケルビングローブ高等教育カレッジ1981年度プログラム　150
2 ブリスベン高等教育カレッジ1985年度プログラム　151
3 ブリスベン高等教育カレッジ1990年度プログラム　153
4 クイーンズランド工科大学1997年度プログラム　155
5 1980年代から1990年代のプログラム　156

第2節　2009年度のプログラム　157
1 クイーンズランド工科大学のプログラム　158
2 グリフィス大学のプログラム　162
3 ジェームズ・クック大学のプログラム　165

第3節　プログラムの枠組み ……………………………… 169
　　　1　プログラムの規定要因 ………………………………… 169
　　　2　プログラムにおける「教職専門性スタンダード」の機能……… 171
　　　3　履修分野と科目の配列 ………………………………… 176
　　　4　教育実習の実施方法 …………………………………… 182
　　第4節　プログラムの構造 ………………………………… 191

第4章　教員養成プログラムと多様性……………………… 199

　　第1節　養成内容の変容 …………………………………… 199
　　　1　ケルビングローブ高等教育カレッジ1981年度の養成内容…… 199
　　　2　ブリスベン高等教育カレッジ1985年度の養成内容 ……… 202
　　　3　ブリスベン高等教育カレッジ1990年度の養成内容 ……… 202
　　　4　クイーンズランド工科大学1997年度の養成内容………… 204
　　　5　1980年代から1990年代の教員養成と多様性 …………… 206
　　第2節　2009年度の養成内容 ……………………………… 208
　　　1　クイーンズランド工科大学の養成内容 ………………… 208
　　　2　グリフィス大学の養成内容 …………………………… 216
　　　3　ジェームズ・クック大学の養成内容…………………… 224
　　第3節　多様性の視点から見た
　　　　　　クイーンズランド州の教員養成 ………………… 233
　　　1　教員養成の特質 ………………………………………… 233
　　　2　教員養成の評価 ………………………………………… 237
　　付論　グリフィス大学における学生の「学び」……………… 248

終章　オーストラリアの教員養成とグローバリズム… 269

　　第1節　教員に求められる資質・能力 …………………… 270
　　第2節　オーストラリアにおける実践の意義 …………… 273
　　第3節　オーストラリアの教員養成－今後の課題と展開 …… 279

資料 ･･ 285

 資料1 オーストラリアおよびクイーンズランド州の
     基礎情報 ･･ 286
 資料2 オーストラリアの教育制度 ････････････････････････････ 287
 資料3 オーストラリアの主要教員養成機関と
     学生数(2011年) ･････････････････････････････････ 290
 資料4 クイーンズランド州の
     「教職専門性スタンダード」(2007年版) ･･･････････ 292
 資料5 クイーンズランド州の
     「教職専門性スタンダード」(2002年版) ･･･････････ 302

引用・参考文献 ･･ 303
あとがき ･･ 319
索引 ･･ 325

図表一覧

第1章	表1-1	クイーンズランド州の学校・生徒・教員数(2008年)
	表1-2	州の教育行政区分と州立学校数(2008年)
	表1-3	各州の地域別第12学年修了率(2007年)
	表1-4	各州の社会経済的階層別第12学年修了率(2007年)
	表1-5	オーストラリア各州の教員数(2008年)
	表1-6	初任教員による教員養成プログラムの評価
	表1-7	学校長による教員の評価
	表1-8	インクルーシブ教育の有効性を判断するための指標
	図1-1	クイーンズランド州の各地域における異文化への寛容度
	図1-2	クイーンズランド州の学校教育における社会的公正の概念図
第2章	表2-1	クイーンズランド州の教員養成機関と学生数(2008年)
	表2-2	教員登録機関に認定された各大学のプログラム(2008年12月現在)
	表2-3	履修形態別教員養成課程の学生数(2008年)
	表2-4	プログラムガイドライン
	表2-5	各委員会の責任範囲と構成要員
	表2-6	「研修スタンダード」(2009年版)
	図2-1	クイーンズランド州における教員養成機関の統合例1
	図2-2	クイーンズランド州における教員養成機関の統合例2
	図2-3	「教職専門性スタンダード」の構成
	図2-4	教員養成プログラムの認定プロセス
	図2-5	教員登録の手続き
	図2-6	クイーンズランド州における教員採用の流れ
	図2-7	クイーンズランド州における教員の養成・登録・採用・研修
第3章	表3-1	ケルビングローブ高等教育カレッジ1981年度プログラム
	表3-2	ブリスベン高等教育カレッジ1985年度プログラム
	表3-3	ブリスベン高等教育カレッジ1990年度プログラム
	表3-4	クイーンズランド工科大学1997年度プログラム
	表3-5	クイーンズランド工科大学2009年度プログラム
	表3-6	グリフィス大学2009年度プログラム
	表3-7	ジェームズ・クック大学2009年度プログラム
	表3-8	科目の成果目標となるスタンダード(クイーンズランド工科大学)
	表3-9	科目の成果目標となるスタンダード(グリフィス大学)
	表3-10	科目の成果目標となるスタンダード(ジェームズ・クック大学)
	表3-11	教科専門科目の履修例(英語と数学を教授専門教科とする場合)

	表3-12	各大学の教職専門科目(必修科目)
	表3-13	実習スケジュール(クイーンズランド工科大学の場合)
	表3-14	クイーンズランド工科大学における「教育実習1」の評価項目
	図3-1	クイーンズランド工科大学における教科専門科目の履修方法
	図3-2	理論学習と教育実習の関係(クイーンズランド工科大学)
	図3-3	教育実習における連携の枠組み
	図3-4	科目の配列
	図3-5	プログラムにおける教育実習の配列
第4章	表4-1	ケルビングローブ高等教育カレッジ1981年度の教職専門科目
	表4-2	ブリスベン高等教育カレッジ1985年度の教職専門科目
	表4-3	ブリスベン高等教育カレッジ1990年度の教職専門科目
	表4-4	クイーンズランド工科大学1997年度の教職専門科目
	表4-5	クイーンズランド工科大学2009年度の教職専門科目
	表4-6	「教授・学習研究3(教育実践)」の講義テーマ
	表4-7	グリフィス大学2009年度の教職専門科目
	表4-8	「差異に対応する授業」の講義テーマ
	表4-9	ジェームズ・クック大学2009年度の教職専門科目
	表4-10	「文化的多様性のための教育」の講義テーマ
	図4-1	クイーンズランド工科大学のプログラム
	図4-2	グリフィス大学のプログラム
	図4-3	ジェームズ・クック大学のプログラム
	図4-4	多様性の視点から見た教員養成プログラム
	表付-1	Alexの教育実習スケジュール
	表付-2	授業観察の重点項目
	図付-1	馬蹄形の座席配置
	図付-2	小グループの座席配置
終章	図終-1	多様性に対応するために必要な教員の資質・能力

略語一覧

ABS	Australian Bureau of Statistics（オーストラリア統計局）
ABSTUDY	Aboriginal Study Assistance Scheme（先住民教育支援計画）
ACER	Australian Council on Educational Research（オーストラリア教育研究審議会）
ACDE	Australian Council of Deans of Education（オーストラリア教育学部長会議）
AQF	Australian Quality Framework（オーストラリア資格フレームワーク）
BTE	Board of Teacher Education（教師教育委員会）
BTR	Board of Teacher Registration（教員登録委員会）
CAE	College of Advanced Education（高等教育カレッジ）
DEEWR	Department of Education, Employment and Workplace Relation（教育雇用職場関係省）
DEST	Department of Education, Science and Training（教育科学訓練省）
EQ	Education Queensland（クイーンズランド教育局）
ESL	English as a Second Language（第二言語としての英語）
ETRF	Education and Training Reform for the Future（将来に向けた教育と訓練の改革）
HECS	Higher Education Contribution Scheme（高等教育費負担制度）
LOTE	Languages Other Than English（英語以外の言語）
MCEECDYA	Ministerial Council for Education, Early Childhood Development and Youth Affairs（全国教育幼児発達青少年問題審議会）
MCEETYA	Ministerial Council for Employment, Education, Training and Youth Affairs（全国雇用教育訓練青少年問題審議会）
OECD	Organization for Economic Co-operation and Development（経済協力開発機構）
QCT	Queensland College of Teachers（クイーンズランド・カレッジ・オブ・ティーチャーズ）
QSA	Queensland Studies Authority（クイーンズランド学習局）
QTAC	Queensland Tertiary Admission Center（クイーンズランド高等教育入学志願センター）
RATEP	Remote Area Teacher Education Program（遠隔地教員養成プログラム）
TAFE	Technical and Further Education（技術継続教育機関）

【州名】

ACT	Australian Capital Territory（首都直轄区）
NSW	New South Wales（ニューサウスウェールズ州）
NT	Northern Territory（北部準州）
QLD	Queensland（クイーンズランド州）
SA	South Australia（南オーストラリア州）
TAS	Tasmania（タスマニア州）
VIC	Victoria（ビクトリア州）
WA	Western Australia（西オーストラリア州）

■本書で扱っている3大学(クイーンズランド州)

クイーンズランド工科大学(2〜4章)

ジェームズ・クック大学(2〜4章)

グリフィス大学(2〜4章)

大学の授業風景

(グリフィス大学　4章)

学生が授業で作成したポスター

(4章)

オーストラリアの教員養成とグローバリズム
──多様性と公平性の保証に向けて──

序章　研究の目的と方法

第1節　研究の目的

　オーストラリアはこれまで多くの国や地域から移民を受け入れてきた国である。そして、移民が入植する以前から大陸に居住している先住民族のアボリジニやトレス海峡島嶼民(以下、先住民)を含め、社会は文化的にも言語的にも多様な背景を有する人々で構成されている。また、国土が広大なため地理的多様性も際立っており、特に遠隔地の環境は地域によって大きく異なる。さらに、近年は社会の急速な変化に伴って多様性(diversity)が言語や文化だけでなく、労働形態や家族形態、生活スタイル、個人の信条や価値など幅広い側面で顕在化し[1]、経済的格差の広がりがそれに拍車をかけている。しかし、多様性に起因する様々な不利益も生じており、児童生徒(以下、生徒)の学業に影響を及ぼし、教員にはこれまで以上に多様性を重視した教育活動が求められている。

　社会の変化に伴って、学校教育における教員の役割が変化していることは、経済協力開発機構(Organization for Economic Co-operation and Development、以下、OECD)が実施した調査でも報告されており、複雑化する社会の中で教員への期待や要求が多様になっていることが明らかになっている[2]。たとえば、多文化を尊重する教室環境を整備して文化的・言語的背景の違いに効果的に対応すること、文化やジェンダーの問題に敏感になること、寛容な態度を育み、社会的統合への理解を促すこと、家庭環境など困難な状況にある生徒および学習や行動面で問題を抱える生徒に適切に対応することなどが挙げられ

ている。また、個々の生徒の教育的ニーズに適切に対応すること、すべての生徒を学校教育に包摂すること、生徒の学力に応じたカリキュラムを構成すること、問題解決スキルを向上させることなども必要とされている。そして、これらはOECDの参加国であるオーストラリアの教員についても言えることである。

　オーストラリア政府は、国是である多文化主義(multiculturalism)を推進するためには教育が重要な役割を果たすと考え、学校教育でもすべての生徒に対して多文化主義の理念に基づく教育を推進し、教員にもそのための資質・能力を求めてきた。オーストラリアの多文化主義は公平性(equity)を重視し、文化的背景に関わりなくだれもが平等な権利を得られることが原則となっている。また、1990年代以降は「包摂(inclusiveness)」が多文化主義の新たな目標となり、「包摂」によってオーストラリア人が統合され、多文化主義が成功に導かれると政府は認識している[3]。

　多文化主義の理念を具現化する教育のひとつが多文化教育である。バンクス(Banks . J. A.)は、多文化教育を「カリキュラムや教育機関を改革することによって、多様な社会階層、人種、エスニック集団の生徒、そして、男女のいずれもが平等な教育機会を経験できるようにする教育改革運動」[4]と定義している。多文化教育では、人種(race)や民族(ethnicity)の多様性を多文化と捉える場合もあれば、社会経済的階層や性別、年齢、地理的出身地、障害など様々な要素が多文化の概念に含められることもある[5]。本研究の対象国であるオーストラリアでは多文化を民族的多様性と捉えることが一般的である[6]。そして、移民や難民、先住民などの文化や言語を尊重するとともに、民族的マイノリティの生徒が文化や言語の違いから受ける不平等を解消し、教育における社会的公正(social justice)を実現することを多文化教育の目的としており、民族性以外の要素が含まれることは概して少ない[7]。だが、近年は社会における多様性が文化や言語においてのみ顕著なわけではなく、様々な要素が複雑に絡み合い、重層化している。複数の要素を併せ持つ生徒もいれば、同一カテゴリーにくくられる生徒の中にも多様性が存在し、ひとつのカテゴリーのみで対応することには無理がある[8]。それゆえ、民族的多様性だけに

焦点を当てて社会的公正を実現することは困難となり、多様な要素を包括して対応する必要が生じている。

　こうした中で重視され始めているのがインクルーシブ教育である。インクルーシブ教育は障害[9]のある生徒を対象として始まったものであり、障害によって生徒を「排除」するのではなく、すべての生徒を通常の学校に受け入れ、その中で可能な限り一人一人のニーズに合わせて対応する教育のことである[10]。1990年前後からアメリカやカナダを中心に広がり、また、ヨーロッパにおいても、社会的排除(social exclusion)に対応する政策と結びつきながら、この用語や概念が浸透してきた[11]。インクルーシブ教育が各国で重視される背景としては、1994年に採択されたユネスコの「サラマンカ宣言(The Salamanca Statement and Framework for Action on Special Needs Education)」や、2006年に国連で採択された「障害者権利条約(Convention on the Rights of Persons with Disabilities)」などの影響が大きい[12]。「サラマンカ宣言」では、学校教育から「排除」されている障害児を含め、すべての生徒を通常の学校に受け入れて適切な教育を提供するインクルーシブ教育の原則を採用するよう各国に求めている。その後インクルーシブ教育の概念は障害以外の要素にも広がり、教育において「周縁化される(marginalize)」おそれのある生徒すべてを含めるようになってきている[13]。

　オーストラリアも「サラマンカ宣言」を承認しており、また、「障害者権利条約」も批准している。そうした背景から、学校ではすべての生徒が適合できるインクルーシブな環境を整備しなければならないという考えが広がっていった。また、1990年代以降、「包摂」が多文化主義政策の重要な目標となったこともインクルーシブ教育を推進する要因のひとつと考えられる[14]。さらに、障害など特別なニーズを有する生徒を通常クラスで教育することで、障害を持つ生徒とそうでない生徒のいずれにおいても心理的、社会的、認知的達成度が高まるという研究結果が出されていることや、インクルーシブ教育が生徒だけでなく教員や学校コミュニティにとっても有益であると指摘されていることなども[15]、インクルーシブ教育が支持される理由のひとつであろう。加えて、社会的公正を実現するためには、文化的・言語的多様性のみに

焦点を当てた対応ではもはや不十分だという現実もある。また、多文化教育政策によって民族的マイノリティの生徒だけが特別な支援を受けるのは不公平だとする一般市民の感情にも配慮し、政府は民族的多様性以外の要素にも目を向けることを忘れてはおらず、インクルーシブ教育によって支援を必要とする生徒はだれでも支援が受けられるという印象を強めようとする思惑もそこには見え隠れする。こうしたことから、近年のオーストラリアでは多様な要素をインクルーシブ教育に含める動きが見られ、教員にもこれを推進する資質・能力が求められている。

　そこで、本研究では、オーストラリアの学校教育において、社会的公正を実現するために多文化教育やインクルーシブ教育がどのように実施され、教員には多様性と公平性の保証に向けた教育活動を実施する上でいかなる資質・能力が必要とされているかを考察する。さらに、それらの資質・能力が養成段階でどのように形成されているかを考察し、オーストラリアの教員養成の意義と課題を明らかにする。

第2節　本研究の主要概念

　ここで本研究のキーワードとなる「教育的ニーズ」、「多様性」、「インクルーシブ教育」、「公平性」についてそれぞれの概念を明確にしておきたい。
　まず、「教育的ニーズ(educational needs)」については、自分自身の力では解決することができず、教育上何らかの支援や配慮を必要とする課題と定義する。「サラマンカ宣言」では教育においては生徒個別のニーズに対応することが必須だと表明されているが、ニーズはどのような生徒にも生じる可能性がある。また、ニーズという概念には様々な要素が絡み合っており、本人が感じるニーズもあれば、他者が捉えるニーズもある[16]。そして、同じ状況に見えても人によってはニーズを感じないこともあり、対応を必要としない場合もある。それゆえ、ニーズの把握には本人や周囲の様々な視点が必要である。
　なお、「教育的ニーズ」は社会的、経済的、物理的、精神的など様々な側面において生じるが、特に障害などに起因する学習上の著しい困難を「特別な

教育的ニーズ(special educational needs)」あるいは「特別ニーズ(special needs)」と表現することがある。しかし、本研究では障害に限定せず、様々な要因により教育的不利益を受けている(あるいは、受ける可能性のある)生徒が、他の生徒と同様に学校生活を営みながら学業を達成する上で何らかの配慮や支援を必要とする場合、これを「教育的ニーズ」と定義し、より広い概念としてこの語を使用する。

次に、「多様性(diversity)」については、個人の多様な生育歴や特性、生活環境など教育的ニーズを生じさせるもとになる「差異(difference)」と捉える。なお、多様性という語は多義的に用いられ、時に多文化(multicultural)と同一に語られることもある。しかし、オーストラリアでは一般に民族的多様性を意味する多文化とは区別してこれが使用されている[17]。すなわち、オーストラリアの学校教育では民族的背景を含む様々な側面の「差異」を多様性と捉え、教育的ニーズも多様な側面から派生すると考えられている。しかし、何を視点とするかによって「差異」の概念は違ってくる。また、すべての人間には異質な面(individual difference)があり、ニーズはだれもが有する可能性がある。それゆえ、あらゆるニーズに対応することは現実には不可能に近い。そこで、他に比べて特に不利益を受けやすい立場にあり、支援を必要とする割合が高いグループを公平性の保証に向けた支援対象グループ(equity target group)(以下、「ターゲット・グループ」)に設定し、これらのグループを多様性の典型例として扱っている。

「インクルーシブ教育(inclusive education)」については、障害のほか、文化的・言語的背景、宗教、信条、価値、ジェンダー、社会経済的階層など多様な理由により学校から「排除」されがちな生徒を含むすべての生徒を学校教育に包摂し、それぞれの教育的ニーズに対応する教育と定義する。インクルーシブ教育が障害のある生徒を対象として始まり、次第に障害以外の要素に広がっていることは先述の通りである[18]。荒川も、インクルージョンに関する言説においては、対象が障害児からすべての子ども・すべての人へと拡大し、扱われる問題も障害から貧困、ジェンダー、マイノリティなど種々の社会問題へ、さらに舞台となる場も学級、学校からコミュニティへと拡大していると

指摘している[19]。以上のような概念の変化をふまえて、本書でも「インクルーシブ教育」の対象はすべての生徒であり、どのような背景を有する生徒も学習に参加できるように学校を変革していく活動と捉える。

ただし、すべての生徒を学校教育に受け入れるということは、すべての生徒を同じ「場」で、同じように対応することを意味するものではない[20]。ニーズに応じて「場」を変更し、異なる対応をすることは時に必要であろう。それゆえ、特定の生徒が教室外の場所で授業を受けることや、特別な支援を得ることを否定するものではない。教育方法の選択肢は複数あるべきだからである[21]。

最後は「公平性(equity)」の概念である。これは「異なる価値体系間の質的な平等を目指す概念」である[22]。高倉によれば、教育において公平性は、「結果の平等(equality of outcomes)を高めるような教育機会を生徒に提供する学校やシステムを要請する原理」であり、特定の社会集団が有利になったり不利になったりするような政策や実践を回避し、不公正を除去する教育改革の必要性の認識を要請するものである[23]。そして、実質的妥当性としての「正義(justice)」を社会的に推進することによって「社会的公正(social justice)」が促進され、公平性が実現される[24]。なお、英語のjusticeとequityの概念は明確に区別されているとは言えず、時に同義に用いられることがある。また、社会的公正には普遍的な概念が存在せず、歴史的、文化的に構築された多様な観点や志向性が包摂されている[25]。こうした点を踏まえた上で本書では、'social justice'に「社会的公正」[26]、equityに「公平性」の訳語を当てることとする[27]。

第3節　先行研究の検討

ここでは本研究に関連する先行研究を以下の3つの領域に分けて批判的に検討し、残された課題を整理する。第一は、日本におけるオーストラリアの教育に関する研究であり、関連するものを幅広く取り上げる。第二は、多様性に対応するための教員の資質・能力に関する研究であり、多文化教育とインクルーシブ教育、教授法を中心に検討する。第三は、教員養成についての

研究であり、特に、養成段階における多様性への対応能力の形成に関する研究を取り上げる。なお、教員の資質・能力とその形成に関しては多くの国で研究が行われ、知見は国を越えて共有されている。そこで、第二と第三の領域については諸外国の研究を含めて検討する。

1　日本におけるオーストラリアの教育に関する研究

　日本ではオーストラリアの教育が研究対象とされることは過去においてはそれほど多くはなかったが、近年は徐々に増え始めている[28]。その先駆者とも言える笹森は、オーストラリアのみならずオセアニアから南太平洋にかけた広い地域の教育を扱っている。しかし、教員養成に関する研究は1970年代の川村の論考[29]以降広がりがそれほど見られず、制度の紹介にとどまるものがほとんどである。

　一方、オーストラリアは文化的・言語的に多様な人々で構成される国家であることから、文化や言語に関わる研究は多い。その中でオーストラリアの多文化教育を政策と実践の両面から幅広く研究しているのが見世である[30]。見世は、連邦および各州の多文化教育政策を歴史的に検討し、理念や枠組みを丹念に分析している。そして、多文化主義政策から生まれた多文化教育が学校現場でどのように実践されているかを具体的事例に基づいて検討し[31]、日本の学校教育にも多くの示唆を与えている。中島も多文化教育を学校改革の側面から検討している。そして、多文化教育は社会の多様性を認め、それに備えるための教育であり、「すべての地域、すべての個人」を対象とするもので、学習者の多様性を反映し、マイノリティ生徒が不利にならないように学校環境を改善していく試みであることをオーストラリアの事例を通して明らかにしている[32]。言語教育では、政策の分析を通してオーストラリアの多文化主義が内包する二つの理念である「多様性」と「統一性」の揺らぎと共存について論じる青木の研究がある[33]。

　なお、オーストラリアの多文化教育や言語教育に関わる研究の中には、同国の事例を文化的・言語的多様性に対応する先進的なモデルとして紹介し、多文化化する日本の教育に示唆を得ようとするものが少なくない[34]。そうし

た中で、オーストラリアにおける多文化教育の変化を批判的に検討する研究も行われている。馬渕は英語圏を中心とする国々で多文化主義の見直しが求められる中、オーストラリアの大学の教員養成課程における多文化教育の扱いが変化していることに着目し、多文化教育の変化を指摘し、重要な傾向のひとつとして、多文化教育の「多文化」が民族のみならず、ジェンダー、世代、障害者へと拡大されて包摂的になり、その結果、扱われる課題が民族集団から個人の問題へと転換される傾向が現れていると指摘している[35]。

マイノリティの生徒に対する教育では、障害児教育や特別ニーズ教育、先住民教育に関する研究が挙げられる。玉村は日本では「学習障害(learning disability)」と言われている「学習困難(learning difficulty)」を比較教育学の視点から研究し、オーストラリアではこれがいかなる概念として捉えられ、「困難」を抱える生徒への教育的アプローチの方法がどのように形成されてきたかについてクイーンズランド州の事例をもとに考察し、その特質を明らかにしている。また、山中はニューサウスウェールズ州を事例として社会的公正の観点から障害を有する生徒の教育について論じている[36]。

先住民に関しては前田、伊井、下村などが研究を行っている。前田は多文化・多民族化が進行する社会において不平等がどのように再生産され、それを解消するための有効なシステムを公教育制度の枠組みの中でどのように再構築したらよいかを、クイーンズランド州の大学を取り上げて検討している。伊井はフィールドワークに基づく地道な研究を通して、先住民生徒と非先住民生徒との教育格差の問題や先住民の視点を含むカリキュラムのあり方について研究している[37]。下村は学校における先住民生徒への差別や偏見について聞き取り調査を行い、教育現場に見られる人種差別や偏見の実態を明らかにするとともに、学校関係者に内在する差別意識や偏見についても分析している[38]。なお、下村は先住民生徒が抱える教育的ニーズが文化的な側面だけでなく、医療面や言語面の問題などと複合化していると指摘しており、生徒の教育的ニーズが複雑化かつ重層化しているという筆者の見解を裏付けている。

高等教育の分野では、杉本が戦後オーストラリアで実施された高等教育改

革によるシステムの変容と転換の過程を豊富な資料をもとに綿密に分析している。そして、高等教育の世界的な量的拡大という趨勢の中で、オーストラリアの大学が多様化と効率化への方途を探っていく過程を克明に描き出している[39]。

以上見てきたように、日本では近年オーストラリアの教育研究がさかんになっている。しかし、教員養成に関する研究は依然として少ない。だが、他の国々と同様にオーストラリアでも教員の資質・能力への関心が高まり、それを形成する場である教員養成の改善に向けた取り組みが活発に行われ、多様性に対応できる資質・能力の形成には特に重点が置かれている。それゆえ、多様性の視点からオーストラリアの学校教育と教員の資質・能力、さらに、教員養成を統合させて研究することは有意義であり、生徒の背景や教育的ニーズが多様化する日本の教育現場にも示唆を与えると考える。

2　多様性と教員の資質・能力に関する研究

生徒の多様性と教員の資質・能力に関しては、多文化教育やインクルーシブ教育、教授法の観点から研究が行われ、知見が蓄積されている。

多文化教育研究の第一人者であるバンクス(Banks. J.A)は、多文化教育を生徒が平等な学習機会を持てるようにするための教育改革運動と捉え、改革を推進する学校の特性や教員に必要な知識を具体的に示すなど[40]、諸外国の研究や実践にも影響を及ぼす成果を残している。オーストラリアでは、エッカーマン(Eckermann, A.)が教育現場における多数の事例をもとに、文化的に多様な背景を持つ生徒が在籍するクラスで教員が活用できる効果的なストラテジーを明らかにしている[41]。また、パーティントン(Partington, G.)は先住民に対する教育を中心に、マイノリティの生徒の学業達成と文化保持の問題について研究し、オーストラリアの学校の同化主義的傾向の強さがマイノリティを軽視する教育システムを生み出す原因のひとつだと指摘し[42]、それを改善するためには教員の意識改革が必要だと論じている。そして、生徒が自己実現をはかるために必要な教員の資質・能力も具体的に示している[43]。なお、これら三者の研究では教員の資質・能力として以下が共通に示されている。

①多文化の視点を含むカリキュラムを構築し、実践する能力、②多様な背景を有する生徒や保護者とのコミュニケーション能力、③個々の生徒の学習スタイルや文化を把握し、ニーズに対応した指導を行う能力、④生徒の自尊感情を育み、自信を持たせる指導ができる能力、⑤生徒への高い期待を持ち、母語や文化を尊重する態度、⑥言語や言語学習に関する知識を有し、支援する能力、そして、⑦多文化教育を積極的に実践しようとする態度である。

インクルーシブ教育に関しては、ハイド(Hyde, M.)らが国際的動向と関連づけながら、オーストラリアの政策と実践を社会的公正の視点で考察し、政策については肯定的に捉える傾向が強く見られる一方で、現場の教員が多くの困難を抱えていることを事例を通して明らかにしている。さらに、政策を実施する上で最も重要となるのが教育に直接携わる者の意識や態度とその実践であると主張し、効果的な実践についても具体例を挙げながら論じている[44]。また、ロアマン(Loreman, T.)は、インクルーシブ教育が機能する学校と機能しない学校の違いを示し、これを機能させるためには教員がインクルーシブなカリキュラムについての専門的知識と実践力を修得する必要があり、生徒に対して肯定的な態度を示すことが重要だと論じている。そして、教育現場にはそれぞれ異なる特性があるため、教員が同僚性を重視しながら現場の実情に応じて資質・能力を向上させていくことが重要だと指摘している[45]。さらに、アシュマン(Ashman, A.)とエルキンス(Elkins, J.)も、障害児教育の観点からインクルーシブなカリキュラムを実施するための教員の実践力について論じ[46]、生徒の学習成果に影響を及ぼす要因として、年令、ジェンダー、知能、言語、信条と期待、心身の障害や機能障害、社会的階層、文化、人種間の緊張関係を挙げ、特に、家庭環境が子どもたちに及ぼす影響の大きさを指摘している[47]。

教授法の観点から多様性への対応について論じているのがグランドウォーター＝スミス(Groundwater-Smith, S.)である。グランドウォーター＝スミスは学校現場の視点で授業を捉え直し、教員が多様な背景の生徒に対する授業を効果的に行うための方策を提示している[48]。そして、特に対応を必要とする要素として、家族の文化的期待、貧困、先住民、民族的背景、性(sex)やジェ

ンダー、英才・障害・落ちこぼれの危険性、異なる学習スタイルなどを挙げている。また、一人の生徒が複数の要素を合わせ持つこともあるため、教員は背景の重層性にも目を向ける必要があり、さらに、自分自身の中に偏見が生み出される危険性があることも認識しなければならないと論じている[49]。

諸外国でも研究はさかんである。特にアメリカでの研究はオーストラリアにも少なからぬ影響を与えている。たとえば、ダーリング＝ハモンド(Darling-Hammond, L.)らは教員が生徒の教育的ニーズを理解し、インクルーシブな教授活動を行う上で必要な知識と実践力を示しており[50]、コクラン＝スミス(Cochran-Smith, M.)は社会的公正を実現するための教授法を提示している[51]。また、ラング(Lang, H.)とエヴァンス(Evans, D.)は、授業における生徒への対応方法や教材の選択方法など多様な学習者に対応した教授活動の原則を示している[52]。ニュージーランドではオルトン＝リー(Alton-Lee, A.)が、学校教育における生徒の学習成果の約6割は、教員がどのような授業を行うかによって決定づけられることを明らかにしており、多様な学習者に対する効果的な授業の特質を具体的に示している[53]。

以上見てきたように、多様性と教員の資質・能力の関係については知見が蓄積されている。しかし、多文化教育は民族的多様性に焦点が当てられ、インクルーシブ教育は障害のある生徒に焦点が当てられるなど、多様性の要素が個別に研究されることが少なくない。教員の資質・能力に関しても特定の面のみに焦点が当てられることによって、多様性の要素が断片化され、重要な面が見落とされる危険性がある。しかし、多様性は複雑化しており、複数の要素が重なり合う部分にも目を向けて[54]、集団内部に存在する「差異」や集団の境界を越えて多層的に重なり合うアイデンティティについても吟味する必要がある[55]。オーストラリアのインクルーシブ教育が多様な要素を包括して推進されている現状を鑑みても、教員の資質・能力も多様な側面への対応という観点から検討する必要があるだろう。

3 多様性と教員養成に関する研究

教員養成に関しては、理論と実践の両面から国の枠を超えて様々な研究が

幅広く行われている。そして、教員には多様性への対応能力が不可欠だという認識が強まる中で、養成段階の教育でも多様性を重視するようになっている。特に、人々の背景が多様化する中で教育における不公正が社会問題となっているアメリカでは、教員養成も社会的公正の観点から研究が進められ、ダーリング=ハモンド[56]やツァイヒナー（Zeichner, K.）[57]、コクラン・スミスなどのように、諸外国の政策や実践にも影響を及ぼす理論を展開する研究者が少なくない。

　オーストラリアでも多様性と教員養成を関連づけた研究が行われている。ヒックリング=ハドソン（Hickling-Hudson, A.）は、教員養成には異文化理解教育や多文化教育を含めることが必須であると主張し、多文化主義の視点はカリキュラムの中心に位置づけるべきであると指摘している[58]。そして、オーストラリアの教員には多様な文化的背景の生徒を指導する資質・能力が必須とされながら、教員養成ではそれが「形式的(tokenism)」にしか行われておらず[59]、「その場限り(ad hoc)」であることが多いと厳しく批判している[60]。また、インクルーシブな教育活動を実施できる教員の養成が目標に掲げられながら、それが言葉の上だけ(rhetorical goals)にとどまっていることも多いと批判している[61]。そして、文化的・言語的多様性に関する科目は教員養成プログラムの中心に位置づけるべきであり[62]、自己の文化的背景や社会化のプロセスが教員としてのアイデンティティ形成にどのような影響を及ぼすかを学生自身に理解させることが重要だと指摘している[63]。

　この他にも、多様性に向けた資質・能力を教員養成課程でどのように形成すればよいかを包括的に検討しているミルズ（Mills, C.）[64]の研究や、教員養成における先住民教育の重要性について論じるパーティントン（Partington, G.）[65]やハーバート（Herbert, J.）[66]、オズボーン（Osborn, B.）[67]の研究など、教員養成に携わる大学教員による研究が多数行われている。グローバル化の中に見られる教員養成の地域性(locality)についての研究や[68]、教職課程の学生の異文化に対する意識形成についての研究[69]なども教員養成の実践を通した研究である。また、フォーリン（Forlin, C.）はインクルーシブ教育の観点から教員養成のあり方を研究し、障害児教育の履修はすべての教員養成で必修にすべき

だと主張している[70]。

このように、諸外国では教員養成を多様性や社会的公正と関連づけた研究が数多く行われている、しかし、多様性の様々な要素を包括的に扱う研究は少ない。また、実際に行われている教員養成プログラムを多様性や社会的公正の観点から評価する研究も少ない。学校教育において多様性や公平性が重視され、社会的公正の実現に向けた様々な政策が策定されているオーストラリアでも、それらの政策が教員養成プログラムにどのように反映し、教員養成が実際にどのように行われているかについては十分な検討がなされていない。一方、日本でも教員養成の研究は層が厚く、成果が蓄積されているが、多様性と関連づけて研究されることは少なかった。近年は、海外の教員養成を多様性の視点からアプローチしようとする研究が少しずつ出始めているが、取り上げられるのは欧米諸国であり[71]、オーストラリアの事例は管見の限り見当たらない。そこで本研究ではオーストラリアを事例とし、多様性や社会的公正に関わる政策が教員養成プログラムにどのように組み込まれ、多様性に対応する上で必要な教員の資質・能力がどのように形成されているかを考察する。

第4節　本研究の枠組み

先行研究で明らかにされた知見と残された課題から、本研究では学校教育において多様化する生徒の背景や教育的ニーズに対応し、社会的公正を実現するために必要な教員の資質・能力、および、それを形成するための教員養成プログラムを主題に設定し、以下の枠組みで研究を行う。

1　研究の対象地域と領域

本研究が対象とする国はオーストラリアである。オーストラリアの学校では国是である多文化主義により、文化的・言語的背景による教育的不利益が生じることのないよう、すべての生徒に対して平等に教育の機会を提供し、参加を促し、結果についても公平性が保証されるような取り組みを行ってき

た。同時に、不利益を受ける割合の高い生徒への支援だけでなく、すべての生徒に対して多文化教育を実施して、多文化の価値を醸成することに努めてきた。また、近年は社会の多様性が複雑化する中で、学校教育における社会的公正をさらに推進するため、民族的多様性に重点を置いた多文化教育から、顕在化する多様性の様々な要素を包括的に扱い、個々の生徒の教育的ニーズに対応するインクルーシブ教育に重点が移行している。つまり、背景に関わりなくすべての生徒を学校教育に包摂し、教育的ニーズに応じた支援を個別に行い、学業を達成させることに重点が置かれている。ひいてはそれが社会に貢献できる人材を育成し、国家を発展させることにつながるからである。このように、時代の変化に対応しながら多様性を重視した教育を実施しているオーストラリアの事例は、変化の著しい現代社会における学校教育のあり方を検討する上で示唆に富むものだと考える。

　オーストラリアは6つの州と2つの直轄区(以下、州)で構成される連邦制の国家である[72]。初等・中等教育および教員に関わることは各州が管轄し、それぞれに制度が異なる。それゆえ、いずれかの州に焦点を当てて検討する必要があると考え、本研究ではクイーンズランド州を事例とすることとする。筆者はこれまでオーストラリアの複数の州で学校現場を視察してきたが、クイーンズランド州における多様性への対応が他州と異なり、その背景にある州の状況が現在の日本に類似していると感じてきたからである。

　ブリスベン州都とするクイーンズランド州は、過去においてはニューサウスウェールズ州やビクトリア州などに比べて移民や難民の受け入れが少なく、民族的多様性の度合いも小さかった。それゆえ、多文化教育への取り組みはそれほど積極的ではなく[73]、積極的に取り組んできた先の2州ほど注目されてこなかった。また、オーストラリアの中では保守的な州と言われ、1980年代にはアジア系移民の受け入れに反対する急進的な政党が州を基盤として成立し、地域によっては異文化への差別や偏見などが強く見られることなどが、多文化教育の推進を阻んできた一因になっていると推察される。しかし、近年はアジアやアフリカなどからの移民や難民が増加し、他州からの移住者も急増しており、州民の文化的・言語的多様性は顕著になっている。

さらに、州北部を中心に多くの先住民が居住しており、歴史的な流れから南太平洋諸島からの移民やその子孫も多く、学校では英語を母語としない生徒が増加し、多様な文化や言語に対応した教育がこれまで以上に必要となっている。同時に、すべての生徒に対しても多文化の価値を醸成する多文化教育の必要性が高まってきている。また、州の中では2番目に広い面積を有し、人口の少ない遠隔地を多く抱えているため、地理的多様性が他州に比べて際だち、地理的条件も看過できない問題となっている。遠隔地に居住する生徒の中には教育へのアクセスが制限され、不利な状況に置かれる者が少なくないからである。さらに、経済的格差の広がりによって、社会経済的に低い階層の生徒が教育的不利益を被る割合が大きくなっており、ジェンダーや障害、学習困難などとともに学校教育における社会的公正の実現を阻む要因となっている。

　こうした中で、州政府は1990年代の終わりから大規模な教育改革を実施し、いかなる背景の生徒も後期中等教育を修了し、社会に貢献できる人材となることを重点目標にしている。そして、目標を達成するためには多様性への対応が不可欠であると認識し、積極的に対応するとともに、様々な背景の生徒をすべて学校教育に包摂して学業の達成を目指すインクルーシブ教育を推進している。このように、文化的・言語的多様性が早い段階から顕在化し、積極的に対応してきた他州に比べると取り組みがそれほど積極的ではなかったクイーンズランド州でも、多様性は様々な課題を生じさせ、学校でも対応が不可欠となっている状況は、昨今の日本の状況と類似している。また、日本でも特別支援教育の実施によりインクルーシブ教育への関心が高まっていることから、インクルーシブ教育を推進するクイーンズランド州の取り組みを先行事例として検討することは有意義だと考える。

　次に、本研究では教員に求められる資質・能力と、それを形成するための教員養成プログラムを検討課題とする。学校教育において多様性を尊重し、社会的公正を実現させるためには、いかなる資質・能力が教員に必要とされ、それをどのように形成すればよいかについて明らかにする必要がある。教員に着目する意義は、教員の資質・能力が教育の成果を大きく左右し、生徒の

学業に最も大きな影響を及ぼすからである[74]。多様性に対応するための有効な理論が構築され、それが教育活動に取り入れられたとしても、それを実施するための力量が教員に備わっていなければ効果的な実践には結びつかない。また、教員が生徒の社会的、文化的、言語的背景等に関する知識を持ち、それらを考慮した教育活動を行うと生徒の学力は向上し、認知面の差異や心身の障害等に起因する学習ニーズを把握し、適切に対応すると学習の成果が高まるという研究結果も示されており[75]、教員にとって生徒の多様な背景や教育的ニーズを考慮した教育活動を行う資質・能力が重要であることは明らかである。

　多様性と教員の資質・能力に関しては、多文化教育やインクルーシブ教育、教授法の観点から研究が多くなされ、それを形成する場である教員養成についても知見が蓄積されていることは先行研究の検討で明らかになった。しかし、現在実施されている教員養成プログラムを多様性の観点から検討し、その意義と課題を明らかにする研究はそれほど行われていない。プログラムを改善して有効性を高めるには、個々のプログラムについても詳細に検討し、どこに問題があり、どう改善すれば良いのかを明らかにする必要があると考える。多様性の視点を組み込んだ教員養成プログラムを実施することや、プログラムに社会的公正の視点を含めることの重要性がこれまでさかんに指摘されながら、未だ不十分である[76]原因のひとつは、多様性や社会的公正の観点からプログラムを検討することが十分に行われてこなかったことにあると考える。それゆえ、本研究では多様性に焦点を当てて教員養成プログラムを検討し、社会的公正の観点からの評価も行うこととする。

　プログラムについては中等教員のプログラムを取り上げる。子どもの発達段階という点では初等教育と中等教育では違いがあり、教員の養成内容にも異なる面は見られる。しかし、多様性への対応が重要であることはいずれについても言えることであり、教員の資質・能力については教育段階を分けずに研究することも可能であろう。クイーンズランド州の教員に求められる資質・能力を公的に示す「教職専門性スタンダード」も初等教員と中等教員のいずれにも共通のものであり、教育段階による違いは示されていない。また、

多様性や社会的公正の問題を扱うことが必要とされている教職専門科目は初等、中等いずれのコースも共通であることが多い。

　そうした中で中等教員のプログラムを取り上げる理由は、初等教員の養成との以下のような違いからである。まず、社会的公正の実現において重要な学業達成という面で、中等教員には初等教員とは異なる資質・能力が要求されることである。中等学校では初等学校に比べて生徒の学力差が広がり、それに付随する様々な問題が表面化することが多い。そのため、教員は学力差に対応するための専門的知識が初等教員以上に必要となる。たとえば、低学力のために学業の継続を断念する生徒や、学業そのものに興味をなくして学校を中退する生徒の割合は中等学校で増加し、学年が上がるにつれて高くなっている[77]。また、学業不振が怠学や逸脱行動、非行につながる割合も中等学校の方が高いと推察されるため、学力問題への対応は初等学校以上に複雑であろう。次に、中等学校は教科担任制のため教授専門分野が明確で、教科の専門性が重視されている。オーストラリアの中等教員は2教科の教授資格を取得しなければならず、複数の教科について幅広く履修する初等教員のプログラムに比べて教科の履修にかける割合が大きい。また、中等教員は植民地時代から大学での養成が主流であり、教科専門科目を中心に学術面の履修が重視され、教員としての幅広い資質・能力の形成に重点が置かれることが少なかった。現在も教科専門科目は各専門学部で教員養成と切り離して実施されるのが一般的である。中等教員を志望する学生も教科専門科目に力を入れる傾向が概して強く、教職科目への関心が薄いと言われている[78]。初等教員の養成とのこうした違いは、多様性に対する意識形成にも違いとなって現れるのではないかと推察される。これらの理由から本研究では特に中等教員養成プログラムに焦点を当てて検討することとする。

2　研究の課題と方法

　本研究は、社会的公正が学校教育の目指すべき理念であり、これを実現するには多様性への対応が不可欠であるという考えに基づき、以下の3点を研究課題として設定する。第一は、社会の多様性が広がる中で、学校教育にお

ける生徒の多様な背景や教育的ニーズに対応し、社会的公正を実現するために必要とされる教員の資質・能力を明らかにすることである。第二は、養成段階でそれらの資質・能力がいかなるプログラムによって形成されているかを検討し、その枠組みを明らかにすることである。第三は、上記のプログラムを社会的公正の観点から評価し、意義と課題を明らかにすることである。

　また、これらの課題を検討するために、第一と第二の課題については具体的な設問を立て、設問に応答するかたちで論を進める。第一の課題に対する設問は、①クイーンズランド州では、学校教育において生徒の多様な背景や教育的ニーズに対応するために、どのような政策が策定されているか、②それらの政策では教員にどのような資質・能力が求められているか、③政策で求められる教員の資質・能力は、実践ではいかなる場面で必要とされているかの3つである。第二の課題に対する設問は、①クイーンズランド州の教員養成はいかなる制度のもとで行われているか、②教員養成プログラムはどのように構成されているか、③履修科目には多様性の要素がどのように組み込まれ、プログラムにはいかなる特質が見られるかの3つである。これらの設問への応答を通して第一と第二の課題を解明した上で、本研究ではさらにクイーンズランド州の教員養成プログラムを社会的公正の観点から批判的に評価し、いかなる意義と課題が見出されるかを明らかにする。

　なお、先述したようにオーストラリアの教員養成は州政府が管轄しているが、高等教育の予算は連邦政府が担い、第三者評価機関による質保証も連邦レベルで実施されている。教員養成についても全国的な統一性を確立する動きが進んでおり、州による違いはそれほど見られない。それゆえ、クイーンズランド州の教員養成を国の典型例と捉えることも可能である。そこで、本研究では全国的な教員養成の動向を把握したあと、国レベルから州レベル、さらに地域レベルから大学レベルへと視点を移して、教員養成プログラムの事例を検討していくこととする。

　プログラムについてはクイーンズランド州の複数の大学を事例とし、それぞれのプログラムを比較して、検討する。比較教育学においては、従来から行われている国家間の比較と並んで、近年は同一国内の異なる地域や教育機

関などを単位とする比較の有効性も指摘されている[79]。教員養成に関しても、世界的な動向を明らかにしたり、2国間の比較により相互に示唆を得たりする研究、国単位の現状を分析して新たな知見を求める研究などとともに、国内の複数の地域や大学に焦点を当てた研究も必要だと考える。大学には独自の理念があり、学生や教員の特性、地理的条件や歴史的背景などにも違いがあるため、個々の特質が養成の違いとなって表れることが推測されるからである。

　研究を行うにあたっては一次資料を用いることに努め、主として以下を使用する。まず、学校教育や教員、教員養成に関わる政策文書や公的資料、調査報告書、法律、統計資料などである。また、教員養成に関しては、教科書、教材、科目のシラバス、大学案内、履修要項、ニューズレターなどを使用し、ウェブサイトの情報や筆者が行ったインタビューや授業観察の結果なども必要に応じて活用することとする。

第5節　本書の構成

　本書は2つの柱から成り、序章と終章を含めて全6章から構成される。第1の柱は、多様性に対応するために必要とされる教員の資質・能力であり、第1章でこれを論じる。教員養成について検討するためには、政策や実践で教員にどのような資質・能力が必要とされているのかをまず明らかにする必要があると考えるからである。第2の柱は、クイーンズランド州の教員養成における資質・能力の形成であり、第2章から第4章でこれを論じる。各章の概要は以下の通りである。

　第1章では、クイーンズランド州の学校教育における生徒の多様性と教員の資質・能力について政策面から検討する。他州と同様にクイーンズランド州でも多様な背景を有する人々がともに暮らす社会が広がり、多様性は社会の幅広い側面に見られるようになっている。そこで、社会の中で多様性がどのように顕在化し、それが学校教育にいかなる影響を及ぼしているかを検討する。次に、州の学校教育制度について整理したあと、統計資料をもとに教

員構成の実態を把握し、さらに、複数の調査報告書もとに教員の資質・能力や教員養成に関してどのような課題が見られるかを分析する。その上で、連邦および州レベルの教育政策を検討し、教員にはいかなる資質・能力が求められているかを明らかにする。

　第2章からは教員養成に焦点をあてて考察していく。第2章ではオーストラリアの教員養成を歴史的に概観したあと、クイーンズランド州における教員の養成、登録、採用、研修の各制度を個別に考察し、制度の全体像を明らかにする。教員の資質・能力はこれら各段階を通して継続的に形成されるものであり、制度を総合的に把握しておく必要があると考えるからである。その上で、制度全体の中での教員養成の位置づけとその特質を明らかにする。

　第3章と第4章では中等教員養成プログラムの事例を検討していく。第3章はプログラムの構造に焦点を当て、1980年代以降のプログラムを年度別に検討する。そして、オーストラリアが1970年代に多文化主義を採用して以降、プログラムの構造がどのように変容しているかを明らかにする。また、州内の3つの大学の2009年度のプログラムについて、その構造を比較して検討し、特質を明らかにする。

　第4章では養成内容に焦点を移し、履修科目に多様性の要素がどのように組み込まれているかを検討する。第3章で検討した年度ごとのプログラムをここでは履修内容について検討し、多様性の視点がどう変化しているかを分析する。続いて、3つ大学の2009年度のプログラムについて多様性の視点から履修内容を比較して検討するとともに、多様性を主要テーマとする科目についてはさらに深く内容を吟味し、学生が何をどのように学んでいるかを考察する。また、科目相互のつながりについても検討する。その上で社会的公正の観点からプログラムを評価し、意義と課題を明らかにする。

　終章では本研究全体を総括し、明らかになった知見を総合的に提示するとともに、序章で設定した3つの研究課題について論じながら結論を導いていく。

註

1. Martinez, L. (2000) *Equity Paper,* Brisbane: Education Queensland.
2. OECD（Organization for Economic Co-operation and Development）(2005) *Teachers Matter: Attracting, Developing and Retaining Effective Teachers,* Paris: OECD ／ 国立教育政策研究所国際研究・協力部監訳『教員の重要性－優れた教員の確保・育成・定着－』。
3. *Ibid.,* pp.47-49.
4. Banks, J. A. (2002) *An Introduction to Multicultural Education,* Boston: Allyn and Bacon, p.123.
5. 平沢安政 (1999)「21世紀のモデル－訳者あとがき」バンクス、J. A. (1999) ／ 平沢安政訳『入門多文化教育－新しい時代の学校づくり－』明石書店、p. 234。
6. オーストラリアにおいて、多文化は移民などがもたらす多様な民族性を指し、多文化教育は民族的背景や言語の多様性に対応した教育という捉え方が一般的である。具体的には、第二言語としての英語(English as a second language)教育、英語以外の言語（Languages Other Than English）教育、母語教育、反人種差別教育、異文化理解教育などを通して実施されることが多い。そして、その目的は多文化主義の理念である社会的公正を実現し、さらに、国家としての統一を保持することである。
7. 佐々木も、スモリッツ（Smorits. J.J.）の説を基に、多文化主義の教育活動にはESL教育を中心とする移民教育、すべての生徒にオーストラリア社会の多様な言語と文化への知識と理解を植え付ける(狭義の)多文化教育、特定の民族集団にその集団の言語や文化を教える民族教育の3種類の活動があると述べている［佐々木毅 (1997)「オーストラリアにおける多文化主義の展開と問題点」小林哲也・江淵一公編『多文化教育の比較研究 - 教育における文化的同化と多様化』九州大学出版会、p.131］。
8. 移民生徒に対する支援のひとつにESL教育があるが、移民生徒の中にはESL教育以外の支援を必要とする者もいる。ある移民生徒が学業不振に陥った場合、その原因が言語にあるのではなく、学習スタイルの違い、学習に対する価値観、心身の障害や学習障害、家庭環境などが要因となっていることも少なくない。また、いくつかの要素が複合化している場合もある。それゆえ、移民生徒をひとくくりにして、ESL教育のみで対応することは十分とは言えない。その一方で、移民生徒以外であってもESL教育を必要とする生徒がおり、オーストラリアでは特に先住民生徒にその例が多い。
9. 障害の表記については、「害」には負のイメージがあるなどという理由から「障がい」や「障碍」と記述されることがあるが、現在では統一した表記方法が定められていないため、本書では「障害」と表記する。
10. 清水貞夫 (2002)「特別なニーズ教育とは」特別なニーズ教育とインテグレーション学会編『特別なニーズと教育改革』かもがわ出版、p.17。
11. 荒川智 (2008)『インクルーシブ教育入門』クリエイツかもがわ。

12 「特別ニーズ教育世界会議」は、「万人のための教育(Education For All)」を掲げた国際的な取り組みの一環として開催されたもので、会議では「特別な教育的ニーズ」を有する子どもを「排除」せず、すべての子どもを受け入れる教育をめざしており、その指導原理としてインクルーシブ教育の理念が推進された。一方、「障害者権利条約」は、1975年の「障害者権利宣言」や1981年の国際障害者年などの取り組み以降、障害者の教育に関する改革が世界各国で行われるようになり、それまで公教育から「排除」されていた障害を有する子どもにも学校教育を保証することが重視されるようになる中で制定された。同条約では第24条の教育条項に、「締約国は、あらゆる段階におけるインクルーシブな教育制度および生涯学習を保証しなければならない。」と記されており、教育の基本原則が規定されている。

13 Forlin, C. (2004) "Promoting inclusivity in Western Australian schools", *International Journal of Inclusive Education,* Vol.8, No.2. pp.185-202; 黒田一雄 (2008)「障害児と EFA －インクルーシブ教育の課題と可能性」小川啓一、西村幹子、北村友人編著『国際教育開発の再検討－途上国の基礎教育普及に向けて』東信堂、pp.214-230。

14 本柳とみ子 (2008a)「オーストラリアの学校教育における多様性への対応：クイーンズランド州のインクルーシブ教育に着目して」日本比較教育学会編『比較教育学研究』第36号、pp. 66-85。

15 Loreman, T., Deppeler, J., & Harvey, D. (2005) *Inclusive Education: A Practical Guide to Supporting Diversity in the Classroom,* NSW: Allen & Urwin, p.11. ロアマンは、教員にとってのインクルーシブ教育の効果として実践力の向上をあげ、学校コミュニティにとっては受け入れ環境の向上という効果があると述べている。また、多くの研究結果をもとに、障害など特別なニーズを持たない生徒にとっての利点も挙げている。

16 横尾俊 (2008)「わが国の特別な支援を必要とする子どもの教育的ニーズについての考察－英国の教育制度における『特別な教育的ニーズ』の観点から－」国立特別支援教育研究所編『国立特別支援教育研究所紀要』第35巻、pp.123-136。

17 多文化教育には様々な捉え方があり、人種(race)や民族(ethnicity)だけでなく、社会階層、性別、年齢、社会的背景、居住地、障害の有無などの要素が多文化の概念に含められることもある。しかし、オーストラリアの場合は多文化を文化的・言語的多様性と捉えることが一般的である。

18 「サラマンカ宣言」においても、「すべての子どもはユニークな特性、関心、能力および学習ニーズを有する」とされており、特別な教育ニーズを持つ子どもには、現在の社会状況では学校教育で学ぶことが難しい子どもたちすべてが含まれている[嶺井正也・シャロン・ラストマイヤー (2007)『インクルーシヴ教育に向かって－「サラマンカ宣言」から「障害者権利条約」』八月書館、p.18]。

19 荒川智 (2008) 前掲書、pp.157-158。荒川はインクルーシブ教育では「学習への参加の保証」と「多様性の尊重」の2つが主要な原則となっており、特に、通

常の指導法やカリキュラムが多様なニーズに応えられることや、特定の生徒からすべての生徒に焦点を移し、誰もが学習に参加できるようにすることが肝要だと論じている。

20 荒川智 (2008) 前掲書。
21 Loreman, T., Deppeler, J., & Harvey, D. (2005) *op. cit.,* pp.1-5.
22 川崎誠司 (2001)「異文化間トレランスの育成に果たす Equity Pedagogy の意義」異文化間教育学会『異文化間教育』15、p.71。ただし、川崎は公平性という語は用いず、「エクイティ」と記している。
23 高倉翔 (1996)「教育における公正と不公正」高倉翔『教育における公正と不公正』教育開発研究所、p.5。なお、高倉は equity を「公正」と訳している。
24 同上書、p.3。
25 Lingard, B. (1995) "Social Justice and Education", Keynote Address for the Social Justice Conference in 1995, in Board of Teacher Registration, *Implications of Social Justice Issues for Teacher Education,* Toowong, QLD : Queensland Board of Teacher Registration,p.7.
26 「公平性」は「衡平性」と記されることがあるが、本書では前者を用いることとする。
27 OECD諸国を対象に実施された調査では、公平性には公平（fairness）と包摂（inclusion）の二つの側面があることが指摘されている。前者は、個人的あるいは社会的状況が教育における可能性を阻んではならないということであり、後者は、読み書きや計算など教育の最低限の水準がすべての人に保証されねばならないということである。また、公平性が重要であることの理由については以下の3点が挙げられている。第一は、教育を受ける権利は、すべての人間が能力を伸ばし、社会に参加するために必須の人権だからである。第二は、十分な教育を受けられないことによって社会に参加するための技能を修得できない者が存在することは、長期的に見ると社会的、経済的損失が大きいからである。第三は、移民の増加により多くの国が社会統合やマイノリティに関わる課題を抱える中で、公正でインクルーシブな教育がそうした課題を解決するための鍵となり、社会統合を促進するからである。そして、同調査では公平性の度合いが生徒の学校選択や学業成果に大きな影響を及ぼしていることが明らかにされている [Field, S., Kuczera, M., & Pont, B. (2007) *No More Failures: Ten Steps to Equity in Education,* Paris: OECD, p.11.]。
28 大学における比較教育学の教育において、少数ではあるがオセアニアへの関心が芽生えていることを馬越が指摘している [馬越徹 (2007)『比較教育学』東信堂、p.82]。
29 河村正彦 (1976)「オーストラリアにおける教員養成の展開」日本教育学会編『日本教育学会大35回大発表要旨収録』p.129。
30 見世千賀子(2002)「オーストラリア－多文化社会に向けた公教育の再構築」江原武一編著『多文化教育の国際比較　エスニシティへの教育の対応』玉川大学出

版部、pp.176-208。
31 同上書。
32 中島智子編著 (2000)「多文化教育―多様性のための教育学」明石書店。
33 青木麻衣子 (2008)『オーストラリアの言語教育政策多文化主義における「多様性」と「統一性」の揺らぎと共存』、東信堂；青木麻衣子 (2003)「オーストラリアの言語政策―二つの国家政策の理念と目標」オーストラリア学編『オーストラリア研究』第 15 号、pp.48-61。
34 馬渕仁 (2006)「多文化主義の行方―ビクトリア州を中心として―」オーストラリア学会『オーストラリア研究』第 18 号、pp. 83-95。
35 同上論文、p.92。
36 山中冴子 (2005)「オーストラリアにおける『社会的公正』と障害児者―ニューサウスウェールズ州の教育動向から」早稲田大学オーストラリア研究所編『オーストラリアのマイノリティ研究』オセアニア出版、pp.114-129。
37 伊井義人 (1998)「オーストラリア先住民を対象とした教育支援政策に関する考察―1970 年以降の財政的な支援政策を中心に―」オセアニア教育学会編『オセアニア教育研究』第 5 号、pp.68-81；(2002)「オーストラリア先住民の教育成果に関する一考察―二つの方向性を観点として―」オセアニア教育学会編『オセアニア教育研究』第 9 号、pp.10-23。
38 下村隆之 (2007)「オーストラリア先住民に対する偏見・差別の現状―初等・中等教育の現場を通じて―」オーストラリア学会編『オーストラリア研究』第 20 号、pp.93-107。
39 杉本和弘 (2003)『戦後オーストラリアの高等教育改革研究』東信堂。
40 Banks, J. A. (2002) *op. cit.*
41 明らかにされた点は以下の通りである。①教員の階層に対する価値観は主として自分が受けた教育により形成されるため、多くが中産階層の価値を有している。しかし、そこには多様性も存在する。②教員はマイノリティ生徒の情緒を安定させる教室環境を作り出す必要がある。③教員は生徒中心の考え方に立って個々の生徒の能力を肯定的に捉え、生徒に自信を持たせる必要がある。④教育の目的を明確にする。⑤文化的多様性に対する正しい認識を持つ。⑥生徒の自尊感情を促し、自信を持たせる。⑦文化集団の違いを正確に把握し、生徒のニーズに応じた指導を行う [Eckermann, A. (1994) *One Classroom, Many Cultures,* NSW: Allen & Unwin]。
42 たとえば、多くの学校では、生徒も教員もアングロ・ケルト系が主流であり、教育活動も主流派の観点で行われることが多い。その結果、マイノリティの生徒たちの文化的差異に目が向けられず、彼らのニーズに十分応えていないことが多い。また、教員の中には学級内に存在する民族的多様性に対する認識が低い者も少なくない [Partington, G., and McCudden, V. (1993) Ethnicity and Education, Wentworth Falls: Social Science Press, p.19]。
43 *Ibid.*, pp.208-226. パーティントンは以下の資質・能力を示している。①生徒

とその文化を理解する。②教室内のインターアクションを通して社会化のプロセスを認識する。③教授内容を生徒の認知的、言語的、社会的ニーズに合わせる。④生徒の民族的背景を認識する。⑤保護者と効果的なコミュニケーションを行う。⑥問題に適切に対処する。⑦生徒に高い期待を示す、不利な面を強調するのではなくプラス面の効用を重視する。⑧学習の仲介者として生徒の学習を適切に支援する。⑨生徒のニーズに応じた指導方法を考案して実践する。

44 Hyde, M., Carpenter, L., and Conway, R.（eds.）(2010) *Diversity and Inclusion in Australian Schools,* South Melbourne: VIC: Oxford University Press.
45 Loreman, T., Deppeler, J., & Harvey, D.（2005）*op. cit.*
46 Ashman, A., & Elkins, J.（eds.）(2005) *Educating children with diverse abilities,* Frenchs Forest, NSW: Pearson Education.
47 アシュマンは親の離婚が10代の子どもには特に大きな影響を及ぼし、学業にも影響してドロップアウトする子どもの割合はそうでない子どもの2倍であると指摘している。また、親の再婚も子どもに影響し、特に異なる民族同志の結婚や養子は子どものアイデンティティの形成に大きく影響しているとも指摘している［*Ibid.*］。
48 Groundwater-Smith, S. et al.（2007）*Teaching Challenges & Dilemmas,* Melbourne: Thomson, pp.52-74.
49 *Ibid.,* p.128.
50 Darling-Hammond, L., and Bransford, J.（eds.）(2005) *op. cit.,* pp.263-274.
51 6つの原則は、①学習コミュニティにおいて意味のある教授活動を行うこと、②生徒がすでに獲得している知識や興味、関心、文化的・言語的資源をもとにした教授活動を行うこと、③技術を教え、「ギャップ」の橋渡しをすること、④生徒個人、家族、コミュニティと協働で行うこと、⑤多様な評価方法を採用すること、そして、⑥不公正や権力、現状改革に関することをカリキュラムに明示し、積極的に行動モデルを示すことである［Cochran-Smith, M.（2004）*Walking the Road; Race, Diversity, and Social Justice in Teacher Education,* New York: Teachers College, Columbia University, pp.64-82］。
52 以下の原則が示されている。①生徒を特定の集団の典型としてではなく、個人として対応する。②生徒に、特定の集団を代表するような発言を求めない。③異なる学習スタイルに対応し、生徒間の協働性を促進する。④コメントなしで不当な発言を求めない。⑤教室の中に安心できる学習環境が維持される範囲内において、他人に異議を表明することを妨げない。⑥授業のシラバスや読み物、その他の教材に生徒の多様な背景を反映させる。⑦テーマによって個人が特定されることを避け、課題を作成する際にも、生徒が不快な感情を抱かないように配慮する。⑧自分自身が納得できるシラバスを作成する。⑨すべての生徒の学習目標を明確にし、目標に向かう生徒の態度を常にフィードバックする。⑩生徒の多様性に対応した指導教材を選択する。⑪多様な学習スタイルに適した指導方法を選択する［Lang, H. R. & Evans, D. N.（2006）*Models, Strategies and*

Methods: For Effective Teaching, Boston: Allyn & Bacon, p.102]。

53 Alton-Lee, A. (2003) *Quality Teaching for Diverse Students in Schooling: Best Evidence Synthesis,* Wellington: Ministry of Education.

54 たとえば、日本において外国籍児童生徒への支援のひとつに日本語教育がある。日本語を母語としない児童生徒にとって日本語の習得は重要である。しかし、外国人児童生徒をひとくくりにして、日本語教育だけで対応することは十分とは言えず、教師は個々の児童生徒の成育歴や家庭環境、心理的状況などを的確に把握し、教育的ニーズを明確にする必要がある。

55 岩渕功一(2010)「多文化社会・日本における＜文化＞の問い」岩渕功一編著『多文化社会の＜文化＞を問う』青弓社、pp.9-10。

56 ダーリング＝ハモンドらは教員が生徒の多様なニーズを理解してインクルーシブな教授活動を行うための資質・能力を明らかにしているが、それらを修得するには、生徒が置かれている状況を理解する能力、授業を通して生徒を把握する能力、自己を認識する能力の三つの要素を教員養成プログラムの核とするべきだと主張している。すなわち、生徒の多様性に対応するためには、生徒に関する情報は不可欠である。しかし、生徒は常に変容し、生徒を取り巻く状況も変化するため、教員は授業の中でそれらの変化に気づき、新たな情報を得る必要がある。また、自己を認識することによって教員は自らの教育実践が生徒にどのような影響を及ぼすかを理解し、実践を改善することができるのである。また、教員養成プログラムでは系統的に順序立てられた一貫性のあるカリキュラム、教職に対するビジョンの確立、実践を評価するための明確な基準（スタンダード）、履修科目と統合した広範囲な実習体験、大学と学校との連携、事例研究やポートフォリオなどを活用した教員自身による研究を重視すべきであるとも論じている［Darling-Hammond, L. and Bransford, J. (eds.) (2005) *op. cit.,* pp.263-274; Darling-Hammond, L. & Baratz-Snowden, J. (eds.) (2005) *A Good Teacher in Every Classroom: Preparing the Highly Qualified Teachers Our Children Deserve, San Francisco:* Jossey-Bass, pp.37-52.］。

57 ツァイヒナーの「多様性に向けた教員養成のための16の原則」は、多くの研究でその有効性が確認され、実践や政策の理論的根拠となっている。ツァイヒナーは教員養成における社会的公正の重要性を一貫して主張し、教員養成プログラムでは、入学者選考におけるマイノリティの観点、教員養成に携わる大学教員の研修、コミュニティとの連携、広範囲な実習、学校での実践との統合、言語的多様性の重視、社会的公正のモデルの提示が重要だと指摘している［Zeichner, K. (1993) "Educating Teachers for Cultural Diversity", (Special Report), East Lansing, MI:National Center for Research on Teaching Learning; Zeichner, K. (2009) *Teacher Education and the Struggle for Social Justice,* New York: Routledge.］。

58 Hickling-Hudson, A. (2004) "Educating teachers for cultural diversity and social justice", in Hernes, G., and Martin, M. (eds.) *Planning For Diversity:*

	Education in Multi-Ethnic and Multicultural Societies, Paris: International Institute for Education Planning (UNESCO), pp.270-307.
59	Hickling-Hudson, A.,& McMeniman, M. (1993) "Beyond Tokenism: Multicultural and Teacher Education in Australia", in Verma, G. K. (ed.) *Inequality and Teacher Education: An International Perspective,* London: Falmer Press.
60	Hickling-Hudson, A.,& McMeniman, M. (1996) "Pluralism and Australian Teacher Education", in Craft, M. (ed.) *Teacher Education in Plural Societies: An International Review,* London: Falmer Press, p.19.
61	Hickling-Hudson, A. (2004) *op. cit.*
62	*Ibid.*
63	Hickling-Hudson, A. (2005) " 'White', 'Ethnic' and 'Indigenous', Pre-service teacher reflect on discourses of ethnicity in Australian culture", *Journal of Policy Futures in Education,* Vol.3. No.4, pp340-358.
64	Mills, C. (2008) "Making a difference: moving beyond the superficial treatment of diversity", *Asia-Pacific Journal of Teacher Education,* Vol.36, No.4, pp.261-275.
65	Partington, G., & McCudden V. (1993) *op.cit.* ; Partington, G. (2003) "Why Indigenous Issus are an Essential Component of Teacher Education Programs", *Australian Journal of Teacher Education,* Vol.27, No.2, pp.39-48.
66	Herbert, J. (2002) *Teacher Education,* Paper for AARE Conference, Brisbane.
67	Osborne, B. (ed.) (2001) *Teaching, Diversity & Democracy,* VIC: Common Ground.
68	McDonald, H. (2003) *Education for cultural diversity in yet-to-be-imagined times: Local contexts, global concepts.* Paper presented at International Council on Education for Teaching World Assembly, Melbourne.
69	Santoro, N., & Allard, A. (2003) "Troubling identities: teacher education students' constructions of class and ethnicity", Paper presented to NZARE/AARE National Conference,2003.
70	Forlin, C. (1999) "Teacher Education for Diversity", *Queensland Journal of Educational Research,* Vol.15, No.2, pp.207-225.
71	松尾知明(2007)『アメリカ多文化教育の再構築－文化多元主義から多文化主義へ』明石書店、pp.155-165；森茂岳雄(2007)「アメリカにおける多文化教師教育の展開と課題－日本の教師教育に示唆するもの―」異文化間教育学会『異文化間教育』25、pp.22-34。両者はアメリカの多文化主義的教員養成についての研究も行なっているが、多文化は民族的多様性と捉えられており、また、社会的公正への言及はなされてはいない。
72	オーストラリアは、ニューサウスウェールズ州、ビクトリア州、クイーンズランド州、南オーストラリア州、西オーストラリア州、タスマニア州の6つの州と、北部準州、首都直轄区から構成される。

73 見世千賀子（2002） 前掲論文、p.194。
74 Ramsey, G. (2000) *op. cit.* ; Darling-Hammond, L. (2000) "How Teacher Education Matters", *Journal of Teacher Education,* Vol.51, No.3, pp.166-173; OECD (2005) op.cit.; Ingvarson, L.C. (2002) *Development of a National Standards Framework for the Teaching Profession,* ACER Policy Briefs Issue 1.
75 Darling-Hammond, L., and Bransford, J. (eds.) (2005) *op. cit.,* pp.232-233.
76 Cochran-Smith, M. (2004) *op. cit.,* pp.16-19.
77 このことは、中等学校の残留率（retention rate）や修了率（completion rate）が初等学校に比べて低いことからも明らかであろう［MCEETYA（2007）*National Report on Schooling in Australia 2007* ; Australian Bureau of Statistics (2007) Schools 2007, p.39.］。
78 筆者がインタビューをした大学教員も、「中等教員養成コースの学生は、自分は数学の教員であるとか、理科の教員であるといった教科担任としてのアイデンティティが強く、一人の教員として生徒を育てるという意識が少ないように感じる。」と語っている（2010年5月5日実施）。
79 Bray, M. Adamson, B., & Mason, M. (eds.) (2007) *Comparative Education Research Approach and Methods,* Comparative Education Research Centre, The University of Hong Kong, Springer, pp.1-11.

第1章　社会の多様性と教員の資質・能力

　グローバル化の進行に伴い、オーストラリアでも人の移動が活発になり、クイーンズランド州にも多様な背景を有する人々が流入している。学校においても生徒の背景は多様化が一段と進み、背景の違いから様々な教育的ニーズが生じ、対応が必須となっている。そこで本章では学校教育に見られる多様性の諸相と多様化に向けた教育政策、そして、政策で求められる教員の資質・能力について以下の手順で検討する。

　まず、クイーンズランド州の社会で多様性がいかなる側面で顕在化し、それが学校教育にどのような影響を及ぼしているかを考察する。続いて、州の学校教育制度を概観したあと、全国的な統計をもとに教員構成の実態を把握する。また、各種の調査結果を用いて教員の資質・能力に関していかなる課題が指摘されているかを整理する。その上で、多様性に関連する複数の政策を分析し、教員にいかなる資質・能力が求められているかを明らかにする。

第1節　社会の多様性と学校教育

1　クイーンズランド州における社会の多様性

(1) 文化的・言語的多様性

　オーストラリアはこれまで多くの国や地域から移民を受け入れており、多様な民族的背景を有する人々が共に生活する社会が形成されている。言語の面でも多様化しており、国内では200種類以上の言語が話されている。話者の半数は英語を母語としない移民であり、5人に1人が家庭で英語以外の

言語を話していると言われている[1]。移民の中には人道上の理由による移住者や難民も含まれており、背景は様々である。さらに、ヨーロッパ人が入植する以前から大陸に居住している先住民を含めると、社会における文化的・言語的多様性は諸外国の中でも際立っている。

こうした中で、クイーンズランド州の人口はオーストラリアの中でも近年大きな伸びを見せており、2008年6月時点で約430万人を数える[2]。人口増加の背景にはアジアからの移民や他州からの移住者の増加がある。クイーンズランド州は他州に比べるとアジアからの距離が近く、また、気候が温暖であることなどが影響していると推察できる。

2006年の国勢調査によると、州人口の17.9％（69万9,446人）が海外生まれであり、出身は100以上の国や地域に及んでいる。イングランド（16万1,425人）が最も多く、次いでニュージーランド（14万8,762人）、南アフリカ（2万2,711人）、スコットランド（2万2,441人）、ドイツ（2万113人）、フィリピン、中国となっている[3]。他州に比べると英語圏の割合が多いのが特徴である。それゆえ、家庭で話される言語についても英語のみを話す者（337万1,684人）が最も多い。英語に次いで話者の多い言語は北京語（2万4,447人）、イタリア語（2万2,032人）、広東語（1万9,627人）、ベトナム語（1万7,145人）、ドイツ語（1万4,743人）である。先住民の言語を話す者も1万人以上いる[4]。宗教もキリスト教、仏教、ヒンドゥー教、ユダヤ教、シーク教など多様な種類が確認されている。キリスト教を信仰する割合が最も大きく、その中の24％がカトリック系、20％がアングリカン系である[5]。

州の文化的多様性の中で際だった存在となっているのが先住民であり、その数は12万7,578人で、2001年の調査時から13.3％増加している。これはオーストラリアの先住民全体の3.3％にあたり、ニューサウスウェールズ州に次いで2番目に多い[6]。先住民の約40％は15才以下の若者である。先住民は都市部に居住する割合が高い。約30％が州都ブリスベンに居住し、40％がケアンズ、タウンズビル、ロックハンプトンの3つの地方都市に分散している。残りは州北部や内陸部などの遠隔地域に居住している[7]。先住民の生活状況は一般に劣悪で、失業率は非先住民の3倍から5倍、死亡率も3

倍から4倍となっている[8]。失業や貧困からアルコール依存に陥る割合が高く、それが病気や死亡の原因となり、差別を生み出す要因ともなっている[9]。

　州の中で先住民とともに際立つ集団がソロモン諸島やバヌアツなど南太平洋の島々の出身者である。これらの人々はカナカ人(Kanakas)と呼ばれており、1800年代半ば以降盛んになったサトウキビ産業の労働力として半ば強制的に移住させられ、農園等で働かされた人たちの子孫である。現在、オーストラリアには1万人から2万人のカナカ人がいると言われているが、その多くがクイーンズランド州に居住している。

　こうした州民の多様性は、社会にも様々な影響を及ぼしている。そのひとつが文化的多様性に対する人々の意識や態度である。フォレスト(Forest,J.)とダン(Dunn,K.)は、「異文化に対する住民の寛容度」について地域ごとに質問紙調査を実施し、住民の意識や態度に地域性が見られることを以下のように明らかにしている[10]。図1-1は調査が実施された地域区分と、それぞれの地域の人々の異文化に対する寛容度を示したものである。

　　クイーンズランド州は、国内外の移民社会の中では寛容度が概して高い州だと言われている。しかし、州全土で寛容の度合いが高いわけではなく、住民の意識や態度には地域差が見られる。調査の結果から、寛容の度合いは地域によって大きく3つに分かれることが明らかになった。第一は寛容度が比較的高い地域であり、州北部のケアンズ市(地図上の13、以下同様に地図上の番号を示す)、タウンズビル市(12)、マッカイ市(11)と、先住民が多く住む最北地域(14)がそれにあたる。また、州西部や、州南東部のブリスベン(1)近郊の都市部を中心とする地域も寛容度は比較的高い。第二は寛容さがやや欠如する地域であり、州の南西部地域(21C)、ブリスベン以南および以西地域(2～5)、バンダバーグ市を含むワイド・ベイ＝バーネット地域(18)、モートン地域(19)がこれにあたる。これらの地域の住民は、文化的背景の異なる集団との共存とをあまり心地よく思わず、多文化主義に対しても懸念を抱く者が多い。また、異文化の人間が主流文化にとけ込もうとしないことに対しても批判的で

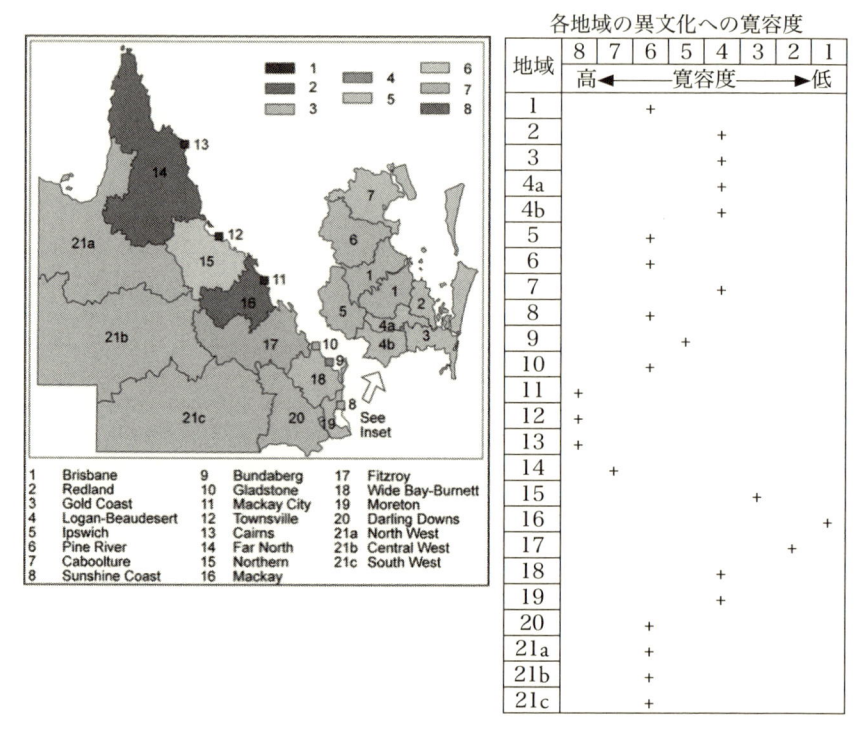

34　第1節　社会の多様性と学校教育

図1-1　クイーンズランド州の各地域における異文化への寛容度

出典：Forest, J.& Dunn, K. (2006) *Tolerance of Cultural Diversity in Queensland*を基に筆者が一部修正して作成。

あり、オーストラリア社会には人種的偏見が広く存在することを自明と感じる者が多い。第三は偏見の強い地域であり、北部クイーンズランド地域(15)、フィッツロイ地域(17)、マッカイ地域(16、マッカイ市を除く)の3つの地域がこれにあたる。これらの地域では、人間社会には基本的に不平等が存在し、人種間の不平等は不可避だと考える層が多く、異文化への偏見が強く見られる[11]。

フォレストらの研究からは文化的多様性に対する住民の意識には地域差が顕著に見られることが明らかになっているが、こうした住民の意識にはその地域に住む人々の文化的背景が関係しており、さらには、地理的特性も結び

ついていると推察できる。すなわち、クイーンズランド州は広大な面積を有しているため、地理的に多様であり、住民の属性も地域によって大きく異なるからである。そこで、フォレストらの研究結果を地理的多様性と関連づけて以下で検討してみたい。

(2) 地理的多様性

　クイーンズランド州は、170万平方キロメートルの面積を有し、オーストラリアの中では2番目に広い州である。南北は2,100キロメートル、東西は1,450キロメートルで、海岸線は7,400キロメートルに及ぶ。そして、州民の多くは東海岸地域を中心とする都市部に居住している。州都ブリスベンには州人口の45.3%（2008年6月）が居住している。近年はブリスベンを含む州南東部の海岸地域に人口が集中し始めており[12]、特に、ブリスベンやゴールドコーストなどの大都市での人口増加が著しい[13]。それゆえ、都市部には文化的に多様な人々が居住し、その結果、人々の間で異文化が日常的なものとして受け入れられるのではないかと考えられる。フォレストらの調査で、寛容度の高い地域に都市部が多く含まれているのはそのためだと推察できる。

　一方、人口の希少な地域では反対の現象が見られる。農村部や遠隔地は人の移動がほとんどなく、文化移動も少ない。文化的多様性がほとんど見られない地域も存在する。たとえば、フォレストらの調査で寛容度が最も低いとされた北部クイーンズランド、フィッツロイ、マッカイの3つの地域は、オーストラリア以外で生まれた人の割合が最も小さい地域である[14]。これらの地域には先住民も多数居住しているが、先住民はそれぞれの居住地に集住することが多く、外部の人との接触はあまりない。それゆえ、この地域の住民が異文化と接触することは概して少ない、その結果、異文化を特別視する傾向が強まり、多様性の受容度も低くなると推察できる。

　なお、地理的条件は住民の意識の他にも、生活様式や家族形態、教育などその他の面でも課題を生じさせている。たとえば、州内には孤立した(isolated)地域が数多く存在する。特に、内陸部には広大な農場が多く、人々は都市部とは異なる生活をしている。公共施設から遠く隔てられているため、交通、

福祉、教育、医療など生活の様々な面で不便を抱えており、特別な行政対応を必要とすることが少なくない[15]。そして、後述するように子どもの教育に関してもそれが顕著に現れている。

(3) 社会経済的多様性

オーストラリアでも近年は経済的不平等が拡大し、社会的公正の実現を阻んでいる。教育省の公平性プログラムユニットの主任担当官(当時)であるマルチネス(Martinez, L.)は、近年の政治的、経済的、社会的状況が社会的公正にいかなる影響を及ぼし、学校教育がどのような変化を求められているかについて報告している。その中でオーストラリア社会の変化のひとつとして経済的格差の拡大を挙げ、その影響について以下のように述べている[16]。

> オーストラリアでは、現在、国家の富の50％を上位10％の富裕層が所有し、下位の層50％が3％の富しか所有していないという統計結果が出されている。また、1970年から1990年の20年間に上位20％の層と下位20％の層の経済的格差は50％も広がり、7人に1人が貧困状態にある。
>
> 居住地による格差も拡大しつつある。貧困地域は地方に増加し、特定のコミュニティに散在しており、都市と地方の生活の質の差を増大させている。都市の中では貧困が特定の地域に集中し、貧困のモザイク化が見られる。貧困状況にある人々の生活環境は劣悪であり、子どもにも多大な影響を及ぼしている。低所得労働者と共に、一人親や障害のある親の家庭は貧困に結びつく割合が高い。
>
> 労働市場の再編も、地方の若者や都市のスラムに住む若者の間に失業を増加させている。製造業やブルーカラー労働が減少する一方で、ホワイトカラーやサービス業が増加し、知識経済が支配的である。本人にとって不本意なパートタイム労働や臨時的雇用が増加し、ワーキングプア(working poor)が増加している。女性の雇用は増加しているが、女性は安い賃金労働を強いられることが多く、男女間の格差はほとんど縮まっ

ていない。保育施設の不足や家事労働の負担などにより、家庭における男女の不平等も存在する。

　先住民は依然としてオーストラリアの最貧困層に位置し、差別の対象ともなっている。非先住民に比べると失業の割合は5倍にのぼり、死亡率は3倍から4倍となっている。失業や貧困からアルコール依存に陥る割合も高く、そのことが病気や死亡の原因となり、差別を生み出している。貧困と差別の連鎖をいかにして断ち切るかが重要であり、過去の歴史への「和解」の問題とともにオーストラリアにおける社会的公正の実現に向けた重要課題である[17]。

　マルチネスの報告では、社会における不平等がクイーンズランド州でも拡大している実態について言及されており、不平等を解消し、個人や集団、国家間の良好な関係を構築するために、学校が果たす役割が大きくなってきていることが指摘されている。そして、教育は国家の経済的競争力を維持、増強させるとともに、社会の結束やインクルージョンを促進するための技能を向上させ、多様なコミュニティの福利を増進するための重要なプロセスであると論じられている[18]。

　社会経済的多様性は家族形態にも波及している。2006年の国勢調査では、夫婦と子どもといった「伝統的な」家庭は29.4%であり、子どものいない夫婦が26%、一人親の家庭が10.5%である。「伝統的な」家庭の割合は近年減少傾向にある。また、夫婦や親子の関係も変容しており、事実(de-facto)婚も少なくない。さらに、親の再婚相手と暮らす子どもや養子など血縁関係のない親子関係も増えている[19]。

　労働形態も多様化している。州の労働人口は190万人であるが、そのうちフルタイム労働に従事する者が61.6%、パートタイム労働が27.7%で、非就業者は4.7%である。男女別では男性の就業率が73.9%であるのに対して、女性は60.5%にとどまっている[20]。　また、こうした状況を反映して経済的格差も拡大しており、貧困の割合はオーストラリア全体よりも大きい[21]。低所得者は特定のコミュニティに集中し、富裕層が居住する地域との格差が広

38　第1節　社会の多様性と学校教育

がっている。先住民の貧困は特に著しい。失業率は13.2%であり、非先住民(4.6%)よりはるかに高い。不健康な生活などの影響で死亡率も高く、平均寿命は男性が55.6歳、女性が57.0歳で、非先住民の76.7歳、83.1歳に比べると極めて短命である[22]。

2　クイーンズランド州の学校教育

(1)　学校教育制度

　クイーンズランドの地に入植が開始されたのは1824年のことである。当時、ブリスベンを中心とする地域はニューサウスウェールズ植民地の一部であり、主に英国からの流刑者が送り込まれる場所であった[23]。その後、1839年に流刑地としての機能を停止し、1842年に自由移民の入植地となった。こうしたクイーンズランドに最初の学校が設立されたのは1826年のことである。兵士の妻であるエスター・ロバーツ(Esther Roberts)が学校を設立し、16人の生徒を教えたのが始まりである[24]。その後、クイーンズランドの経済が成長していくと、人々の間にニューサウスウェールズからの独立の気運が高まり、1859年にクイーンズランドはニューサウスウェールズから分離して、独立植民地となった。独立の翌年からは教育制度が整備され始め、クイーンズランドの社会状況や人口動態、自然環境に即した独自の制度が確立されていった。やがて、1901年にオーストラリア連邦が成立すると、クイーンズランドは40年にわたる自治植民地としての機能を停止し、州となった。連邦成立以降はオーストラリア各州で教育制度が整備され、教育の質と量がともに拡大していくが、クイーンズランド州でも州政府の主導で様々な改革が実施されていった。そして、州の独自性を育みながらその後100年をかけて学校教育制度が確立され、現在に至っている。

　表1-1はクイーンズランド州の学校数、生徒数、教員数を示したものである。2008年には1,250の州立学校と463の私立学校に70万8,613人の生徒が在籍している。州立学校の生徒は48万1,800人で、全体の約70%を占めているが、近年は私立学校に通う生徒の数が徐々に増加している。なお、生徒数は地域により増減の差が著しい。都市の中心からやや離れた郊外(outer-

表1-1 クイーンズランド州の学校・生徒・教員数(2008年) (括弧内は単位)

	学校種		学校数(校)	生徒数(人)	教員数(人)
州立学校	初等学校		934	309,683	19,956
	中等学校		177	172,116	13,424
	初等中等学校		92	※1	※1
	特別支援学校		47	※1	※1
	州立学校合計		1,250	481,800	33,380
私立学校	カトリック系	初等学校	195	73,250	4,073
		中等学校	63	51,460	4,006
		初等中等学校	25	※	※
			6	※	※
	カトリック系合計		289	124,710	8,079
	独立学校系	初等学校	37	50,662	3,057
		中等学校	10	51,441	4,449
		初等中等学校	121	※1	※1
		特別支援学校	6	※1	※1
	独立学校系合計		174	102,103	7,506
	私立学校合計		463	226,813	15,585
総計			1,713	708,613	48,964

※の生徒数と教員数は、初等学校、中等学校の人数にそれぞれ含まれる。
出所:MCEETYA (2008), *National Report on Schooling in Australia* 2008他により筆者作成。

suburb)の学校は増加の割合が大きく、逆に、都市部や遠隔地では減少傾向が見られる。遠隔地は小規模校が多く、特に初等学校では全校生徒が25人以下という学校も少なくない。州立学校の半数以上が地方(rural / regional)あるいは遠隔地(remote)にあり[25]、教員が一人で運営する学校(one-teacher school)も100校以上ある[26]。

就学開始年齢は6歳(6月30日時点)で、15歳までが義務教育期間である。就学前教育は義務ではないが広く実施されており、2007年からはすべての州立初等学校で全日制の就学前教育が提供されるようになった。初等教育は第1学年から第7学年まで、中等教育は第8学年から第12学年までとなっている[27]。初等教育と中等教育は分離して実施されるのが一般的だが、両者を一貫して行う学校もあり、特に私立学校には一貫校が多い。中等教育は、第

10学年までの前期中等教育段階と第11学年および第12学年の後期中等教育段階に分けられ、第10学年までが義務教育となる。ほとんどの学校が男女共学だが、別学を実施する学校もわずかにある。また、都市部などでは通学区域を設定している学校や、区域内の生徒を優先的に受け入れる学校もあるが、学校は基本的に各家庭が選択する。

学年は1月下旬あるいは2月上旬に始まる。4学期制を採用し、各学期(term)は約10週間で、学期の始まりと終わりは年度によって異なる。学校は週5日制で、年間の授業日数は約200日である。1クラスの最大生徒数は、義務教育課程が28名、後期中等教育課程が20名とされている。初等学校では主に学級担任が授業を行い、中等学校は教科担任制である。また、保護者が宗教教育を希望する場合、希望する生徒を対象に各宗派の聖職者等による宗教の授業を実施することができる。

州立学校の学費は無償である。教科書も学校から貸し出される。ただし、特別な教材や行事などにかかる費用は保護者が負担する。そのため経済的支援を必要とする生徒に対する様々な支援がなされている。

(2) 教員

クイーンズランド州の初等・中等学校にフルタイムで就業している教員(teaching staff)は4万8,964人(2008年)で、州立学校の教員が全体の70％を占めている。女性教員が多数を占め、初等学校では男性教員の3.9倍、中等学校では1.4倍である。州立学校教員1人当たりの生徒数は初等学校で15.5人、中等学校で12.8人が平均である[28]。

州立学校の教員は州教育省が採用する。統一した試験は行っておらず、現職教員が応募者の面接審査を行い、審査結果に基づいて地方教育事務所が採用を決定する(第2章で詳述)。教員の雇用はフルタイムの終身雇用(permanent full-time)、パートタイムの終身雇用(permanent part-time)、フルタイムまたはパートタイムの期限付き雇用(temporary)、臨時的雇用(casual)の四種類に分けられる[29]。新規採用は欠員に応じて行われるが、年間の採用は終身雇用が約1,500人、期限付き雇用が約3,500人である。

教員の職務は細分化されている。校長、副校長の他に、主任教員(Head of Department)、教科担任、クラス担任、専門教科教員、学年コーディネーター(Year Coordinator)、生徒指導担当(Behavior Management Teacher)、図書館司書(Teacher Librarian)などがある。また、養護教諭(School-based Youth Health Nurse)、臨床心理専門カウンセラー（Guidance Officer）、青少年支援担当(Youth Support Coordinator)、地域連携担当(Community Liaison Officer)、留学生担当(International Coordinator)なども配置されている。補助教員(Teacher Aid)も多数採用されている。さらに、先住民コミュニティカウンセラー（Indigenous Community Education Counselor)が州全土で100人以上配置され、学校と先住民コミュニティの連携を担っている。なお、教員は基本的に授業のみを担当し、事務的な管理運営(administration)業務は事務職員が行う。だたし、校長と副校長は両部門に関わり、教職員全体を管理する。

(3) 教育行政

クイーンズランド州の教育全般を規定する法律は「2006年教育法(Education [General Provisions] Act 2006)」であり、教育は教育訓練芸術省(Department of Education, Training and Art、以下、教育省)が管轄している(2008年現在)。学校教育は教育庁(Department of Education)の管轄であり、教育庁はさらに複数の内部部局に分かれている。州立学校は教育局(Education Queensland)の管轄である[30]。表1-2は教育局の管轄区分を示している。州全土が10の地方教育行政区に分けられ、さらに26の地区教育行政区に細分化されている(地図)。前者は主に教員の採用人事を管轄し、後者は地区内の学校運営全般を管轄している[31]。

学校教育に関わる重要な機関として、教員登録を管轄する機関(Queensland College of Teachers、以下、教員登録機関)とカリキュラムを管轄する機関(Queensland Studies Authority、以下、学習局)が設置されている。いずれも法律上の権限を有する独立した機関(statutory authority)であり、政府の統制を受けることはなく、自立した運営を行っている。前者は現職教員、教員養成を行う大学の教員、教員組合の代表など多方面にわたる教育省関係者で構成され、教員登録、教

表1-2 州の教育行政区分と州立学校数（2008年）

＊	地方教育行政区	地区教育行政区	学校数
1	ファーノースクイーンズランド	ケアンズ臨海・テーブルランド・ジョンストン・トレス海峡・ケープ	100
2	ノースクイーンズランド	マウントアイサ・タウンズビル	97
3	フィッツロイ・セントラルウェストクイーンズランド	セントラルコースト・セントラルクイーンズランドセントラルウエスト	122
4	マッカイ・ウィットサンデー	マッカイ・ウィットサンデー	74
5	ダーリングダウンズ・サウスウェスト	ローマ・ダウンズ・トゥーンバ・ワーウィック	172
6	ワイド・ベイ＝バーネット	ワイドベイノース・ワイドベイサウス・ワイドベイウエスト	142
7	サンシャインコースト	サンシャインコーストノース・サンシャインコーストサウス	114
8	グレーターブリスベン	ブリスベンセントラルウェスト・ブリスベンノース・ブリスベンサウス・ノースイーストブリスベン	213
9	モレトン	モレトンイースト・モレトンウエスト	104
10	サウスコースト	ゴールドコースト・ローガン＝アルバート／ボーデセール	112
	学校総数		1250

＊地図上の番号。

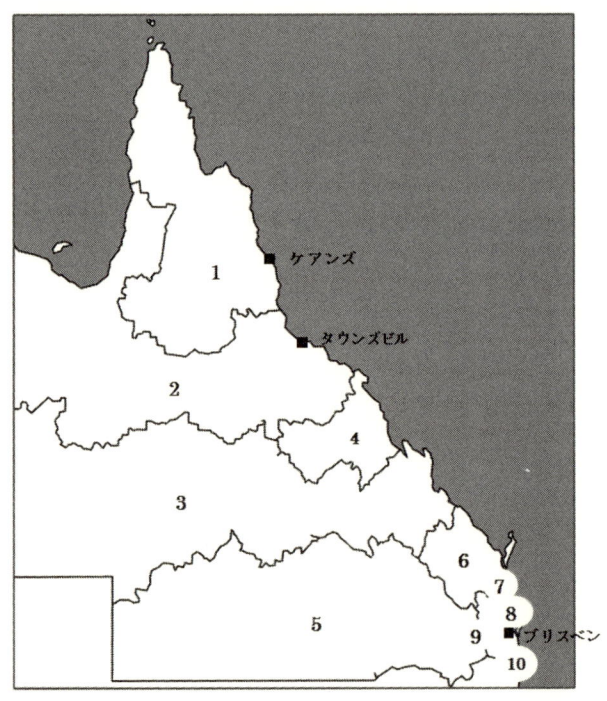

出所：Queensland Government, Report and Statistics (2008) *Queensland State School and Student Count* により筆者作成。

員養成プログラムの認定と更新、教員倫理の向上などに関する業務を行っている(第2章で詳述)。後者は、就学前教育から後期中等教育までを管轄し、各教科のシラバスや資料、教員研修、評価、テスト、高等教育への進学、各教育段階の修了証明書、職業教育などに関する責任を有し[32]、現職教員、教職員組合関係者、高等教育機関の教員などが業務を担っている。なお、両機関は州立学校、私立学校のいずれにも関与している。

(4) 教育内容と方法

　オーストラリアでは連邦レベルの全国学校教育目標が示されている。しかし、法的拘束力はない。学校教育はすべて州政府の管轄であり、クイーンズランド州でも、州教育省が策定する教育政策に則って実施されている。義務教育段階では全国学校教育目標で示される8教科(英語、算数・数学、理科、社会、技術、芸術、保健体育、英語以外の言語)が必修となっており、リテラシー（literacy）やニューメラシー（numeracy）などの基礎学力が重視されている。後期中等教育段階の生徒はビジネス、科学、デザイン、工学、人文、芸術、観光、ホスピタリティー、外国語など多様な科目から各自の進路に合わせて履修科目を選択する。カリキュラムは学習局のシラバスに基づいて編成されるが、各学校の裁量権が広く認められており、シラバスの運用は緩やかである。それゆえ、学校は地域や学校のニーズ、生徒の興味関心や能力等に応じてカリキュラムを柔軟に編成し、独自の科目を設定することもできる。

　授業の進め方や使用する教材、教具なども教員の裁量に委ねられており、習熟度別学習も広く実施されている。職業教育もさかんで、大学や専門学校と連携して在学中に様々な資格が取得できる職業プログラムが90％近い中等学校で実施されている。

　学級は同年齢で構成されるのが一般的であるが、異年齢集団による縦割りの学級編成も珍しくない。第12学年までは基本的に年齢に応じて進級するが、保護者の希望により原級留置も可能である。授業は午前9時ごろに始まり、午後3時頃に終わる。部活動などは行われず、授業が終了するとほとんどの生徒はすぐに帰宅する。登下校は保護者の送迎かスクールバスの利用が

多い。放課後はスポーツなど学校外の社会教育活動に参加する生徒が少なくない。

クイーンズランド州は西オーストラリア州に次いで広い面積を有し、遠隔地が多く存在するため、通信技術を活用して遠隔教育を提供する施設を州内の7か所[33]に設置し、インターネットや無線を利用した教育を実施している。対象は遠隔地に住み通学が困難な生徒のほか、移動労働者の家族、在宅就学者、入院中の者、再教育希望者などである。

3　州の教育改革
(1)　クイーンズランド州の教育改革

州ごとに教育制度が異なるオーストラリアでは近年は全国的統一性を追求する動きが強まっている[34]。10年ごとに全国学校教育目標が示されていることもその一端である。また、連邦教育省による全国的な教育重点項目も示されている[35]。こうした連邦レベルの動きと並行して、クイーンズランド州では1990年代後半から州の経済発展をめざす改革と連動して、基礎学力の向上や中等教育修了率の向上を目指す教育改革を実施している。州では1990年代半ば頃からリテラシーやニューメラシーなどの基礎学力の低下[36]、第12学年の残留率や修了率の低下、州立学校への進学者の減少といった学校教育に関わる問題が深刻になり始め、これらに対応するためにも改革の必要性が認識されるようになった。州政府は、オーストラリアの中で同州を最も刷新的かつ活力ある社会にすることを目指し、特に科学技術の分野の人材育成と、すべての生徒の学業達成に力を入れている。青少年が社会で生きていくために必要な知識や技能を学校教育で確実に修得し、社会に貢献できる人材となることが州の発展につながるからである。

改革の重要な柱のひとつが2010年を目標に進められてきたプロジェクト「クイーンズランド州の教育2010 (Queensland State Education 2010) (以下、QSE 2010)である。同プロジェクトの最大の目標は、1998年時点で68%であった州立学校の第12学年修了率を2010年までに88%まで向上させることである。2000年に発表された同プロジェクトに関する政策文書[37]には、社会

の変化に対応する学校教育の重要性が述べられ、重点項目も示されている。例を挙げると、子どもたちの学力を向上させ、社会に貢献できるオーストラリア市民を育成すること、また、彼らが社会の一員として政治経済活動に積極的に参加できる素地を養うこと、変化する社会に柔軟に対応し、オーストラリア内外の様々な文化集団との関係構築に貢献できる人材を育成すること、多文化社会の中で自己の文化を維持しながら他者の文化も尊重し、オーストラリア人としてのアイデンティティを形成することなどである。そこには、グローバルな価値が重視される中で、ローカルなアイデンティティ形成も重要であり、学校はオーストラリアの文化や伝統を保持し、国家の文化的アイデンティティを形成するための重要な役目を担っているという認識がうかがえる[38]。そして、それを達成するためには、学校教育においても多様性を尊重し、多文化主義の理念である社会的公正をカリキュラムに組み込むことが求められている。

　QSE 2010に続いて州政府は、「将来に向けた教育と訓練の改革(Education and Training Reform for the Future)（以下、ETRF)を2002年に開始した。これはQSE 2010と連結する改革プロジェクトであるが、QSE 2010が州立学校に関わる改革であるのに対して、ETRFは州の青少年全体に関わる改革であり、QSE2010よりも広範囲にわたるものである。ETRFでも、第12学年の残留率および修了率の向上は重要な目標である。2002年時点のクイーンズランド州では15歳から17歳の若者の約5％が就学も就業もしていないいわゆる「ニート」(NEET)あった。そこで、17歳までのすべての青少年に教育と訓練を受けさせ、社会で生きていく上で必要な知識や技術を確実に身につけさせることがETRFの目標とされた。「州で最も貴重な財産は子どもたちであり、教育によって州の将来は豊かになる[39]。」という州首相(Beattie, P. 当時)のことばに見られるように、改革の目標は教育の質を向上させ、すべての子どもに最高の教育を提供することによって彼らの可能性を最大限伸ばし、州の発展に貢献できる人材を育成することである。

　ETRFでも多様性への対応とインクルージョンが重視されている。若者の中にはその生育歴、知識や技能、学習能力、貧困、地理的条件などによ

り社会の周縁に追いやられ、その結果、教育上の不利益を被る者がいるため、そうした生徒のニーズに応え、支援環境を整える必要があるからである。2003年以降出されている改革の5カ年計画で、特に2006年から2010年の計画には文化的・言語的に多様な生徒、先住民生徒、障害を持つ生徒の参加と教育成果の向上[40]が重点目標とされていることなどにも多様性が重視されていることがうかがえる。

(2) 教育改革による学校教育の新たな流れ

　以上見てきたように、クイーンズランド州ではすべての子どもに卓越した教育を提供して学力を向上させ、第12学年の修了率を高めることを目指す改革が実施され、2000年以降教育に関わる新たな政策や法律が次々に施行されている。たとえば、2007年から就学開始年齢が6ヶ月引き上げられるとともに[41]、すべての州立初等学校で就学前教育が全日実施されるようになった。これは就学年齢の全国的統一を目指す連邦レベルの動きに呼応したものでもあるが、幼児教育から初等教育段階への円滑な接続がその後の成長に大きく影響することが研究の結果明らかにされ、州政府も低年齢教育の重要性を強く認識するようになったからである。また、学校教育を低学年段階(junior phase)、中学年段階(middle phase)、高学年段階(senior phase)[42]に区分し、発達段階に応じて行うことが重視されるようになり、各段階のカリキュラムが開発されている。特に、心身共に大きく成長する中学年段階の教育が重視され、教員養成においてもこの段階に特化した養成を行う大学が増えている。さらに、就学義務が強化され、2006年度からは「青少年教育訓練参加法(Youth Participation in Education and Training Act 2003)」の施行により、中等教育段階の年齢にある生徒は第10学年を終了するか、16歳に達するまで就学するかのいずれかを選択することが義務づけられた。また、2007年度からは「学習就業政策('learning or earning')」により、義務教育終了以降も18歳になるまでは、学業を継続するか、就業するかのいずれかを選択しなければならなくなった。

　QSE2010では多様な背景や教育的ニーズへの対応を重要な柱とし、学校教育における社会的公正とインクルージョンを推進している。学校には多様

な背景を有する生徒が就学し、それぞれ異なるニーズを抱えており、彼らの将来を確実にするために、学校では多様性が不利に働くことを抑え、生徒の将来を見通したカリキュラムを提供して、すべての生徒が学業を達成する必要があるからである[43]。そして、コミュニティの実情に適した方法で教育活動を実施し、個人的背景や境遇、人生の出発点の状況に関わりなく、すべての生徒が学校教育を受ける機会を享受し、完全なる参加を成し遂げ、教育の成果を最大限に高める必要がある。また、オーストラリア多文化主義の原則をカリキュラムに組み込み、社会的公正の観点から個々の生徒の背景や教育的ニーズに対応する必要もある[44]。

　なお、これらを実現するための柱としてQSE2010では新たな支援モデルの開発、新カリキュラムの実施、教職員による新たな知識・技能の修得、および教育の質の向上が重点項目として設定された。支援モデルの開発に関しては、予算の拡大や学業達成の管理などに関わる政策が策定され、教員が生徒のためにより多くの時間を費やせるようにすることが目指されている[45]。また、社会的公正の実現に向けて「ターゲット・グループ」に対する支援プログラムを充実させる政策 (a new deal on equity) も策定された。同政策では、①教育の水準と内容に関する先住民との合意、②生徒の教育的ニーズに対する広範かつ多様なサービスの実施、③障害を有する生徒への公正な対応、④学校を中退する可能性のある (at-risk) 生徒に対する方策の4項目が柱となっている。また、時代に合ったカリキュラムの実施に向けて、「新基礎プロジェクト」(New Basics) と呼ばれる新たなカリキュラムフレームワークが開発された。これは、グローバル化による社会の急速な変化に対応するためのカリキュラム、教授法、評価の3領域を統合させた教授・学習のフレームワークであり、多くの学校で採用されている。さらに、QSE2010を成功させるためには、学校教育を直接担う教員に負うところが大きいという認識から、教員には州の教育政策の意義を理解し、その取り組みに専心すること、生徒の学業を最大限に達成させるための資質・能力を向上させること、そして、自らが学校の支援者となることが求められている。また、コミュニティのニーズに応えうる専門的な能力を有し、生徒の社会的発達に必要な自らの役割を確実

に果たすことも必要とされている[46]。さらに、教員の資質・能力は、養成段階で形成するとともに、現職研修においても向上を図る必要があるという認識から、現職教員の職能成長のためのスタンダード(Professional Standards for Teachers: PST)（以下、「教職スタンダード」）[47]が策定され、現職研修で幅広く活用されている。

4　学校教育と社会的公正

　社会の多様性を反映して、州内の学校に在籍する生徒の背景も多様化している。州立学校の生徒約48万人のうち、英語を母語とせず特別な指導を必要とする生徒は1万2,000人以上おり、そのほとんどが移民や難民生徒である[48]。また、先住民生徒[49]の中にも英語を母語とせず、アボリジニ英語やトレス海峡クレオール[50]を話す生徒が少なくない。しかし、学校の授業はオーストラリア標準英語(Australian Standard English)で行われるため、英語を十分に理解できない生徒にとっては授業や試験の内容を理解するのが困難であることは想像に難くない[51]。特に、先住民生徒の第12学年残留率[52]は54.3％(2006年)で、全生徒の平均(80.2％)を大きく下回っている[53]。

　障害のある生徒は州全体で約1万8,000人いる。このうち約3,000人は障害のある生徒のための学校(special school)（以下、特別支援学校）に在籍している。それ以外は通常学校に在籍し、そこに設置された特別支援教育のユニットやクラス、あるいは特別プログラムで学習しているが[54]、障害のある生徒は、学習面をはじめ、運動機能や日常生活、コミュニケーション活動などにおいて教育的ニーズを多く抱えている。

　また、広大な面積を有する州の特性から、州立学校の半数以上が農村部あるいは遠隔地にある。約30％の生徒が遠隔地に居住しており、他州に比べるとその割合は大きい[55]。遠隔地では自然環境やコミュニティの状況、住民の生活様式など地域間の差異が大きいため、生徒のニーズはそれぞれに異なる。学校では複式授業により十分な教育が提供されないことが多く、教員の赴任希望が少ないためにベテラン教員が不足し、教員の異動サイクルも早い。さらに、地理的条件から学校に通うことが困難なため、親元を離れて生

活することを余儀なくされている生徒や、自宅で無線やコンピュータを使用した遠隔教育しか受けられない生徒もいる。地域差は後期中等教育(第12学年)の修了率[56]にも表れている。**表1-3**は各州の第12学年修了率(2007年)を地域別に示したものである。多くの州で地方や遠隔地に住む生徒の修了率は都市部の生徒に比べると低く、男子生徒の場合は特に低いことが確認できる。クイーンズランド州では、遠隔地に居住する生徒の男女を合わせた修了率は62%で、都市部(67%)や農村部(64%)に比べるとやや低い程度であるが、男子のみに着目すると54%であり、都市部の63%を大きく下回っている[57]。

　社会経済的側面を見てみよう。先述のように、クイーンズランド州でも経済的格差が広がり続けており、家庭の経済状況から適切な教育を受けられず、不利な状況に置かれる生徒が増加している。そして、**表1-4**が示すように社会経済的に低い階層になるほど第12学年修了率は低くなっている[58]。クイーンズランド州の教育改革で指導的役割を果たしているルーク(Luke, A)は、州内の家庭の4分の1が貧困ライン(poverty line)以下にあり、州民一人当たりの平均収入は他州に較べて少ないと報告している[59]。また、オーストラリア社会における経済的格差の広がりが学校教育に及ぼす影響はクイーンズランド州でも顕著に見られ、ブリスベン市内でも家庭の経済状況により、教育への

表1-3　各州の地域別第12学年修了率(2007年)　　(単位：%)

	都市部			農村部			遠隔地			計		
	男子	女子	計	男子	女子	計	男子	女子	計	男子	女子	計
NSW	65	74	69	54	69	61	57	79	67	62	73	67
VIC	61	74	67	52	70	61	61	94	77	59	73	66
QLD	63	71	67	57	72	64	54	71	62	61	72	66
SA	61	76	68	47	74	59	41	82	60	57	76	66
WA	53	77	70	58	79	68	51	81	65	62	77	69
TAS	56	64	60	44	56	50	33	59	45	49	60	54
NT	-	-	-	39	48	43	17	22	19	28	35	31
ACT	73	78	76	-	-	-	-	-	-	73	78	76
計	63	74	68	53	70	61	43	62	52	60	73	66

注：数字のない欄は、統計数値なし。
出典：MCEETYA (2007) *National Report on Schooling in Australia 2007* により筆者作成。

表1-4　各州の社会経済的階層別第12学年修了率（2007年）　　（単位：%）

	都市部			農村部			遠隔地			計		
	男子	女子	計	男子	女子	計	男子	女子	計	男子	女子	計
NSW	57	69	63	58	69	63	74	82	78	62	73	67
VIC	50	65	57	54	70	61	73	83	78	59	73	66
QLD	55	68	61	60	71	66	69	76	73	61	72	66
SA	46	68	57	59	78	68	76	87	81	57	76	66
WA	52	68	60	56	74	65	71	85	78	62	77	69
TAS	41	53	47	56	67	61	68	74	71	49	60	54
NT	13	18	15	45	50	47	-	-	-	28	35	31
ACT	-	-	-	-	-	-	73	78	76	73	78	76
計	52	66	59	57	71	64	72	82	77	60	73	66

注：数字のない欄は、統計数値なし。
出典：MCEETYA (2007) *National Report on Schooling in Australia 2007*.

アクセスが二極化していることが明らかになっている[60]。産業構造の変化により雇用状況が変化していることが要因のひとつとされるが、これまでも主要経済から取り残されることが多かった遠隔地だけでなく、都市近郊地域においても貧困が拡大している。それゆえ、社会経済的に不利な状況に置かれている子どもたちにとっても社会的に公正な学校教育を実施することが課題となっている[61]。

　課題解決のためには制度面からの対応が必要である。学習は個人的経験のプロセスだが、教育は社会化のプロセスであり、制度を通して行われる。そして、教育の重要な場である学校は社会の秩序維持を推進する機能も果たす。社会の秩序を維持するためには差異や多様性の影響を抑えることも時に必要であろう。それゆえ、学校教育において社会的公正を実現する上で重要なことは、差異や多様性をどこまで認めるかを明確にした上で、状況を見極めながら公平性を推進することである[62]。

　ここで、クイーンズランド州の学校教育における社会的公正の概念を図で示しておきたい(図1-2)。学校教育における社会的公正とは、「ターゲット・グループ」を含むすべての生徒に対して、教育への平等な「アクセス(access)」と「参加(participation)」を促し、教育の「結果(outcome)」に関してもこれが平等

に得られるよう公平性を保証することである。それによって生徒が平等に社会参加でき、社会で生きていくための可能性を最大限に伸ばすことができる[63]。クイーンズランド州教育省も公平性を「不利益を是正し、ニーズに対応し、偏見を取り除き、支援を提供することによって、すべての生徒が教育に参加し、学習成果を達成するために必須のもの」[64]と認識しており、公平性を重視する教育活動を推進している[65]。すなわち、教育における社会的公正は「結果の平等」を要請する原理であり[66]、すべての生徒について平等な「結果」が実現されなければ社会的公正が達成されたことにはならない[67]。ただし、ここで言うところの「結果」とは、生徒がすべて同じ水準に到達することを意味するものではない。教育に求める「結果」は個人によって異なり、教育の目標は多様に設定されるべきであろう。

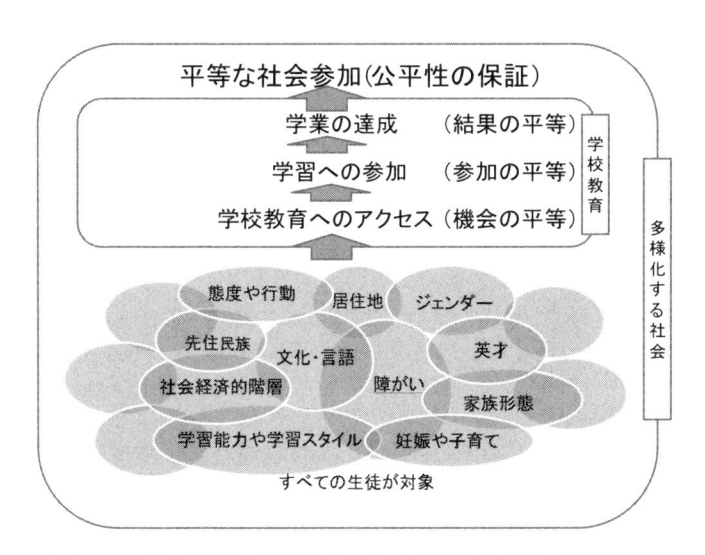

図1-2 クイーンズランド州の学校教育における社会的公正の概念図（筆者作成）

第2節　学校教育と教員の資質・能力

本節では、統計資料を用いてオーストラリアにおける教員構成の実態を把握し、さらに、各種の調査結果から教員の資質・能力とその形成に関してど

のような課題が見出されるかを分析する。また、教員の資質・能力の向上に向けた近年の政策についても検討する。

1 オーストラリアの教員

　教員(teaching staff)に関する統計調査はほとんどが全国規模で実施されており、州レベルの調査資料は少ない。しかし、全国調査の結果には各州の状況が反映されており、全国的な統計結果から州の教員構成を類推することは可能である。

　表1-5は、オーストラリア各州の教員数を示したものである。2008年現在、オーストラリアには公立、私立の学校合わせて約24万人の教員がいるが[68]、その分布はオーストラリアの人口分布に比例し、ニューサウスウェールズ州が最も多い。また、多くが大陸の東海岸を中心とする都市部に集中し、人口の少ない農村部や大陸内部の遠隔地などは少ない[69]。

　表からもわかるように、男女別では女性教員が全体の3分の2を占め、特に初等学校では圧倒的に女性教員が多い(79%)。中等学校でも半数以上が女性である。なお、女性教員の占める割合は年齢が低くなるほど大きい[70]。

　教員の平均年齢は43歳で、年々高齢化傾向にある。45歳以上が約半数を占め、30歳以下は初等学校で18%、中等学校で16%である。一方、50歳以上の教員は初等学校で31%、中等学校で33%を占めており、1999年の調査時(18%)に比べると大幅に増加している。この年代の教員は今後10年

表1-5　オーストラリア各州の教員数(2008年)　　　(単位：人)

		NSW	VIC	QLD	SA	WA	TAS	NT	ACT	計
初等学校	男	6,958	5,830	5,491	2,285	293	570	324	341	24,492
	女	31,238	23,637	21,595	7,670	10,839	2,271	1,505	1,730	100,485
	計	38,196	29,467	27,086	9,956	13,532	2,840	1,830	2,070	124,977
中等学校	男	17,699	13,698	9,113	3,714	5,149	1,295	502	919	52,088
	女	22,987	19,590	12,354	4,330	6,531	1,681	786	1,372	70,041
	計	40,685	33,288	21,879	8,043	11,680	2,976	1,288	2,291	122,130
計		78,882	62,754	48,964	17,999	25,212	5,816	3,117	431	247,106

出典：MCEETYA (2008) *National Report on Schooling in Australia 2008*；Australian Bureau of Statistics (2008), *Schools Australia 2008* により筆者作成。

間で多くの退職が見込まれることから、この先は新たな教員の採用が必要となる。男女別の年齢を見ると、男性教員は女性教員に比べると平均年齢が高く、また、中等教員は初等教員より高齢化が進んでいる。地域別では、遠隔地の教員の平均年齢は39歳で、大都市や地方都市よりも5歳程度若い[71]。

最終学歴は学士が最も多く、約8割が教育学の学士またはオナーズ[72]を取得している。初等教員の4割、中等教員の8割は教育学以外の分野でも学位あるいは資格を取得している。ほとんどがオーストラリアで教員資格を取得しており[73]、海外で資格を取得した教員は、初等教員では4％、中等教員では7％とわずかである[74]。また、多くの教員が都市部の大学の出身である。

教員の8割以上はオーストラリア生まれである。海外出身の教員については英国やニュージーランドなどほとんどが英語圏の出身である。それゆえ、教員の大多数は英語母語話者であり、親の両方あるいはどちらか一方が英語を母語としない者は1割にすぎない。また、海外生まれの教員のうち6割以上はオーストラリアに20年以上居住している。先住民教員はわずか1％である[75]。

雇用については7割から8割が終身雇用で、残りは期限付き（temporary）あるいは臨時的（casual）雇用である。雇用形態は基本的に教員個人の選択であるが、希望する形態で作用されない者もいる。特に20代の若い教員にはその例が多い。また、8割がフルタイム勤務であるが、終身雇用、期限付き雇用いずれであってもフルタイムとパートタイムの勤務が可能であり、自分のライフスタイルに合わせて選択することができる[76]。

2　教員の資質・能力とその形成―現状と課題―

教員の資質・能力とその形成に関する調査は多数実施されており、教員養成プログラムの有効性や課題などが明らかにされている。本節では連邦政府が実施した3つの調査から、オーストラリアでは教員の資質・能力や教員養成に関してどのような課題が見られるかを分析する。

最初に取り上げるのは、2002年に連邦教育省が実施した初任者研修に関する調査報告書[77]である。調査対象は教職1、2年目の教員697人とその指

導教員380人である。初任教員の職務上のニーズを把握するとともに、初任教員に対してどのような支援が行われているかが調査され、養成段階から現職研修への移行を効果的に行うための方策を明らかにすることを目的に行われた。その中で、教員養成プログラムの有効性についても調査されている。**表1-6**は結果の一部である。

プログラム全体については5段階で回答が求められ、結果は、非常に満足(12.9%)、満足(31.7%)、普通(36.1%)、やや不満(15.0%)、非常に不満(4.3%)となっている(括弧内は回答の割合)。何らかの不満を感じている者が20%近くいるが、プログラムにはおおむね満足している様子が見られる。しかし、項目別に見ると分野によっては改善が求められるものが少なくない。たとえば、授業計画や教授・学習に関しては効果が見られるという回答が多いが、校務分掌や課外活動の指導、成績通知、保護者とのコミュニケーションなどについては6割以上の教員が効果はあまりないと回答している。また、時間の管理やストレス処理などについても効果が少ないという回答が多く、授業以外の面で困難を感じている教員の多いことが推察できる。また、障害のある生徒のインクルージョンや態度行動面の指導(behavior management)なども効果的でないとする者が3割以上いることから、インクルーシブ教育が推進され、教室内で障害など生徒の多様な教育的ニーズに対応する必要性が高まっていることが推察できる。

同調査で大きな問題として挙げられているのが「リアリティ・ショック(Reality Shock)」である。「リアリティ・ショック」とはこれまでに経験のない現実に直面し、自分の認識とかけ離れていることを感じて受ける精神的衝撃のことである[78]。職務による重圧、仕事量の多さ、孤立感、理想と現実の落差、新任研修の不十分さなどが関係していると言われるが[79]、教職について間もない初任教員の多くがこれを体験しており、その結果離職する者も少なくない[80]。クイーンズランド州の調査では、1995年から1997年の3年間で20%の初任教員が5年以内に離職しており、「リアリティ・ショック」との関係が大きいと言われている[81]。「リアリティ・ショック」を減らすためには初任教員の支援も重要であるが[82]、同時に、養成段階のうちに現場の実態を

表1-6 初任教員による教員養成プログラムの評価　　（単位：％）

	効果的	やや効果的	普通	効果少ない	効果なし
授業計画	39.2	35.5	16.5	5.3	3.4
効果的な教授・学習方法	23.4	40.8	25.5	8.0	2.4
特定の教科の教授方法	20.5	36.1	26.7	10.6	6.2
生徒の学習計画	15.6	39.0	28.5	13.8	3.1
多様な学習ニーズへの対応	17.4	31.8	27.7	17.4	5.7
系統的な学習プログラムの開発	17.1	29.5	28.5	17.3	7.5
動機づけ	12.8	28.3	34.9	16.7	7.2
学習プログラムの評価	13.9	27.9	31.8	18.8	7.7
生徒の評価	11.8	28.9	28.7	19.1	11.5
コンピュータの活用	15.3	22.9	28.9	18.6	14.2
態度行動面の指導	11.4	24.6	28.0	23.0	12.9
障害のある生徒のインクルージョン	11.6	21.5	29.3	22.0	15.6
時間の管理	9.7	17.9	30.1	21.3	20.9
各種記録の管理	7.0	17.0	28.4	28.3	19.4
保護者とのコミュニケーション	4.1	7.5	23.2	26.9	38.2
成績通知	4.6	7.1	21.9	28.1	38.3
ストレス管理	3.4	8.6	21.1	27.3	39.6
課外活動の指導	2.8	8.1	22.3	28.6	38.2
校務分掌	2.8	5.4	22.7	25.9	43.2

出典：Department of Education, Science and Training（2002）*An Ethic of Care, Effective Programs for Beginning Teachers*, p.134.

十分に理解しておくことも重要であろう。

　学校長による教員の評価も行われている。『オーストラリアの教員2007 (*Staff in Australian Schools 2007*)』[83]では、初等、中等教員とスクールリーダー（学校長および副校長）に対する調査が行われ、その中で学校長による初任教員の評価が行われている(表1-7)。表からも明らかなように、教科に関する知識理解、新たな概念の修得とその理解に関する知識、効果的な学習指導に関しては、初等、中等学校いずれの学校長も高く評価している。一方、生徒の「差異」の理解と多様性への対応、保護者とのコミュニケーション、学級経営などは、いずれの教員も力量不足と判断されている。多様性への対応、保護者とのコミュニケーションは、先の2つの調査でも力量不足とされていた項目である

表1-7 学校長による教員の評価 (単位:%)

	領域	優秀	優良	普通	不十分	欠如
初等教員	教授専門科目に関する知識と理解	7.0	42.0	43.0	4.0	4.0
	効果的な学習指導	7.0	39.0	43.0	7.0	4.0
	新たな概念の習得とその理解に関する知識	7.0	40.0	42.0	6.0	4.0
	生徒の「差異」の理解と多様性への対応	4.0	21.0	57.0	14.0	4.0
	効果的な学習活動のための学級経営	5.0	28.0	50.0	13.0	4.0
	学習支援のための効果的なフィードバック	4.0	33.0	51.0	8.0	4.0
	教材や資料の効果的な活用	7.0	45.0	41.0	4.0	4.0
	生徒の学習への参加の促進	7.0	42.0	44.0	2.0	4.0
	同僚との協働	9.0	47.0	33.0	3.0	4.0
	保護者とのコミュニケーション	4.0	22.0	53.0	17.0	5.0
中等教員	教授専門科目に関する知識と理解	18.0	59.0	19.0	1.0	2.0
	効果的な学習指導	8.0	49.0	37.0	4.0	2.0
	新たな概念の習得とその理解に関する知識	7.0	51.0	33.0	7.0	2.0
	生徒の「差異」の理解と多様性への対応	4.0	34.0	47.0	13.0	2.0
	効果的な学習活動のための学級経営	4.0	33.0	51.0	10.0	2.0
	学習支援のための効果的なフィードバック	3.0	43.0	46.0	6.0	2.0
	教材や資料の効果的な活用	13.0	54.0	29.0	1.0	2.0
	生徒の学習への参加の促進	6.0	57.0	34.0	2.0	2.0
	同僚との協働	13.0	59.0	23.0	2.0	2.0
	保護者とのコミュニケーション	3.0	23.0	53.0	19.0	3.0

出典:Department of Education, Employment and Workplace Relations (2008) Staff in Australia's Schools 2007, p.118により筆者作成。

ことから、教員養成の改善が求められる分野と言えるであろう。しかし、全般的に見ると、初等教員、中等教員ともに力量不足と判断される教員の割合は少ない。このことから、教員養成プログラムにはある程度の効果が見られると推察できる。

なお、初等教員と中等教員を比較すると、領域によって評価に違いが見られる。たとえば、教授専門科目の知識や教材の活用に関しては、中等教員の方が初等教員よりも高い評価を得ている。このことは、中等学校が教科専門制であるため教科の専門的知識や指導力が初等教員よりも多く求められていることが理由のひとつと考えられる。また、同僚との協働性に関しても、中

等教員の方が評価は高い。これは、初等学校が学級担任制で、ほとんどの授業を担任が行うため、中等教員に比べて同僚性が希薄になるのではないかと考えられる。生徒の「差異」の理解と多様性への対応についても中等教員の方が初等教員よりやや高い評価を得ている。

教員養成プログラムに関しては、連邦教育省が2006年に養成課程最終段階および教職1年目に実施した追跡調査でも類似した結果が出ている[84]。回答者の80%以上が大学の教員養成を肯定的に捉え、有効であったと答えており、特に教育実習の重要性とその効果を指摘する者が多い。しかし、分野によっては養成教育の不十分さが指摘されている。

また、領域別では、6割近くが成績通知(reporting)に関して「非常に不満」と答えており、「やや不満」と答えた者と合わせると9割近くになる。次いで保護者とのコミュニケーションに関しても不満が多く見られ、「非常に不満」「やや不満」を合わせて8割近くにのぼる。この割合は先の2002年の初任教員対象の調査における「効果なし」と「効果が少ない」を合わせた割合(65.1%)より増加しており、教員が以前よりも保護者とのコミュニケーションに困難を感じていることが推察できる。態度行動の指導や特別ニーズ教育も、「不満」と「やや不満」を合わせると5割以上になる。特に、特別ニーズ教育に関しては2002年の調査では約2割であったことを鑑みると、この分野での対応が必要になってきていることが推測できる。態度行動の指導についても2002年(35.9%)より増加している。その一方で、教科に関してはおおむね満足している様子がうかがえる。

第3節　教育政策と教員の資質・能力

本節では、多様性に向けた連邦および州政府の教育政策を時系列に整理し、政策で求められる教員の資質・能力について検討する。

第3節 教育政策と教員の資質・能力

1 連邦レベルの教育政策

(1) 白豪主義時代の移民教育政策

　1901年にオーストラリア連邦が成立すると、白豪主義を採用する連邦政府は「移民制限法(Immigration Restriction Act)」や「帰化法(Nationalization Act)」を制定し、アングロ・ケルト系以外の移民に対する排他的政策を実施した[88]。英語を母語としない生徒も学校では英語の使用を強制され、英語以外の言語による教育は禁止された。しかし、第二次世界大戦により労働力不足が深刻化し、また国防上の対策が必要になると、連邦政府は大量の移民導入計画を実施した。しかし、ヨーロッパでも労働力が不足していたため、オーストラリアの移民政策はアングロ・ケルト系だけでは対応できなくなり、東欧、北欧、南欧、そしてアジアにまで移民の受け入れ範囲を広げざるを得なくなった。そして、これが結果的に移民の出身国の多様化を促すこととなった[89]。1958年にはそれまで移民に課していたヨーロッパ言語による書き取りテストが廃止されたため、英語を母語としない移民が増え、学校でも英語が使えない生徒が増加した。しかし、当時の連邦政府は移民に対する「同化政策」を実施していたため、移民生徒への特別な教育的配慮はなかったと言われている[90]。

　しかし、1960年代半ばになるとこうした連邦政府の「同化政策」に行きづまりが出始める。すなわち、移民の同化が期待したほどには進まず、貧困、不平等、集住化といった様々な問題が表面化してきたのである。これに対しては社会の中に同化政策批判がわき起こり、同時に移民の教育問題に対する関心も高まりを見せ始めた。そうした中で、連邦政府は1971年に初めて移民の生徒のための教育プログラム(Child Migrant Education Program)を実施する政策を策定した。これは州政府に補助金を分配し、第二言語としての英語(English as a Second Language、以下、ESL)教育を行うものである。しかし、その背景にあるのは、移民の最大の教育問題は英語によるコミュニケーションであり、彼らの英語力が向上すれば問題は解決するという認識である。それゆえ、同プログラムは移民の子どもたちの特別なニーズを認めた点においては評価される面もあるが、取り組みはESL教育が中心であり、構造的な変革

とならなかった[91]。

(2) 文化的・言語的多様性に対応するための教育政策
1) 多文化教育政策の展開

　1972年、オーストラリアでは23年続いた保守政権からウィットラムを党首とする労働党に政権が移行した。そして、新政権は移民政策をはじめとする様々な改革によってその後の多文化主義への足がかりを作っていった。1975年には「人種差別禁止法(Racial Discrimination Act)」を成立させ、それまでの白豪主義政策を事実上撤廃した。次期フレーザー政権時の1978年には、『移民に対する到着後のプログラムおよびサービスについての報告(Migrant Services and Programs: Report of the Review of Post-Arrival Programs and Services for Migrants)』以下、『ガルバリー報告』）[92]が出され、連邦政府は報告書の中で提唱された多文化主義を正式に採用し、オーストラリアはここに多文化主義国家としての道を正式に歩み始めた。

　連邦政府は『ガルバリー報告』の勧告をほぼ全面的に受け入れ、学校教育に関しては、移民の子どものためのESL教育、多文化教育プログラム、民族学校に対する援助、多文化問題研究所の設立などを実施した。この中で多文化教育プログラムに関しては、1978年にマクナマラを委員長とする多文化教育委員会が設置され、1979年には『多文化社会のための教育(Education for Multicultural Society — Report of the Committee on Multicultural Education)』（通称『マクナマラ報告』）[93]が公表された。同報告では、学校教育のカリキュラムで必要とされる項目が示されている[94]。それらは、①すべての生徒に、オーストラリアの多様な文化が社会に貢献していることを学習させる一般プログラム、②すべての生徒に、オーストラリアに居住する民族集団の文化や伝統を学習させる特別プログラム、③すべての生徒に、オーストラリア社会を構成する人々の出身国について理解させる国際・異文化理解プログラム、④すべての生徒に、地域で話されている英語以外の言語を学習する機会を与えるコミュニティ言語プログラム、⑤すべての生徒に、英語以外の言語を学習させるバイリンガルプログラム、⑥英語を母語としない生徒に英語を学習させるESL

プログラムである。

　こうして、オーストラリアの学校では多文化教育が広く展開されるようになり、移民生徒のみならず、すべての生徒を対象に多文化教育が実施されるようになった。それによって、オーストラリアが多文化社会であり、移民の持つ言語や文化が社会の財産であることへの認識が社会の中に広まっていった。そして、連邦政府による多文化教育プログラムは1980年代に積極的な展開を見せ、教員の意識を高め、マイノリティの親たちのプログラムへの共鳴、教育行政当局の本腰を入れた取り組みなど成果も認められた。しかし、多文化教育に関する州相互の連絡や調整を行う機関が存在しないこと、多文化教育プログラムの捉え方に相違が見られること、理論的枠組みが不完全であることなどの問題点も指摘された[95]。そして、1986年には連邦政府が多文化教育プログラムへの予算を大幅に削減し、それ以降は各州に主導権がゆだねられることになった。その一方で、連邦政府は新たに「言語に関する国家政策(National Policy on Languages)」[96]を発表し、言語教育が多文化教育から独立して発展していくことになる[97]。

2) 先住民教育政策の実施

　オーストラリア政府は、1960年代から先住民の教育に関しても特別な政策を実施してきた。オーストラリアには18世紀のヨーロッパ人入植以前から多くの先住民が居住していたが、英国政府は彼らの土地所有権を認めず、オーストラリアを英国領植民地としたため、先住民の土地は入植者によって奪われていた。また、保護政策の名のもとに同化政策が実施され、先住民の保護地域に学校を開設して先住民を隔離する教育を実施したり、先住民の子どもを親から引き離して育てる里親制度を実施したりした。

　こうした白人による先住民政策が誤りであったとされ、先住民にオーストラリア人と同等の権利が認められるようになったのは、1967年の国民投票以降のことである。国民投票の結果、憲法が改正され、国勢調査に先住民を含めることが決定されて、先住民が初めてオーストラリア国民として認められることになったのである。その後1976年には、北部準州で「先住民土地

権利法(Aboriginal Land Right Act)」が成立し、先住民の土地所有権が初めて認められた。しかし、先住民の法的な権利が認められるようになったとは言え、貧困、失業、犯罪など先住民が抱える問題はその後も山積している。

連邦政府による先住民政策は1980年代後半以降大きく転換し、政府の主導で教育支援政策が打ち出された。その中心となるのが1989年に策定された「全国先住民教育政策(National Aboriginal and Torres Strait Islander Education Policy)」である。この政策では、①教育に関する意思決定に先住民が参加すること、②先住民が教育サービスを平等に利用すること、③先住民が就学機会を平等に得ること、④先住民が平等かつ適切な教育成果を達成することが目標とされた[98]。先住民に対する取り組みはその後も積極的に行われ、先住民教育の効果を啓発することにも役立った。

1995年には連邦政府と各州の教育大臣で構成される全国教育雇用訓練青少年問題審議会(Ministerial Council on Education, Employment, Training and Youth Affairs、以下、MCEETYA)[99]により「全国先住民教育計画1996年－2002年(A National Strategy for the Education of Aboriginal and Torres Strait Islander Peoples 1996-2002)」が示され、先住民教育に関して7項目の優先計画が示された[100]。同計画では先住民の意思決定をうながし、その上で彼らの教育環境を改善し、その結果として教育サービスの利用や就学を促進させることが目指されている。

1960年代から一貫して実施されている「先住民教育援助計画(Aboriginal Study Grants Scheme、のちにAboriginal Study Assistance Scheme：ABSTUDY)」も先住民の就学率向上を目指す政策であり、これによって先住民生徒の就学率は少しずつ上昇している。しかし、非先住民生徒に比べるとその割合は依然として低く、教育成果に関しても格差が見られる。そのため、MCEETYAは2006年に「オーストラリア先住民教育の方向性2005－2008(Australian Directions in Indigenous Education 2005-2008)」を発表し、①幼児教育、②学校と地域の連携、③スクールリーダーの役割、④教員の資質、⑤訓練・就業・高等教育への進路の5つの領域について具体的な提言を行い[101]、先住民教育を国の主要事業に組み込むことが不可欠であることを明言した。

3) 近年の教育政策

　オーストラリアの多文化主義は文化的・言語的背景に関わりなくだれもが社会において平等な権利を得られる社会的公正を基本理念としており、各州でも社会的公正を重視する教育政策が実施されている。オーストラリアの多文化主義政策において社会的公正が重視されていることは、1987年の政府の報告書『多文化社会における多文化社会のための教育－政策立案のための課題と戦略（Education in and for a Multicultural Society : Jayasuriya Report）』（通称『ジャヤスリヤ報告』）にも表れている。報告書の中では「公正な多文化主義（equitable multiculturalism）」という言葉を使用してこれまでの文化的多元主義の概念が捉え直されており、民族的マイノリティの諸要求への対応をより鮮明に示している。そこにはすべてのオーストラリア人が公平性を享受し、社会的向上を図れるようにするという意味が含まれている[102]。

　さらに、1990年代以降は「包摂（inclusiveness）」の概念[103]が多文化主義の新たな目標に加えられ、学校教育においても「包摂」を実現しようとする動きが強まっている。オーストラリアの多文化主義における「包摂」に関して塩原は、「包摂」という概念を強調することによって、多文化主義の民主主義的側面と、それによる国民統合への貢献という側面が強調されていると指摘している[104]。すなわち、オーストラリアにおいて多文化主義はオーストラリアの構成員やコミュニティを相互に結びつけるものであり、文化的多様性はすべてのオーストラリア人を結びつける力とされている。それゆえ、すべての生徒を学校に受け入れ（包摂し）て、学業を達成させることが、オーストラリアを統合する上において重要であり、また、多文化主義の理念である社会的公正を実現させることになるのである。

　このような政策の動きには、連邦政府や州政府のその時々の政権の影響が大きいことは容易に推察できる。たとえば、1983年に政権を獲得したホーク（Hawke, R.）とそれに続くキーティング（Keating, P.）が首相の座にあった労働党政権の時代は、多文化主義政策の推進、先住民の権利の尊重、環境問題の重視、ジェンダーを含めたあらゆる差別の禁止など社会的公正を重視した政策が実施され、政党の支持基盤である労働者階級のみならず、大都市の知

識層からも支持を得て、経済改革が推進された[105]。一方で、先住民との「和解(reconciliation)」に向けた政策も積極的に実施された[106]。後述する、「公平性のための国家計画」が発表されたのもこの時期である。また、「障害者差別禁止法(Disability Discrimination Act 1992)」や「性差別禁止法(Sex Discrimination Act 1984)」、「人権および機会平等法(Human Rights and Equal Opportunity Commission Act 1986)」など、差別撤廃のための連邦法もこの時期に次々と制定されている。

しかし、1996年にハワード(Haward, J.)率いる自由党が政権を獲得したあと12年間続いた保守連立政権では新自由主義的な経済政策が推進された。ハワード政権下では最低賃金制度の廃止や求職者支援政策業務の民営化などが実施され、所得格差が拡大したと言われている[107]。また、同政権時代にオーストラリアの多文化主義は、社会的弱者のための福祉主義的な支援政策から経済主義的な社会的強者のための政策に変化していったという指摘もある[108]。

その後、2007年の総選挙でラッド(Rudd, K.)率いる労働党が再び政権を獲得すると、新政権はオーストラリア国内の困窮者問題[109]を深刻に受け止め[110]、「社会的包摂対策室(Social Inclusion Unit)」を設置するなど、「包摂」に向けた政策を展開している[111]。また、ラッドは、オーストラリア政府の過去の先住民政策について公式に謝罪するとともに、先住民のための教育、保険、雇用、訓練も「社会的包摂計画」の重要な柱に位置づけている。

なお、社会的公正は学校教育においても実現する必要がある[112]。学校教育における社会的公正が重視されるようになったのは多文化主義を採用した1970年代以降であり[113]、特に、1984年に連邦政府の「参加と公平性プログラム(Participation and Equity Program)」[114]が導入されたことによって、生徒の社会的背景とともに個々の能力や適性に配慮して学校教育への公平な参加を促す取り組みが積極的に行われるようになった。その理念が特に強く打ち出されたのは1989年の「ホバート宣言(The Hobart Declaration of Schooling)」である[115]。「ホバート宣言」では、道徳、倫理および社会的公正に関する判断力を生徒に身につけさせ、積極的かつ知識ある市民として民主的なオーストラ

リア社会に参加できるようにすることを目標のひとつに設定した[116]。また、先住民や移民の文化をはじめとするオーストラリアの文化遺産を理解し、尊重する態度の育成も目標とした[117]。「ホバート宣言」で打ち出された社会的公正を推進するために、1994年にはMCEETYAによって「学校教育における公平性のための国家計画(National Strategy for Equity in Schooling)」（以下、「公平性のための国家計画」）が立案され、その中で教育への参加と成果が低いグループを「ターゲット・グループ」として設定し、優先的な支援を行うこととした。「ターゲット・グループ」とされたのは、①障害のある生徒、②学習困難(learning difficulties)および情緒面や態度・行動面で問題を有する生徒、③先住民生徒、④英語を母語としない生徒、⑤社会経済的に低い階層の生徒、⑥遠隔地に住む生徒、⑦学校を中退する可能性のある生徒である。これらのグループへの対応は各州に広がり、州ごとにも「ターゲット・グループ」が設定された。これら一連の流れから、社会的公正はすべての生徒が対象であるが、その推進のためには特に教育的不利益を被っている生徒に手厚い支援を提供し、格差を是正する必要があるという認識がうかがえる。

「ホバート宣言」から10年後の1999年には「アデレード宣言(The Adelaide Declaration on Educational Goals for Young Australians)」[118]が出された。「アデレード宣言」では8領域の主要教授科目が設定されるなど全国的な統一性が強められたが[119]、それとともに学校教育における社会的公正もさらに重視され、学校教育が生徒にもたらす成果はいかなる差別的要因の影響も受けるべきではないことが強調された。そして、差別的要因の例として文化や民族的背景、言語、ジェンダー、宗教、障害、社会経済的状況、および地理的背景などが挙げられ、ジェンダーや宗教など、「公平性のための国家計画」では言及されなかった要素も含められている。また、先住民生徒が公平かつ公正な教育機会を得られることや、すべての生徒が先住民文化の価値と、先住民のオーストラリア社会への貢献を認め、先住民と非先住民の「和解」に貢献できる能力を身につけるようにすることなど、先住民に関わる教育も一層の充実を求められている。

それからさらに10年後の2008年には「メルボルン宣言(Melbourne Declaration

on Educational Goals for Young Australians)」[120]が発表され、新たな教育目標が示された。そのひとつが学校教育における公平性(equity)と卓越性(excellence)の推進である。同宣言では、すべての生徒が質の高い学校教育にアクセスできるようにし、いかなる要因によっても生徒を差別してはならないと記されている。また、先住民生徒の学習成果を向上させることや、社会経済的に不利な状況が学習成果に影響を及ぼすことがないようにすることも示されている。同宣言には、差別の要因として妊娠や健康状態、ホームレス、難民などが新たに加わっており、多様性の概念が時代とともに変容していることが推察できる。さらに、先住民の文化や経験を学習の基盤に据え、地域のコミュニティと連携して彼らの学習成果を高めること、社会経済的な不利益や障害、ホームレス、難民、遠隔地などの不利な条件が学習成果に影響を及ぼすことがないようにすること、学校教育は社会の団結を強め、文化的、社会的、宗教的多様性を尊重し、その価値を認める社会を作り出すことなども具体的目標として示されており[121]、社会的公正の実現によって国家の統合をさらに推進させようとしていることが推察できる。

　「メルボルン宣言」では目標達成に向けた具体的な行動計画も示された。そのひとつが「先住民生徒と社会経済的に低い階層の生徒の教育成果を向上させること」である[122]。近年の社会経済状況の中で、これらの生徒が特に教育的不利益を被る割合が高くなっているからであり、オーストラリア政府がこれらの生徒に対して教育機会を平等に提供するだけでなく、教育成果についても公平性を重視していることがうかがえる。そして、多文化教育やインクルーシブ教育の実施が公平性の推進につながると認識されている[123]。

　なお、連邦レベルの教育政策で近年特に重点が置かれていることとしては次の2点を挙げることができる。第一は、教員養成に関する全国的統一性である。全国的な学校教育目標を達成するためには、教員の地位や資質の向上に対しても各州が協働で取り組むことの重要性が「アデレード宣言」で示されたことにより、学校教育とともに教員政策に関しても統一性を確立しようとする動きが強まっているからである。統一性に向けた動きの中で重要なもののひとつが「教職専門性スタンダードのための全国的フレームワーク」(以下、

「教職フレームワーク」）[124]である。これは、2003年にMCEETYAにより策定されたもので、教員の資質・能力を示すスタンダードの全国的な枠組みを示すものである[125]。オーストラリアでは州ごとに個別のスタンダードが策定されているが、それらはこの「教職フレームワーク」に則った構成となっている。それゆえ、「教職フレームワーク」は全国的統一性を図る上で重要な役割を果たしている。

　また、1990年代まではクイーンズランド州と南オーストラリア州でのみ実施されていた教員登録制度が2000年以降は他州でも次々に導入され、現在はすべての州で実施され、登録を管理する機関も設立されている。教員登録制度は、教職に就く者すべてに登録を義務づけるもので、教員として一定の水準を満たしていることを社会に対して保証する機能を果たしている。そして、教職を専門職として位置づけてその地位を向上させるとともに、資質・能力を向上させる上でも有効だと考えられている。また、いずれかの州で登録を行っていれば、「相互承認法(Mutual Recognition Act)」により、登録は州を移動しても有効である[126]。その結果、登録制度は全国的な統一性を推進するとともに、州を越えた教員の移動を可能にし、教員の多様性を促進することにもつながっている。

　第二は、教員の資質・能力の向上に向けた予算の投入である。まず、教員養成課程の学生に対する連邦政府の学費支援がある。オーストラリアの大学では、学費を前払いで支払う方法と、在学中は連邦政府が学費を負担し、学生は職に就いてから所得税と一緒にこれを返済する方法がある。学費の負担は4段階に分けられているが、教員養成は看護の分野とともに連邦政府の「優先分野」となっているため、学生の負担の割合は他の分野に比べると少なくなっている。政府は現職研修に対しても多額の予算を投入している。全国学校教育目標を達成するには、教員の資質を向上させるための支援が必須と考えられているからである。その中で、教員の資質・能力と専門性、地位の向上を目的に2000年から実施されている「教員資質向上プログラム(Australian Government Quality Teacher Programme)」は学校現場で幅広く活用されている[127]。同プログラムには全国プロジェクトと州プロジェクトがある。全国プロジェ

クトでは、①教員の資質と地位の向上、②スクールリーダーの資質向上、③研究に基づいた教員とスクールリーダーの資質・能力の刷新、④プログラムの向上の4点を目標に設定し、研究や調査、研修などが実施され、全国的なフォーラムも開催されている。州プロジェクトは、州に配分された予算を使って各州がそれぞれの実情に応じて独自のプログラムを実施するものである。

さらに、2005年には、「教員資質向上プログラム」の一環として、教員およびスクールリーダーの地位と資質、専門性の向上を目的とする研究組織である「ティーチング・オーストラリア(Teaching Australia：Australian Institute for Teaching and School Leadership)」が創設された。これは、政府、採用機関、教員、産業界、専門職団体などで構成される教員のための独立した組織であり、①教員およびスクールリーダーの資質向上、②教職の地位向上、③教員の全国的組織の拡大を3つの大きな柱として、研究活動、研修、優れた教育活動に対する表彰などを行っている。同機関の活動のひとつに「全国教職専門性スタンダード」(National Professional Standards for Teachers)の策定がある。先述のように、オーストラリアではこれまで全国レベルのスタンダードはなく、スタンダードの枠組みを示す「教職フレームワーク」のみが作成されていた[128]。それゆえ、全国スタンダードの策定は教員の資質・能力に関する全国的統一性を促進するとして注目が集まっている[129]。

以上見てきたような連邦レベルの政策を受け、各州も多様性や社会的公正の推進に向けた政策を実施している、以下ではクイーンズランド州の政策について検討していく。

2　州レベルの教育政策

(1)　社会的公正計画

連邦政府が自由党から労働党に政権交代してから6年後の1989年、クイーンズランド州でも1957年から32年間続いていた保守連合政権にかわって労働党が政権を獲得した。長期にわたる保守連合政権の時代、特に1960年代から1970年代にかけてクイーンズランド州政府はニューライトのイデオロギー色が濃い勢力へと変化し、教育政策においても、保守的傾向が強まっ

ていった[130]。しかし、新政権となった労働党は公的機関の「近代化」を掲げ、社会的公正に向けて法律の制定などに積極的に着手した。こうして、クイーンズランド州の労働党政権は、連邦政府の動きに呼応した政策を展開し、それは教育の分野においても同様であった[131]。

クイーンズランド州では1992年に学校関係者の間で社会的公正を実現するための具体的な取り組みに関する検討が行われた。その結果、社会的公正の視点を政策に組み込むための構造改革の必要性が確認され、「社会的公正計画1992-1993 (Social Justice Strategy 1992-1993)」が策定された。同計画では、①非差別的な言語による政策の策定、②政策決定への保護者の参加、③障害を有する人たちの学校への物理的アクセス、④アクセスに関するデータベース、⑤支援を必要とするグループの参加と成果、⑥インクルーシブなカリキュラムの基準、⑦教育経費と予算の策定、⑧人的および物的資源の配分、⑨反人種差別政策、⑩政府内外における部署間の協働、⑪性的ハラスメントに関する政策、⑫社会的公正の原則に基づく就学政策の12項目が要検討事項となった[132]。これらの項目からは教育における社会的公正の複雑性が見て取れよう。

翌1993年にはこれらの検討事項に関連する取り組みが多くの学校で試行された。しかし、その後の調査ではいずれの項目も不十分であることが明らかになり、1994年にはさらなる構造改革を目指して新たな「社会的公正計画1994-1998 (Social Justice Strategy 1994-1998)」が示された。同計画では教育における社会的公正の重要性がこれまで以上に明確に打ち出されており、また、学校現場の実践に焦点を当てたボトムアップのアプローチが採用されている。同計画の戦略的行動領域としては、①インクルーシブなカリキュラム、②支援的な学校体制、③効果的な教授と学習、④公正な資源配分、⑤計画・実施・検討・報告の5領域が示され、政策文書では各領域の具体的な行動計画が示されている[133]。そして、学校での実践に向けた資料も作成されている。なお、「社会的公正計画」で州としての「ターゲット・グループ」が設定されたことは序章で述べたとおりである[134]。同政策は1994年から1998年にかけて策定された政策であるが、州の教育における社会的公正を具体的に示す重

要な政策であり、その後の政策にも引き継がれている。

(2) 教育における文化的・言語的多様性政策

　クイーンズランド州の学校では、1998年に策定された「教育における文化的・言語的多様性政策(Cultural and Linguistic Diversity in Education Policy)」(以下、「文化的・言語的多様性政策」)により、社会の中の多様な文化を包括するカリキュラムが重視され、文化的マイノリティの生徒の教育成果を向上させるとともに、すべての生徒に対して多文化の価値を推し進める教育が実施されている。同政策では、多様な文化的集団に属する生徒の教育への「アクセス」と「参加」、および教育から得られる「結果」を、公正・公平に(equitable and fair)促進させる責任が教育省にあることを明言している[135]。そして、①社会的に公正なカリキュラムを実施すること、②教育関係者が、文化的に包括的なカリキュラムおよび反人種差別教育を実施するための知識や技能を向上させる機会を提供すること、③多様な文化的・言語的背景を有する保護者に対し、学校の教育活動や意思決定に効果的に参加する機会を提供することをアカウンタビリティとして示している[136]。

　「文化的・言語的多様性政策」によってクイーンズランド州政府が目指しているのは、文化や言語の違いから生じる不平等を是正し、公正な教育を行うことである。そのために学校はカリキュラムを再構成して、社会的に公正かつ文化的にインクルーシブなカリキュラムを提供し、生徒が文化的・言語的多様性を尊重するとともに、これを肯定的に受け入れるような教育を行う必要がある。また、マイノリティ生徒の保護者がカリキュラムの構成に関われるよう適切な組織編成を行う義務もある。そして、州政府は生徒の多様なニーズを把握し、対応するための人的、財政的、および物的資本の配置を適切に行わなければならない。なお、「文化的・言語的多様性政策」は、州政府の「差別禁止法(Anti-Discrimination Act)」や連邦政府の「人種差別禁止法(Racial Discrimination Act)」などの法律のほか、「反人種差別政策(Anti-Racism Policy)」、「社会的公正計画(Social Justice Strategy)」など様々な政策と連結している。

(3) インクルーシブ教育政策

多文化教育の推進とともに、オーストラリアでは1990年代の初めごろから各州でインクルーシブ教育が広がりを見せるようになり、これによって社会的公正の実現をめざそうという動きが活発である。その背景には、1992年に成立した連邦政府の「障害者差別禁止法(Disability Discrimination Act 1992)」がある。この法律によって障害者を通常学級から排除することが禁じられるようになったからである。

多文化教育と同様に、インクルーシブ教育は教科として位置づけられるものではなく、また、決まった「形」があるわけではない。教育活動全般にわたる理念であり改革運動である。そして、両者は多様性を尊重し、個々のニーズに応じた支援を行うという点において共通する面が多い。しかし、序章でも述べたように、オーストラリアにおいては多文化教育が基本的には移民などの民族的背景に対応する教育であるのに対して、インクルーシブ教育は、障害のある生徒を通常クラスに統合することから始まり、次第にその他の要素にも広がるようになっている。すなわち、文化的・言語的背景、宗教、信条、価値、ジェンダー、社会経済的状況のほか、学習能力や居住地、怠学や逸脱行動など多様な理由により学校から「排除」されがちな生徒もすべて学校に包摂する教育と認識されるようになってきている[138]。多文化主義の理念である社会的公正を実現し、新たな目標である「包摂」を具現化するためには、学校教育でもすべての生徒を包摂する必要があるからである[139]。

インクルーシブ教育の概念は州によって少しずつ違いが見られるが、クイーンズランド州は上記の多様な要素をすべて包摂する教育として推進している州である。同州におけるインクルーシブ教育も、連邦政府の「障害者差別禁止法」のほか、各種の法律が実施の根拠となっており、特に人権擁護の観点から重視されている[140]。その概念が広がってきた背景にはサラマンカ宣言や多文化主義があるが、生徒の学力を向上させ、後期中等教育修了率の向上を目指す州の改革も大きな推進要因となっている。改革を成功させるためには、障害のある生徒だけでなくすべての生徒が学業を達成する必要があるからである。それゆえ、同州のインクルーシブ教育は「社会的公正計画」や

「文化的・言語的多様性政策」で扱われている多様性の要素をすべて含んでいると考えられる。また、「特別なニーズ(special needs)」から「多様なニーズ(diverse needs)」に表現を変えることで、障害の有無に関わらず一人一人が有するニーズに人々の目を向けさせようとしているという指摘もある[141]。そして、インクルーシブ教育は、特定の者だけが担うのではなく、「教育に関わる者すべてが担うべきもの」[142]である。それゆえ、教育に携わる者すべてがインクルーシブ教育に対する理解を深め、実践に必要な資質・能力を修得する必要がある[143]。

　クイーンズランド州のインクルーシブ教育に関する政策文書で特に重要とされるのは、教育省が2005年に発表した『インクルーシブ教育声明(*Inclusive Education Statement 2005*)』[144]である。同声明には州におけるインクルーシブ教育の理念、基本原則、教育省の果たすべき役割、有効性を判断するための指標、実践において予想される課題とその対応などが示されている。同州のインクルーシブ教育は、「すべての生徒に平等かつ適切な教育の機会を提供し、教育成果を最大限に高める」という州の公教育の価値を反映するものであり[145]、州政府の教育改革とも結びついている。同声明では、州がこれまで培ってきた社会的公正をさらに推進するため、教育のあらゆる側面において公平性を求めている。また、生徒の教育的および社会的成果を最大限に高めるために、学習の障害を取り除き、学習面での不公正を是正すること、「排除」される可能性のある生徒が抱える学習上の障害を取り除くこと、さらに、全生徒に多様性の理解と尊重を促し、グローバルな民主主義社会に平等に参加するための知識と技能を確実に身につけさせることをインクルーシブ教育の目標としている。そして、これらの目標はすべて改革のイニシャチブと連動している。

　同声明では、インクルーシブ教育の有効性を判断するための指標が、制度と実践の2つの側面について示されている(表1-8)。指標からは、インクルーシブ教育が社会的公正と民主主義を原則としていることが確認できるであろう。そして、インクルーシブ教育を実施するためには社会的公正を原則とする制度をまず確立し、行政、学校、地域の緊密な連携を構築することが肝要とされている。また、実践の有効性は教授・学習によって判断することがで

表1-8 インクルーシブ教育の有効性を判断するための指標

制度面の指標	教授・学習面の指標
① あらゆる政策、実践、意思決定において社会的公正の原則を組み込む。 ② 貧困、ジェンダー、障害、文化的・言語的多様性、セクシュアリティなど、多様性への認識を高めるための研修機会を提供する。 ③ 学校コミュニティと他機関との効果的な連携を行う。 ④ 効果的な実践を記録し、情報を提供する。 ⑤ 社会的公正および民主主義の原則に基づいた計画を立案する。 ⑥ 多様な集団の教育へのアクセス、参加、成果、残留率等に関わるデータを活用して、制度の発展状況を吟味し、更なる発展に向けて取り組みを続ける。	① すべての生徒に対する高い期待を根底に据え、「弱点を非難する文化」を排除する。 ② 多様な集団のニーズに適したカリキュラム、教授、評価を実施する。 ③ 生徒や地域のニーズに合致した知的価値を有するカリキュラムを実施する。 ④ 有効なデータや研究結果に基づいたカリキュラムを実施する。 ⑤ 個々の生徒の知識・技能と学業達成に必要な知識・技能を連結させる。 ⑥ 明晰かつ支援的な教授活動を行う。 ⑦ 生徒を教授・学習のパートナーとして位置づける。 ⑧ 生徒の多様な興味、知識、技能、経験が学習の中心となるカリキュラムを実施する。

出典：Education Queensland (2005) *Inclusive Education Statement 2005* を基に筆者作成。

きるため、学校は多様なニーズに対応できるカリキュラムを実施し、すべての生徒に対して支援的な教育活動を行わなければならない。さらに、誰もが安心して学習に参加できる環境を設定し、周縁化されている生徒を含めたすべての生徒に対する効果的な実践を、保護者やコミュニティと連携して全教職員で行うことが重要だという認識もうかがえる。

なお、教育省はインクルーシブ教育の実施マニュアルとなる政策文書（*CRP-PR-009: Inclusive Education*）も公表しており、教育関係者の果たすべき責任範囲を詳細に示している[146]。また、インクルーシブ教育を実践できる教員を育成するために、2006年1月以降はすべての教員養成プログラムでインクルーシブ教育について履修することが義務づけられ、理論を学習するだけでなく、教育実習においてもこれを扱い、理論と実践を統合させることが求められている。

第1章　社会の多様性と教員の資質・能力　73

3　政策で求められる教員の資質・能力
(1)　政策に示される教員の資質・能力

　これまでの考察から、政策では文化的・言語的多様性をはじめとして、生徒の多様な背景やニーズが学習に影響を及ぼす重要な要素として捉えられ、社会的公正の観点から多様性に適切に対応することに重点が置かれていることが明らかになる。そして、すべての生徒が学校教育から「排除」されることなく適切な指導を受けられるインクルーシブ教育が奨励されており、生徒が自己の文化的背景とともに他者の文化や言語を尊重し、様々な面において自分とは異なる状況にある人々を受容する寛容な態度の育成にも力が入れられている。また、こうした取り組みは特定の教科や付加的な活動として行うのではなく、カリキュラムの中に幅広く組み込み、学校教育全般で実施することが重視とされている。さらに、カリキュラムは各学校の実情に合わせて柔軟に編成し、保護者や地域の声も反映することが重視されている。なお、こうした取り組みを行うためには教員の資質・能力が重要な鍵となる[147]。そこで、教育政策ではいかなる資質・能力が教員に求められているかを整理しておく。

　「社会的公正計画」では、インクルーシブなカリキュラムの実施を戦略的行動領域のひとつとしており、教員にもそれを実施できる資質・能力を求めている[148]。ひとつは、生徒が学校教育を受ける機会を制限したり、学校教育から得る恩恵を阻んだりする障壁を排除できる能力である。次に、あらゆる社会的、文化的集団の視点、社会的貢献、経験などを学習の基盤に据え、それらを尊重し、包括するカリキュラムを実施する能力である。さらに、社会の中で、なぜ不利益が生じるのかと疑問を抱くとともに、不公正を容認するのではなく、これに挑戦し、だれもが平等に社会に参加するための活力を与える上で必要な知識、技能、態度を育むことができる能力である。また、効果的な教授と学習の行動領域では、①生徒を理解すること、②学習に意味を持たせること、③支援的かつ意欲をかき立てる環境を設定すること、④価値ある学習共同体を形成すること、⑤社会文化的な文脈に適切に対応することが求められている。

「文化的・言語的多様性政策」では、社会的に公正なカリキュラムを実施すること、社会の多様な集団の文化をカリキュラムに反映させること、学習や評価において生徒の知識や経験、ものの見方を承認すること、カリキュラム全体を通して第一言語の役割を認識すること、生活や職業選択に必要な英語の能力を生徒に獲得させる機会を提供すること、文化や言語の違いから生じる不公正を認識し、それに挑戦できる知識や技術を生徒に身につけさせることが求められている[149]。そして、こうしたカリキュラムを実施するために教員には特に以下の資質・能力が重要だとされている。①文化的、歴史的、社会的側面から多様性を理解し、敬意を持って誠実にそれを表明できる能力。②人種や民族の問題から生じる利益、不利益など異文化集団間の問題を理解する能力。③教材などに見られる人種や民族に関わる差別や偏見を見極める能力。④英語を母語としない生徒の教育的ニーズを把握し、対応する能力。⑤英語を母語としない生徒が英語を学ぶ際に母語の使用が重要であることを理解し、支援できる能力。⑥生徒の文化的、言語的多様性を尊重し、その価値を認める態度。⑦カリキュラム全体を通して英語を学ぶ必要性を理解し、それを教授できる能力。

　また、文化的、言語的マイノリティの生徒が直面すると思われる様々な課題を認識し、それを克服するために、教員が必要に応じて翻訳や通訳サービスを利用すること、マイノリティの生徒が学校のリーダー的立場に立てるようにすること、母語の使用が促されるような方策を考えること、学校内のあらゆる差別や偏見に立ち向かうことなども必要とされている。さらに、多様な社会的、文化的集団の視点を含めた文化的にインクルーシブな教育活動を実施し、カリキュラム全体を通してESL教育の理論に基づいた英語の指導を行うこと、生徒の文化的・言語的背景を尊重する態度を率先して示し、マイノリティの文化がオーストラリア社会に大きく貢献していることを理解することなども求められている。

　「インクルーシブ教育政策」では以下が示されている。まず、すべての生徒に対して高い期待を持ち、弱点ではなく優れた点に重点を置いて指導することが重要である。そして、そのために有効なカリキュラムを開発し、実施す

る能力が必要である。また、個々の生徒のニーズを的確に把握し、ニーズに応じたカリキュラムを実施する能力や、生徒を授業のパートナーとして位置づけることも重要である。さらに、カリキュラムは、有効なデータや研究結果に基づいた、知的価値を有するものでなければならない。そして、それを効果的に実施するために、生徒がいつでも支援を受けられる環境を設定し、わかりやすい授業を行う必要がある。

　また、教員が果たすべき責任範囲としては以下のように示されている[150]。①知的好奇心をかき立て、生徒の背景的知識や文化理解に基づいたカリキュラムを提供する。②教室においてすべての生徒が持てる知識や技能を十分に示すことができるような実践方法、教材、カリキュラム、評価や成績通知方法を開発し、それを活用する。③生徒が多様な社会的、文化的集団に対して関心を高め、知識を向上させることができるカリキュラムを開発する。④すべての生徒が学校内外において成功を収めるために必要な教授・学習を提供する。⑤保護者や専門家と相談し、個に応じた評価、学習計画、カリキュラムの調整を行う。⑥障害のある生徒、学習困難の生徒、教育的支援が必要な生徒、英語を母語としない生徒、問題行動のある生徒などに対する個別教育計画を作成し、実施する。⑦多様な情報を活用しながら、根拠に基づいたカリキュラムを実施し、生徒の学習成果を向上させる。⑧広範囲なコミュニティからの情報や意見を活用し、インクルージョンを促進する。⑨学校や教育省の政策を理解するとともに、生徒の教育へのアクセスと参加を促進する。⑩保護者やコミュニティと協働で、生徒の学業、社会的活動、労働などへの参加を促進する。⑪生徒の学習状況を把握して、保護者や関係機関に定期的に報告する。

　以上見てきたように、オーストラリアでは連邦と州のいずれにおいても多様性が尊重され、公平性の保証に向けた教育政策が策定されている。そして、各政策には教員に必要な資質・能力も具体的に示されている。そこで、先行研究で得られた知見を踏まえながら、以下では政策で求められる教員の資質・能力を多様性に焦点を当てて整理していく。

(2) 教員に求められる多様性に向けた資質・能力

　求められる資質・能力の第一は、すべての生徒に対して高い期待を持ち、肯定的態度を示すことである。このことは、いずれの政策でも基本理念となっている。たとえば、「社会的公正計画」や「文化的・言語的多様性政策」では背景や能力に関わらずすべての生徒が学習に参加できるインクルーシブなカリキュラムの実施が求められている。また、「インクルーシブ教育政策」では「すべての生徒に対する高い期待を(教授・学習の：筆者註)根底に据え、弱点を非難する文化を排除する」ことが求められている。どのような生徒であってもその可能性を信じ、将来に対する高い期待を持たなければ、学力の向上や成長に向けた効果的な指導は行えないであろうし、肯定的態度や共感が示されなければ、生徒を理解することも、生徒からの共感を得ることも難しいであろう。

　このことは多文化教育やインクルーシブ教育の理論でも裏付けられている。バンクスは多文化教育を目指す学校の特性のひとつとして、「教職員がすべての生徒に対して高い期待を持ち、肯定的な態度を示す」ことを挙げており[151]、パーティントンやエッカーマンも、教員が生徒のマイナス面を強調するのではなく、プラス面の効用を重視すること、生徒の能力を肯定的に捉え、自信や自尊感情を育成することの重要性をそれぞれ指摘している[152]。さらに、ロアマンはインクルーシブ教育では教員の肯定的な意識や態度が必須であると論じている[153]。背景に関わりなくすべての生徒の可能性を信じ、肯定的態度を示しながら学業の達成に向けて真摯に取り組むことは教育活動の前提であり、教育を担うすべての者に求められる基本的な態度と言えるであろう。

　第二は、生徒の多様な背景を理解し、個々の教育的ニーズを的確に把握することである。「文化的・言語的多様性政策」では、異文化集団間の問題や人種、民族に関わる差別や偏見を認知する能力、母語の重要性を理解する能力などとともに、文化的、歴史的、社会的側面から多様性を理解する能力や特別な教育的ニーズを把握する能力が求められている。「インクルーシブ教育政策」でも同様に多様な集団や生徒、地域のニーズに即したカリキュラムを実施す

る能力が求められている。

　生徒を画一的に指導するのではなく、背景や教育的ニーズに合わせて指導を行うことの重要性については多くの研究者がこれを指摘している。教員が教室内の民族的多様性を認識することや、生徒の文化的背景に目を向けてニーズに対応した指導を行うこと[154]、文化集団の違いを把握することの重要性などである[155]。また、生徒が置かれている状況を理解する能力や授業を通して生徒の変化を把握する能力の必要性も指摘されている[156]。多民族社会では異文化集団間の問題や人種や民族に関わる差別や偏見などの問題が生じる可能性があるため、教員はそうした問題を敏感に察知する必要がある。母語の特性を理解するとともに、生徒が抱える言語面のニーズも把握する必要がある。宗教的な背景から学習への参加が制限されることも予測されるため、宗教への理解も求められるだろう。それゆえ、教員には文化や言語、宗教、社会経済的地位、生育歴など多方面から生徒の背景を理解し、背景から生じる教育的ニーズを適切に把握する能力が必要だと言える。

　第三は、すべての生徒を学習に参加させ、教育的ニーズに対応できるインクルーシブなカリキュラムを構成し、それを効果的に実施する能力である。カリキュラムや教授法を生徒の教育的ニーズに適合させることはいずれの政策でも求められている。「社会的公正計画」ではインクルーシブなカリキュラムと効果的な教授・学習が重点領域に設定されており、教員にもそれを実施できる資質・能力が求められている。「文化的・言語的多様性政策」では、社会的に公正なカリキュラム、文化的に包括的なカリキュラム、多様な集団の文化を反映し、不公正を是正するようなカリキュラムの実施が求められている。また、「インクルーシブ教育政策」では、多様な集団のニーズに対応できるカリキュラムや生徒や地域のニーズに合致したカリキュラムの実施が求められており、教員にもカリキュラムに関する高い能力が求められている。

　生徒の学業を促すためには、カリキュラムや教授法が重要であることは多くの研究者が指摘している。たとえば、様々な文化や民族集団、ジェンダーの視点を反映したカリキュラムを実施することや、隠れたカリキュラムにも多様性を包摂させること[157]、教授内容や教授方法を生徒の認知的、言語的、

社会的ニーズに合わせることの重要性が指摘されている[158]。それゆえ、教員は生徒の多様な背景を意図的にカリキュラムに組み込み、インクルーシブなカリキュラムに構成し直す必要がある。また、個々のニーズを把握し、適切に対応しながら授業を進め、不利益を被っている生徒がいないかを注視して、不利益や不公正が見られた場合には即座に対応してそれを是正する必要がある。さらに、不利益を被っている生徒だけでなく、すべての生徒に対して多様性の価値を醸成するカリキュラムを実施することも重要である。なお、教育的ニーズへの対応は、教授・学習、評価、支援的な学習環境、ICTの活用、個別学習、学習支援や生活支援、態度行動の指導などカリキュラム全般で幅広く行うことが重要であるため、教員には多様な分野の知識と実践力が必要であることは言うまでもない。

　第四は、教職員、保護者、地域、外部の関係機関との協働性の構築であり、教員が学校コミュニティの中で互いに連携して、協働で教育活動を行う能力である。「インクルーシブ教育政策」では、コミュニティからの情報や意見を活用してインクルージョンを促進すること、保護者やコミュニティと協働で教育活動を行うことが求められている。また、生徒を学習のパートナーとして位置付けることの重要性も指摘されており、これも協働性の一部と考えられる。また、「文化的・言語的多様性政策」では、多様な文化的・言語的背景を有する保護者が学校の意思決定に参加することが重視されているが、これは協働性が構築されて初めて実現できることであろう。そして、これらは先行研究で指摘されている「教員が同僚性の中でその資質・能力を向上させる姿勢」[159]や、「生徒間の協働性を構築する能力」[160]につながるものである。

　オーストラリアの学校では教員が一人で生徒を指導することは少なく、複数の教員が協働体制の中で連携して指導を行うのが一般的である。学校には各分野の専門教員が数多く配置されており、必要に応じて訪問指導を行う専門教員も多数採用されている。授業では、担当教員の他にESL教員や補助教員が教室に入って支援をしたり、別室で個別に指導したりするなど柔軟な対応がなされている。保護者や外部の機関との連携も活発である。そもそも、多様な背景や教育的ニーズに対しては教員一人で対応するのは現実的とは

言えず、多くの人材が協働でアプローチしなければ適切な指導は難しい[161]。それゆえ、教員には学校コミュニティにおける連携体制を構築する能力が必須だと言える。

なお、連携という点では学校長には特に高い資質・能力が求められる。外部機関との連携業務は学校長の重要な職務であり、その力量は実践を大きく左右する。プログラムの実施には予算が必要であるが、連邦政府と州政府の教育予算や各種の補助金を確保し、適切な配分で分配して効果的に運用する業務は学校長が中心となって行う。学校長は学校の「顔」であり、外部の機関や地域住民との連携には不可欠な存在である[162]。それゆえ、一般教員とは異なる高い連携能力と管理運営能力が必要だと言えよう。

第五は、責任をもって職務を遂行し、自己研鑽に積極的に取り組む姿勢である。州立学校の教員は公務員であり、その職務は「パブリックサービス法(Public Service Act)」に則って行わなければならない。教員の態度や行動を規定する倫理規定(Code of Ethics)[163]や教員の専門性を示す「教職専門性スタンダード」(Professional Standards for Queensland Teachers)[164]などにも職務を遂行する責任の重さが記されている。各種の政策でも教員が政策の背景や内容を理解し、政策に則った教育活動を行う義務があることが示されている。いかなる政策も学校現場で確実かつ効果的に実施されなければ有効とは言えない。それゆえ、教員には政策を理解し、それを効果的に実施する能力が必要だと言えよう。ただし、政策を無批判に遂行するのではなく、批判的に吟味する能力も必要である。批判的思考によって創造的かつ効果的な実践が可能になると考えるからである。

これらを実践するためには継続的に職能成長を図る必要である。教員の実践は生徒の将来に多大な影響を及ぼす。それゆえ、教員は自らの職能成長を職務の一部と捉え、実践を批判的に省察しながら自律的に資質・能力を向上させる必要がある[165]。クイーンズランド州では多くの学校で日々の教育活動に直結した校内研修が行われている。教員の中には自主的に校外での研修に参加する者もいるが、州では教員研修のために生徒休業日が年6日設定されており、学校をベースにした研修の効果が特に大きいとされていることか

ら[166]、休業日には校内研修を実施する学校が多い。

4 教員養成における社会的公正への対応

教員の資質・能力の形成は養成段階の教育に委ねられる面が大きいという認識から、クイーンズランド州では教員養成改革がさかんに行われている。特に、学校教育において社会的公正を実現させるためには養成段階でもそのための資質・能力を確実に形成する必要があると認識され、先述の「社会的公正計画」が発表されて以降、社会的公正と教員養成を関連づけた議論が活発に行われるようになった。その結果、教員養成改革を促す様々な提言がなされた。たとえば、1992年の提言では、通常学校における生徒の特別なニーズはすべての生徒のニーズにつながるものであり、教員はどの生徒に対しても有用性の高い学習体験を確実に提供しなければならないと指摘された[167]。また、1995年の提言では、インクルーシブ教育を実施する上で教員に必要な知識と実践力が示され、それらは特定の科目で修得するのではなく、教員養成プログラム全般で幅広く履修し、特に、教職専門科目での形成が重要であることが示された[168]。さらに、2004年にはインクルーシブ教育に関する12の提言が示され、その中で教員養成に関して、①インクルーシブ教育は各科目で理論を学習するだけでなく、教育実習における実践でも行うこと、②2006年1月までにすべての養成課程でインクルーシブ教育の履修を行うこと、③教員の採用プロセスにインクルーシブ教育の理論と実践の視点を含めることを義務づけた[169]。

一方、先住民を多く抱えるクイーンズランド州では1990年代の初め頃から教員養成にも先住民の視点を含めることの重要性が指摘されている。たとえば、1993年に開催された先住民教育に関わる会議('Yatha' Conference)[170]では、教員養成、現職研修、先住民生徒に対する教授法の研究、先住民の意思決定への参加、先住民教員の採用などに関して提言がなされ、すべての教員養成プログラムで先住民に関する履修を行うことが確認された。しかし、それから10年が経過した2003年に行われた調査では、先住民に関する履修が未だ不十分であり、必要な資質・能力が養成段階では十分に形成されていない

ことが明らかになった。そして、さらなる改善の必要性が認識され、先住民生徒に対する教員の意識や態度、先住民の歴史や文化の理解、先住民コミュニティとの関係構築、地域に適合した学習環境の設定、リテラシーの指導、先住民の英語教育などが重要課題として確認され、すべての教員養成プログラムで先住民に関する履修を必修とすることが各大学に求められた。

以上のことから、学校教育において社会的公正を実現するためには、教員養成プログラムにも多様性と社会的公正の視点を含める必要があると認識されていることが明らかであろう。クイーンズランド州では労働党が政権を獲得した1980年代の終わり頃から学校における社会的公正に関する議論が活発になり、教員養成の分野でも社会的公正が重視されるようになった。そして、1994年に「教員養成における社会的公正」をテーマとする研究会議が州全土で開催された。会議は、MCEETYAの「公平性のための国家計画」や州政府の「社会的公正計画」のイニシャチブに呼応したものであり、教員養成にも社会的公正の視点を含めることの重要性が高まってきたからである。会議には、教員養成機関、採用機関、教員組合、保護者や地域住民、先住民、ジェンダーや、特別支援教育関係の政府諮問委員会、社会的公正の問題に関心のある専門職団体など、様々な組織の代表が参加した。

会議で基調講演を行なったクイーンズランド大学(当時)のリンガード(Lingard, B.)は、コネル(Connell,R.W.)の理論[171]を引用して、教育における社会的公正の概念について述べ、不利益を被っている生徒たちの教育への「アクセス」、「参加」および「結果」を検証するとともに、実践では特にカリキュラムと教授法が重要だと論じた[172]。そして、教育は政策と実践のいずれにおいても、最も不利な状況にある生徒の立場に立って実施する必要があり、彼らを社会的公正の問題の中心に位置付けることが重要だと主張した。そして、学校教育も不利益を被っている生徒を政策の中心に据え、インクルーシブなカリキュラムと教授法を重視した実践を行うべきだと指摘した[173]。また、社会的公正は教育に携わるすべての者について適用されねばならず、特に、女性や先住民をはじめ「ターゲット・グループ」に属する者を教職員として積極的に採用することや、学校コミュニティにおける公平で民主的な関係性の

構築が重要だと主張した[174]。

また、クイーンズランド工科大学のテイラー（Taylor, S.）は、教員養成の観点から基調講演を行い、州政府の「社会的公正計画」を教員養成プログラムと統合させる上での留意点を示した[175]。テイラーによれば、「社会的公正計画」に関連して策定された「ターゲット・グループ」に対する施策は、すべての学校で重視されるべきであり、教員養成でも推進に向けた実践が求められる。一般に教員養成課程の学生は優遇された(privileged)階層の出身者が多く、自分自身が経験してきたことを「当然のことと考える(take for granted)」傾向がある。それゆえ、教員養成に携わる大学の教員は、プログラムを通して学生の経験の幅を広げ、学生が「当然のこと」と考えている認識を批判的に検討させる必要がある。そのためには、まず社会的公正の重要性を認識させ、次に、政策や実践の背景に関わる知識を獲得させ、さらに、政策の妥当性を検証させることが重要である[176]。

会議の報告書では、教員養成に関して以下の提言が示された[177]。

教員養成における社会的公正の提言

① 教員養成機関は、入学者の中にマイノリティ学生の割合が多くなるように学生を募集し、これらの学生を適切に支援する政策を策定し、それを実施する努力をする。

② プログラムは、社会的公正の視点がすべての科目に含まれるようにし、科目間の無駄な重複を排除し、社会的公正のあらゆる側面がプログラムに行き渡るように計画する。

③ 学生が社会的公正の様々な問題とその重要性を認識し、教授活動との関係についても探求できるように、プログラムを体系的に構造化し、社会的公正が核となるようにする。また、履修内容には、教育の原理哲学、オーストラリアにおける教育の不平等、「ターゲット・グループ」の教育動向、州内の公立、私立いずれの学校にも関係する政策課題を含める。

⑤ すべての科目で社会的公正の問題を扱い、特定の「ターゲット・グループ」に関する情報と一般情報のいずれをも含み、社会的公正の問題

が十分に深められるようにする。また、カリキュラム開発、教授法、教員への支援策なども履修内容に含める。
⑥ プログラムは、社会的公正を推進するための教員の幅広い役割について、学生が高度で専門的な知識を得られるものとする。また、学校の教育基本方針の策定やプログラム開発、保護者や地域との協働性なども含める。
⑦ プログラムでは、学生が当然のものとして捉えがちな世界認識に対する批判的省察を促すような、広がりのある体験ができるようにする。そのためには、地域における社会体験が有効である。
⑧ 学校現場での観察を中心とする実習体験はプログラムの早い段階で実施し、公平性の問題に対する意識を高めていく。
⑨ 学生が社会的公正に関わる多様な問題について考え、また、「ターゲット・グループ」にも接することができるよう、多様な実習場面を設定する。
⑩ 公平性の問題を教育実習に統合させる。
⑪ 実習校の指導教員は慎重に選定し、社会的に公正な態度や行動のモデルを示せる者とする。
⑫ 特定の「ターゲット・グループ」に対して授業を行う上で必要な専門的知識が修得できる科目を選択科目の中に設置する。
⑬ 教員養成に携わる大学教員すべてに職能成長の機会を与える。
⑭ 「ターゲット・グループ」に属する者がプログラムの開発と実施に携わる。

　提言は、カリキュラム、知識・技能、教育実習、入学者選考、大学および実習校の指導教員、「ターゲット・グループ」のプログラム開発への参加など多領域にわたって示されており、社会的公正の推進に向けた教員養成を実施する上で必要な要素が包括的に含められていると言えよう。
　以上見てきたように、クイーンズランド州では多様性が文化的・言語的多様性をはじめとして、地理的側面や社会経済的側面など様々な面に広がりを見せ、複雑化し、学校教育においてもこれまでとは異なる対応が求められて

いる。そして、各種の統計資料では多様性に対応するための資質・能力が教員に十分に備わっていないことが明らかになっている。さらに、政策の分析からは、1970年代から1980年代にかけては連邦レベルの多文化教育政策によって多文化教育が積極的に推進されていたが、多文化教育の主導が州に移行した1980年代後半以降は、インクルーシブ教育による社会的公正の推進に焦点を当てた政策の実施が活発になり、教員にもそのための資質・能力が求められていることが明らかになった。そして、近年は教員の資質・能力の基準に関する全国的な統一性を図るなど、国全体で資質を向上させようとする動きが活発である。こうした経緯を踏まえて、本章では各政策で求められる教員の資質・能力を多様性の観点から整理した。さらに、社会的公正の実現に向けて教員養成では何が重視されているかについても検討した。次章からはクイーンズランド州で実際に行われている教員養成について考察し、政策で求められる教員の資質・能力が教員養成プログラムでどのように形成されているかを検討していく。

註

1 Australian Bureau of Statistics (2007) *2006 Census Quick Stats : Australia.* http://www.abs.gov.au/websitedbs/D3310114.nsf/home/home?opendocument（2009年12月15日閲覧）
2 Queensland Government, Office of Economics and Statistics Research (2009) *INFORMATION BRIEF REGIONAL POPULATION GROWTH:* 2007-08.
3 Australian Bureau of Statistics (2007) *op. cit.*
4 Queensland Government, Office of Economic and Statistic Research (2006) *Language spoken at home by statistical division, Queensland, 2006;* Australian Bureau of Statistics (2007) *op. cit.*
5 *Ibid.*
6 州人口に占める先住民の割合が最も多いのは北部準州(27.8％)である。
7 Queensland Government, Office of Economics and Statistics Research (2008) *Census 2006 Bulletin 4.*
8 *Ibid. ;* Martinez, L. (2000)*Equity Paper,* Brisbane: Education Queensland.
9 佐藤優子(2005)「アボリジニとアルコール文化」早稲田大学オーストラリア研究所編『オーストラリアのマイノリティ研究』pp.151-168。
10 Forest, J., & Dunn, K. (2006) *Tolerance of Cultural Diversity in Queensland.* http://www.multiculturalaustralia.edu.au/doc/tolerance_of_cultural_diversity.pdf

第 1 章　社会の多様性と教員の資質・能力　85

(2009 年 1 月 4 日閲覧)
11　*Ibid.*
12　Queensland Government, Office of Economic and Statistical Research (2008b) *Information Brief, Regional Population Growth: 2007-08.*
13　*Ibid.*
14　Queensland Government, Office of Economic and Statistical Research (2007) *Country of birth by statistical division, Queensland, 2006.*
15　笹森健 (2002)「エスニック・グループに対する教育行政－オーストラリア、クイーンズランド州を中心に」江原武一編著『多文化教育の国際比較―エスニシティへの教育の対応』玉川大学出版部、p.262.
16　Martinez, L. (2000) *op. cit.,* p.4.
17　*Ibid.,* pp.3-4.
18　*Ibid.,* p.8.
19　Queensland Government,Office of Economic and Statistical Research (2010) *Census 2006 Bulletin 16 Queensland Population.*
　　http://www.oesr.qld.gov.au/products/bulletins/qld-pop-c06/qld-pop-c06.pdf (2011 年 4 月 20 日閲覧)
20　Australian Bureau of Statistics (2006) *Australian Social Trends, 2006.*
21　*Ibid.;* Queensland Government, Department of Education (2003) *Inclusion: A Better Way to Learn for All,* Staff College Inclusive Education, Power Point Presentation.
22　Queensland Government, Office of Economics and Statistics Research (2008) *Census 2006 Bulletin 4, Aboriginal and Torres Straight Islander Queenslanders.*
23　Queensland Government, Department of Education (2009) *Queensland's History.*
　　http://www.qld.gov.au/about-queensland/history/ (2010 年 2 月 10 日閲覧)
24　Queensland Government (2010) *A Chronology of Education in Queensland.*
　　http://education.qld.gov.au/library/edhistory/state/chronology/ (2010 年 3 月 10 日閲覧)
25　2006 年の統計では、地方および遠隔地を合わせた学校の割合が最も高い地区は、ダーリングダウンズ・サウスウェスト (83%) であり、ファーノースクイーンズランド (81%)、フィッツロイ・セントラルウェストクイーンズランドとマッカイ・ウィットサンデー (74%)、ノースクイーンズランド (67%) がそれに続く。遠隔地のみで見ると、マッカイ・ウィットサンデー (35%) が最も高く、ファーノースクイーンズランド (32%)、ダーリングダウンズ・サウスウェストとノースクイーンズランド (28%) が続く。(括弧内は全学校数に占める割合)
26　2004 年の統計では 133 校である。Queensland Government, Department Education, Training and the Arts (2007) *Education History Library Services.*

http://education.qld.gov.au/library/edhistory/topics/oneteacher/consolidation.html （2010年10月19日閲覧）
27　2015年より、第7学年は中等学校に組み入れられる予定である。
28　MCEETYA (2008) *National Report on Schooling in Australia 2008.*
29　終身雇用の常勤（2週で10日の勤務）、終身雇用の非常勤（2週で2～9日の勤務）、常勤または非常勤の期限付き雇用(6日～12ヶ月の契約雇用)、臨時的雇用(最長5日の日々雇用)。常勤と非常勤の違いは2週ごとの勤務日数であり、雇用上の身分は同じである。
30　オーストラリアの行政機関では組織改編が頻繁に行われる。クイーンズランド州の教育行政組織も本論文執筆中に数回実施された。
31　教育訓練芸術省は2009年より教育訓練省(Ministry of Education and Training)となった。なお、行政区分も変更され、2010年1月より地方行政区は7区分となったが、本書は2008年の資料に基づいて記述している。
32　それまでの「学校カリキュラム委員会」(School Curriculum Council)、「後期中等学校学習委員会」(Queensland Senior Secondary School Studies)、「高等教育入学選考局」(Tertiary Entrance Procedures Authority) が2002年に統合されて成立した。学習局は、州立、私立のいずれの学校教育にも関与しており、業務に携わるのは現職教員、教職員組合関係者、高等教育機関の関係者などである。
33　遠隔教育センターは、Brisbane、Capricornia、Charters Towers、Cairns、Mount Isa、Longreach、Charlevilleの7カ所に設置されている。
34　連邦政府が主導権を持ちつつある重要な分野として佐藤は、教育の質を保証するための枠組みの設定と、各州の教育環境における「格差」の是正の2分野を挙げている。第1の分野は、「アデレード宣言」の発表や、リテラシーやニューメラシーなどの学力基準を設定することであり、第2の分野は、遠隔地・先住民・移民など、教育の機会均等の面で不利益を被っている地域やグループを対象に補助金を提供することである。また、佐藤は、連邦政府の主導による「国家」としての統一性や一貫性を目指す政策が、学校現場にも影響を及ぼし始めていることも指摘している。その例としては、全国的統一試験や統一資格の導入、一定の学力水準に達していない生徒に対する教育支援計画の実施、生徒の学業に関する保護者への通知方法の改善などが挙げられている。さらに、連邦教育省は、学校における国旗掲揚、価値教育の実施、ナショナルアイデンティティの涵養なども奨励しており、各州の学校教育では次第に全国的に統一された教育活動が実施されるようになってきている［佐藤博志(2007)『オーストラリアの教育改革に学ぶ』学文社、p.38］。
35　重点項目は、①教員の質の向上、②優秀な教員の確保、③国家としての教育の一貫性、④地域のニーズに対応した学校の自律的活動、⑤生徒の学力向上、⑥保護者への適切な情報提供、⑦国家としての価値教育と市民性教育、⑧安全が保証される学校教育環境、⑨先住民教育、⑩教育から就業への接続の10項目である。また、生きるための技能（life skill）、新たな科学技術への対応、食育

(nutrition) と体育、男子の教育の改善 (boys' education)、学校における職業教育なども重要課題として挙げられている。
36 リテラシーやニューメラシーの向上は全国的にも重要な課題となっている。すべての生徒に質の高い教育を提供し、リテラシーやニューメラシーなどの基礎学力を向上させることは国家の発展のために不可欠だからである。そこで、連邦政府は1996年にリテラシーに関する全国調査を初めて実施し、翌1997年には「全国リテラシー・ニューメラシー計画」(National Literacy and Numeracy Plan) を発表して、全国の第3学年、第5学年、第7学年の生徒を対象にテストを実施した。その結果から基礎学力の向上が急務であると判断した連邦政府は、その後も継続して基礎学力の向上を学校における最重要課題と位置づけている。
37 Queensland Government, Department of Education (2002a) *Queensland State Education 2010.*
38 *Ibid.,* p.12.
39 Queensland Government, Department of Education (2002d) *Queensland the Smart State, Education and Training Reforms for the Future, A White Paper.*
40 障害のある生徒に対して、教育への参加とアクセスを促進し、質の高い教育を提供するために、州ではそれぞれのニーズに対応した支援が行われている。障害は、自閉症、聴覚障害、知的障害、身体障害、言語障害、視覚障害、さらにそれらが複合した状態など多様であるため、保護者は就学先や支援体制などについて専門家と相談して就学先を決定する。重度の障害を抱える生徒の場合は、条件を満たせば特別支援学校に就学することができ、通常学校への就学を希望する場合は、作業療法士や理学療法士など専門スタッフが派遣される。専門スタッフには、特別支援教員、言語病理学者、ガイダンス担当教員なども含まれる。なお、専門スタッフが常駐している学校もある。
41 それまでのクイーンズランド州の法律では、就学開始年齢はその年の12月31日までに6歳になることを基本としており、他州に比べると半年から1年近く早かった。これに対しては、多くの児童が初等教育を受ける準備が十分でない段階で就学しているとして問題視されるようになり、2008年からは基準を6月30日に変更した。それに伴って、すべての州立初等学校で全日の就学前教育を実施するようになった。
42 初等学年は就学前教育から第3学年、中等学年は第4学年から第9学年、高等学年は第10学年から第11学年とされ、ETRFでは特にこれら3段階に分けた教育が重視されている。
43 Queensland Government, Department of Education (2002a) *op. cit.,* p.13.
44 *Ibid.*
45 *Ibid.,* p.9.
46 Queensland Government, (Department of Education) (2002a) *op. cit.,* p.20
47 The State of Queensland (Department of Education) (2005) *Professional*

Standards for Teachers-Guidelines for Professional Practice.

48　Queensland Government, Department of Education（2008）*Annual Report 2006-07,* p.29.

49　先住民生徒は約4万5千人(2008年)であるが、90％近くが州立学校に在籍している。そのうちの56％が都市部、24％が農村部、20％が遠隔地の学校に在籍している。また、42％が州北部、30％が南東部の学校に在籍している。先住民生徒が200人以上在籍する学校は20校程度あるが、10人以下、あるいは全く在籍しない学校もあり、その割合は地域や学校によって大きく異なる http://education.qld.gov.au/schools/indigenous/facts.html（2009年8月31日閲覧）］。

50　言語の異なるトレス海峡島嶼民の間で、コミュニケーションの必要性から生まれた簡略化された共通の言語のことである。

51　このことは、青木が著書の中で引用している、全国学力試験を受験した先住民生徒が教育省に宛てた手紙によっても裏付けられる［青木麻衣子（2008）『オーストラリアの言語教育政策多文化主義における「多様性」と「統一性」の揺らぎと共存』東信堂、p.139］。

52　残留率は、中等学校に入学した生徒（州によって第7学年か第8学年）が、第12学年になるまで在籍を続ける割合のことである。

53　Queensland Government, Office of Economics and Statistics Research（2008a）*op. cit.*

54　Queensland Government, Department of Education, Training and the Arts（2008）*op. cit.,* p.28.

55　Human Rights and Equal Opportunity Commission（2000）*"Education Access",* National Inquiry into Rural and Remote Education; Queensland Government, Department of Education（2003）*op. cit.*

56　修了率とは、第12学年に在籍することが見込まれる年齢（17歳または18歳）の生徒のうち、後期中等教育の修了証明書を取得した生徒の割合のことである。

57　MCEETYA（2007）*National Report on Schooling in Australia 2007 ;* Australian Bureau of Statistics（2007）*Schools Austalia 2007,* p.39.

58　*Ibid.*

59　Luke, A.（1999）*Education 2010 and new times: Why equity and social justice still matter, but differently,* A paper presented to the Education Queensland online conference. http://education.qld.gov.au/corporate/newbasics/docs/onlineal.doc（2010年10月3日閲覧）

60　私立学校への就学や、コンピュータ使用の割合などにおいて二極化が顕著に見られる［Bartolo, L.D.（2005）"Educational Polarization in Brisbane: Rawls's Least Advantaged and the Myth of Choice", *The Australian Educational Researcher,* Vol.32, No.3, pp.64-82］。

61　Luke, A.（1999）*op. cit.*

62 Ashman, A., & Elkins, J. (eds.) (2005) *Educating children with diverse abilities.* Frenchs Forest, NSW: Pearson Education, pp. 7-8.
63 MCEETYA (1994) *National Strategy for Equity in Schooling,* Carlton, VIC: Curriculum Corporation, pp.2-7.
64 Queensland Government, Department of Education, Training and the Arts, *CRP-PR-009: Inclusive Education, Definitions.*
http://education.qld.gov.au/strategic/eppr/curriculum/crppr009/definitions.heml（2010年10月7日閲覧）
65 たとえば、教育省は学校のスポーツでジェンダーの公平性を実現するためのガイドラインを示しており、学習局はカリキュラムやテストを公正に作成するための配慮事項を示している。さらに、教育省が実施している改革プロジェクトの中では、公平性を推進するための特別プログラムが実施されている。
66 高倉翔(1996)前掲書、p.5。
67 Lingard, B. (1995) "Social Justice and Education", Keynote Address for the Social Justice Conference in 1995, in Queensland Board of Teacher Registration (1995) *Implications of Social Justice Issues for Teacher Education,* Toowong, QLD : Queensland Board of Teacher Education.
68 MCEETYA (2008b) *op. cit.;* Australian Bureau of Statistics (2008) *op. cit.*
69 Department of Education, Science and Training (2003) *Australia's Teachers : Australia's Future, Advancing Innovation, Science, Technology and Mathematics,* pp.70-74.
70 *Ibid.*
71 DEEWR (2008a) *Staff in Australian Schools 2007,* pp.16-18.
http://www.dest.gov.au/NR/rdonlyres/1246540B-6D4A-4734-85FB-0C2C2D6D7F13/19904/SiASsurveydatareport2007.pdf（2010年5月22日閲覧）
72 学士課程を優秀な成績で修了すると(場合によっては学士課程の途中から)、オナーズ(Honours)と呼ばれる一年間の専門研究コースに進むことができ、修了時には優等学位が取得できる。
73 DEEWR (2008a) *op. cit.,* pp.68-69.
74 *Ibid.,* pp.23-25.
75 *Ibid.,* pp.20-22
76 *Ibid.,* pp.39-40.
77 DEST (2002b) *An Ethic of Care, Effective Programmes for Beginning Teachers.*
http://www.dest.gov.au/schools/publications/2003/beginningteachers.pdf（2009年6月10日閲覧）
78 「リアリティ・ショック」は各国で見られる現象で、アメリカでも新任教員の30％が5年以内に離職し、25％が2年以内に離職しているという報告がある［Darling-Hammond L., Berry, B., Haselkom,D., and Fideler,E. (1999)

"Teacher Recruitment, Selection and Induction: Policy Influences on the Supply and Quality of Teachers", in Darling-Hammond, L., and Sykes, G. (eds.) (1999) *Teaching as the Learning Profession: Handbook of Policy and Practice,* San Francisco: Jossey Bass, pp. 183-232; Gold, Y. (1996) "Beginning Teacher Support: Attrition, Mentoring and Induction", in Sikula, J. (ed.) *Handbook of Research on Teacher Education,* Association of Teacher Education, New York: Macmillan].

79　DEST (2002) *op.cit.,* pp.19-21.
80　*Ibid.*
81　*Ibid.*
82　*Ibid.*
83　DEEWR (2008a) *op. cit.*
84　DEST (2006b) *Survey of Former Teacher Education Students* (*A Follow-up to the Survey of Final Year Teacher Education Students*).
85　*Ibid.,* p.30.
86　1901年に制定された法律で、永住と定住を目的としてオーストラリアに入国することを制限した法律。これにより非ヨーロッパ人が移住を希望する際にはヨーロッパ言語での書き取りテストが実施されることとなった。
87　1903年に制定され、これにより非ヨーロッパ人は帰化が不可能となった。
88　特にアジア系移民の制限に関しては、竹田いさみ・森健・永野隆行編 (2007)『オーストラリア入門』東京大学出版会を参照。
89　見世千賀子 (2002)「オーストラリア－多文化社会に向けた公教育の再構築」江原武一編著『多文化教育の国際比較—エスニシティへの教育の対応』玉川大学出版部、p.177。
90　同上書、p.178。
91　見世千賀子 (1993)「多文化主義政策の確立と多文化教育の展開－オーストラリア連邦政府の選択」『筑波大学教育学研究科教育学研究集録』第17集、筑波大学教育学系、pp.55 － 66。
92　Committee of the Review of Post-arrival Programs and Services for Migrants (Chairman: Galbally, F.) (1978) *Migrant Services and Programs: Report of the Review of Post-Arrival Programs and Services for Migrants,* Canberra: Australian Government Publishing Service.
93　Committee on Multicultural Education, Commonwealth Schools Commission (1979) *Education for Multicultural Society － Report of the Committee on Multicultural Education,* Canberra.
94　この時期の連邦政府による多文化教育政策に関しては、見世 (2002) の前掲書が詳しい。
95　見世千賀子 (2002) 前掲書、p.184。
96　1987年に策定された言語全般に関わる政策である。政策では、①すべての者に対する英語教育、②アボリジニの言語教育、③すべての者に対するLOTE

教育の3つの柱が示された。

97 「言語に関する国家政策」の成立過程に関しては、青木麻衣子（2008）前掲書が詳しい。

98 DEST (1998) *National Aboriginal and Torres Strait Islander Education Policy (AEP)*. http://www.dest.gov.au/archive/schools/indigenous/aep.htm（2009年10月24日閲覧）

99 1993年、オーストラリア政府によって多くの行政審議会の統合が行われた際に、オーストラリア教育審議会 Australian Education Council）、職業教育・雇用・訓練審議会（Council of Ministers of Vocational Education, Employment and Training: MOVEET)、青少年審議会（Youth Ministers Council: YMC）の3つの審議会が統合されて成立した組織である。MCEETYA は各州と連邦政府、ニュージーランドの教育大臣で構成され、パプアニューギニア、ノーフォーク島、東チモールの教育大臣もオブザーバーとして参加している。なお、MCEETYA は 2009 年に組織を再編し、同年7月から The Ministerial Council for Education, Early Childhood Development and Youth Affairs（MCEECDYA)となった。さらに、2012 年1月からは、Standing Council on School Education and Early Childhood（SCSEEC)となっている。

100 以下の7項目である。①先住民が教育の意思決定に効果的に参加できる体制を整える。②教育・訓練の場に採用される先住民の人数を増やす。③先住民生徒が教育・訓練のサービスを公平に受けられる。④先住民生徒が教育・訓練に参加できる。⑤先住民生徒の公平かつ適切な教育成果を保証する。⑥先住民に関する教授をすべての先住民および非先住民に対して実施する。⑦成人先住民に対する効果的な英語の教え方を含めた地域開発訓練の手だてを講じる［笹森健（2002）前掲書］。

101 MCEETYA (2006) *Australian Directions in Indigenous Education2005-2008.*

102 前田耕司（2003）『多文化多民族社会におけるマイノリティ教育の研究』（博士学位申請論文：早稲田大学）、pp.131-132。

103 National Multicultural Advisory Council (1999) *Australian Multiculturalism for a New Century: Towards Inclusiveness.*

104 塩原良和（2001）「公定ナショナリズムとしてのマルチカルチュラリズム―現代オーストラリアにおける国民統合言説の再構築」オーストラリア学会編『オーストラリア研究』第13号、pp.33-45。

105 竹田いさみ・森健・永野隆行編（2007）『オーストラリア入門』東京大学出版会、pp.173-174。

106 Lingard, B., & Garrick, B. (1997) "Producing and Practising Social Justice Policy in Education: a policy trajectory study from Queensland, Australia", *International Studies in Sociology of Education*, Vol7-2, pp. 157-179.

107 梅田久枝（2008）「オーストラリアの格差問題対策―労働党新政権の政策展開」国立国会図書館調査及び立法考査局編『外国の立法』No.236, pp.154-162。

108 竹田いさみ・森健・永野隆行編（2007）　前掲書、p.99。
109 オーストラリアでは1990年代の終わり頃から経済格差、失業、貧困などの問題が深刻な社会問題となっている。
110 労働党のマニフェストとも言える「オーストラリアの社会的包摂計画」（Australian Social Justice Agendas）には、国内の現状認識として以下が示されている。①オーストラリアの経済成長の陰で、困窮状態に取り残された人がおり、社会的包摂のための計画が必要である。②失業、低所得、劣悪な住居、病気、心身の障害、家庭崩壊などの広範な問題を抱える人々や地域にとって問題なのは、そうした状況が社会的排除をもたらすということである。③社会的排除は人生の途中で起きることもあるが、貧困や失業に苦しむ親のもとに生まれることにより、人生のスタート時点で始まる場合もある。社会的排除は世代間に継承される場合、特に深刻な問題となる。このことはオーストラリア先住民において顕著である。④人々が社会的に包摂されるためには、生活の中で経済的、社会的、政治的、また精神的にも十分な活動が可能でなければならない。⑤すべてのオーストラリア人は、雇用を保証され、各種サービスを受けることができ、家族、友人、職場、コミュニティなどを通して他者との関係を保ち、病気や失業などの個人的危機を克服し、自ら声を上げることができる機会を持つことにより、社会的に包摂されなければならない。
111 梅田久枝（2008）前掲論文。
112 コネル（Connell,R.W.）は、教育関係者にとって社会的公正が最重要課題である理由として次の3点を挙げている。第一は、教育には毎年多額の公的資金が投入され、国家にとって最も重要な公的資産となっていながら、富の配分は不公平であり、富める者と貧しい者の間に際だった教育的不公平が存在することである。第二は、人的資本が重視され、教育の重要性が一段と増す中で、個人の教育経験が資格証明として必要とされるようになっていながら、中等教育を修了できない若者が多くいることである。第三は、不公平が存在する教育環境においては、教育そのものの質が低下し、それが不利益を被っている生徒のみならず、すべての生徒に影響を及ぼすからである。教育は今や社会における最大の財産であり、「ライフチャンス」の観点からも教育の重要性は今後もますます高まることが予測される。そのため、社会的公正は教育政策と実践の中心に位置づけられなければならないのである［Connell,R.W.（1993）*Schools and Social Justice,* Philadelphia: Temple University Press, pp.11-15］。
113 特に、1973年に出された『カーメル報告』では教育における不平等の問題が指摘され、それによって特定のエスニック集団、貧困家庭、経済的に恵まれない地域、女子生徒など教育的に不利益を受けている集団に対する対応の重要性が明らかにされた。
114 「参加と公平性プログラム」は、不利な立場にあるために学校を早期に退学する生徒の数を減らし、彼（女）らが一般生徒と平等に教育成果を達成することができるように援助することを目的としており、特に、移民、先住民、女生徒、社

会経済的に低い階層の生徒などが対象とされた［見世千賀子（1995）「オーストラリア連邦政府による1983年以降の多文化教育政策の展開」『筑波大学教育学論集』第19巻、第2号、pp.79-91］。
115 笹森健（2002）前掲書、p.254。
116 宣言の骨子は、すべての子どもに対する高い水準の教育の提供、自尊感情および他者を尊重する精神の涵養、平等な教育機会の提供、国家の経済的社会的要求に応える人材の育成、生涯学習の重視、国際社会の中で積極的に社会に参加できる能力の育成、先住民および他の民族グループを含めた文化の尊重などである。生徒に修得させるべき具体的な能力としては、リテラシーおよびニューメラシー、問題解決能力、情報通信技術（情報通信技術）や科学技術に関する知識と技術、オーストラリアの歴史的および地理的背景の理解と尊重、英語以外の言語に関する知識、道徳的、倫理的および社会的公正に関する判断力などが挙げられており、時代の流れや社会の状況に見合う質の高い教育と、それを実現するために必要な教員の資質向上もその中に盛り込まれている。「ホバート宣言」は、それまで州単位で独自に実施してきた学校教育に、国としての統一した目標を示した点においてきわめて重要だと言える。
117 Australian Education Council (1989) *The Hobart Declaration on Schooling.*
118 MCEETYA (1999) *The Adelaide Declaration on National Goals for Schooling in the Twenty-First Century.*
119 「アデレード宣言」では全国共通の学校教育目標が「ホバート宣言」よりもさらに具体的に示された。学校教育目標には、①学校教育における生徒の修得目標、②カリキュラムの枠組み、③社会的公正に関する目標の3項目が示されている。カリキュラムは、英語、算数・数学、理科、社会と環境、技術、芸術、保健体育、英語以外の言語の8領域が主要学習領域（key learning area）とされており、学校教育においてこれらの8領域すべてを生徒に履修させ、高い水準の知識、技能、理解力を獲得させることが奨励されている。
120 MCEETYA (2008) *Melbourne Declaration on Educational Goals for Young Australians.*
121 *Ibid.*
122 ①パートナーシップの確立、②教員およびスクールリーダーの支援、③就学前教育の充実、④中学年段階の教育の向上、⑤後期中等教育およびその後の進路支援、⑥カリキュラムと評価、⑦先住民生徒と社会経済的に低い階層の生徒など不利益を被っている生徒の教育成果の向上、⑧説明責任と透明性の充実の8項目である。
123 たとえば、ニューサウスウェールズ州教育省の「文化的多様性およびコミュニティ関係政策：学校における多文化教育」（Cultural Diversity and Community Relations Policy: Multicultural education in schools）は、学校の教育方針と実践は生徒の文化的、言語的、宗教的多様性を反映し、教育への完全なる参加と公正な教育成果、および積極的な市民となるための知識と技能を獲得する機会を

生徒に与えることを目的としている。また、クイーンズランド州の「インクルーシブ教育声明」では、すべての生徒の学習成果を高め、不公正を是正することがインクルーシブ教育の目標となっている。

124 MCEETYA (2003b) *National Framework for Professional Standards for Teaching.*
125 「教職フレームワーク」は、「養成修了（Graduation）」、「中核（Competence）」、「熟達（Accomplishment）」、「リーダー（Leadership）」の4つの職能段階に分けられ、さらに、各職能段階は、「専門的知識（professional knowledge）、「専門的実践（professional practice）」、「専門的価値（professional value）」、「専門的関係性（professional relationship）」の4つの分野に分けられている。
126 ニュージーランド教員審議会に登録している者については「タスマン相互認可法」（Trans-Tasman Mutual Recognition Act）により州や国を越えて登録が認定される。
127 2005年から2009年にかけて設定された全国目標は、①21世紀の教員に求められる知識と技能を修得すること、②教育における全国的優先分野の研修で指導的役割を果たすこと、③教員およびスクールリーダーの地位を向上させることとなっている。
128 先述した MCEETYA の「教職フレームワーク」は「教職専門性スタンダード」の枠組みを示すものであり、スタンダードそのものではない。
129 全国共通のスタンダード（*National Professional Standards for Teachers*）は2011年に策定された。
130 Lingard, B., & Garrick, B.（1997）*op. cit.*
131 *Ibid.*
132 Queensland Government, Department of Education (1994) *Social Justice Strategies 1992-1993;* Lingard, B. (1995) *op.cit.,* p.9.
133 先住民生徒に対する計画については、笹森健（2002）前掲書が詳しい。
134 ここには、連邦政府の「公正のための国家計画」で設定された7グループに英才とジェンダーが加わっている。英才を対象とするかについて当時も議論がなされていたが、こうしたカテゴリーは州ごとに違いが見られる。
135 Queensland Government, Department of Education (1998a) *Cultural and Linguistic Diversity in Education Policy, Information Sheet,* p.1.
136 *Ibid.*
137 *Ibid.*
138 Forlin, C. (2004) "Promoting inclusivity in Western Australian schools", *International Journal of Inclusive Education,* Vol.8, No.2.
139 本柳とみ子（2007）「オーストラリアの学校教育における多様性への視座の変容－クイーンズランド州を事例として」『国際教育評論』第4号、東京学芸大学国際教育センター、pp. 35-50。
140 玉村公二彦・片岡美華（2006）『オーストラリアにおける「学習困難」への教育的アプローチ』文理閣、p.8。

141 同上書、p.80。
142 Queensland Government, Department of Education (2005) *Inclusive Education Statement 2005.*
 http://education.qld.gov.au/studentservices/learning/docs/inclusedstatement2005.pdf（2010年11月16日閲覧）
143 *Ibid.*
144 *Ibid.*
145 Queensland Government, Department of Education (2005) *op.cit.*
146 同文書は、文化的・言語的多様性への対応、インクルーシブなカリキュラムの原則、中退の危険性がある生徒への対応、障害を有する生徒への対応など、教育省がこれまで個別に発表していた多様性に関わる文書をすべて統合したものである。このことからも、インクルーシブ教育が多様性の様々な側面を包括的に扱っていることが明らかである［Queensland Government, Department of Education (2006) *CRP-PR-009: Inclusive Education.*］。
 http://education.qld.gov.au/strategic/eppr/curriculum/crppr009/（2009年1月5日閲覧）
147 Ramsey, G. (2000) *Quality Matters, Revitalising teaching: Critical times, critical choices, Report of the Review of Teacher Education,* Sydney: New South Wales Department of Education.
148 Queensland Government, Department of Education (1998b) *Handout 3.5, CS-15 : Principles of Inclusive Curriculum.*
149 Queensland Government, Department of Education (1998a) *op.cit.*
150 Queensland Government, Department of Education (2006) *op.cit.*
 http://education.qld.gov.au/strategic/eppr/curriculum/crppr009/（2010年1月5日閲覧）
151 Banks, J. A., and Banks, C. A.M. (eds.) (2009) *Multicultural Education: issues and perspectives,* Wiley.
152 Eckermann, A. (1994) *One Classroom, Many Cultures,* NSW: Allen & Unwin ; Partington, G., & McCudden V. (1993) *Ethnicity and Education,* Wentworth Falls: Social Science Press.
153 Loreman, T., Deppeler, J., & Harvey, D. (2005) *Inclusive Education: A Practical Guide to Supporting Diversity in the Classroom,* NSW : Allen & Urwin, pp.5-7.
154 Partington, G., and McCudden V. (1993) *op. cit.* p.19.
155 Eckermann, A. (1994) *op. cit.*
156 Darling-Hammond, L., and Bransford, J. (eds.) (2005) *Preparing Teachers for a Changing World : What Teachers Should Learn and Be Able to Do,* San Francisco: Jossey-Bass, pp.263-274.
157 Banks, J. A., and Banks, C. A. M. (eds.) (2009) *op.cit.*
158 Partington, G.,and McCudden, V. (1993) *op. cit.*

159 *Ibid.*
160 Lang, H. R., & Evans, D.N. (2006) *Models, Strategies, and Methods: For Effective Teaching,* Boston, Allyn & Bacon, p.102.
161 Darling-Hammond, L. & Baratz-Srowden, J. (eds.) (2005) *A Good Teacher in Every Classroom,* pp.22-23.
162 筆者はオーストラリアの学校を訪れるたびに、学校長というのは高度な管理運営能力がなければ勤まらない職であり、教員である前に経営者であるという印象を強く受ける。どの学校でも、学校長は外部との連絡や保護者などへの対応に忙しく動き回っており、授業が行われている教室を周って生徒を観察したり、教職員に声をかけたりしている様子を目にする。学校長にはリーダーとして教職員をまとめる力量が必須であり、生徒や保護者、教員から信頼され、親しまれ、尊敬される存在としてある種の「カリスマ性」も必要であろう。
163 Queensland College of Teachers (2009) *Code of Ethics for Teachers in Queensland.*
164 Queensland College of Teachers (2006) *Professional Standards for Queensland Teachers.*
165 Groundwater-Smith, S. et al. (2007) *Teaching Challenges & Dilemmas,* Melbourne: Thomson.
166 Stein, M.K., Smith, M.K., and Silver. E.A. (1999), "The development of professional developers : Learning to assist teachers in new settings in new ways", *Harvard Educational Review,* p.5.
167 Queensland Board of Teacher Registration (1992) *Students with Special Educational Needs in Local Schools, Implications for Teacher Education and Development.*
168 Queensland Board of Teacher Registration (1995) *Meeting the Diversity of Students' Needs in the Inclusive School.*
169 Queensland Government (2004) *The Report of the Ministerial Taskforce on Inclusive Education (students with disabilities).*
170 'Yatha'はアボリジニのことばで「人が集まり会議をすること」を意味する。
171 Connell,R.W. (1993) *op. cit.*
172 Lingard, B. (1995) "Social Justice and Education", in Board of Teacher Registration *Implications of Social Justice Issues for Teacher Education,* Conference Proceedings, Toowong, QLD: Board of Teacher Registration, pp.8-9.
173 *Ibid.,* p.9.
174 *Ibid.*
175 *Ibid.,* pp.14-17.
176 Taylor, S. (1995) "The Implications for Teacher Education", in ,Queensland Board of Teacher Registration (1995a) *Implications of Social Justice: Issues for Teacher Education,* Toowong, QLD : Queensland Board of Teacher Education, p.17.

177 *Ibid.,* pp.39-40.

教科担任とESL教員のティームティーチング（1章）

多様な文化を組み込んだカリキュラム（1章）

第2章　クイーンズランド州の教員養成

　本章では、クイーンズランド州の教員養成を歴史的に考察したあと、同州の教員養成制度を、登録・採用・研修を含めた一連の教師教育制度の中で検討する。教員の資質・能力はこれら各段階を通して継続的に形成されるものであることから、教員養成について検討するためには制度全体を総合的に把握しておく必要があると考える。

　初めに、クイーンズランド州の教員養成機関と教員養成プログラムの種類、学生の履修状況、プログラムの認定について考察する。同州では1970年代に導入された教員登録制度によって、州内の学校で教職に就くためには公立、私立を問わず教員としての登録が義務づけられている。登録の基本条件は教員登録機関が認定した教員養成プログラムを修了することであり、認定されたプログラムを修了した者は基本的に登録される。なお、プログラムは同機関が提示している認定ガイドラインに基づいて審査される。そこで、ガイドラインの内容と認定のプロセスを検討し、プログラムの認定がいかなる機能を果たしているかを分析する。次に、教員登録制度について、制度導入の経緯、教員登録機関の機能と権限、登録方法、登録状況などを考察し、制度の意義を明らかにする。続いて、教員採用制度については、採用区分、採用のための能力審査、雇用と配置の方法などを検討する。なお、州立学校の教員は州教育省によって採用され、採用方法が統一されているが、私立学校は個別に実施されているため、本章では州立学校についてのみ検討することとする。最後は、教員研修制度について考察し、現職教員がいかなる制度のもとで専門性の向上を図っているかを検討する。以上、教員に関わるこれらの制

度を個別に検討したあと、制度間のつながりを検討し、全体像を明らかにした上で、教員養成制度の特質を提示する。

第1節　教員養成の歴史的変遷

1　見習い制度による養成

　オーストラリアは1770年代に英国の流刑地となって以来、常に宗主国である英国の影響を強く受けてきた。教育に関しても英国の制度が取り入れられることが多く、植民地時代[1]には英国から資格を有する教員が多数送られていた。しかし、初等教員については、1850年代半ばから始まった学校での見習い制度(apprenticeship)による養成が一般的となった。見習い制度も英国に倣ったものであり、初等教育を修了した10代の若者が教員養成のための「モデルスクール(Model School)」と呼ばれる学校で見習い教員(pupil-teacher)として授業を行いながら、先輩教員から指導を受ける制度である[2]。オーストラリアの見習い制度は、1851年11月にウィルキンス(Wilkins, W.)を校長とするシドニーのフォート・ストリート・モデル・スクール(Fort Street Model School)で始まり、その後各植民地で実施されるようになった。見習い教員は、能力に応じて授業を担当し、給与も受け取った[3]。見習い制度は学校現場における参観と実習により実施されることから経費がかからず、教育的側面よりも経済的コストの抑制が第一の目的であったとされる[4]。見習い期間は一般には4年間で、成績が優秀な生徒はそのあと教員養成学校(Normal School)で訓練を続け、それ以外の者は試験を受けて助教員などになった。

　クイーンズランド州では1860年にブリスベンのセントラルスクール(Central School)で3人の見習い教員を受け入れたのが見習い制度の始まりである。セントラルスクールは1863年に教員養成学校となり、見習い教員はすべて同校で養成された。しかし、その後は生徒数が増加するにつれて他の学校でも養成が行われるようになっていった。見習い教員は一般に男子より女子の方が多かった[5]。また、十分な指導が行われないことが多いだけでなく、先輩教員の「助手(protégé)」として過重労働を強いられたため[6]、教育効果

は小さかったと言われている[7]。クイーンズランド州の見習い制度は1930年代初めまで初等教員養成の主流となっており、見習い教員が最多を記録した1916年には、州全域の4,050人の教員のうち1,046人が見習い教員であった[8]。

2 教員養成カレッジでの養成

見習い制度による養成が行われる一方で、1870年から1880年代にかけてオーストラリアではビクトリア(1870)、南オーストラリア(1876)、ニューサウスウェールズ(1880)の3つの植民地に教員養成のためのカレッジ(teacher training college / school)が設立されていた(括弧内は設立年)。しかし、これらのカレッジは少数の優秀な学生、特に、中等教員志望の学生を対象としており、入学者数も限られていたため、初等教員はほとんどが見習い制度で養成されていた[9]。

しかし、1880年代になると教員養成に変化が見え始める。これは、就学の義務化と初等学校の増加により、確かな教育理論に裏付けられた教員養成が必要になってきたからである。参観と実習が中心の見習い制度とは異なり、理論に基づいた教員養成は、有資格教員によるレベルの高い教育が必要である。そのため各植民地に教員養成カレッジが設置されるようになり、1920年までには各州都にこれが設置された。それに伴って見習い制度は次第に姿を消し、クイーンズランド州でも1932年に見習い制度は廃止され、その後は教員養成カレッジでの養成が主流となっていった[10]。

クイーンズランド州で最初の教員養成カレッジであるケルビングローブ教員養成カレッジ(Kelvin Grove Teacher Training College)が設立されたのは、1914年のことである。教員養成カレッジは、州の予算で設置、運営されたため、州ごとに制度内容に違いがあるが、同州は教員養成カレッジの設置が最も遅く、見習い制度を廃止したのも最後であった。それは、当時、視学官[11]のほとんどが英国の教員養成カレッジ出身者であり、教員を英国から採用することを強く主張したからである。また、女性の補助教員が数多くいたため、教員養成カレッジを設立する必要がなかったことも設置を遅らせる要因となっ

ている[12]。

　一方、1850年のシドニー大学創設以来、メルボルン大学(1853)、アデレード大学(1874)、タスマニア大学(1890)、西オーストラリア大学(1911)などが各植民地に設立され(括弧内は設立年)、中等教員の養成を行なっていた。クイーンズランド州でも1909年にクイーンズランド大学が創設され、中等教員を養成したが、1914年にケルビングローブ教員養成カレッジが設立されると、教員養成は大学と教員養成カレッジの協働で行われるようになった。すなわち、学生は大学で人文学、科学、倫理学、心理学、教育学などの学術的な指導を受けたあと、教員養成カレッジで実践的な指導を受けた。大学教育は学術研究に重点が置かれ、社会から遊離する傾向が見られるため、教員養成カレッジと連携して実践力の育成にも力が入れられたのである[13]。こうしてクイーンズランド大学が設立された1909年からケルビングローブ教員養成カレッジが設立された1914年前後にかけてクイーンズランド州の教員養成は大きく発展していった[14]。そして、大学や教員養成カレッジなど学校以外の教育機関で実施する理論に基づく教員養成が主流となり、関係者の間で教職に対する専門職としての認識が次第に高まっていった。さらに、第一次世界大戦以降になると教職を目指す多くの学生が教員養成カレッジに入学するようになり、教育水準は向上した。また、教員養成を「訓練(training)」ではなく「教育(education)」と考える動きが強まっていった[15]。このことは「教員養成カレッジ」から「教員カレッジ(teachers college)」に名称が変更されていることからも推察できる。

　なお、教員カレッジは設立当初は中等教員の養成を目的としていたが、1920年代から1930年代にかけて中等教員の養成は大学を中心に行われるようになった。その一方で初等教員の養成に対する需要が高まり、見習い制度も廃止されたため、教員カレッジは初等教員の養成も行うようになった。教員カレッジでは一般に2年間で初等教員の資格が取得できたが、農村部や遠隔地の小規模校で教職に就く教員の養成を目的とする6ヶ月間の学位取得を伴わないコースも設置されており、これは1929年まで続いた[16]。

　その後、第二次世界大戦が終結すると、初等学校、中等学校いずれも就学

率が上昇し、慢性的に教員不足の状態となった。そのため教員カレッジは募集活動に力を入れ、入学基準の緩和や養成期間の短縮などの対策をとった。特に中等学校が拡大した1940年代後半には、教員カレッジで再び中等教員の養成が行われるようになり、2年間で中等教員を養成する短期コースも開設された[17]。また、1948年には緊急対策として成人対象の1年間のコースが開設され、多くの成人が短期間の養成で教員資格を取得した。さらには、2年間の中等教員コースが1950年には18ヶ月になり、翌年には1年間にまで短縮された。また、1949年には、「学生教員計画(Student Teacher Scheme)」が実施された[18]。これは、前期中等教育の修了試験に合格した10代前半の生徒が2年間教員カレッジの通信教育で後期中等教育を受けながら、学校で見習い教員として訓練を受ける制度である。そして、2年目の終わりには教員カレッジの試験を受け、3年目は教員カレッジの最終学年に在籍しながら学校現場で実習を行った。しかし、この制度はかつての見習い制度と違いが見られないという教員組合の反対により1952年に廃止された[19]。

1960年代になると男性教員を中心に退職者が増加し、教員不足が深刻となった。その理由としては、移民の増加、出生率の上昇、中退者の減少などが挙げられる。加えて、男性が教職に代わる仕事を得やすくなったことなども理由と考えられる。そして、教員不足を解消するため全国に教員カレッジが増設され、1946年の7校から1962年には28校へと増加した[20]。クイーンズランド州では1957年にケドロンパーク教員カレッジ(Kedron Park Teachers College)、1961年にノースブリスベン教員カレッジ(North Brisbane Teachers College)、1969年にタウンズビル教員カレッジ(Townsville Teachers College)とマウントグラバット教員カレッジ(Mount Gravatt Teachers College)が設立された(図2-1)[21]。この時期の教員カレッジはスキルの修得に重点が置かれており、職業教育の要素が強かった。また、教員カレッジの運営やカリキュラムの作成は州教育局が独占的に管理・運営していたため、教員カレッジが自治権を有することは難しかった[22]。

こうした中で、オーストラリアが産業国家として発展するためには大学の拡充が必要であるという考えが社会の中で強まり、連邦政府の主導により高

等教育改革の動きが出始めた。1957年には「オーストラリアの大学に関する委員会」(マレー委員会)が設置され、大学の拡充が提唱された。その結果、州都を中心に新大学が相次いで創設された[23]。さらに、1964年にはマーティンを委員長とする「オーストラリア高等教育の将来に関する委員会」(マーティン委員会)により高等教育における人材育成の重要性が指摘され、大学以外の新たな高等教育機関の設立が提唱された。その結果、1960年代半ばには技術カレッジや農業カレッジなどを統合した高等教育カレッジ(Colleges of Advanced Education: CAE)が誕生した。

また、マーティン委員会は、より多くの教員を養成し、教員の質を向上させるための制度改革を提唱した[24]。先述のように、オーストラリアでは教員養成はすべて州政府が管轄し、州教育省が官僚的支配を行っていたが、マーティン委員会は、州教育局から独立した法律上の権限を有する機関として教師教育委員会(Board of Teacher Education)を設置し、同委員会が教員養成を管轄することを提案した。その結果、クイーンズランド州では1971年に教師教育委員会が設置され、同委員会が認定した教員養成課程を修了した学生に「教員資格」を授与すること、教員カレッジのコースや教員の配置に関して再検討を行うこと、適切な水準にあるカレッジに自治権を与えるよう教育大臣に勧告するなどの機能が付与された。そして、教員カレッジも自治権獲得に向けての運動を活発に展開するようになっていった[25]。

3 高等教育カレッジと大学での養成

1973年には、「マレー委員会」の下部委員会である「教師教育に関する特別委員会」(コーエン委員会)が教員カレッジを高等教育カレッジに組み入れることを勧告した。それにより教員カレッジは高等教育カレッジとなり、他の高等教育カレッジと同様の水準で連邦政府の助成が受けられることになった。前項で挙げたクイーンズランド州の教員カレッジもそれぞれ高等教育カレッジとなり(図2-1)、その結果、高等教育カレッジの教員養成プログラムに在籍する学生の数が大幅に増加した。1970年代後半には、教員養成課程の学生数は30以上の高等教育カレッジで約5万人、18の大学で数千人にのぼっ

ている。こうして教員養成は大学と高等教育カレッジの「二元制」により行われるようになった[26]。

なお、高等教育カレッジの初等教員養成コースは教員カレッジにおける2年間のディプロマコースを引き継いだものが多く、また、中等教員養成課程は3年間のバチェラー（Bachelor）コースが主流であったが、その後はいずれの課程も大学と同じ3年間のバチェラーコースが主流となっていった。一方、この頃までには大学でも初等教員の資格が取れる4年間のプログラムを実施するようになっており、その影響で高等教育カレッジでも4年間の初等教員養成プログラムを実施するところが出始めた。

1980年代に入るとオーストラリア経済が低迷し始める。そして、経済上の政策転換が高等教育の分野にも波及し、1981年から1983年にかけて、予算削減と教員の供給過多を理由とする高等教育機関の統合が行われた。統合は全国で2つの大学[27]を含む39の教員養成系の高等教育カレッジで行われ、13の新たな高等教育機関が誕生した。その結果、高等教育カレッジの数は68から45に減少したが、逆に1校あたりの学生数は増大し、20校が3,000人以上の学生を擁するようになった[28]。クイーンズランド州では、ケルビングローブ、マウントグラバット、ノースブリスベンの高等教育カレッジがブリスベン幼児教員カレッジと統合して、大規模なブリスベン高等教育カレッジ（Brisbane College of Advanced Education）となった。また、州北部にあるジェームズ・クック大学がタウンズビル高等教育カレッジを統合して新たにスタートした（図2-1と図2-2）。

その後、高等教育カレッジが発展していくと、大学との違いが不明確になり、それぞれの機関に期待された役割や機能の差異化に限界が生じ始めた[29]。その結果、1980年代後半にはさらに大規模な高等教育改革（Dawkins Reform、以下、ドーキンス改革）が行われ、多数の高等教育カレッジが大学に統合されていくことになる[30]。

図2-1および図2-2は本研究で事例として取り上げるクイーンズランド州の3つの大学の教育学部についてその沿革を図示したものである。これらの図からは、クイーンズランド州の大学が、1970年代以降の高等教育改革

106　第1節　教員養成の歴史的変遷

① クイーンズランド工科大学とグリフィス大学の沿革

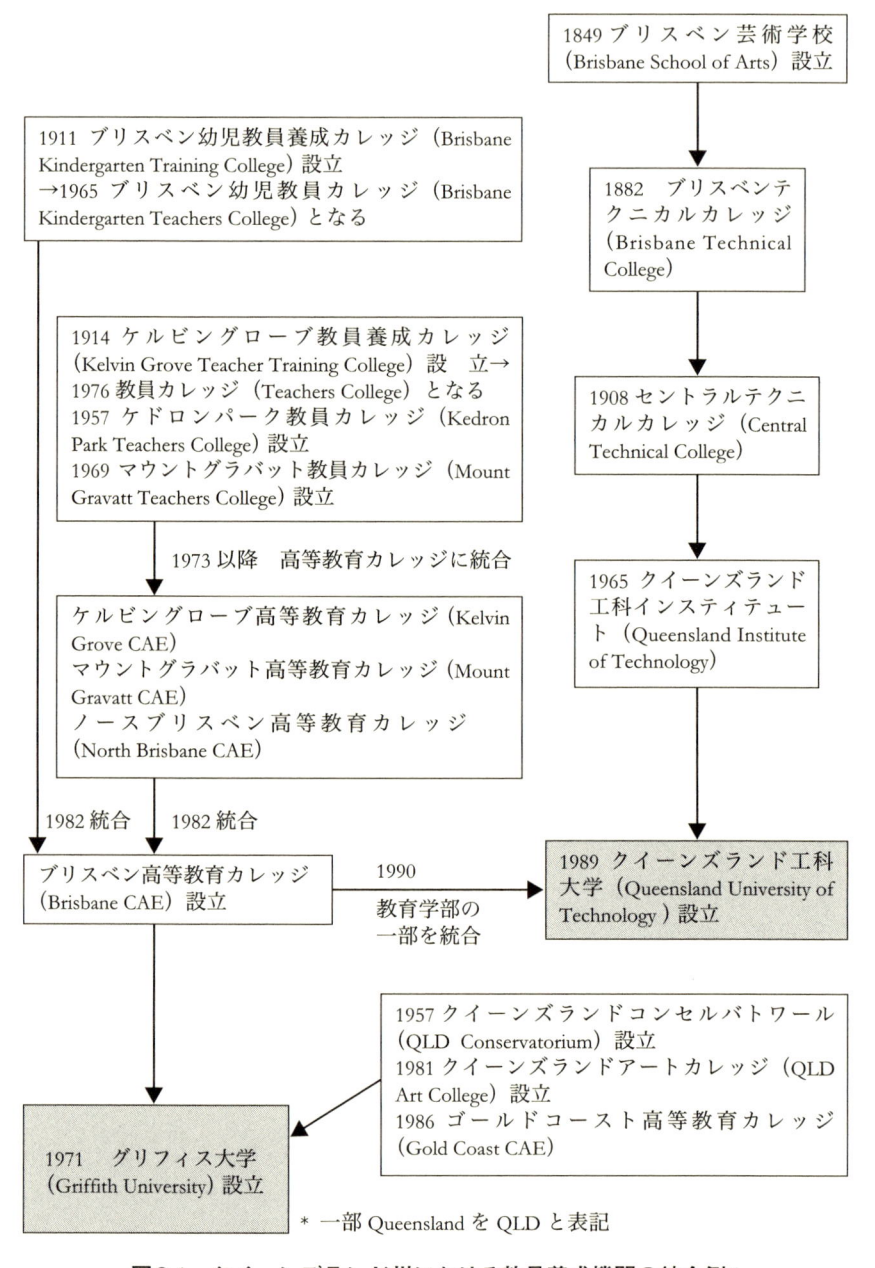

```
                                                    ┌─────────────────────────┐
                                                    │ 1849 ブリスベン芸術学校    │
                                                    │ (Brisbane School of Arts) 設立│
                                                    └────────────┬────────────┘
                                                                 │
┌──────────────────────────────────┐                             ▼
│ 1911 ブリスベン幼児教員養成カレッジ(Brisbane  │            ┌─────────────────────────┐
│ Kindergarten Training College) 設立    │            │ 1882 ブリスベンテ        │
│ →1965 ブリスベン幼児教員カレッジ(Brisbane  │            │ クニカルカレッジ          │
│ Kindergarten Teachers College) となる   │            │ (Brisbane Technical     │
└──────┬───────────────────────────┘            │ College)                │
       │                                            └────────────┬────────────┘
       │                                                         │
       │    ┌──────────────────────────────────┐                 ▼
       │    │ 1914 ケルビングローブ教員養成カレッジ     │     ┌─────────────────────────┐
       │    │ (Kelvin Grove Teacher Training College) 設立→│ │ 1908 セントラルテクニ    │
       │    │ 1976 教員カレッジ(Teachers College) となる │   │ カルカレッジ (Central    │
       │    │ 1957 ケドロンパーク教員カレッジ(Kedron │       │ Technical College)      │
       │    │ Park Teachers College) 設立           │       └────────────┬────────────┘
       │    │ 1969 マウントグラバット教員カレッジ(Mount │                    │
       │    │ Gravatt Teachers College) 設立        │                    │
       │    └──────────────┬───────────────────┘                    │
       │          1973以降　高等教育カレッジに統合                           ▼
       │                   ▼                                    ┌─────────────────────────┐
       │    ┌──────────────────────────────────┐                │ 1965 クイーンズランド    │
       │    │ ケルビングローブ高等教育カレッジ(Kelvin    │                │ 工科インスティテュー       │
       │    │ Grove CAE)                            │                │ ト (Queensland Institute│
       │    │ マウントグラバット高等教育カレッジ(Mount    │                │ of Technology)          │
       │    │ Gravatt CAE)                          │                └────────────┬────────────┘
       │    │ ノースブリスベン高等教育カレッジ           │                             │
       │    │ (North Brisbane CAE)                 │                             │
       │    └──────────────┬───────────────────┘                             │
       │ 1982統合         │ 1982統合                                          │
       ▼                   ▼                                                 ▼
┌──────────────────────────┐  1990    ┌──────────────────────────────┐
│ ブリスベン高等教育カレッジ      │─────────→│ 1989 クイーンズランド工科     │
│ (Brisbane CAE) 設立       │ 教育学部の │ 大学 (Queensland University of│
└──────────┬───────────────┘ 一部を統合 │ Technology) 設立             │
           │                          └──────────────────────────────┘
           │          ┌──────────────────────────────────────┐
           │          │ 1957 クイーンズランドコンセルバトワール         │
           │          │ (QLD Conservatorium) 設立                │
           │          │ 1981 クイーンズランドアートカレッジ(QLD        │
           │          │ Art College) 設立                         │
           │          │ 1986 ゴールドコースト高等教育カレッジ           │
           │          │ (Gold Coast CAE)                       │
           │          └──────────────┬───────────────────────┘
           ▼                         ▼
    ┌──────────────────────────────┐
    │ 1971　グリフィス大学          │
    │ (Griffith University) 設立    │
    └──────────────────────────────┘
```

＊一部 Queensland を QLD と表記

図2-1　クイーンズランド州における教員養成機関の統合例1

② ジェームズ・クック大学の沿革

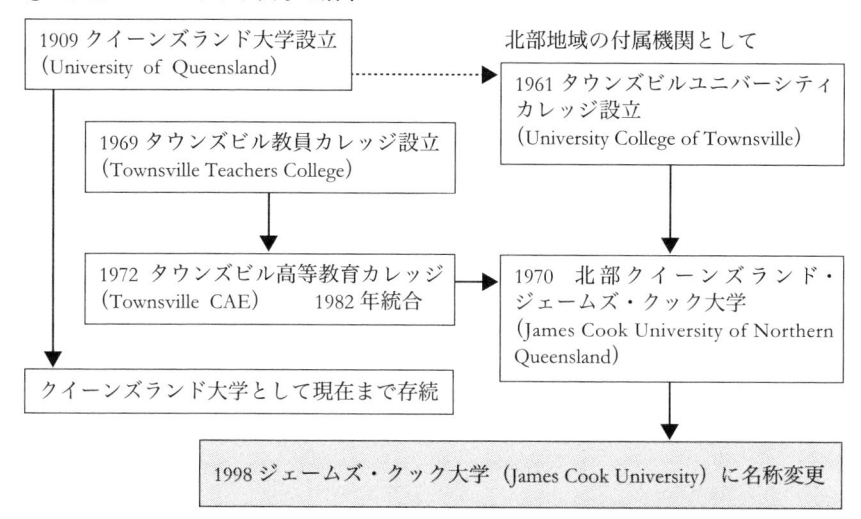

```
1909 クイーンズランド大学設立          北部地域の付属機関として
（University of Queensland）   ┄┄┄▶  1961 タウンズビルユニバーシティ
      │                              カレッジ設立
      ▼                              （University College of Townsville）
   1969 タウンズビル教員カレッジ設立              │
   （Townsville Teachers College）              │
      │                                        ▼
      ▼                              1970 北部クイーンズランド・
   1972 タウンズビル高等教育カレッジ ▶  ジェームズ・クック大学
   （Townsville CAE）  1982年統合      （James Cook University of Northern
      │                                Queensland）
      ▼                                        │
   クイーンズランド大学として現在まで存続         │
                                              ▼
                       1998 ジェームズ・クック大学（James Cook University）に名称変更
```

図2-2　クイーンズランド州における教員養成機関の統合例2

の中で、かつての教員カレッジや高等教育カレッジを統合して大学となっていったことが確認できるであろう。

4　大学での養成

　ドーキンス改革では、大学と高等教育カレッジによる「二元制」が廃止され、「全国統一制度(National Unified System)」が導入された。「全国統一制度」は1989年に開始され、1990年にかけて大学と高等教育カレッジの大規模な統合が行われた[31]。こうして教員カレッジの流れを汲む高等教育カレッジで実施されていた教員養成は、現在は大学がその中心的役割を担っている。一部、私立の高等教育機関でも養成を行っているがその数はごくわずかであり、全国に約40ある認可された教員養成機関のほとんどが大学である(資料3)。いわゆる教員養成系大学は存在せず、すべて複数の学部を有する総合大学の教育学部や教育学科で教員養成が行われている。

　なお、1901年の連邦成立以降オーストラリアでは州の自治権が確立しており、多くの権限が州政府にある。教育もそれ以前の植民地政府が独自に構

築してきた体制を維持する形で行われているため、学校教育や教員の資格要件、教員養成に関しても州政府が管轄している。しかし、1950年代頃から高等教育に対する連邦政府の関与が強まるようになっており、現在は、予算については連邦政府が管轄し、設立や運営などは州政府が管轄している。なお、こうした州ごとに異なる教員政策について国としての共通性、統一性を持たせようとする動きもあるが、現時点では連邦としての統一した制度は実施されていない。

第2節　クイーンズランド州の教員養成・登録・採用・研修制度

1　教員養成制度

(1)　教員養成機関

表2-1は、2008年現在クイーンズランド州において認定された教員養成プログラムを実施している教員養成機関と各機関に在籍する教員養成課程の学生数である。教員養成機関の内訳は、州立大学8校、私立大学1校、私立の高等教育カレッジ1校である。1909年創立のクイーンズランド大学は、州で最も古い大学であり、シドニー大学やメルボルン大学とともに「オーストラリア8大学」[32]を構成する「伝統的大学」である。他は1970年代以降に創設された「新大学」であり、その多くが1980年代の高等教育改革により高等教育カレッジを統合したり、高等教育カレッジが大学に昇格したりすることによって創設された大学である。オーストラリアカトリック大学はローマカトリック系の州立大学で、複数の州にキャンパスを有し、修了生の多くはカトリック系の学校で教職に就いている。ボンド大学は、オーストラリアで数少ない私立大学のひとつであり、企業のジョイントベンチャーにより設立された大学であるが、過去数年間は教員養成課程に在籍する学生はいない。また、クリスチャンヘリテッジカレッジはキリスト教系の私立の高等教育カレッジで、系列の学校と連携したプログラムを実施している。なお、大学はほとんどが州都ブリスベンとその近郊に設置されており、地方にあるのは内陸部のサザンクイーンズランド大学、州中部のセントラルクイーンズランド

表2-1 クイーンズランド州の教員養成機関と学生数(2008年) （単位：人）

養成機関名	設立	本部所在地	学生数	養成プログラムの在籍者数		
				総数	男	女
クイーンズランド大学	1909	ブリスベン	38,050	753	216	537
ジェームズ・クック大学	1970	タウンズビル(ケアンズ)	16,431	1,383	227	1,156
グリフィス大学	1971	ブリスベン	37,109	3,230	885	2,345
クイーンズランド工科大学	1988	ブリスベン	39,242	2,966	715	2,251
オーストラリアカトリック大学	1991	ブリスベン	*16,244	*3,897	*850	*3,047
セントラルクイーンズランド大学	1992	ロックハンプトン	18,579	1,204	248	956
サザンクイーンズランド大学	1992	トゥーンバ	24,233	2,146	487	1,659
サンシャインコースト大学	1996	サンシャインコースト	7,048	901	246	655
ボンド大学	1987	ゴールドコースト	6,012	0	0	0
クリスチャンヘリテッジカレッジ	1986	ブリスベン	793	218	50	168
総計(オーストラリアカトリック大学を除く)			187,497	12,801	3,074	9,727

注：オーストラリアカトリック大学の学生数には他州のキャンパスに在籍する者も含まれる。それゆえ、総計には同大学の学生数は含めていない。

出典：Queensland College of Teachers, *Teacher Education, Approved Programs*; Australian Government Department of Education, Employment and Workplace Relations, *Student 2008 Selected Higher Education Statistics* を基に筆者作成。

大学、北部のジェームズ・クック大学である。

　教員資格の取得には次の3つの方法がある。第一は、4年間で教育学のバチェラーを取得する方法であり、第二は、3年間で教育学以外のバチェラーを取得したあと大学院レベルの課程で1年または2年履修してグラデュエート・ディプロマの資格(Graduate Diploma)を取得する方法である。第三は、学部課程で4年あるいは5年履修し、教育学とそれ以外のバチェラーを同時に取得する(double degree)方法である。

　入学者の選考は原則として高等学校最終学年に州全土で実施される統一テスト(Queensland Core Skills Test)の結果と学業成績を基に行われ、個別の入学試

験は実施されていない。テストの結果は1(最高点)から25の総合評定(Overall Positions: OPs)と領域別の評定(Field Positions: FPs)[33]で示される。選考は各大学が設定する基準に基づいて行われるが、統一テストを受験していない学生にはこれに準ずる成績(Rank)[34]が算定される。また、ほとんどの大学が英語能力を選考基準に含めている。なお、社会人や「ターゲット・グループ」など受験において不利な立場にある入学希望者のための特別選考も実施されている。選考事務は大学ではなく、すべてクイーンズランド高等教育入学志願センター (Queensland Tertiary Admission Center: QTAC)[35]を通して行われる。

クイーンズランド州では教員登録制度が実施されており、認定された教員養成プログラムを修了した者は暫定登録教員として登録される。プログラムの認定は州の教員登録を管轄する機関(Queensland College of Teachers、以下、教員登録機関)が行い、教員養成プログラム認定のためのガイドライン[36]を作成し、それに基づいてプログラム内容を審査し、認定の可否を決定する。(教員登録については第3節で詳述)。

(2) 教員養成プログラム

教員養成プログラムは、就学前教育、初等教育、中等教育のほか、特別支援教育、職業教育、成人教育などの分野別に設定されており、プログラムによってはさらに教科ごとにコースが細分化されている。また、近年は低学年段階(junior phase)、中学年段階(middle phase)、高学年段階(senior phase)という発達段階に合わせた区切りでプログラムを実施する大学も増えている。学部レベルと大学院レベルいずれも多数のプログラムが設定されているが、学部レベルでは教育学バチェラーのプログラム、大学院レベルでは教育学グラデュエート・ディプロマのプログラムが主流である。また、人間行動学や学習マネジメント学などといった刷新的なプログラムや、産業界と連携した新たなプログラムも開発されている。認定されたこれらのプログラムのほかにも、教員登録を直接の目的としない研究プログラムや現職教員向けの研修プログラム、技能取得のためのプログラムなどもあり、すべてを合わせると100種類以上にのぼる(表2-2)。

表2-2 教員登録機関に認定された各大学のプログラム(2008年12月現在)

クイーンズランド大学(Queensland University)

バチェラー（教育学）［初等教育・中学年教育］
グラデュエート・ディプロマ(教育学)［中等教育・中学年教育］

バチェラー（音楽）/バチェラー（教育学）［中等教育/中学年教育］
バチェラー（科学）/バチェラー（教育学）［中等教育/中学年教育］
バチェラー（人文学）/バチェラー（教育学）［中等教育/中学年教育］
バチェラー（ビジネスマネジメント）/バチェラー（教育学）［中等教育/中学年教育］
バチェラー（商学）/バチェラー（教育学）［中等教育/中学年教育］
バチェラー（福祉サービス）/バチェラー（教育学）［中等教育/中学年教育］
バチェラー（人間行動学）（教育学）

ジェームズ・クック大学(James Cook University)

バチェラー（教育学）［初等教育、中等教育、中学年教育、幼児教育、初等教育人間行動学、中等教育人間行動学、初等教育遠隔地教員養成プログラム、初等教育特別ニーズ教育、中等教育職業教育］
グラデュエート・ディプロマ(教育学)［初等教育,中等教育,初等教育中等教育］

バチェラー（教育学）［中等教育］/ バチェラー（科学）
バチェラー（教育学）［初等教育＆中等教育］/バチェラー（人文学）
バチェラー（スポーツ科学）/バチェラー（教育学）［中等教育］
バチェラー（教育学）［初等教育＆中等教育］/バチェラー（言語学）

グリフィス大学(Griffith University)

バチェラー（教育学）［初等教育・中等教育］
バチェラー（科学技術教育）
バチェラー（教育学－特別支援教育）
バチェラー（成人職業教育）（教員登録コースのみ）
マスター（教授学）［初等教育＆中等教育］(留学生対象)
グラデュエート・ディプロマ(教育学)［中等教育］
グラデュエート・ディプロマ(教育学)［初等教育］
グラデュエート・ディプロマ(教育学)［中学年教育］
グラデュエート・ディプロマ(成人職業教育)（2008年以降）
バチェラー(人文学)/バチェラー（教育学）［中等教育］

バチェラー（人文学）（言語および言語学）/バチェラー（教育学）［中等教育］
バチェラー（科学）/バチェラー（教育学）［中等教育］
バチェラー(福祉サービス)/バチェラー（教育学）［初等教育］

クイーンズランド工科大学(Queensland University of Technology)

バチェラー（教育学）（幼児,初等教育,中等教育）
バチェラー（教育学）（幼児教育研究）
グラデュエート・ディプロマ(教育学)［低学年教育,中学年教育,高学年教育］

バチェラー（人文学）/バチェラー（教育学）［中等教育］
バチェラー（人文学）(LOTE)/バチェラー（教育学）［中等教育］
バチェラー（応用化学）/バチェラー（教育学）［中等教育］

バチェラー（応用化学）（人間行動学）/ バチェラー（教育学）［中等教育］
バチェラー（人文学）/ バチェラー（教育学）［初等教育］
バチェラー（応用化学）/ バチェラー（教育学）［初等教育］
バチェラー（人文学）/ バチェラー（教育学）（幼児教育）
バチェラー（人文学）/ バチェラー（教育学）［幼児教育］- LOTE

オーストラリアカトリック大学(Australian Catholic University)

バチェラー（教育学）［幼児＆初等教育］
バチェラー（教育学）［初等教育］
バチェラー（教育学）［初等教育］- 先住民教育
マスター（教授学）［初等教育＆中等教育］
グラデュエート・ディプロマ(教育学)［中等教育］
バチェラー（教授学）/　バチェラー（人文学）

セントラルクイーンズランド大学(Central Queensland University)

バチェラー（学習マネジメント学）［幼児教育, 初等教育, 中学年教育, 日本語教育, 中等教育＆職業訓練教育］
グラデュエート・ディプロマ(教授・学習学)［初等教育, 中等教育］

サザンクイーンズランド大学(University of Southern Queensland)

グラデュエート・ディプロマ(教授・学習学)（低学年教育, 初等教育, 中学年教育, 中等教育, 職業訓練教育）
バチェラー（教育学）［幼児, 初等教育, 中等教育, 特別支援教育, 技術職業教育］
バチェラー（人文学）/ バチェラー（教育学）［高学年＆中学年教育］
バチェラー（商学）/ バチェラー（教育学）［高学年＆中学年教育］
バチェラー（科学）/ バチェラー（教育学）［高学年＆中学年教育］
バチェラー（ビジュアルアート）/ バチェラー（教育学）［高学年＆中学年教育］
バチェラー（音楽）/ バチェラー（教育学）［高学年＆中学年教育］
バチェラー（ドラマ）/ バチェラー（教育学）［高学年＆中学年教育］

サンシャインコースト大学(university of Sunshine Coast)

グラデュエート・ディプロマ(教育学)［低学年, 中学年, 高学年, 初等教育］（留学生向け）
バチェラー（教育学）［高学年＆中学年教育］/ バチェラー（人文学）
バチェラー（教育学）［高学年＆中学年教育］/ バチェラー（科学）
バチェラー（教育学）［高学年＆中学年教育］/ バチェラー（ビジネス）
バチェラー（教育学）［幼児教育］/ バチェラー（福祉サービス）

ボンド大学(Bond University)

マスター（教育学）
グラデュエート・ディプロマ(教育学)

クリスチャンヘリテッジカレッジ(Christian Heritage College)

バチェラー（教育学）［初等教育/低学年, 初等教育/中学年教育, 中等教育/中学年教育］
バチェラー（教育学）［中等教育/中学年教育］（大学院レベル）
バチェラー（人文学）/ バチェラー（教育学）［初等教育/低学年, 初等教育/中学年教育, 中等教育/中学年教育］

出典：Queensland College of Teachers: Teacher Education, Approved Programsを基に筆者作成。

表2-3 履修形態別教員養成課程の学生数（2008年）　　　（単位：人）

	通学	遠隔	複合	フルタイム	パートタイム	計
クイーンズランド大学	731	1	21	654	99	753
ジェームズ・クック大学	825	248	310	985	398	1,383
グリフィス大学	2,885	103	242	2,827	403	3,230
クイーンズランド工科大学	2,340	215	411	2,528	438	2,966
オーストラリアカトリック大学	*3,658	*212	*27	3,470	427	*3,897
セントラルクイーンズランド大学	729	201	274	1,019	185	1,204
サザンクイーンズランド大学	934	526	686	1,669	477	2,146
サンシャインコースト大学	878	0	23	768	133	901
ボンド大学	0	0	0	0	0	0
クリスチャンヘリテッジカレッジ	194	0	24	175	43	218
計	9,516	1,294	1,991	10,625	2,176	12,801

注：オーストラリアカトリック大学の学生数は他州にあるキャンパスに在籍する者も含まれる。それゆえ、総計には同大学の学生数は含まれていない。
出典：DEEWR, *Higher Education Statistics 2008* を基に筆者作成。

　表2-3は各大学における教員養成課程の学生数を、履修形態別に示したものである。75％が通学履修であり、残り25％はコンピュータなど情報通信機器を利用した遠隔履修あるいは通学と遠隔を併用した履修である。特に、ジェームズ・クック大学（40％）、セントラルクイーンズランド大学（40％）、サザンクイーンズランド大学（56％）など地方の大学では遠隔履修を行う学生の割合が多い（括弧内は遠隔履修者の割合）。また、履修はフルタイムとパートタイムから選択ができ、約20％がパートタイムの履修である。社会人などにはパートタイム履修が多いが、パートタイムの場合は在学期間が長くなる。

　プログラムは認定のためのガイドラインに基づいて各大学が構成する。教科専門科目、教職専門科目および教育実習から構成されるが、履修内容や方法は大学に一任されている。初等教員のコースと中等教員のコースではプログラムの内容が異なるが、いずれも教育実習を中心に構成されており、理論と実践の融合が目指されている。教育実習は複数のブロックに分けられ、数回実施される。また、教育実習では大学と実習校の連携が重視されている。大学には教育実習の実施運営を担う専門部署が設置されており、この部署を

通じて連携を確立するための努力が日常的に行われている。

教職専門科目は、教授・学習、生徒の発達と成長、カリキュラム開発、教育心理学、情報通信技術、リテラシー、ニューメラシー、先住民教育などの分野が設置されている。また、態度や行動などの生活指導、英語が母語でない生徒の指導、特別ニーズ教育など現場のニーズに対応する科目が多く設定されているが、こうした領域は特定の科目で履修されるだけでなく、複数の科目がこれらの要素を包摂し、プログラム全体を通して多面的に履修されることが多い。

なお、大学は制定法上の独立した機関(statutory authority)であり[37]、教育内容に関しては州政府の統制を受けることはない。必修科目や単位数などは指定されておらず、プログラムの実施方法や教授法、評価に関しても大学の自律性が尊重されている。

(3) 教員養成プログラムの認定
1) 理論的根拠

先述のように、修了生が自動的に登録を認められる教員養成プログラムは教員登録機関によって認定されたプログラムである。ガイドラインは、「教職専門性スタンダード」(以下、「スタンダード」)、「プログラムガイドライン」、「認定のプロセス」から構成される。そこには変化する社会の中で学校教育も変化への対応を強く求められ、生徒が有能な市民として生きていくためには教員の果たす役割が極めて重要であり、教員には新たな知識や技能が必要であるという認識が示されている[38]。

プログラムでは学校現場とのパートナーシップ、現場の課題に対応した養成、研究結果に基づいた理論と実践の統合、情報通信技術を活用した教授・学習の向上などが重視されている。また、多文化社会オーストラリアでは文化的多様性の認識が不可欠であることから、生徒の文化や言語の多様性、社会における様々な側面の多様性に対する認識を高めるとともに、個々の生徒の能力や興味関心を引き出し、すべての生徒の学習を支援できる環境の設定能力も重視されている。さらに、インクルーシブかつ生徒中心の実践を行い、

生徒の多様なニーズに対応できる資質・能力の形成も必要とされる。また、学校を取り巻く様々な人材と人間関係を構築し、コミュニケーションを円滑に行う能力、生徒だけでなく保護者、地域住民、教職員スタッフの文化的多様性に柔軟に対応できる能力も必要とされ、生活経験の中で形成される自らの価値観や信念を検証する能力も重視されている[39]。

　ガイドラインの中で、特に重視されているのがリテラシーである。グローバリゼーションや情報技術の発達により社会が著しく変化する中で、言語、文化、宗教、民族などの異なる集団と関わることが日常的になっており、教員にもそのための能力が強く求められるからである。そのため、教員登録機関(当時はBoard of Teacher Registration)は、2001年に、教員養成プログラム修了者のリテラシーに特化したスタンダードを策定した[40]。同スタンダードは、①個人のリテラシー、異文化間および科学技術に関する能力と態度、②言語、リテラシーおよび複合リテラシー、リテラシーの習得と教授法に関する理論、③幼児教育教員と初等・中等教員、中等教育の英語(言語)教員に求められる知識、④中等教育の教授専門分野に関する知識の4項目で示されている[41]。

2)「教職専門性スタンダード」
①　「スタンダード」の枠組み

　クイーンズランド州で教員養成のためのスタンダードが最初に策定されたのは2002年である。それ以前にも、教員登録機関が1991年に策定したガイドライン[42]で、教員が備えるべき12項目の属性が示されていた。だが、それらは養成の成果としての資質・能力を明示したものではなかった。それゆえ、2002年にはプログラムの修了生が教職をスタートさせるために最低限必要な資質・能力を示す5項目のスタンダード(Professional Standards for Graduates)が暫定登録のためのスタンダードとして策定され、ガイドラインから独立して示された(資料5)。

　しかし、同スタンダードについても、修了生の資質・能力が網羅されているとは言えず、大まかで、明示性に欠けるという批判があった[43]。また、スタンダードの達成方法やその確認方法、達成を証明する方法などが曖昧だと

いう指摘もなされた[44]。そもそも養成段階でスタンダードをすべて達成することは想定されておらず、入職後の初任者研修を経た時点で達成できればよいと考えられており[45]、スタンダードの達成は研修後に勤務校の校長が実施する正規登録のための審査で実質的に確認されていた[46]。

そこで、2006年に正規登録に必要な「スタンダード」(The Professional Standard for Queensland Teachers)[47]が策定され、そこに例示された具体的な資質・能力を養成修了レベルに適合させたものが暫定登録のためのスタンダードとして認定ガイドラインに付されたのである。こうしてスタンダードを二層構造にすることによって暫定登録と正規登録の力量の差異化が図られ、養成段階で形成すべき資質・能力がより明確になったと言える。なお、「スタンダード」の策定には多方面の教育関係者が関わり、州全土で収集された州民の意見を幅広く反映している[48]。その結果、「スタンダード」が州における教員養成の理念を示すものであるという合意が関係者のみならず広く社会においても形成されている。

「スタンダード」は以下に示す10項目のスタンダード(STD)から構成され、教授・学習(teaching and learning)、学校内外における関係性(relationships)、反省的実践と専門性の向上(reflective practice and professional renewal)の3つの領域に分けられる。「教授・学習」の領域は、学習の計画と実施(STD1)、言語・リテラシー・ニューメラシー (STD2)、知的興味関心の高揚(STD3)、多様性の尊重(STD4)、評価と通知(STD5)の5項目であり、授業に関する専門性が示されている。「関係性」の領域は、個人の成長と社会参加の支援(STD6)、学習環境の設定(STD7)、関係性の構築(STD8)、教職集団への参加と貢献(STD9)の4項目で、生徒や保護者、同僚、外部の様々な機関との関係構築に関わる専門性を示している。「反省的実践と専門性の向上」は批判的省察と継続的職能成長についてのスタンダード(STD10)であり、全体の核となる領域である。

　　STD1：個人や集団の興味をかきたてる柔軟なカリキュラムを構成し、実施する。
　　STD2：言語、リテラシー、ニューメラシーを向上させるカリキュラム

を構成し、実施する。
STD 3：知的興味・関心を高めるカリキュラムを構成し、実施する。
STD 4：多様性を尊重するカリキュラムを構成し、実施する。
STD 5：生徒の学習を構造的に評価し、成果を通知する。
STD 6：個人の成長と社会参加を支援する。
STD 7：安心して学習に参加でき、支援が受けられる環境を設定し、維持する。
STD 8：家庭や地域との生産的な関係を積極的に構築する。
STD 9：教職集団に積極的かつ効果的に参加し、貢献する。
STD10：反省的な実践と継続的な職能成長に専心する。

　各項目は「知識(knowledge)」、「実践力(practice)」、「価値(value)」の3つの分野から構成されており、「知識」と「実践力」については具体例が示されている(スタンダードの全文は資料4)。「価値」は教員に求められる意識や態度であり、学校コミュニティで醸成されている価値を生徒に伝達する際に常に重視すべきものとされている[49]。

　なお、**図2-3**が示すようにこれら10項目のスタンダードは個々に切り離されたものではなく、相互依存の関係にあって、それぞれの要素が統合されて教員に必要な資質・能力を形成する[50]。また、「知識」、「実践力」、「価値」の3つの分野も互いに相互依存の関係にあり、これらを総合的に達成することが肝要である[51]。それゆえ各項目を単なるチェックリストとして機械的に使用することは望ましくないとされている[52]。さらに、「スタンダード」は教員として「何(what)」ができればよいかを示すものであり、それを「どのように(how)」形成するかは各人によって異なることが前提となっている[53]。そのため、「スタンダード」に示された資質・能力の形成も画一的に行うのではなく、個々の学生が自分に合った方法で自律的にスタンダードを達成することが重視されている。また、すべての学生が同一水準に達することも期待されていない[54]。それが現実的でないことは、スタンダードに例示された多様な資質・能力を見ても理解できよう。さらに、教員の資質・能力は養成段階で

のみ形成されるものではなく、教職に就いたあとも常に向上を図るものであることから[55]、スタンダードについてはたとえ達成度の低い項目があったとしても、他の項目がそれを補完し、さらに入職後に向上が期待できると判断されれば必要なレベルは達成できていると見なされることが多い。

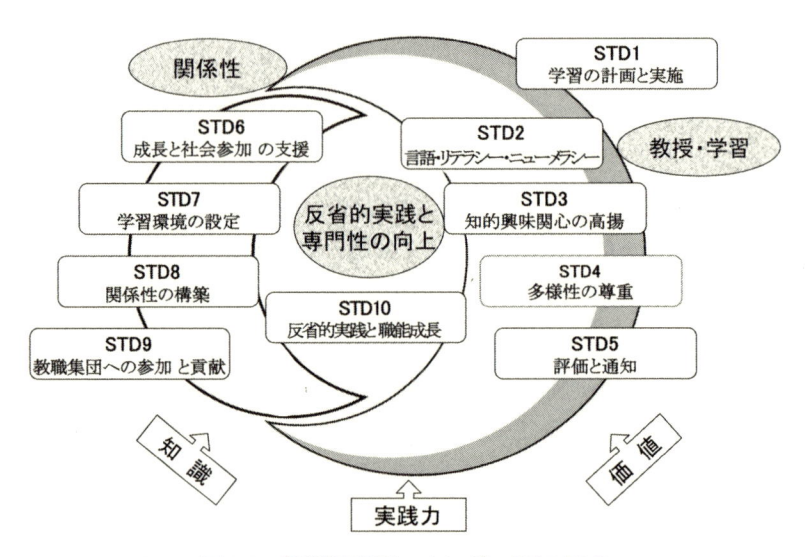

図2-3 「教職専門性スタンダード」の構成

関係性
- STD6 成長と社会参加の支援
- STD7 学習環境の設定
- STD8 関係性の構築
- STD9 教職集団への参加と貢献

教授・学習
- STD1 学習の計画と実施
- STD2 言語・リテラシー・ニューメラシー
- STD3 知的興味関心の高揚
- STD4 多様性の尊重
- STD5 評価と通知

STD10 反省的実践と職能成長

反省的実践と専門性の向上

知識／実践力／価値

出所：Queensland College of Teachers (2006) *Professional Standards for Queensland Teachers* を基に筆者作成。

② スタンダードの内容

次に、「スタンダード」の各領域を特に多様性に着目して見てみよう。まず、「教授・学習」の領域では多様性に関わるスタンダード(STD4)が独立して設定されており、教育活動の中心となる授業において多様性への対応が特に重視されていることがうかがえる。STD4の「知識」の分野では教授・学習に関する理論的知識のほか、多様な要素が個人の世界観に及ぼす影響、差別や偏見の影響、多様なニーズへの対応など、先行研究においてもその重要性が指摘されている内容が各種示されている[56]。また、先住民生徒に対して高い期待を示し、彼らの学業達成をうながす教授方法に関する知識や、多様性に関連する政策、ICTに関する知識、異文化への感性も必要とされている[57]。「実

践力」の分野では、生徒の多様な背景や特質を理解した上で、ニーズに応じた学習計画をたてて実施する能力や、すべての生徒が公平な待遇を受けられる学習環境を設定する能力など、やはり先行研究の知見を取り入れた内容が数多く示されている[58]。また、生徒の学習を促進するためにICTを効果的に活用すること、保護者と連携すること、多様性に対する自らの力量を評価し、その向上に向けて努力することなど、知識を実践に応用する能力などにも先行研究の知見が取り入れられている[59]。「価値」の分野では、多様性を尊重して積極的に対応する態度、保護者やコミュニティとの信頼関係の構築、個人の才能や適性の理解、すべての生徒がカリキュラムに公正にアクセスできるような支援が求められている。

　このようにSTD4では、生徒およびコミュニティの多様性を認識し、尊重するとともに、多様な特性を的確に把握しながら、インクルーシブな学習活動を計画して、実施する能力が多領域にわたって示されている。また、多様性の典型的な例として、社会経済的状況、ジェンダー、文化的・言語的多様性、宗教や信条、先住民、障害、学習困難、英才などが挙げられ、どのような要素が多様性として捉えられているかが例示されている[60]。これらの要素は、公平性の実現に向けて設定された「ターゲット・グループ」のカテゴリーとも一致しており、さらに、インクルーシブ教育政策の中で、特に不利益の原因となりやすい要素として挙げられているカテゴリーとも整合している[61]。

　多様性の要素はSTD4以外の項目にも見られる。授業の計画と実施に関するSTD1では、生徒が個々のニーズに応じた学習を行うために必要な教員の資質・能力が示されており、障害や学習困難、英才などの特別ニーズを有する生徒だけでなく、すべての生徒のニーズを把握するための知識、学習面のニーズや興味・関心、学習スタイルに適した教授方法、教材を柔軟に活用する能力などが例として示されている。ニーズの的確な把握と対応は、言語、リテラシー、ニューメラシーに関するSTD2でも示されている。カリキュラムに関するSTD3では、多様な考えを尊重し、誰もが自由に疑問を呈したり、意見を述べたりすることが奨励されるような環境を設定するとともに、生徒の自信の度合いや課題への精通度に適した指導を行うための能力が示され、

さらに、困難な環境にある生徒や教育的ニーズを有する生徒もそれぞれに知的好奇心がかき立てられるような学習を計画することが求められている。また、評価と通知に関するSTD5では、多様な評価方法や成績通知方法を採用して公平性と柔軟性を重視する必要があるとされている。このように、「教授・学習」の領域では「ニーズ」をキーワードとしてすべての項目が連結しており、授業において多様なニーズへの対応が重視されていることが確認できる。

次に「関係性」の領域を見てみよう。STD6では、生徒の特質やニーズ、学習スタイル、興味、過去の学習体験や生活体験の多様性を把握して、社会参加を支援する能力が必要とされている。STD7では、どの生徒も学習に参加できるような支援的学習環境を設定する能力が求められている。また、STD8に示されている家族や保護者との関係性の構築は、生徒の文化的・言語的背景、生育歴、家庭状況、属性などを的確に把握する上では必須の能力である[62]。さらに、多様性への対応は教員個人で行えるものではなく、学校内外の様々な教育関係者と連携して行う必要があることから[63]、STD9に示される教職集団への積極的な関与も教員にとって不可欠な能力と言えるであろう。このように、「関係性」の領域でも多様性の要素は各項目に組み込まれている。

最後は「反省的実践と専門性の向上」の領域である。STD10では、教員が自らの実践を批判的に省察しながら、継続して職能成長に専心し、資質を向上させる能力が求められている。教員にとって反省的実践と職能成長が重要であることは言うまでもない[64]。特に、多様性が複雑化し、重層化している現代社会においては、生徒の教育的ニーズも刻々と変化し、複雑化することが予測されるため、教員は自らの実践を常に省察し、生涯にわたって職能成長に努めながら、変化に対応できる能力を向上させることが重要であろう[65]。

なお、スタンダードに示されているこれらの資質・能力は、第1章で検討した政策で求められる資質・能力とも整合していることが確認できる。

3) プログラムガイドライン

プログラムガイドラインには、教員養成を行う高等教育機関の一般条件、入学者の選考方法、カリキュラム、教育実習などの枠組みが示されている(表2-4)。表からも明らかなように、プログラムガイドラインは、各大学が教員養成プログラムの認定を得るために最低限必要な要素を示すものであり、設置すべき科目や単位数、履修時間や学年の指定など細かな規定はない。たとえば、教職専門科目に関しては、「理論と実践を包括的に学習する」こととされ、哲学、心理学などの例が示されるのみである。教育実習に関しても、2校以上で実施し、最低100日(大学院は75日)設定すること以外の規定はない。このことから、ガイドラインはあくまでも大学がプログラムを開発するための大枠を示すものであり、それをどのように運用するかは大学の裁量にゆだねられていることがわかる。これは、教員養成機関としての大学の専門性や自律性が尊重されているからだと考えられる。

4) 認定のプロセス

プログラムの認定は、教員登録機関の常任委員会のひとつである教職スタンダード委員会(Professional Standard Committee: PSC)が行っている。同委員会はプログラムの認定以外にも、「教職専門性スタンダード」の開発とその活用、登録更新に必要な研修参加の枠組み、教職復帰プログラム(Returning to Teach Program)に関する責任、登録の審査と手続き、登録更新、教授許可認定(Permission to Teach)等に関しても責任を負っている。

同委員会は、教員登録機関理事会、登録常任委員会の委員長、教育省、私立学校関係機関、大学、教員組合、現職教員、地域コミュニティ、クイーンズランド学習局の代表等で構成される。委員会の中には大学ごとに審査小委員会(Panel)が設置されており、各大学のプログラム内容を検討し、協議と助言を中心とした審査を行っている。審査小委員会は教職スタンダード委員会のメンバーを1名以上含み、採用機関の代表1名、大学教員2名(1名は学部長またはそれと同等の立場にある者)、現職教員1名以上、教員登録機関の教職スタンダード部門の職員で構成される。委員長は教職スタンダード委員会の委員

表2-4 プログラムガイドライン

1 教員養成を実施する高等教育機関
① 教員養成に携わる教員は、質の高い高等教育を提供することができる、高度な専門的知識を持つ有資格教員とする。
② 10名以上のフルタイム教員を配置し、学生と教員の比率は16対1以下とする。
③ プログラムは確かな研究結果に基づき、教員養成に関する報告書や勧告等を考慮したものとする。
④ 主要関係機関との協議によりプログラムを開発する。
⑤ 質の高いプログラムが提供できる施設や設備、学習資料、情報通信技術などを備える。
⑥ 学生が「教職専門性スタンダード」を達成したことを明確に示すことができる評価方法を採用し、達成できていない学生には単位を与えない。
⑦ 継続的にプログラムの内容を吟味して改善する。
⑧ 学生支援システムの情報を適切に提供する。
⑨ 教授対象学年を明確にする。

2 入学者の選考方法
① 公平なアクセスを実現する。
② 確実な英語能力を有する。(プログラム修了までにIELTS 7の能力を有する。)
③ 学部プログラムは、最低限の英語能力を必要とし、大学院プログラムは、学部段階で将来の教授科目に関する十分な知識が修得されている。
④ 教員としての適性を備えている。

3 教員養成プログラムの内容
① 教員養成の理念および学生が修得すべき成果目標を明示する。
② 今日的課題に対応しながらも、将来を見通したプログラムである。
③ 科目の成果目標、達成すべきスタンダード、評価基準および評価の方法を明確に示す。
④ 「オーストラリア資格フレームワーク」*の必要条件を満たす。
⑤ フルタイムの場合は最低4年間(あるいはそれと同等)の課程で、その中に1年以上の教職専門教育を含む。
⑥ 教職専門分野、教科専門分野、および教育実習から構成される。
⑦ 教職専門分野は理論と実践を包括的に学習する。(例:哲学、心理学、学校教育の社会的文脈面、カリキュラム、教授・学習、教育実習など)
⑧ 教科専門分野では一般教養と教科に関する専門知識を修得する。

4 政策上の重点分野(随時更新)
① クイーンズランド州のカリキュラムフレームワーク
② 先住民文化の学習、先住民生徒および非英語系生徒のニーズへの対応
③ リテラシー、ニューメラシーとその教授能力
④ 個々の生徒の学習ニーズへの対応
⑤ 情報通信技術の活用
⑥ 教室における生徒の掌握と管理
⑦ 生徒保護に関する知識、教職倫理と教職に関する法的知識と教員としてのアイデンティティの確立

5 教育実習
① 大学における理論学習との融合をはかる。
② 大学と実習校で責任を共有する。
③ 大学と実習校の連携によりプログラムを開発する。
④ 実習に携わる関係者の責任範囲を明確にする。(特に評価に関して)
⑤ 多様な実習場面を体験する。(例:年齢、ジェンダー、学習能力、社会的状況、地理的条件、文化、特別ニーズ)
⑥ 最低2校以上で実施する。
⑦ 学部プログラムでは、最低100日間で、80日間は学校またはそれに準ずる教育機関で実習を行う。(大学院プログラムは75日と55日)

* 高校や高等教育機関(専門学校や大学)で取得した単位や学位、資格が全国的に認定され、互換できるシステムのこと。
出典:Queensland College of Teachers (2007) *Program Approval Guidelines for Pre-service Teacher Education* を基に筆者作成。

が務める。

図2-4は認定の手順を示したものである。大学は認定申請書を提出する前にまず審査委員と予備協議を2回以上行い、プログラムが認定基準に適合しているか否か検討する。その上でプログラム開始の6ヶ月以上前までに申請書その他の書類を教員登録機関に提出する。審査は審査小委員会が行うが、必要に応じて養成機関との協議も行う。審査では、スタンダードの要素がプログラム全般に包摂されているか、スタンダードが単なるチェックリストとして使用されていないかなどの確認がなされる。審査が終了し、プログラム

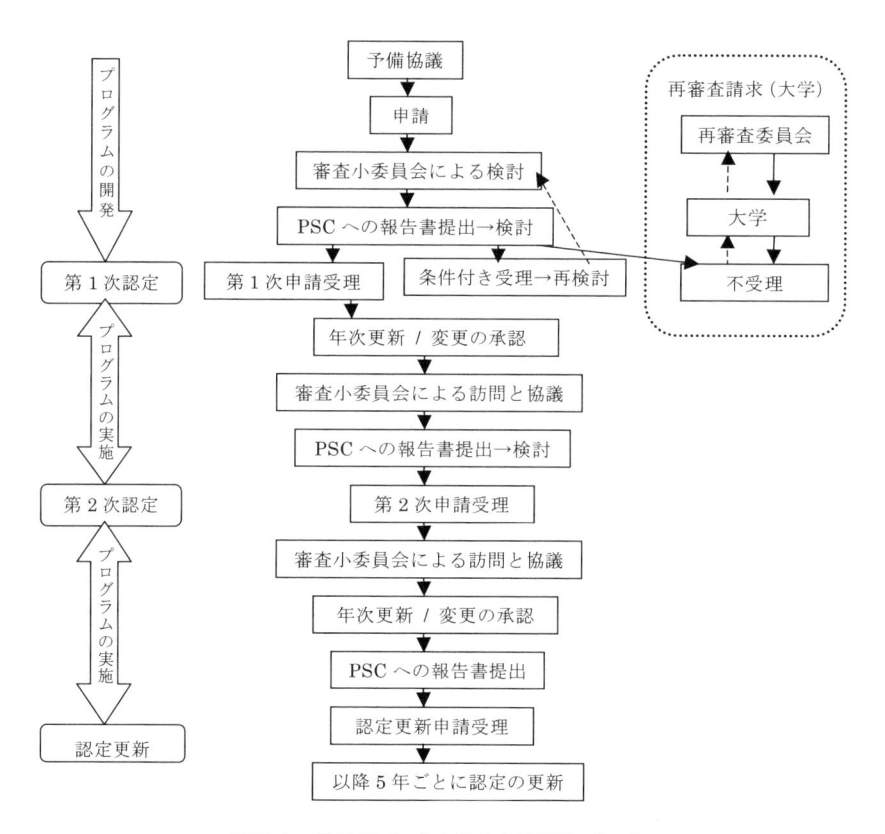

図2-4　教員養成プログラムの認定プロセス

出典：Queensland College of Teachers（2007）*Program Approval Guidelines for Pre-service Teacher Education* p.25を基に筆者作成。

が認定基準を満たしていると判断された場合、審査小委員会は教職スタンダード委員会に審査報告書を提出する。教職スタンダード委員会は報告書の内容を検討し、第1次認定の可否を決定する。認定されない場合、教員登録機関は理由を添えて養成機関にその旨を通知し、プログラムの改善を要求する。なお、大学は申請の不受理に納得できない場合には再審査を請求することができる。

　第1次認定は、当該プログラムの第1期修了生が卒業するまで(一般に学部プログラムは4年、大学院プログラムは1年)有効であるが、大学はその間も毎年プログラムについて審査委員会と協議を行い、プログラムの検討および改善を行う。プログラムの内容を変更する場合は事前の承認が必要である。第1次認定プログラムの履修生が修了に近づくと、審査小委員会の委員は大学を訪問し、第2次認定に向けた協議を開始する。この協議では、大学の教員だけでなく、最終学年の学生や修了生、実習校の教員、採用機関などからの意見も聴取される。こうして5年ごとに認定の更新が行われる。

2　教員登録制度

(1)　教員登録制度導入の経緯

　クイーンズランド州はオーストラリアで最も早く教員登録制度を導入した州である。国内では1960年代頃から教員の質に関わる議論が起こり[66]、教員として一定の水準を満たす者だけが教職に就けるようにするべきであるという考えが強まっていった[67]。理由のひとつには、第二次世界大戦以降続いていた教員不足対策として短期の教員養成コースが設置されたことが挙げられる。その結果、教員の中に十分な教育を受けないまま教職に就く者が増加し、社会の中で教員の質に対する懸念が増大していった。

　クイーンズランド州においても、教員の資質・能力を社会に対して保証し、教職を専門職として位置づけるためには、教員登録制度を実施して、登録した者のみが教職に就くようにするべきであるという考えが強まっていった。そして、州の教師教育に関する調査報告書『クイーンズランド州の教師教育』(『マーフィー報告』)[68]の提言を受けて、1971年に教師教育委員会(Board of Teacher Education: BTE)が設立され、同委員会の管轄で教員登録が実施されることになった。同委員会の機能と権限は州の「1964年教育法(Education Act 1964)」によって規定され、州における教員養成の継続的な見直し、教員養成プログラムの認定、教員登録手続きになどに関して責任を負っている。

なお、教員登録制度が正式に導入されたのは1973年である。導入当初は個々の教員の自由意思で登録が行われており、強制力はなかった。しかし、登録の意義が教員組合や採用機関、また、教員自身によって認められるようになり、1975年には公立と私立の初等学校および中等学校、公立の特別支援学校においてこれが義務化された。さらに、1978年には私立の特別支援学校でも義務づけられ、1981年には就学前教育にまで広げられた。

その後1980年代の半ばには再び教師教育の見直しが行われ、その結果を盛り込んだ「1988年教育(教員登録)法(Education [Teacher Registration] Act 1988)」と「1999年教育(教員登録)条例(Education [Teacher Registration] By-Law 1999)」が制定された。教員登録委員会(Queensland Board of Teacher Registration: BTR)も法律上の権限を有する独立した機関としてこの時に設立された。さらに、2000年代になると、社会の変化に伴って教職の世界にも再び変革が求められるようになり、2004年から2005年にかけて教員登録委員会の機能と権限に関する見直しが行われた。その結果84項目の提言を盛り込んだ「2005年教育法(Education [Queensland College of Teachers] Act 2005)」が新たに制定され、これによって教員登録委員会は名称を「クイーンズランド・カレッジ・オブ・ティーチャーズ(Queensland College of Teachers)」と変更し、その機能と権限をさらに強化させている[69]。

(2) 教員登録機関の機能と権限

教員登録機関は多方面の教育関係者により構成されている。理事会(Board)は、州立および私立学校の現職教員、教育省の関係者、教員組合の代表、教員養成を行う大学の教員、地域の教育関係機関の代表、保護者や市民の代表などで構成される。理事会議長は教育大臣により直接任命され、任期は4年である。他の理事はすべて教育大臣の推薦により州知事が任命し、任期は3

表2-5 各委員会の責任範囲と構成委員

委員会	責任範囲	構成委員
教職スタンダード委員会	・スタンダードの作成、適用と管理 ・教員養成プログラムの認定 ・「研修フレームワーク」の作成と施行 ・教職復帰プログラムに関する政策および指針の開発と施行 ・教員登録、教職資格、プログラムの認定に関わる政策提言	教員登録委員会の委員長、理事2名(現職教員)、理事1名(保護者および地域の代表)、その他の理事1名、教育省の指名2名(1名は現職教員)、カトリック学校委員会の指名1名、独立学校委員会の指名1名、教育学部長会議の代表3名、教員登録機関事務局長官補佐(教職スタンダード課より)、学習局の指名1名、理事会に属さない現職教員3名(2名は教員組合代表、1名は独立学校組合代表)
教員登録委員会	・教員登録に関わる事案の検討 ・教員登録に関する政策助言	理事2名、学部長会議代表1名、教育省代表1名、カトリック学校代表1名、独立学校代表1名、登録教員2名
職務遂行委員会	・懲戒に関する調査報告書の受領 ・調査権限の行使 ・懲戒に関する事案検討 ・懲戒委員会への事案委託 ・適格性に関わる事案への対応	理事3名(2名は登録教員、1名は非登録教員)
内部審査委員会 教職スタンダード関係	・教職に関わる再審査の決定 ・再審査要求への対応と再審査の実施 ・事案に関する理事会への勧告	理事1名、採用機関代表1名、教員組合代表1名、学部長会議より推薦された教員養成担当教員1名、教員登録機関職員1名
内部審査委員会 職務遂行関係	・懲戒に関わる再審査の決定 ・再審査要求への対応と再審査の実施 ・事案に関する理事会への勧告	職務遂行内部検討委員会理事1名、各採用機関の代表の中から選ばれた1名、教員組合代表1名、保護者代表と教育大臣による推薦者の中から選出された者1名、教員登録機関長官による被推薦職員1名
組織統治危機管理委員会	法令順守に関する事案の検討 ・監査関係 ・予算の支出管理 ・理事会への勧告	理事3名、教員登録機関長官(又は代表)、外部の財務又は監査専門家1名、外部の組織統治専門家1名、外部の情報通信技術専門家1名
教員懲戒委員会	・懲戒に関わる事案の聴聞と審査決定 ・調査権限の行使 ・各種事案の検討	弁護士1名、登録教員2名、非登録教員2名

出典：Queensland College of Teachers (2009) *Annual Report 2008* を基に筆者作成。

年である。

　教員登録機関は教員に関わるすべての責任を有しているが、機能としては次の２つが重要である。第一は、教員登録に関わる機能であり、登録を希望する者の審査を行い、登録の可否を決定することである。そして、登録に適さない行為等が見られる教員に対しては登録の更新を拒否することができる。また、不祥事を起こした教員に対する懲戒の権限も有している。第二は、教員養成に関わる機能であり、教員養成プログラムのガイドラインを作成し、ガイドラインに基づいて認定を行うことである。これらの機能により、教員登録機関はクイーンズランド州の教員の専門職としての資質・能力を保証するとともに、教職が高い価値と倫理に裏付けられた重要な職業であることを広く社会に認知させる役割を担っている[70]。

　同機関には、①教職スタンダード委員会(Professional Standards Committee)、②教員登録委員会(Registration Committee)、③職務遂行委員会(Professional Practice and Conduct Committee)、④内部審査委員会(Internal Review Committee)、⑤組織統治危機管理委員会(Corporate Governance and Risk Committee)の５つの常任委員会が設置されている。各委員会は現職教員などの教育関係者で構成され(表2-5)、定期的あるいは必要に応じて委員会を開催している。また、教員懲戒委員会(Teachers Disciplinary Committee)が常任委員会から独立して設置され、教員の懲戒処分、登録の解消などについての審査を行っている。委員はすべて教育大臣の推薦を受けて、州知事が任命し、任期は４年である(2008年現在)。

(3)　教員登録の手続き

　図2-5は教員登録の手続きを図示したものである[71]。新規に教員登録を希望する者は、申請書[72]に必要書類を添付し、登録料[73]を添えて教員登録機関に提出する。

　登録に必要な審査は以下の２項目を中心に行われる。第一は教員養成修了レベルのスタンダードを達成していることである。なお、教員資格を取得したプログラムが教員登録機関によって認定されたプログラムである場合に

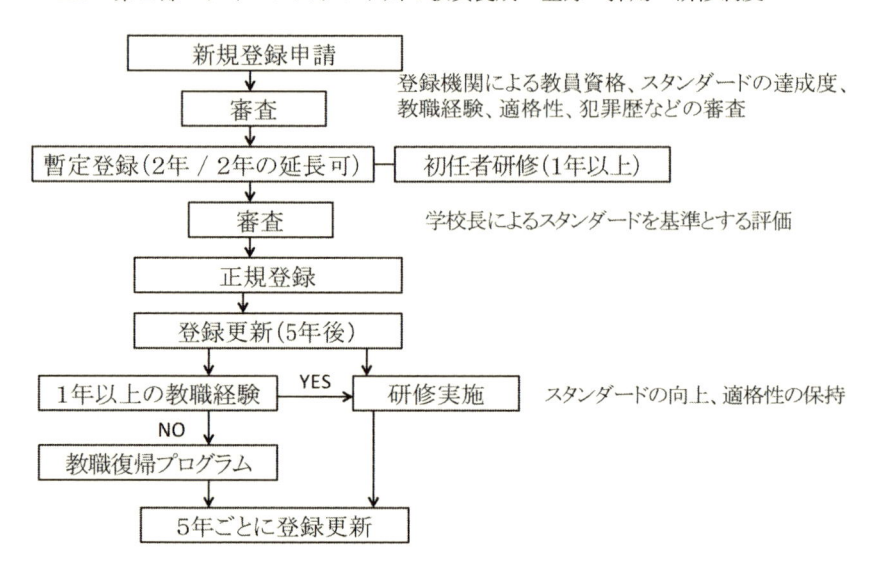

第2節　クインーンズランド州の教員養成・登録・採用・研修制度

```
        新規登録申請
             ↓
           審査          ← 登録機関による教員資格、スタンダードの達成度、
             ↓              教職経験、適格性、犯罪歴などの審査
   暫定登録(2年／2年の延長可) ― 初任者研修(1年以上)
             ↓
           審査          ← 学校長によるスタンダードを基準とする評価
             ↓
           正規登録
             ↓
        登録更新(5年後)
             ↓
   1年以上の教職経験 ―YES→ 研修実施   ← スタンダードの向上、適格性の保持
             ↓NO
      教職復帰プログラム
             ↓
        5年ごとに登録更新
```

図2-5　教員登録の手続き

は、スタンダードが達成されているとみなされ、原則として登録は受理される。また、他州(ニューサウスウェールズ州を除く)で教員登録を行っている者については「相互承認(クイーンズランド)法(Mutual Recognition[Queensland] Act)」により、また、ニュージーランドで登録を行っている者については「タスマン相互承認(クイーンズランド)法(Trans-Tasman Mutual Recognition[Queensland] Act)」により、いずれも登録は受理される。

　海外で教員資格を取得した者の適格性については個別に審査される。クイーンズランド州では教員の多様性も重視しており、海外で教育を受けた教員の採用を奨励している。それによって州で教育を受けた教員と海外からの教員が互いの知識と経験、異なる言語コミュニケーション能力、文化的背景、人生経験を共有し合い、教育にプラスの効果を及ぼすと考えられているからである[74]。主な審査内容は、海外で受けた養成の内容、教職経験年数と英語能力である。非英語母語話者[75]の場合は教員として必要な英語力が個別に審査される。英語力の不足から登録が受理されない者については、州内の大学等で特別な英語教育を受けることができる。教員登録機関もセミナーやオリ

エンテーションプログラム、サポートプログラムの実施、ニュースレターの発行など様々な支援を行っている。

　第二の項目は教員としての適格性である。これに関しては、「犯罪歴およびそれに準ずる行為」がある場合、「教員としての尊敬を得るに価しない態度や言動」が見られる場合、「教員登録に適さない不名誉、不道徳な態度」が見られる場合には不適格とみなされ、登録は受理されない[76]。犯罪歴は本人による申告を基本とするが、クイーンズランド州では2003年に制定された「教育およびその他の法律に関する(生徒保護)修正法(Education and Other Legislation [Student Protection] Amendment Act)」により、2004年以降はすべての申請者に関して警察や雇用者などへの問い合わせを行うことが可能になり[77]、犯罪歴審査(criminal history check)が従来よりも厳格に実施されることになった。なお、青少年の安全と権利を保護する目的から18歳以下の青少年に関わる活動に従事する者に対してはすべて犯罪歴審査が課せられており、その結果発行される許可証(通称「ブルーカード」)の所持が義務づけられている。それゆえ、すでに許可証を所持している者については登録の際の犯罪歴調査は免除される。

　教員登録は教員の必須条件であるが、一般に新規登録後の2年間は暫定登録(provisional registration)の身分とされており、この期間は実際の教育活動に従事しながら勤務校で初任者研修(induction)を行い、教員としての研鑽をさらに深めることが求められている。その結果、学校長により教員としての資質・能力が改めて評価され、適格であると判断されれば正規登録(full registration)に移行する。学校長は10項目のスタンダードそれぞれについて暫定登録教員を評価し、スタンダードの達成状況を具体的に文章で記述し、さらに、総合的に判断して正規登録への移行の可否を判定する。なお、正規登録への移行が不可とされた場合には暫定登録をさらに2年延長することができる。しかし、延長期間内に正規登録に移行できない場合は、再び新規登録者として新たに申請しなければならない。

　登録は5年ごとに更新する必要がある。更新のためには、過去5年間に教員登録機関が示す「継続的職能開発フレームワーク(Continuing Professional

Development Framework)」（以下、「研修フレームワーク」）に規定された研修を実施して、スタンダードの向上を図っていることが条件となっている[78]。研修は批判的省察と実践力の向上を促すものであり、有用かつ実践に不可欠なものであること、教員の資質・能力の重要性を反映するものであることが重視されている[79]。また、研修を受けるだけでなく、研修によって実際に資質・能力をどれだけ向上させたかという結果に重点が置かれている。それゆえ、教育省などが実施する公的な研修でなければ認められないということはなく、大学や専門学校、各種専門職団体が提供するセミナー、校内研修、同僚との学習会や研究プロジェクト、職場におけるメンターからの指導・助言、個人的な文献研究など有意義なものはすべて研修として認められる。こうして、教員はスタンダードを活用して自己の力量を評価し、「研修フレームワーク」に沿って各自で研修計画を立て、自主的に研鑽を深めていく。なお、研修の記録は更新の必要条件を満たしていることを証明する資料として登録機関に提示する。その際にはスタンダードのどの部分に焦点を当てて研修を行い、いかなる成果が見られたかを明示しなければならない[80]。以上のことから、経験を積んだ教員であっても常にスタンダードの向上は必須であり、自己の研修ニーズを明確にし、自律的に研修を行うことが肝要である。

　なお、暫定登録から正規登録に移行する際も、登録を更新する際も過去5年間に200日（あるいは1000時間）以上の教職実務経験が必要とされている。5年以上教職から離れているなど、この条件が満たされない場合は「教職復帰条件付き」(Returning to Teaching Condition)となり、教職復帰プログラム(Returning to Teaching Programs)」を受講した上でなければ教職に就くことはできない。同プログラムは教員登録機関によって認定された30時間の研修プログラムであり、大学などが提供している。効果的な教授活動、カリキュラムと評価、シラバス、政策、法令の5つの領域から構成され、職務復帰の前後12カ月以内に受講することが義務づけられている[81]。

　更新時には犯罪歴等に関する審査も行われる。教員登録機関は個々の教員の規範行為に関して調査を行い、問題等があれば更新の猶予や登録解除などの措置をとることができる。

(4) 教員登録の状況

2008年12月時点で教員登録を行っている者は9万6,985人おり、暫定登録が19.5％、正規登録が80.5％である。登録者の57％が正規あるいは長期契約雇用で就業しており、70％が州立学校の教員である[82]。なお、2008年に暫定登録から正規登録に移行した者は3,386人である。また、新規に登録を申請した者は6,819人で、それ以前に比べて大きな伸びを見せた。これは、2006年度からクイーンズランド州で大学院レベルの教員養成が2年から1年に短縮されたことにより、教員養成プログラムの修了生が増加したことが影響していると考えられる。また、他州(942人)や海外での教員資格取得者(740人)の増加も理由として挙げられる。海外教員資格取得者では、英国とニュージーランドの出身者が多くを占め、その他は南アフリカ、カナダ、米国、インド、ジンバブエ、フィジーなどであり、全体的に英語圏出身者の割合が多い。さらに、2種類の「相互承認法」による登録者が596人おり、その内訳は、ビクトリア州176人、タスマニア州27人、南オーストラリア州71人、西オーストラリア州72人、北部準州56人、ニュージーランド194人となっている。

3　教員採用制度

(1)　応募区分と能力審査

州立学校の教員採用は教育省の責任において行われ、地方事務所がこれを実施する。募集は欠員に応じて行われるため年度によって採用者数は異なる。教育省が統一した試験等を実施して直接選考するのではなく、教育省に代わって現職教員が学校レベルで審査委員会(panel)を設置し、現場の視点を含めて志願者を面接し、能力審査を行う[83]。臨時的雇用以外はすべて能力審査が必要とされる。面接ではスタンダードがどれだけ達成されているかが判断され、その結果示される評定に基づいて教育省が採用の可否や条件、赴任校などを決定する。

応募は一般応募(General Applicants)と新卒応募(Graduate Applicants)、専門分野の応募(Applicants for Specialized Areas)に分けられる。一般応募は終身雇用教

員として一年以上の経験がある者が対象で、新卒応募は教職経験が全くない新卒者か、何らかの理由で一般応募の条件に該当しない者が対象である。また、専門分野に該当するのは、英語以外の言語（LOTE）、音楽、ダンスである。

図2-6は州立学校の教員採用の流れを図示したものである。応募者は応募用紙[84]に必要書類[85]を添付し、教員募集センターに提出する。クイーンズランド州では社会の多様性を反映する職員の雇用を目指しており、教員に関しても多様な人材の確保に努めている。それゆえ、先住民、非英語系の海外教員資格取得者、身体に障害のある者に関しては一般の応募者とは異なる対応

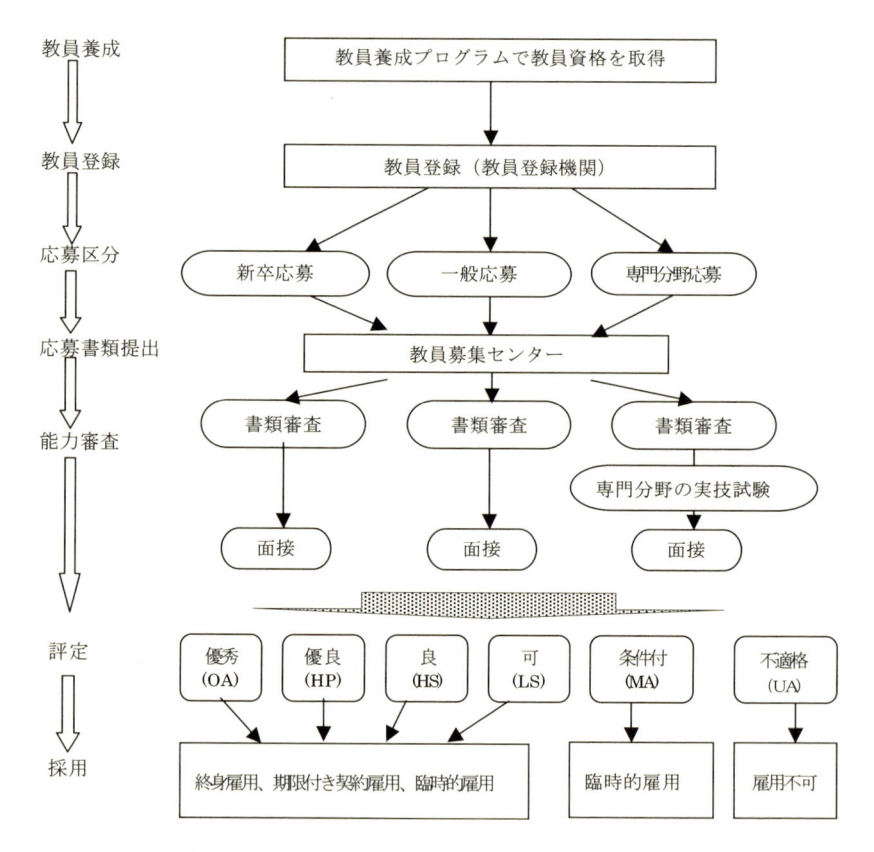

図2-6 クイーンズランド州における教員採用の流れ

出典：Queensland Government, Department of Education and the Arts (2009) *Guide for Teacher Applicants, Application for Teacher Employment Form* により筆者作成。

をしている。先住民と非英語系の海外教員資格取得者については本人の希望により、異文化問題の専門家を審査委員に含めることを要請でき、障害のある者は、応募や審査に際して特別な配慮を申し入れることができる。

面接は現職教員が行うが、一般には校長や副校長、教科主任、ベテラン教員が担当する[86]。新規修了生の面接は最終の教育実習校で設置される審査委員会で行われ、一般応募者の面接は教育省が設定した面接校で行われる。面接は実習とティーチング・ポートフォリオ(以下、ポートフォリオと記す)の内容を中心に行われる。ポートフォリオは身上書の他、学業成績や実習成績、実習記録、各科目の提出課題、ボランティア活動の記録、取得した免許や資格の証明書など自己の職能成長を記録するファイルであるが、スタンダードの達成状況を証明するための重要な資料となる[87]。ポートフォリオには推薦人2名による評価報告書を付すことが求められているが、そこには「教職専門性スタンダード」の達成度が記載される。面接では応募者のプレゼンテーションと質疑応答も行われ、「教職専門性スタンダード」をどの程度達成しているかが総合的に判断される。

審査の結果は、「優秀(Outstanding Applicant: OA)」、「優良(High Performing Applicant: HP)」、「良(High Sound Applicant: HS)」、「可(Low Sound Applicant: LA)」、「条件付(Marginal Applicant: MA)」、「不適格(Unsuitable Applicant: UA)」のいずれかで評定が示され、結果が地方事務所に送付される。地方事務所はそれらを再度検討したうえで応募者リストに掲載する。「優秀」から「可」までの認定を得た者は終身雇用、期限付き契約雇用、臨時的雇用のいずれも可能である。「条件付」の者は臨時的雇用のみ可能であり[88]、終身雇用あるいは期限付き契約雇用の資格を得るためには、臨時的雇用として100日以上勤務したあと再審査を受けて、「可」以上の評定を得なければならない。「不適格」の者は再審査を受けて「可」以上の評定を得るまではいずれの形態でも雇用されない。

(2) 雇用と配置

採用は「パブリックサービス法」の規定により本人の能力と業績に基づいて行われ[89]、最終的な決定は欠員数や各学校の要望を考慮して地方事務所が行

う。応募者は赴任校や赴任地域を希望することができるが、最終決定を行うのは地方事務所である。また、能力審査を行う学校はあくまでも審査のための学校であり、応募者の赴任校となるわけではない。配置の決定には応募者の希望も考慮されるが、地域を限定して希望した場合は雇用の機会が制限されることになる。また、終身雇用を希望する場合は、希望地域の有無にかかわらず州内のいずれの地域であっても赴任することが原則となっている。その場合は居住地を遠く離れた地域や僻地に赴任することもあり、生活条件が厳しくなることがある。そのため、「遠隔地域奨励制度(Remote Area Incentives Scheme)」が実施されており、就労状況に応じて特別手当、報奨金、緊急時の特別休暇などの措置がとられる。地域ごとのポイント制も実施されており、積算ポイントに応じて優遇措置がとられる。ポイントは条件の厳しい地域ほど高い。

　公務員の場合、採用後最低6ヶ月は試用期間であるが、教員は通常8ヶ月である[90]。試用期間修了時には学校長による勤務状況の審査が行われ、問題がなければ正式採用となる。十分な能力が認められない場合は、試用開始から最長13ヶ月まで試用期間が延長されるか、採用を取り消されるかのいずれかとなる。

4　教員研修制度

(1)　教員研修制度の展開

　オーストラリアでは、養成教育とともに現職研修が重視されているが、研修はさまざまな形態で実施され、研修を実施する機関も各種存在する。国としての統一制度は存在しないが、連邦政府は教員の資質向上のための予算援助を積極的に行っている。社会の変化によって教員の役割も変化し、教員への期待も高まる中、教員の資質・能力は養成から現職段階へと継続して形成されるべきだと考えられているからである。クイーンズランド州では教員研修を「現在および将来において教育省が目指す目標や教員自らのキャリア計画に対応するべく、職務内外のことがらに関する知識や技能を向上させるための学習機会」と定義づけ[91]、研修を受ける教職員および校長の責務をマニュ

アルで示している[92]。マニュアルには、教職員が適切な研修機会を持ち、職務能力を向上できるようにすることが校長の重要な責務であることが示されており、教職員の研修を促進させる上で校長の果たす役割がきわめて大きいという認識がうかがえる。

　研修の種類は多様である。大学や行政機関が提供する研修のほかにも、校内での学習会、同僚との議論、研究プロジェクト、メンター[93]による指導、職場研修、読書会なども認められている。また、研修を提供する機関も各種存在し、教育省、私立学校の関係機関、大学、公立の技術継続教育機関(Technical and Further Education: TAFE)、のほか、専門職団体によって様々な研修が実施されている。行政の研修としては、長期休業期間中に公費で実施される研修(Vacation Schoolと呼ばれる)や情報通信技術の技能研修などがある。また、学校は研修補助金を得て、「教員資質向上プログラム」(第1章第3節参照)を実施することができる。さらに、前章で記したように、公立学校の場合は教員研修のための生徒休業日が年に6日設定されている。オンラインによる研修もさかんである。教育省は「学習の場」(Learning Place)という誰もが簡単にアクセスできるオンライン研修プログラムを実施しており、遠隔地に住み研修に参加することが困難な教員などにも有効活用されている。また、研修への参加は教員登録を更新する際にも必要とされており、年間の勤務日数に応じて必要な研修日数が設定されていることは先述のとおりである[94]。

　研修に関してしばしば問題となるのが研修時間の確保である。教員が研修を受けることが職務上必要であり、職務の一部であるとするならば、勤務時間内に研修を受けるのが妥当である。しかし、勤務時間に学校を離れることは生徒の指導に支障をきたすことになるため難しい。また、多忙と言われる教員が勤務時間外に研修の時間を確保するのも容易ではない。そのため、忙しさから研修に参加できないということがないように、州教育省は生徒の学習活動への支障を最小限にとどめながらすべての教職員が研修に参加できるような方策をたてている。すなわち、研修は生徒の休業日に行うことを原則としながらも、例外的に課業中の研修も認めている。その場合は代替教員を補充するなどして「保護者と市民連合(Parents and Citizens Association)」などの了

解を得た上で、生徒の学習に支障のないような対策を講じることとなっている。

(2) 教員研修のためのスタンダード

教育省は、教員研修が生徒の学業成果達成のために必須のものであり、教員の高い資質能力はその研修に負うところが大きいという認識を示し[95]、教員研修を効果的に実施するためのスタンダード(以下、研修スタンダード)を策定している[96]。スタンダードが最初に策定されたのは1998年で、研修開発と研修実施それぞれについての基準が示された[97]。

研修スタンダードはその後部分改訂を重ね、最新のものは2009年8月に改訂されたものである。スタンダードでは特に以下の3点が重視されている。第一は、研修は時間的経過の中で継続して行われるものであり、職務に従事しながら経験を通して行うことである。第二は、個人の成長発達、協働学習、異文化間の学習、時機を得た研修、インクルージョン、実践での有用性を重視することである。第三は、多様な文脈に対応することである[98]。「研修スタンダード」は表2-6に示すように、研修の計画、実施、情報、評価の4段階に分けられ、7項目で示されている。各項目には評価のための指標が付されているが、参加者の多様なニーズに対応したものであることが重視されている。

表2-6 「研修スタンダード」(2009年版)

段階	スタンダード	内容
計画	整合性	政策や各種の規定、学校、教育機関、個人の研修計画に合致している。
	根拠	根拠に基づく研修内容である。
	柔軟性	柔軟かつニーズに対応したものである。
実施	内容	研修を受ける側の状況やニーズに対応した内容である。
	積極性	参加者の積極的参加を促すものである。
情報	情報伝達	だれもが研修に関する情報にアクセスし、参加できる。
評価	評価	参加者の意見をもとに、研修の成果を的確に評価する。

出典:Queensland Government (2009) *Standards for professional development*を基に筆者作成。

第3節　クインーズランド州の教員養成制度

　以上、教員養成の歴史的変遷と、教員養成に関わる諸制度を個別に検討してきた。以下では、各制度のつながりを検討し、制度の全体像を明らかにした上で、クイーンズランド州の教員養成制度の特質を提示する。

　図2-7は各制度の関係を図示したものである。図からは教員の養成、登録、採用、研修の各制度が有機的に連結し、教員の資質・能力が各段階を通して一貫性を持って形成されていることが確認できるであろう。まず、教員登録機関はスタンダードの達成に有効なプログラムを認定し、修了生の登録を受理する(①)そして、学生は認定されたプログラムを通して登録に必要なスタンダードの達成を目指す(②)。次に、教員登録機関は登録によって教員の資質・能力を社会に対して保証する(③)。それゆえ、教育省が教員を採用する際にも登録によって応募者の適格性が確認される(④)。各学校は初任者研修によって暫定登録から正規登録に移行するために必要なスタンダードの向上を図るとともに、正規登録教員が登録を更新するための研修も実施する(⑤)。そして、教員登録機関はスタンダードの向上を確認し、暫定登録から正規登録への移行を承認するとともに、すべての教員の登録更新も承認する(⑥)。

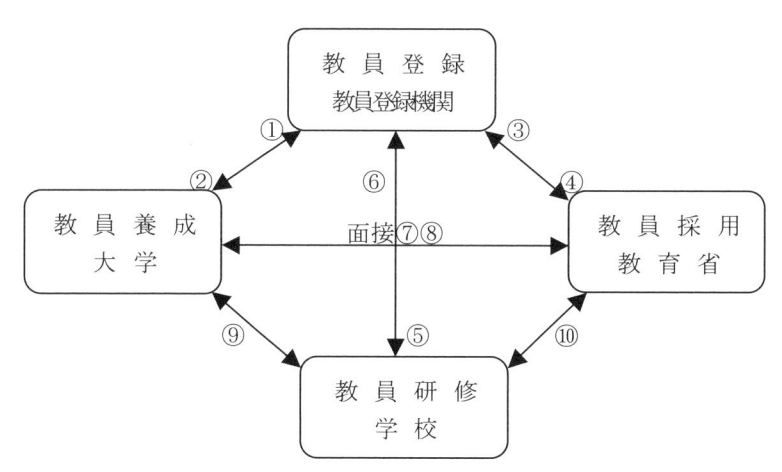

図2-7　クイーンズランド州における教員の養成・登録・採用・研修

スタンダードは教員採用でも活用され。新卒者は面接でスタンダードの達成を証明し(⑦)、教育省は面接でスタンダードの達成が確認された者を採用する(⑧)。また、大学の教員養成では現職研修に繋がる教育が行われ、教職人生を通して職能成長を図り、スタンダードを向上させるための素地が養われている(⑨)。さらに、教育省は教員の研修権を保証し(⑩)、現職教員がスタンダードの向上を目指して研修を行える体制の整備に努めている[99]。

　以上の考察からクイーンズランド州における教員養成制度の特質と課題が以下のように明らかになる。第一は、総合大学の教育学部(科)が教員養成機関としての機能を果たしていることである。オーストラリアにはいわゆる教員養成系の大学は存在しない。そして、大学の教育学部(科)はかつての教員カレッジの流れを汲んでいるため、教育の理論を修得するとともに、学生が教職に就いてすぐに教育現場で役立てられる実践的な知識や技能を養成段階のうちにできるだけ多く修得できるような指導を行っている。それは、オーストラリアの教員養成が見習い制度の時代から常に学校現場を中心に行われ、実践を通して資質・能力を形成することに重点を置いてきた歴史的特質とも言えるであろう。歴史的特質という点では、教育学部(科)の学生は圧倒的に女性が多いことも挙げられる。オーストラリアでは、植民地時代から教育を担うのは主として女性であり、見習い教員もほとんどが女性であった。その理由のひとつとして、高収入が得られる法律家や医師などに比べて、教職を魅力ある職業と考えない傾向が男性の間に見られることが挙げられる[100]。また、ヨーロッパ人にとって過酷な入植開拓の地であるオーストラリアでは、教職が「女性の仕事」というステレオタイプ的な認識が社会の中に根付いていたことも要因のひとつであろう。その傾向は教員カレッジの時代を経て現在まで続いている[101]。特に、就学前教育と初等教育ではそれが顕著である。

　第二に、大学が都市部に集中しているため、地方で養成される教員の割合が少ないことである。結果として、地方や遠隔地の教員が不足し、そうした地域に住む生徒が十分な教育を受けられないなどの地理的不公平が生じている。また、大学の都市集中は都市部での教員採用競争を激化させ、有能な人

材が教職に就けず、他業種に流出するという事態も招いている。さらに、学生が大学に近い地域での実習を希望するため、実習校の確保が困難な状況が生じている。そして、実習地域の偏りや、多様な実習場面の設定の困難、受け入れ体制の不十分な学校での実習などによる実習の質の低下も問題となっている。

　第三は、多様なプログラムが設定されており、履修方法も多様なことである。全国の大学で提供されている教員養成プログラムは学部、大学院を合わせると400種類以上に上る[102]。クイーンズランド州だけでもその数は100以上に及ぶ(表2-2)。また、学生はフルタイムやパートタイム、通学履修やオンライン履修など個々のニーズに応じた履修方法を選択することができる。こうしたプログラムや履修方法の多様性は、植民地の時代から教員養成がそれぞれの植民地や州によって管理され、その実状に合わせて実施されてきたこと、大学が自治権を確立し、各大学の教育理念や特性が重視されてきたこと、時代の変化の中で教員養成が常に社会のニーズに応じて実施されてきたことなどを反映していると考えられる。ただし、多数のプログラムが設定されていながら、実際には在籍する学生がいないプログラムも存在する。

　第四は、教員養成プログラムの認定によって教員養成の質の向上が図られることである。プログラムが認定されるためには、ガイドラインに則した内容であるとともに、学生が「教職専門性スタンダード」を達成できる内容のプログラムだということが立証されなければならない。また、プログラムはひとたび認定されても、認定更新に向けて内容の吟味は継続的に行われる。それゆえ、大学は「教職専門性スタンダード」を基準として学生の資質・能力を適切に評価し、その結果を基にプログラムを常に向上させる必要がある。こうした中で教員養成プログラムの質の向上が図られると推察できる。

　第五は、「教職専門性スタンダード」によって養成段階で形成すべき資質・能力が明確にされ、修了生の資質・能力が保証されることである。先述のように「教職専門性スタンダード」は教員登録制度の中で策定されたものであるが、これが州における教員養成の理念を示すものであるという合意が教育関係者のみならず社会でも広く形成されている。修了生レベルのスタンダード

についても初任教員に最低限必要な資質・能力であることが共通に認識されている。そして、プログラムを修了するためには、また、修了生が教員として登録されるためには、在学中に修了生レベルのスタンダードを達成しなければならない。つまり、プログラムを修了するということは初任教員に求められる資質・能力が形成されていることを意味する。このことからいずれの大学であっても認定されたプログラムの修了生はその資質・能力が担保されることになる。

　なお、認定に際しては審査委員会が一方的にその可否を決定するのではなく、予備協議の段階から教員登録機関と大学とが協働でプログラムを開発するという要素が強い。認定更新の際も、大学の教員だけでなく、現役学生や卒業生、実習校の教員、採用機関の関係者などから幅広い意見の聴取が行われ、認定をする側とされる側の対峙した関係ではなく、双方向的かつ協同的なプロセスの中で、プログラムの向上が図られている。すなわち、認定は対話と協働、同僚性(collegial)を重視して行われている[103]。こうした協働体制の確立もプログラムの質の向上、ひいては修了生の質の向上を促す要因となっていると推察される。

　第六は、教員養成が登録、採用、研修の各制度と密接に連結し、教師教育の一環として行われていることである。教師教育システムの一貫性を構築することが重要であることは広く認識されている[104]。オーストラリアでも教員は生涯学習者として常に自己の専門性を高めていくことが重視されている。教員養成では教職に必要な基礎的理論を学ぶとともに、教職に就いた学生が教育現場ですぐに役立てられる実践力をできるだけ多く修得できるようなプログラムが実施されているが、教育現場には様々な問題があり、大学で学んだ理論がそのまま応用できないこともある。また、経験を積む中で新たな課題にぶつかることも少なくない。それゆえ、教員の資質・能力は養成段階のみで形成するものとは考えられておらず教員生活を通して継続して形成されるものだという認識が教職関係者の間に浸透している。このことは、大学の教員養成課程に現職教員のためのプログラムが多数設定されており、学校の休業期間や夜間に実施されるなど、現職教員が学びやすいように配慮さ

れていることからも明らかである。また、養成段階のプログラムでは「実践的研究者」の養成が重視され、アクション・リサーチなど現職研修に繋がる内容が多く履修されている。さらに、教育省は教員の研修権を保証して研修への参加を奨励し、そのための予算を積極的に投入していることや[105]、教員の採用が養成内容を踏まえて行われていること、登録更新のためには研修への参加が必要とされていることなども、教師教育の一貫性を強めていると推察できる。そして、こうした一貫性の構築に重要な役割を果たしているのが「教職専門性スタンダード」である。

註
1 植民地は、ビクトリア（1851）、ニューサウスウェールズ（1855）、南オーストラリア（1856）、タスマニア（1856）、クイーンズランド（1859）、西オーストラリア（1890）である。［（ ）は自治権を獲得した年］
2 Queensland Government, Department of Education (2006) *State Education in Queensland, A Brief History,* p.2.
3 バーカン，A. / 笹森健監訳（1999）『オーストラリア教育史』青山社、pp.88-89［Barcan, A. (1980) *A History of Australian Education,* Oxford University Press.］。
4 Dyson, M. (2005) "Australian Teacher Education: Although Reviewed to the Eyeballs is there Evidence of Significant Change and Where to Now?", *Australian Journal of Teacher Education,* Vol.30, No.1, pp.37-54.
5 Queensland Government, Department of Education (1985) *Female Teachers in Queensland State Schools, A History 1860-1983,* p.6；バーカン，A. / 笹森健監訳（1999）前掲書、p.231。
6 こうした状況は、クイーンズランドの教員養成学校の校長が1873年の報告書で以下のように記していることからも推察できる。「彼ら（見習い教員：筆者註）は週に6日間、毎日約1時間半指導を受け、1時間は授業の準備や運動に充て、残りの6時間は授業を担当した。彼らはまだ遊び盛りで、強固な意志も備わっていな子どもである。それが1日8時間以上の重労働に従事するのである。」［Queensland Board of Teacher Education (1970) *Teacher Education in Queensland,* p.1.］
7 Dyson, M. (2005) *op.cit.*
8 *Ibid.*
9 ビクトリア州の教員養成カレッジについては、Selleck, R.J.W. (1972) "F.J.Gladman Trainer of Teachers", in Turney, C. (ed.) *Pioneers of Australian Education,* Vol.2, Sydney : Sydney University Press を参照した。

10 *Ibid.,* p.1.
11 英国に倣って、植民地時代から視学制度が実施されていた。視学は定期的に学校を視察し、教育内容や教員の指導方法などについて指導や助言を行った。
12 Queensland Board of Teacher Education (1970) *op. cit.,* p.2.
13 たとえば、メルボルン大学は1903年に2年制の中等教員養成のためのディプロマコースを創設し、メルボルン教員養成カレッジの教員を非常勤で雇用していた。シドニー大学でも、シドニー教員養成カレッジの学長が初代の教育学教授に就任し、両機関が共同でディプロマコースを提供するなど協働体制がとられていた［杉本和弘（2003）『戦後オーストラリアの高等教育改革研究』東信堂、p.288］。
14 Queensland Board of Teacher Education (1970) *op. cit.,* p.3.
15 Dyson, M. (2005) *op. cit.,* p.40.
16 *Ibid.,* p.4.
17 杉本和弘（2003）前掲書、p.128。
18 「学生教員計画」は1921年にも導入されたことがあるが、1933年に中止された。
19 Queensland Board of Teacher Education (1970) *op. cit.*
20 杉本和弘（2003）前掲書、p.128。
21 この他に、1955年に私立の教員カレッジとしてキャサリン・マコーリー教員カレッジ（Catherine McAuley Teachers College）が設立されている。
22 河村正彦（1976）『オーストラリアにおける教員養成の展開』「日本教育学会第35回大会発表要旨収録」、p.129。
23 杉本和弘（2003）前掲書、pp.102-105。
24 同上書、p.121。
25 河村正彦（1976）前掲論文。
26 杉本和弘（2003）前掲書、pp.124-129。
27 ニューサウスウェーズ州のウロンゴン大学と、クイーンズランド州のジェームズ・クック大学である。
28 杉本和弘、前掲書、pp.204-207。
29 同上書、p.167。杉本は、高等教育カレッジなど非大学機関に期待された役割を分析して、職業教育志向の教育内容、研究機関ではなく教育機関としての位置付け、正規の資格を必要としない入学要件などを大学との違いとして挙げており、その背景として、財政的要因とエリート主義的大学観を指摘している。
30 これら高等教育機関の統合については、杉本の前掲書(2003)が詳しい。
31 杉本は「全国統一制度」による機関統合を3つのタイプに分類している。第一は大学による高等教育カレッジの吸収合併であり、第二は高等教育カレッジ内の統合、第三は高等教育カレッジ単独の大学昇格である。これらの機関統合の結果、1987年には大学19校、高等教育カレッジ46校であった全国の高等教育機関が、1994年には36校の大学として再編された。クイーンズランド州でもこれらすべてのタイプの統合が行われ、6つの大学に再編された。なお、大

第 2 章　クイーンズランド州の教員養成　143

32　学のほとんどは州立大学である［杉本和弘、前掲書、pp.212-220。］。
32　シドニー大学、メルボルン大学、モナシュ大学、ニューサウスウェールズ大学、クイーンズランド大学、西オーストラリア大学、アデレード大学、オーストラリア国立大学の8大学である。
33　OPsの得点分布は以下のように設定されている。1（2%）、2-6（19%）、7-21（73%）、22-24（5%）、25（1%）。また、FPsは、長文筆記、短文筆記、基本数学、複合問題、総合実践力の5領域に分けられ、それぞれ1（最高点）から10の10段階で示される。
34　99点（最高点）から1点の間で示され、高等教育での履修単位などそれまでの教育で得た資格などから算出される。
35　6つの大学により設立された非営利組織で、1990年に私企業となった。現在は18の高等教育機関が加盟しており、高等教育機関の情報を志願者に提供すると同時に、入学志願者の受付と志願手続きを行うことを主たる役割としている。大学は入学者選考を個別には行っておらず、各大学が設定した入学基準に基づいてQTACがすべての大学の選考事務を一括して行っている。
36　Queensland College of Teachers（2007）*Program Approval Guidelines for Preservice Teacher Education*.
37　たとえば、クイーンズランド大学の設置、運営、ガバナンス、アカウンタビリティを規定しているのは「クイーンズランド大学法（University of Queensland Act1998）」である。
38　Queensland College of Teachers（2007）*op. cit*.
39　*Ibid*.
40　Queensland Board of Teacher Registration（2001）*Literacy in Teacher Education: Standards for Pre-service Programs, A Report of the Literacy in Teacher EducationWorking Party*, pp.86-87.
41　クイーンズランド州のリテラシー教育に関しては、竹川慎哉（2010）『批判的リテラシーの教育－オーストラリア・アメリカにおける現実と課題』明石書店が詳しい。
42　Queensland Board of Teacher Registration（1999）*Guidelines on the Acceptability of Teacher Education Programs for Teacher Registration Purposes*.
43　McMeniman, M（2004）*Review of the Powers and Functions of the Board of Teacher Registration,* Brisbane : Queensland Goverment, Department of Education, Training and the Arts, p.45.
44　*Ibid*.
45　Queensland Board of Teacher Registration, Principal's Report.
46　5項目のスタンダードが審査項目となっている。
47　Queensland College of Teachers（2006）*Professional Standards for Queensland Teachers*.
48　スタンダードはQCTの常任委員会のひとつであるスタンダード委員会が中心

となって策定したが、同委員会は教育省の関係者、公立および私立の現職教員、教員養成を行う大学の学部長や教員、教員組合の代表保護者や地域の代表等から構成されている。また、スタンダードの草稿は一般にも公開され、幅広い意見が収集された。

49　Queensland College of Teachers (2006), *op. cit.*
50　*Ibid.*
51　*Ibid.*
52　*Ibid.*
53　*Ibid.*
54　*Ibid.*
55　Ramsey, G. (2000) *Quality Matters, Revitalising teaching: Critical times, critical choices, Report of the Review of Teacher Education,* Sydney : New South Wales Department of Education and Training., pp.82-86.
56　バンクスは、学校における差別や偏見が教育において負の影響を及ぼすことを明らかにし、教師はこれらを極力排除するように努めなければならないと論じている［Banks, J. A. (2002) *An Introduction to Multicultural Education,* Boston: Allyn and Bacon.］。
57　パーティントンは先住民族生徒の学業達成のためには、教師が先住民族生徒に対して高い期待を持つことが必須であると主張している［Partington, G., and McCudden V. (1993) *Ethnicity and Education,* Wentworth Falls, N.S.W. : Social Science Press.］。
58　パーティントンは、カリキュラムを生徒の認知的、言語的、社会的ニーズに適合させる必要があると論じている［Eckermann, A. (1994) *One Classroom, Many Cultures,* NSW: Allen & Unwin; Partington, G., and McCudden V. (1993) *op. cit.*］。
59　グラウンドウォーター＝スミスは、省察を通して教師が自分自身の中にある差別や偏見に気づくことが重要だと指摘している。また、教師自身が学習者であることを認識し、生涯を通じて職能成長に努める必要があると論じている［Groundwater-Smith, S. Ewing, R., and Le Cornu, R. (2007) *Teaching Challenges & Dilemmas,* Melbourne: Thomson.］。
60　これらの要素は、州政府が設定している公正の推進に向けた「ターゲット・グループ」のカテゴリーと一致しており、政策との整合性が確認できる。
61　Education Queensland (2005) *Inclusive Education Statement 2005.*
62　Cochran-Smith, M. (2004) *Walking the Road: Race, Diversity, and Social Justice in Teacher Education,* New York: Teachers College, Columbia University, pp.64-82.
63　Darling-Hammond, L., & Baratz-Snowden, J. (eds.) (2005) *op. cit.,* pp.22-23.
64　Groundwater-Smith, S. Ewing, R., and Le Cornu, R. (2007) *op. cit.*
65　Ramsey, G. (2000) *op. cit.*

第 2 章　クインーンズランド州の教員養成　145

66　*Ibid.*, p.10.
67　たとえば、1973 年の連邦教育省による報告書(Karmel Report)では、教育実践家自身が策定したスタンダードに基づいて一定レベル以上の能力を有する教員を養成し、教員の質を向上させる必要性が指摘されている。
68　Queensland Government (1971) *Teacher Education in Queensland: Report of the Committee to Review Teacher Education in Relation to the Needs and Resources of Queensland and to Make Recommendations on the Future Development of Teacher Education.*
69　クインーンズランド州の教員登録制度については、本柳とみ子（2006）「オーストラリアにおける教員登録制度改革と教師教育」早稲田大学大学院教育学研究科比較・国際教育学研究会編『早稲田大学大学院比較・国際教育学論集』pp.3-18；本柳とみ子(2011)「オーストラリアにおける教員登録制度の意義－クインーンズランド州を事例として」追手門学院大学オーストラリア研究所編『オーストラリア研究紀要』第 37 号、pp.153-170 を参照。
70　Queensland College of Teachers (2009) *Annual Report 2008.*
71　本柳とみ子(2011)前掲論文。
72　申請書には①登録に関わる情報、②本人の身上、③学校での教職履歴、④クインーンズランド州の教員資格、⑤他州または海外での教員資格、⑥その他の高等教育修了資格、⑦高等教育における履修中断科目、⑧学校以外での教職経験、⑨告知事項、⑩法律上の宣誓などが記載される。
73　クインーンズランド州の教員養成機関を修了して 2 年以内の者については123.10 ドル（登録料 100 ドル、犯罪歴調査費用 23.10 ドル）、その他は201.10 ドル（登録料 100 ドル、犯罪歴調査費用 23.1 ドル、申請料 78 ドル）である(2009 年）。
74　Queensland College of Teachers (2009) *op. cit.*
75　「非英語話者」とはイギリス、カナダ、アメリカ、アイルランド、南アフリカ、ジンバブエ、ニュージーランド、およびオーストラリア以外の国で教員資格を得た者をさす。
76　「2005 年教育(教員登録)法(Education［Teacher Registration］Act 2005)」第 37 条。
77　警察への問い合わせに関しては、Police Powers and Responsibilities Act 2000 に規定されている。
78　Queensland College of Teachers (2008) *Continuing Professional Development Framework.*
79　*Ibid.*, p.2.
80　*Ibid.*, p.5.
81　Queensland College of Teachers (2010) *Returning to Teaching, Fact Sheet.*
82　Queensland College of Teachers (2009) *op. cit.*, p.12-13.
83　面接を行う学校はあくまでも能力審査のための場として提供されるものであり、

学校ごとに教員を採用するわけではない。
84 応募用紙には、①身上に関する情報、②その他の個人情報（教員登録、職歴、犯罪歴など）、③応募区分と採用希望形態、④希望の学校種、教科、学年、⑤希望地域、⑥教職歴、⑦特殊技能の有無、⑧教員資格およびその他の所有資格、⑨文化的背景に関する申告、⑩添付証明書のリスト、⑪署名を記入する。
85 添付する書類は、氏名変更証明書、身分証明書、教員登録機関の登録証明書、ビザ／就労証明書／市民権証明書（永住権所有者以外）、政府関係の就労証明書、教職履歴証明書、資格技能証明書、学位証明書などである。
86 ただし、新卒応募者の場合は、実習を直接指導した指導教員やメンター教員は審査に加わることができない。
87 ポートフォリオは、職能成長を促すツールとしても有効性が認められており、各国で広く活用されている。特に近年は電子ポートフォリオ（e-portfolio）と呼ばれるウェブ形式のポートフォリオが増えている。
88 「不可」の者は、臨時的雇用により100日以上就業した後に再度審査を受け、終身雇用のための評定を得ることが可能である。
89 *Public Service Act 2008*.
90 *Ibid*.
91 Queensland Government, Department of Education, *Department of Education Manual, HR-06-1: Release Time for Professional Development for Teachers Professional Development and Training*. なお、同文書はその後新たな政策文書 *SDV-PR-001: Employee Professional Development* として示されている。
http://education.qld.gov.au/strategic/eppr/staff/sdvpr001/ （2010年1月5日閲覧）
92 教職員の責務としては、①教育省の研修政策について熟知する、②校長や指導教員（mentor）などと協働で自らの研修計画を立案する、③研修後は研修記録を残すことが挙げられていることが示されている。一方、校長の責務は以下の通りである。①教職員のニーズに合わせて組織的に研修計画を立案する。②採用の機会に関する公正と平等の原則を理解し、それを現職研修にも適応させる。③職務遂行のための研修の必要性を教職員に理解させる。④研修を受ける教職員に対しては綿密な研修計画を立てさせ、長期研修後の復帰や新たな役職への道を保証する。⑤個人的な研修も職務上の研修に含める。⑥研修に関する情報はすべての教職員に通知し、公正かつ公平な研修を行う。⑦教職員がお互いの話し合いにより個々の研修計画が立てられるような職場としての支援態勢を整える。⑧職場として学校や教職員のニーズに見合った研修計画を作成し、優先的なものから実施して、予算や時間的要素、政策を考慮して実施する。⑨計画に基づいて予算配分を適切に行う。⑩研修に関しては十分な情報提供の上、均衡の取れた公平な決定を行う。⑪研修の実施状況を適切に記録する。
93 勤務校において新任教員に対する指導を個別に担当する先輩教員のことである。
94 フルタイムの場合は30時間以上の研修が必要であり、パートタイムの場合は

年間の勤務日数に応じて以下のように設定されている。勤務日数が 200 日以上は 30 時間以上、160 日から 199 日は 25 時間以上、120 日から 159 日は 20 時間以上、80 日から 110 日は 15 時間以上、40 日から 79 日は 10 時間以上、40 日未満は不要。

95 Queensland Government（Department of Education）(2006) *Professional Development.* http://education.qld.gov.au/staff/development/index.html（2009 年 1 月 4 日閲覧）

96 Queensland Government, Department of Education (1998) *Standard for the development and delivery of professional development and training.*

97 研修スタンダードには変化の激しい昨今の社会情勢により、教員研修も情報や知識、技術の修得のみに終わるのではなく、研修を通して多くの有益な情報が得られ、情報の多様性や複雑性にも対応できる批判的な思考能力を形成することの重要性が示された。また、政策を実施する上で有効な研修を行い、研修の成果が実践に結びつくことを求めている。さらに、研修は参加者の興味関心やニーズに応え、実践的で、参加者にとって有益な「結果」をもたらすものでなければならないとされている。そのためには研修の有効性を的確に評価する必要がある。また、教員の自律的な職能成長が重視されており、協働という概念も重要な要素となっている。

98 Queensland Government（Department of Education and Training）(2009) *Standards for Professional Development,* p.1. http://education.qld.gov.au/staff/development/pdfs/standards-for-pd2.pdf（2010 年 9 月 4 日閲覧）

99 本柳とみ子(2011)前掲論文。

100 Commonwealth of Australia (2003) *Attracting, Developing, and Retaining Effective Teachers, Australian Country Background Report,* pp.14-15.

101 Queensland Government, Department of Education (1985) *op. cit.,* p.6.

102 *Ibid.*

103 Ingvarson, L. et al. (2006) *Teacher Education Accreditation: A review of national and international trends and practices,* Teaching Australia（Australian Institute for Teaching and School Leadership), p.11.

104 OECD (2005) *Teachers Matter: Attracting, Developing and Retaining Effective Teachers,* Paris: OECD

105 本柳とみ子(2011)前掲論文。

教員登録証(2章)

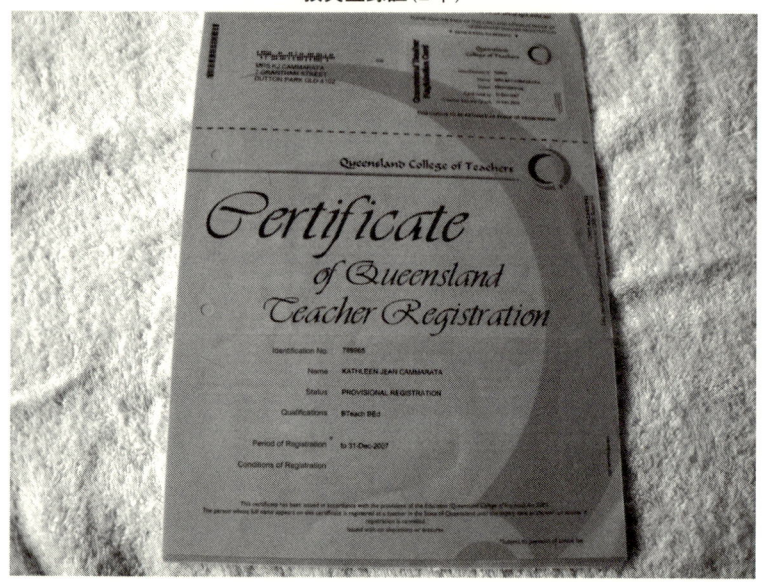

第3章　教員養成プログラムの構造

　本章からは教員養成の実践に焦点を移し、クイーンズランド州で実施されている教員養成プログラムを考察していく。第3章ではまずオーストラリアが1970年代に多文化主義を採用し、多様性への対応が重視されるようになった1980年代以降のプログラムを年度別に考察し、現在のプログラムに至る流れを追う。次に、州内の大学で現在実施されているプログラムの事例を取り上げて検討する。事例とするのは、州都ブリスベンにあるクイーンズランド工科大学(Queensland University of Technology)とグリフィス大学(Griffith University)、州北部の都市タウンズビルとケアンズにキャンパスを持つジェームズ・クック大学(James Cook University)のプログラムである。ブリスベンの2大学は州の中で教員養成課程に在籍する学生が最も多い大学であり、教員養成の歴史も長い。また、現在はそれぞれ別の組織であるが、教育学部は共通の高等教育カレッジを前身としている。一方、ジェームズ・クック大学は、先住民が多く居住する州の北部地域にあることから先住民などマイノリティの教育を重視し、僻地教育にも力を入れている大学である。

　これら3大学のプログラムの考察を通して、類似点と相違点を把握するとともに、それらを生み出す要因についても検討する。また、多様性に向けた教育政策がそれぞれのプログラムにどのように反映しているかについても吟味する。その上で、プログラムを規定する要因、プログラムにおける「教職専門性スタンダード」の機能、履修科目や教育実習の内容などを考察しプログラムの枠組みと構造的特質を明らかにする。

第1節　1980年代から1990年代のプログラム

　第1節では1980年代以降の中等教員養成プログラムを考察する。具体的には州の中で教員養成の歴史が最も長く、これまで多くの教員を輩出しているクイーンズランド工科大学を事例とし、前身の時代から今日に至るプログラムを年度ごとに考察していく。考察対象とする年度は、ケルビングローブ高等教育カレッジ時代の1981年度、ケルビングローブ高等教育カレッジがブリスベン高等教育カレッジに統合されてからの1985年度と1990年度、クイーンズランド工科大学となって以降の1997年度である。これらの年度を取り上げるのは以下の理由からである。1981年度については、オーストラリアが1970年代に国是として採用した多文化主義を実現するため、連邦政府によって多文化教育政策が積極的に実施されていた時期であること、1985年度は、連邦レベルの高等教育改革に伴って1982年に4つの高等教育カレッジが大規模に統合されて以降、最初の修了生が送り出された年であること、1990年度は、その前年に出された「ホバート宣言」で全国共通の学校教育目標が示され、教員も目標達成に向けて資質・能力の向上が求められていた時期だったことである。さらに、クイーンズランド州では1995年に教員登録に必要な養成期間が3年から4年に延長され、新制度実施の2年目にあたる1997年度はそれ以前との違いを検討するのにふさわしい年度と考えるからである。

1　ケルビングローブ高等教育カレッジ1981年度カリキュラム

　表3-1はケルビングローブ高等教育カレッジの1981年度中等教員養成プログラムである。当時は3年間で教授ディプロマ(Diploma of Teaching)を取得すれば教員資格が取得でき、教員登録も可能であったため、履修生は同コースが最も多かった[1]。

　プログラムは教職専門分野(Professional Studies)と教科専門分野(Discipline Studies)に分かれ、前者はさらに教授方法(Teaching Process)、教育実習(Teaching Practice)、教育研究(Education Studies)の科目に分かれている。教授方法の科目

第3章　教員養成プログラムの構造　151

表3-1　ケルビングローブ高等教育カレッジ1981年度プログラム

分野	領域	前期	休業期間	後期
1年 教職	教授方法	教授方法1		教授方法2
	教育実習		教育実習1	
	教育学研究	学習者1		学校と社会1
1年 教科	教科専門科目	X教科／Y教科		X教科／Y教科
2年 教職	教授方法	教授方法3		教授方法4
	教育実習		教育実習2	
	教育学研究	学習者2		学校と社会2
2年 教科	教科専門科目	X教科／Y教科		X教科／Y教科
3年 教職	教授方法	教授方法5		選択科目
	教育学研究	選択科目		
	教育実習		教育実習3	
3年 教科	教科専門科目	X教科／　Y教科		X教科／Y教科
	選択科目	教科専門科目から選択		教科専門科目から選択

注1：──▶履修の流れ、XとYは教授専門教科。
　＊科目の日本語訳は筆者による（以下の表についても同じ）
出所：Kelvin Grove College of Advanced Education, *Course Handbook 1981* を基に筆者作成。

は「教授方法1」から「教授方法5」まで一貫した科目となっている。教育実習は各年度に1回で、前期と後期の間の大学休業期間中に実施される。また、「教授方法」の科目と統合しており、学生は前期に履修した理論を教育実習で検証し、後期の科目でさらに理論研究を深めていく。教育研究の科目では、教育学、社会学、心理学、哲学などの分野を中心に履修する。教科分野は、教授教科として専攻する2分野（主専攻と副専攻）の専門知識、学校教育のカリキュラム、教授法などについて履修する。主専攻（X教科）は副専攻（Y教科）の2倍近い履修時間が設定されている。なお、教職専門分野、教科専門分野いずれも3年次は選択科目が多い。

2　ブリスベン高等教育カレッジ1985年度プログラム

1980年代初めに行われた大規模な高等教育改革により、ケルビングローブ高等教育カレッジは1982年に他の高等教育カレッジ3校と統合され、新たにブリスベン高等教育カレッジとなった（第2章第1節参照）。1985年は統合

から3年が経過し、コース修了者が出始めた年である。

表3-2は教授ディプロマコースのプログラム内容である。履修領域は教授・学習研究(Studies in the Teaching / Learning Process)、教育研究(Studies in Education)、カリキュラム・教科研究(Curriculum and Discipline Studies)、一般教養(Liberal Studies)、教育実習(Teaching Practice)から構成されている。受講時間は全体の50％以上がカリキュラム・教科研究に当てられており、主専攻と副専攻の教科の履修時間は6対4の割合となっている。教授・学習研究は授業の理論と実践について履修する。教育研究は1年次に教育の基礎的理論を履修したあと、教育学、哲学、社会学、心理学を中心に徐々に高度な内容となり、教育実習およびカリキュラム・教科研究の科目とも連結する。教育実習は1981年度のプログラムと同様に3回設定されており、各学年の休業期間に

表3-2　ブリスベン高等教育カレッジ1985年度プログラム

	分野	領域	前期	休業期間	後期
1年	教職	教授・学習研究	コミュニケーション		基礎的教授技術
		教育実習		教育実習1【10日】	
		教育研究	学習者と教師		哲学と教授
	教科	カリキュラム・教科研究	X教科 / Y教科		X教科 / Y教科
2年	教職	教授・学習研究	高度教授技術		個別学習の教授
		教育実習		教育実習2【25日】	
		教育研究	学校・地域・社会		社会学的観点から見たオーストラリアの教育
	教科	カリキュラム・教科研究	X教科 / Y教科		X教科 / Y教科
3年	教職	教授・学習研究	文書処理		初任教員
		教育実習		教育実習3【35日】	
		教育研究	教授・学習の心理学		選択科目
	教科	カリキュラム・教科研究	X教科 / Y教科		X教科 / Y教科
	教養	一般教養	選択科目		選択科目

出所：Brisbane College of Advanced Education, *Course Handbook 1985*を基に筆者作成。

実施される。一般教養の科目は選択となっており、各自の興味、関心に応じて専門教科以外の科目から4学期にわたって履修する。教育研究にも選択科目がある。キャリア教育、オルターナティブ教育、地域の学校参加、差異化教育(differentiated education)、教員に関わる法律など、当時の教育政策を反映した科目が多数設定されているが、履修は3年次後期のみであるため多くは履修できない。

　なお、同年度は大学院レベルのディプロマコースが新たに多数設置され、多文化教育や第二言語教育のコースなど文化的・言語的多様性に対応したコースが多数設定されている。これらは主に現職教員を対象としており、パートタイム履修の夜間コースを設定し、文化的・言語的に多様化する学校現場のニーズに応えようとしている様子が推察できる[2]。

3　ブリスベン高等教育カレッジ 1990年度プログラム

　1989年に出された「ホバート宣言」の影響を受けて、1990年に入ると教員には新たな資質・能力が求められるようになった。「ホバート宣言」では、教育における公平性(equity)と卓越性(excellence)が重視され、教員にはすべての生徒が持てる力を最大限に発揮して、可能性を伸ばす公平な教育活動の実施が求められている。また、当時のオーストラリアはアジア・太平洋地域の一員としての立場を強く打ち出し、近隣のアジア諸国との関係を重視するようになっていたため、言語政策においてもアジアの言語が重視され、学校では日本語やインドネシア語などアジア言語が広く学習された。そのため、教員養成でもアジアに関する履修が重視されている[3]。

　さらに、時代の変化に対応するために、教職課程の学生には幅広い分野の学習と実習体験が必須であるという認識から、養成期間を3年から4年に延長する動きが出始め、同カレッジでも1989年に4年間の教育学バチェラー(Bachelor of Education)のプログラムが新たに設置され、教員登録が可能なプログラムとして認定された[4]。そのためこの年度は同プログラムを履修する学生が増加し、特に、中等教員を志望する学生の多くが同プログラムを履修している[5]。

第1節　1980年代から1990年代のプログラム

　プログラムは教科専門分野と教職専門分野に分かれている。1、2年次は教科専門分野が中心で、3、4年次は教職専門分野が中心となる。教職専門分野は、「文化と教育(Culture & Education)」および「カリキュラムと教授(Curriculum & Teaching)」の2領域から構成される。「文化と教育」は教育学や社会学の科目が中心であり[6]、8科目のうち3科目は選択科目で、2年次以降の各学年でこれを1科目ずつ選択する。この年度は特に学校カリキュラムに関する科目が独立して設定されており、その数も多い(4科目)のが特徴である。これらの科目ではカリキュラムと教授法の履修が統合されており、特に3、4年次に集中して履修する。これは当時さかんな学校を基盤とするカリキュラム開発に対応するためだと考えられる。教育実習は「カリキュラムと教授」の科目に統合されており、主として3年次と4年次に実施される(表3-3)。

表3-3　ブリスベン高等教育カレッジ 1990年度プログラム

分野	領域	前　期	後　期
1年 教職	文化と教育	オーストラリア社会とアイデンティティ	世界的文脈におけるオーストラリア文化
1年 教科	教科研究	X教科2科目 ／ Y教科1科目	X教科1科目 ／ Y教科2科目
2年 教職	文化と教育	青少年の発達	選択科目
2年 教科	教科研究	X教科1科目／ Y教科2科目	X教科2科目 ／ Y教科1科目
3年 教職	文化と教育	選択科目	学習と教授の心理学
3年 教職	カリキュラムと教授	カリキュラム入門 教授入門 【教育実習】	カリキュラム計画と開発A
3年 教科	教科研究		X教科1科目 ／ Y教科1科目
4年 教職	文化と教育	選択科目	対人関係と集団における関係
4年 教職	カリキュラムと教授	カリキュラム計画と開発B	カリキュラム開発の動向と課題　初任教員 【教育実習】
4年 教科	教科研究	X教科1科目 ／ Y教科1科目	

出所：Brisbane College of Advanced Education, *Course Handbook 1990* を基に筆者作成。

第3章　教員養成プログラムの構造　155

4　クイーンズランド工科大学1997年度プログラム

　1980年代に行われた大規模な高等教育改革により、ブリスベン高等教育カレッジは1990年にクイーンズランド工科大学に統合された(第2章第1節参照)。統合翌年の1991年には、教員登録委員会が「教員養成プログラム認定のガイドライン(Guidelines on the Acceptability of Teacher Education Programs for Teachers Registration Purposes)」を策定したため、プログラムはガイドラインに基づいて実施されるようになった。ガイドラインは、修了生が教員登録を行う

表3-4　クイーンズランド工科大学1997年度プログラム

学年	分野	領域	前期	後期
1年	教職	教育研究		コンテクストの中の教育【フィールドワーク10日】人間の発達と教育
	教科	教科研究	X教科2科目 ／ Y教科2科目「オーストラリアの先住民文化とアイデンティティ」での代替可	X教科1科目 ／ Y教科1科目
2年	教職	カリキュラム研究	言語、科学技術と教育	
		実習体験	教育実習1「教室における生徒の掌握と指導」【10日】	
	教科	教科研究	X教科2科目／Y教科2科目	X教科2科目／Y教科2科目
3年	教職	教育研究		学習と教授の心理学【フィールドワーク5日】
		実習体験		教育実習2「カリキュラムにおける意思決定」【20日】
		カリキュラム研究		カリキュラム研究1 X教科／Y教科
	教科	教科研究	X教科or X教科or教養科目	
4年	教職	教育研究	教育活動の理解【フィールド調査5日】	教育研究選択科目(2科目)
		実習体験	教育実習3「インクルーシブなカリキュラム」【20日】	教育実習4「初任教員」【30日】
		カリキュラム研究	カリキュラム研究2　X教科／Y教科	選択科目

出所：Queensland University of Technology, *Handbook*, 1997を基に筆者作成.

上で必要とされるプログラムの枠組みを示すもので、プログラム開発の手続き、入学者の選抜、プログラムの目標と構造、教授・学習、評価に関する内容が示されている。また、同州では1998年1月以降は4年間のプログラムを修了することが教員登録の必須条件となったため、プログラムは大幅に変更されている。

表3-4が示すように履修科目は教科専門科目、教職専門科目、カリキュラム研究、教育実習に大別される。教科専門科目は3年次までに履修を終了する。専門教科ごとに履修するカリキュラム研究の科目は2年次から4年次に履修する。4年次は教職専門科目の履修のみとなる。教育実習は教職専門科目として2年次から4回実施される。10日間の実習から開始し、回を重ねるごとに増えていく。実習以外にも複数の科目で短期間のフィールドワークが実施されている。

5　1980年代から1990年代のプログラム

　以上の考察から、1980年代から1990年代のプログラムには各年度を通して継続されている面が多く見られる一方で、変化も見られることが確認できる。たとえば、履修分野が教科専門分野と教職専門分野、さらに教育実習に分かれていること、教科専門科目は主専攻と副専攻の2教科について履修すること、教職専門科目は教育学、社会学、心理学が主要な分野となっていることなどは、どの年度にも共通している。その一方で、養成期間が3年から4年に延長されていること、休業中に実施されていた教育実習が学期内に実施されるようになっていること、年度により新たな科目が設定されていること、そして、選択科目の履修枠が次第に狭まっていることなどが変化として指摘できる。

　プログラムの変化には政策の影響が大きいと考えられる。すなわち、1970年代に連邦政府が多文化主義を採用してからは、学校教育でも文化的・言語的多様性への対応が強く求められるようになり、特に多文化主義が積極的に推進された1980年代は、多文化主義や多文化教育などを扱った科目が多く設置された。また、1980年代から90年代にかけてオーストラリアがア

ジアの一員としての立場を強めると、アジアに関連する科目が増えている。また、「ホバート宣言」で全国学校教育目標が示されると、目標に沿った科目が設置され、学校を基盤とするカリキュラム開発がさかんになると、カリキュラムの履修が重視されるようになっている。さらに、時代の要請から、先住民教育、情報通信技術、キャリア教育、価値教育、特別ニーズ教育、インクルーシブ教育、家庭や地域の学校参加などに関する科目も設置されている。また、養成期間が4年間に延長されたこともプログラムの構造に大きな変化をもたらしている。なお、1980年代前半までは履修枠の大きかった選択科目の枠がその後は徐々に減少し、必修科目がほとんどを占めるようになっていることは、教員として必要な資質・能力を必修科目で全員に、確実に修得させようという意図の表れと推察できる。

　教員養成機関の統合再編もプログラムに変化をもたらす要因となっていることが推察できる。第2章で述べたように、オーストラリアの教員養成は教員養成カレッジが長くその役割を担っていたが、教員養成カレッジは1970年代に高等教育カレッジに統合され、その後は高等教育カレッジ間の統合、さらに、大学に統合され、現在の教員養成はほとんどが大学で行われている。その結果、大学が重視する学術研究と、高等教育カレッジが重点を置いてきた実践力の形成をいかに統合させるかが重要課題となっている。変化の表れのひとつが教育実習の実施方法である。高等教育カレッジでは学校現場との強い連携のもとに教員養成が行われ、教育実習はカレッジの履修科目というよりも、学校現場で現職教員が指導する実践的な「訓練」(training)と考えられており、実施時期も大学の休業期間中に設定されていた。しかし、大学に統合されて以降は学期内に実施されるようになり、大学の履修科目と連結させて、理論と実践を融合させる努力がなされている。

第2節　2009年度のプログラム

　本節では、クイーンズランド工科大学、グリフィス大学、ジェームズ・クック大学の3つの大学のプログラムを検討する。いずれの大学にも学部、大学

院ともに認定されたプログラムは多数あるが、ここでは学部レベルで履修生の数が最も多い教育学バチェラー（Bachelor of Education）のプログラムを考察対象とする。近年のオーストラリアでは中等教員の養成が徐々に大学院レベルに移行しているが、1年間の大学院プログラムを基本とする州が多い中で、クイーンズランド州では2005年度までは2年間が原則となっていたため、筆者の調査時はまだ学部レベルが主流であった。

1 クイーンズランド工科大学のプログラム

(1) 大学の概要

クイーンズランド工科大学は、ブリスベン市内の3つのキャンパスに4万人近い学生が在籍する州で最大規模の大学である。工科専門学校を前身としており、大学としての創立は1989年と比較的新しいが、教育学部は州で最初の教員養成カレッジ（Kelvin Grove Teacher Training College）を起源としており、教員養成は歴史が長い。また、1970年代から1980年代にかけて実施された高等教育改革で複数の教員カレッジが統合されて現在の教育学部に至っているため（第2章第1節参照）、そこには州における教員養成の歴史が凝縮されている。

同大学は、キャリア教育に力を入れており、修了生の就業に向けて実践実務を重視した教育を行っている。また、学生がニーズに応じた柔軟な履修を行うことができるような様々な制度を実施し、公正支援課（Equity Service Department）[7]や学生支援センター（Student Support Center）などを通して幅広い支援が行われている。特に支援を必要とする割合が高い先住民学生については、先住民ユニット（Oodgeroo Unit）を中心にきめ細かい支援を行っている。

認定されたプログラムは学部、大学院課程いずれも多数あり、履修方法も個々の学生のニーズに合うように柔軟に設定されている。高等学校第12学年の生徒を対象とする科目履修制度や、入学資格要件を満たさない学生のための準備教育も実施している。多様な学生の入学を促すため、通常の入学選考以外に社会経済的に低い階層、障害者、僻地出身者、先住民などの「ターゲット・グループ」や社会人などを対象とする特別選考を全学で実施している。

(2) 教員養成

近年における社会の変化に伴って教員には新たな資質・能力が必要とされ、教員養成に関しても改革が求められるという理由から、同大学は2003年に教育学バチェラーのプログラムを大幅に刷新した。それゆえ、第1節で検討した1990年代までのプログラムと比較すると、違いが多く見られる。

新たに示された教員養成の理念は、①生涯を通じて学び続ける教員、②専門職としての倫理に根ざした職務態度を示せる教員、③多様な学習環境を設定し、個々の生徒のニーズに対応できる教員、④自らの実践を批判的に省察し、教育現場の同僚性を重視した研究活動を行い、継続して職能成長に専心する教員である。なお、これらは教員登録機関の「教職専門性スタンダード」に依拠したものである[8]。また、教員養成は、「多様性の尊重と広範囲にわたる社会的公正の実現」[9]を基本原則とし、明確な目標設定、実践の場に根ざした評価、理論と結びついた実習、多様な学習経験、異なった学習スタイルに合わせた教授・学習方法、連邦および州の教育政策との関連性なども重視されている[10]。

キャリア教育に力を入れ、社会の各分野における即戦力の育成を重視する同大学では、教員養成においても、現場における有用性(relevance)が重視され、修了生が教職に就いてすぐに学校現場で活用できる知識と技能を養成段階のうちにできるだけ多く修得させることを目指している。大学教員の中にも産業界の出身者や学校現場の経験を有する者が多数おり、授業では現場に直結した最新の知識を教授し、実践的な指導に重点を置いている。その結果、学部修了生の就職率は全国で最も高い大学のひとつとなっている。しかし、教員の資質・能力は養成段階のみで修得されるものではなく、生涯を通して培われるものであることから、大学は学生に自律的学習を促し、教職に就いたあとも自己の学習を管理し、職能成長をはかれるよう生涯学習の素養の修得を重視している。

なお、プログラムの刷新に伴い同大学では「教職専門性スタンダード」(2002年版)と連結した大学独自のスタンダード(Teacher Practitioner Attribute : TPAs)を作成した。そして、2年後にはこれを改訂(Educational Practitioner Attribute :

EPAs)、すべての科目の成果目標に組み込んだ。さらに2007年に教員登録機関が現行の「教職専門性スタンダード」(2007年版)を導入したことに伴い、2009年からはこれを全科目の成果目標に組み込んでいる。

(3) プログラムの構造

プログラムは教科専門科目、教職専門科目、および教育実習から構成され、学生は4年間で32科目(384単位)[11]以上履修する(表3-5)。教科専門科目は各学生が専門とする2教科の科目と「カリキュラム研究」の科目に分けられる。教科専門科目はほとんどが教育学部以外の専門学部で提供され、教職とは切り離されて履修される。教科の履修は3年次までに終了する。「カリキュラム研究」は教科専門科目で修得した専門知識を学校教育のカリキュラムに関連づけるものであり、中等教育のカリキュラム編成と実施方法、教科教育法などについて専門教科ごとに履修される。「カリキュラム研究」の科目は教育学部が提供し、2年次から4年次にかけて一貫して履修される。また、同一学期に実施される教育実習と連結しており、大学で履修した理論を実習で検証するように構成されている。

教職専門科目は、教育学、社会学、心理学、情報通信技術などの科目が設置されており、1年次から履修し、教職に必要な最低限の専門知識を4年間で修得する。情報通信技術に関する「学習ネットワーク」と先住民教育に関する「カルチュラルスタディーズ」のほかは、「教授・学習研究」という一貫した科目が1年次から4年次の各学年に設定されており、教職の基礎的内容から専門的内容へと移行するように配列されている。1年次の「新たな時代の教育」ではグローバルな視点から現代の教育問題を概観し、教育において多様性がどのような意味を持つかについて履修する。2年次の「発達と学習」では、人間の発達・成長と学習を関連づけ、発達段階に応じて多様な背景の生徒の学習を支援する方法を履修し、3年次の「教育実践」では、社会学的な視点から教育実践全般について履修する。4年次の「インクルーシブ教育」では、障害などにより様々な教育的ニーズを抱える生徒を「排除」しない教育活動を行うためには、学校をどのように変革すればよいかについて履修する。「教師

表3-5 クイーンズランド工科大学2009年度プログラム

	分野	前　　期	後　　期
1年	教職専門科目	学習ネットワーク	教授・学習研究1「新たな時代の教育」【フィールドワーク10日】
	教科専門科目	X教科2科目　Y教科1科目	X教科1科目　Y教科2科目
2年	教職専門科目	教授・学習研究2「発達と学習」	カルチュラルスタディーズ「先住民教育」【フィールドワーク10日】、or 教科専門科目
	教育実習	教育実習1【20日】	
	教科専門科目	カリキュラム研究1（X教科・Y教科）	X教科2科目　Y教科1科目
3年	教職専門科目	選択科目または　教科に関する科目	教授・学習研究3「教育実践」
	教育実習		教育実習2【20日】
	教科専門科目	X教科1科目　Y教科2科目	カリキュラム研究2（X教科・Y教科）
4年	教職専門科目	教授・学習研究4「インクルーシブ教育」	教授・学習研究5「教師の専門的職務」
	教育実習	教育実習3【20日】	教育実習4【20日】インターンシップ【20日】
	教科専門科目	カリキュラム研究3（X教科・Y教科）	選択科目or カルチュラルスタディーズ「先住民教育」【フィールド10日】

出所：Queensland University of Technology, *Student Handbook 2009*を基に筆者作成。

の専門的職務」では現代の教育問題を総合的に把握して、教職学生から自立した教員となるための足がかりが作られ、教職への移行を強く意識した科目だと言える。なお、科目の中にはフィールドワークやサービス・ラーニングなどを組み込むものも多い。

　教育実習は2年次から4回にわたって20日間ずつ実施される。「教育実習1」から「教育実習3」はそれぞれ「カリキュラム研究1」から「カリキュラム研究3」に直結し、「教育実習2」はさらに「教授・学習研究3」とも直結している。また、実習以前に履修を終了している科目とも接点を有し、実習では大学で履修した理論を実践の中で応用し、検証することが求められている。4年次には全員にインターンシップが課せられている。インターンシップは準教員としての実習であり、通常の教育実習とは異なり、指導教員を伴わずに授業を行う

ことができる。かなりの自律性が要求され、初任教員への重要な橋渡しとなるものである。これを全学生に課すことにより、教職に就く前から教員としての自覚と責任を学生に持たせようとしていることが推察できる。

2　グリフィス大学のプログラム
(1)　大学の概要

　グリフィス大学は1971年に設立されたが、1881年創立のクイーンズランド芸術カレッジを起源とし、1957年にはクイーンズランド音楽院(Queensland Conservatorium)を統合しており、芸術の分野では歴史が長い。同大学は、オーストラリアおよび国際社会を豊かにするための卓越した教育と研究をめざし、①刷新(Innovation)、②学問分野の結集(Bringing discipline together)、③国際化(Internationalization)、④公平性と社会的公正(Equity and Social Justice)、⑤生涯学習(Lifelong Learning)を大学の教育理念として掲げている。環境学やポピュラー音楽、生物医学サイエンスなど、新しいキャリア分野を見出し、将来の需要を想定した学位コースを提供するパイオニア精神で高い評価を得ている[12]。

　同大学も5つのキャンパスに4万人近い学生が在籍する大規模大学である。約2割は海外からの留学生であるが、留学生以外にも英語を母語としない学生が1,000人以上おり、その数は州で最も多い。また、先住民学生も500人以上いるため、先住民ユニット(Gumurrii Student Support Unit)が設置されている。学生の多様な背景に対応できるように、プログラムの種類や履修方法を多様にし、入学選考も先住民、社会人、他州やニュージーランドの出身者、教育的配慮を必要とする者などを対象とする特別枠や、経済的困難から教育的不利益を被っている学生のための特別追加ポイント制、就業体験を重視した選考なども実施している。さらに、中等学校との接続プログラムを充実させ、クイーンズランド工科大学と同様に第12学年の生徒を対象とした科目履修制度を実施している。

(2) 教員養成

　教員養成を実施する教育学部はクイーンズランド工科大学と同じくブリスベン高等教育カレッジを前身としている。刷新的な教育と学問分野の結集、公平性と社会的公正の重視という同大学の教育理念は、教員養成においても具現化されている。たとえば、同大学では、オーストラリアの大学では数少ない学部レベルの障害児教育プログラムが実施されており、聴覚、視覚、知的障害、特別ニーズ、学習障害や学習困難に対応できる教員の養成が行われている。また、世界でも有数の「視覚障害研究所」(Vision Impairment Laboratory)があり、教員養成も同研究所と連携し、視覚障害を有する生徒のための教材や教具の開発、コンピュータや特殊カメラを活用した教授法など最先端の研究が行われている。キャンパスの中に正規の州立初等学校(Old Yarranlea State School)が設置されていることも特色のひとつである。この学校は全校生徒数わずか20名という小規模校であるが、学生はキャンパス内で日常的に異年齢クラスの学校を体験することができ、僻地の小規模校への赴任を希望する学生にとっては有効な実践体験の場となっている。

(3) プログラムの構造

　プログラムは1，2年次と3，4年次に二分割されている。1，2年次は教科に関する科目を集中的に履修し、3，4年次は「カリキュラム研究」と教職専門科目を履修する。4年間で32科目(320単位)[13]以上履修する(表3-6)。プログラムの二分割には同大学の立地条件が関係していると推察される。すなわち、教育学部のあるキャンパスは他学部があるメインキャンパスからやや離れた位置にあり、学生は両キャンパスをバスで移動しなければならないため[14]、教育学部が提供する教職専門科目と他学部で提供される教科専門科目を続けて履修することが難しい。また、それぞれの分野を集中的に履修するのが効果的であり、教科の専門知識を確実に修得してから教職専門科目や実習につなげるのが望ましいという考えも背景にあると推察される[15]。

　クイーンズランド工科大学と同様に、教科専門科目は他の専門学部と連携して行われ、学生は各自の専門教科をそれぞれの学部で集中して履修する。

第2節 2009年度のプログラム

表3-6　グリフィス大学2009年度プログラム

	分野	前期	後期
1年	教科専門科目	X教科2科目／Y教科2科目	X教科2科目／Y教科2科目
2年	教科専門科目	X教科2科目／Y教科2科目	X教科2科目／Y教科2科目
3年	カリキュラム研究	カリキュラム研究1（X教科） カリキュラム研究1（Y教科）	カリキュラム研究2（X教科） カリキュラム研究2（Y教科）
3年	教職専門科目	教授ストラテジー 教育実習1【25日】	教育心理学 教育実習2【25日】　社会体験
4年	教職専門科目	生徒の学習評価 差異に対応する授業 研究者としての教師 教育実習3【25日】	社会的制度としての教育 教育の哲学と価値 仕事・教育・職業教育 選択科目

出所：Griffith University, *Academic Programs and Courses 2009* を基に筆者作成。

「カリキュラム研究」は3年次の前期と後期に集中して履修し、1、2年次に履修した教科の専門知識を学校教育のカリキュラムに統合させ、カリキュラムの編成や実施方法、教科教授法などについて履修する。教職専門科目は教育学、心理学、社会学、哲学などの分野で設定されている。具体的な事例の考察から履修を始め、学期が進むにつれて理論的かつ哲学的な内容に移行し、さらに、これらの理論学習を実習と統合させ、学生自身が理論を構築していけるようなプログラムが構成されている。

　教育実習は教職専門科目に組み込まれている。3つのブロックに分けられ、各25日間（5週間）実施する。実習前の9週間は大学で授業が行われ、実習の心得や授業の進め方、教室での生徒の掌握と指導、実習に直結する理論などを履修する。「教育実習1」は2つの専門教科のうち一方の教科を担当し、一時間単位の授業に焦点を当て、授業の進め方や生徒の掌握の仕方などを学ぶ。「教育実習2」は、もう一方の教科を担当し、単元に焦点を当て、授業を効果的に行う方法と個々の生徒の学習ニーズを管理（monitor）する方法を学ぶ。「教育実習3」では2つの教科のいずれも担当し、教科のカリキュラム全体に焦点を当て、実習の範囲を教室から学校コミュニティ全体に広げる。実習科目は、実習校の指導教員による実践の評価と、大学教員によって課せられる小

論文の評価を統合して評価されるが、両方合格しなければ単位を取得することができないのはクイーンズランド工科大学と同様である。教育実習は他の科目とも連結し、各科目で履修した理論は実習で検証され、実習で体験した実践は再び理論に統合されて、両者の往還が繰り返される。こうして、実習を媒介として理論と実践が融合されていくと考えられている。課題の小論文は理論と実践を統合させる機能を果たすとともに、実習の最終段階に教育省が実施する採用のための面接で提出が求められている小論文対策も兼ねている。

3　ジェームズ・クック大学のプログラム

(1) 大学の概要

　ジェームズ・クック大学は、クイーンズランド大学(1909年創立)に次いで州で二番目に古い大学である。1960年に大学設置を求める地元の強い要望を受け、クイーンズランド大学の付属機関(University College of Townsville)としてタウンズビルに設置され、その後1970年にクイーンズランド大学から独立し、北部クイーンズランド地方における唯一の大学として開校した。さらに、1980年代の高等教育改革でタウンズビル高等教育カレッジ(Townsville CAE)を統合して現在の組織となった(第2章の図2-2参照)。学生数は約1万3,000人(2008年)である。

　クイーンズランド州北部の地域性を反映して、同大学では海洋生物学や熱帯雨林の研究、先住民教育などがさかんである。先住民学生[16]や遠隔地に住む学生[17]のニーズに応える教育に力点が置かれており、遠隔地にも小規模な学習・研究センターを設置し、キャンパスに通うことができない学生を対象とする遠隔教育に力を入れている。また、「オーストラリア先住民学科」(School of Indigenous Australian Studies)があり、先住民学生と非先住民学生が共に学んでいる。先住民学生は全学で約400人(2008年)在籍している。

(2) 教員養成

　教員養成は、人文・教育・社会科学部(Faculty of Arts, Education and Social

Science)の教育学科(School of Education)で実施される。持続可能な教育(Education for sustainability)、社会的・文化的インクルージョン(Being socially and culturally inclusive)、スタンダードの達成(Ensuring graduates' professional standards)を理念として掲げ、地域の教育に貢献できる教員の育成を目指している。特に、北部クイーンズランド地方のニーズを重視して、遠隔地や先住民コミュニティと連携して職務が遂行できる資質・能力の育成に重点を置いている。修了生は先住民コミュニティの学校や、先住民生徒が多く在籍する学校に赴任することが多いため、教員養成では先住民文化の理解、先住民生徒に対する適切な指導方法の修得、学生自身の文化的アイデンティティの確立などにも重点が置かれている。

　また、先住民学生を対象とした遠隔地教員養成プログラム(Remote Area Teacher Education Program, 通称RATEP)が実施されている。これは、マルチメディアを利用した遠隔教員養成プログラムであり、学生は先住民コミュニティに設置された学習拠点で科目を履修することができる。これはオーストラリアでも他に類を見ないものであり、この制度を利用して教員養成プログラムを修了した先住民学生はこれまでに100人を超えている[18]。入学者選考は先の2つの大学と同様に特別選考枠を設定し、特に、先住民学生には特別な配慮がなされている。

　同大学では「修了生の資質」(Graduate Qualities)というスタンダードが作成され、これが同大学における教員養成の成果目標となっていた時期もあった。「修了生の資質」は教員登録機関の「教職専門性スタンダード」(2002年度版)と関連させて大学が独自に作成した教員養成のためのスタンダードであったが、2007年に教員登録機関が新たな「教職専門性スタンダード」(2007年版)を導入したことに伴って、「修了生の資質」の使用を停止し、現在は「教職専門性スタンダード」が教員養成の成果目標として示されている。

(3)　プログラムの構造
　中等教員養成プログラムは、教職専門科目、教科専門科目、フォーカス研究から構成され、学生は32科目(96単位)[19]以上履修する(表3-7)。先の2大学

と同様に、教科専門科目の履修は専門学部と連携して行われ、3年次までに履修を終了する。フォーカス研究は各学生の興味・関心に基づいて研究を行うプロジェクト研究の要素が強い科目であり、幅広い分野の科目が設定されている。

　先の大学と異なる点は、教職専門科目の数が多く、科目の中に短期の現場実習が組み込まれていることである。1年目は専門教科の学習と並行して、教育の基礎的理論、個人の成長発達、社会の変容と教育との関係について履修する。2、3年目は教育学の主要概念を学びながら教育実習を開始し、理論と実践を統合させていく。この学年では特に批判的かつ内省的な探究が重視され、「常識」や「良い実践」と思われているものを批判的に検討する。4年次は理論と実践の統合期であり、あらゆる生徒に対応できる力量の形成を行うとともに、自律的に教育活動が行えるようになることを最終目標としている。各科目には「教職専門性スタンダード」の要素を含んだ成果目標が示されており、学生は4年間でスタンダードに示された資質・能力を自律的に達成することが期待されている。

　教育実習は教職専門科目の中で2年次後期から4回に分けて実施され、回を重ねるごとに日数が増えていく。実習ではそれまでに学習した理論を実践の中で応用し、検証することが求められており、検証すべきテーマが実習ごとに具体的に示されている。合否の判定が行われるのは3年次からであり、4年次には特に教職の力量が細部にわたって審査され[20]、スタンダードの達成状況が綿密に確認される。また、正規の教育実習以外に複数の科目に短期の実習が組み込まれ、1年次から実施されるのが特徴的である。これは、できるだけ早い段階から学校現場を体験し、理論の習得と並行して実践を積み上げていくためだと考えられる。また、都市部の大学に比べて実習校の確保が容易であるという利点を効果的に活用していると言える。

　さらに、同大学では地元の各機関の協力を得てコミュニティサービスを実施している。これは地域の実態を知るとともに、社会の様々な分野で教員としての幅広い資質を向上させることを目的としたものであり、学校でのボランティア活動、地域の教育機関やスポーツ施設での指導、赤十字などの医療

表3-7 ジェームズ・クック大学2009年度プログラム

	領域	前期	後期
1年	教職専門科目	教育入門【5日】 言語とリテラシー	教育における情報処理 児童期と思春期【2日】
	教科専門科目	教科専門科目4科目選択(第1教科×2，第2教科×2)	
2年	教職専門科目	教授・学習管理【5日】	文化的多様性のための教育 2年次教育実習【10日】
	教科専門科目	教科専門科目5科目(第1教科×3，第2教科×2)	
	フォーカス研究	分野別フォーカス研究1科目選択	
3年	教職専門科目	中等教育における教授・学習研究【5日】 中等教育カリキュラム研究 第1、第2教科専門分野から各1科目	3年次教育実習【15日】 【コミュニティサービス50時間】
	教科専門科目	教科専門科目3科目(第1教科×3)	
	フォーカス研究	分野別フォーカス研究1科目選択	
4年	教職専門科目	中等教育における教授と学習の統合 中等教育専門カリキュラム (希望者はインターンシップ) 特別ニーズのためのインクルーシブ教育【3日】 4年次教育実習A【20日】	未来と教育(インターンシップの代替も可) カリキュラムとテクノロジー 4年次教育実習B【25日】
	フォーカス研究	フォーカス研究1科目選択(教育学の科目から選択)	

「フォーカス研究」の選択分野例

「オーストラリア研究」「シティズンシップ研究」「環境学習」「健康ライフスタイル研究」「先住民研究」「情報技術」「人間関係／カウンセリング研究」「リテラシー」「ニューメラシー」「宗教教育研究」「教育研究」「遠隔地研究」「科学」「第二言語研究」「特別ニーズ」「ビジュアル・クリエイティブ・パフォーミングアート」「職業教育と訓練」など

出所：James Cook University, *Faculty of Arts, Education and Social Sciences, Student Handbook 2009*を基に筆者作成。

機関や自然環境センターでの活動、青少年の社会活動への参加、大学のメンター活動、ライフセービングなどが含まれる[21]。このように地元の協力を得ながら地域と密着した教員養成を実施しているのは、北部地方における唯一の大学であり、地域に根差した教員養成を目指しているからだと言えよう。

第3節　プログラムの枠組み

1　プログラムの規定要因

　プログラムの規定要因として第一に挙げられるのが、教員養成プログラムのガイドラインである。第2章で述べたように、教員登録を行うには認定を受けたプログラムを修了することが原則となっており、ガイドインには「教職専門性スタンダード」が付されている。「教職専門性スタンダード」にはプログラムの修了生に必要とされる資質・能力が示されており、教員養成機関は学生が「教職専門性スタンダード」を達成できるようなプログラムを実施することが求められている。それゆえ、いずれのプログラムもガイドラインに基づいて構成されるとともに、「教職専門性スタンダード」が成果目標となるようなプログラムとなっている。このことは、各大学に設置されている科目の種類やそれぞれの成果目標、履修内容、教育実習の日数や評価基準などを考察すると、そこに類似性が見られることからも明らかである。

　規定要因はガイドライン以外にも存在する。まず、連邦および州の教育政策や各種の提言、報告書などが挙げられる。ガイドラインでも政策上の優先分野をプログラムに盛り込むこととされており(第2章表2-4)、各大学も政策を重視してプログラムを構成している。たとえば、2009年に優先分野とされているのは、①クイーンズランド州のカリキュラムフレームワーク、②先住民文化の学習、先住民生徒および非英語系生徒のニーズへの対応、③リテラシー、ニューメラシーとその教授能力、④生徒の学習ニーズへの対応、⑤情報通信技術の活用、⑥教室における生徒の掌握と管理であり、学生はこれらに関連する政策を十分に把握することが求められている。また、州の教育改革(QSE2010)の一環として開発された「新基礎カリキュラム」や「生産的教授法」、「ターゲット・グループ」に対する支援プログラム[22](第1章参照)などは、いずれの大学のプログラムにも組み込まれている。さらに、2006年1月以降はすべてのプログラムでインクルーシブ教育に関する履修が義務づけられたため[23]、これが必修科目として設定されている。

　また、大学の教育理念、学生や大学教員の特性、学生のニーズ、地理的条

件や地域の特質などもプログラムを規定する要因となっている。ただし、これらの要素は大学によって異なるため、その違いがプログラムの独自性となって表れている。たとえば、キャリア教育に力を入れるクイーンズランド工科大学は、実践実務を重視した養成を行い、即戦力の育成をめざしている。そのため、早い段階から長期の教育実習を設定し、理論と同時に実践力も積み上げながら、現場に直結する養成が行えるようなプログラムを構成している。また、キャリアガイダンスを積極的に行い、学生の就職指導もきめ細かく行っている。グリフィス大学では、プログラムの前半は教科専門科目を集中して履修し、後半は教職専門科目に集中するよう構成されている。これは、離れたキャンパスで授業が行われているという立地条件と、それぞれの分野を集中して履修することが効果的であるという考えや、教育実習を行う前に教科の専門知識を十分に修得しておく必要があるという考えに基づいていると推察される[24]。なお、同大学は障害を有する生徒の教育に関しては研究の歴史が長く、他の学部や研究センターと連携して科学技術を取り入れた刷新的な教育が行われていることも独自性と言えよう。なお、これら2大学は州都ブリスベンにあるため、修了生は都市近郊で教職に就くことが多い。それゆえ、移民や難民問題、貧困問題、人種差別など、都市部の問題に焦点を当てた授業が多い。一方、ジェームズ・クック大学は先住民が多く居住する北部地方唯一の大学であるため、プログラムには北部の地域性が反映され、地方のニーズを重視したプログラムが実施されている。学生は都市部から離れた農村地域や遠隔地域の出身者が多く、先住民学生も多数在籍しているため、僻地教育や先住民教育など地方の教育に貢献できる教員の養成を目指している[25]。たとえば、先住民に関することはほとんどの科目で扱われている。また、学校や地域の様々な機関と連携して、1年次から短期のフィールドワークを組み込んだり、コミュニティサービスを全員に課したりして、学生に地域社会の現状を把握させ、教員としてどのように地域に貢献できるかということを学ばせている。

　さらに、教員養成の歴史的背景もプログラムの規定要因のひとつになっていると推察できる。オーストラリアでは大学の教育学部(科)はほとんどが教

員カレッジを起源としているため、プログラムは学校現場で有用な知識と実践力の形成に主眼が置かれている。その一方で、教員カレッジが大学に統合されて以降は、大学がそれまで築きあげてきた学術研究を重視する文化や価値を共有することになり、教員養成では学術的理論と実践力のバランスが重視されている。また、教育実習がプログラムの中心に位置付けられているのは、見習い制度の時代の学校現場の実践を中心とする養成が伝統として根付いていることの表れだと言えよう。さらに、1970年代以降確立されてきた教員登録制度が教員養成改革を促し、「教職専門性スタンダード」を基盤とする養成が実施されるようになったことも、オーストラリアの歴史の中で教員の社会的地位の向上と教職に対する信頼の確立が社会の要請として徐々に強まっていったことの表れだと言えよう。

2 プログラムにおける「教職専門性スタンダード」の機能

これまでの考察から、いずれの大学もガイドラインに基づいてプログラムを構成し、ガイドラインに付された「教職専門性スタンダード」の達成を目指すプログラムを構成しようとしていることが明らかになった。そこで、プログラムの中で「教職専門性スタンダード」がいかなる機能を果たしているかを整理しておく。

第一の機能は教員養成の成果目標(learning outcome)としての機能である。先述のように、「教職専門性スタンダード」が教員として最小限必要な資質・能力を示すものであるという合意形成が関係者の間でなされ、学生はプログラムを通してスタンダードをすべて達成することが期待されている。それゆえ、いずれの大学もスタンダードを成果目標に組み込み、養成段階を終了するまでに学生がすべてのスタンダードを達成できるようなプログラムの実施を目指している。このことは各科目のシラバスを考察すると、スタンダードがすべての科目に成果目標として組み込まれており、全科目を履修することによってスタンダードを総合的に達成できるようになっていることからも明らかである。

クイーンズランド工科大学では、**表3-8**に示すように「教職専門性スタン

表3-8　科目の成果目標となるスタンダード（クイーンズランド工科大学）

科目名	教職専門性スタンダード（STD）									
	1	2	3	4	5	6	7	8	9	10
学習ネットワーク		*	*			*			*	*
教授・学習研究1（新たな時代の教育）	*	*		*					*	*
教授・学習研究2（発達と学習）	*			*			*			
教育実習1	*	*		*		*	*			
カルチュラルスタディーズ（先住民教育）	*	*		*						
教授・学習研究3（教育実践）	*	*	*			*		*	*	
教育実習2		*	*				*		*	
教授・学習研究4（インクルーシブ教育）				*			*	*		
教育実習3		*		*	*					
教授・学習研究5（教師の専門的職務）	*	*	*	*		*	*			
教育実習4	*	*				*	*		*	*
インターンシップ	*	*	*	*		*	*	*	*	*

注：1から10はスタンダードの項目を表す。（以下の表も同じ）
　＊成果目標として示されている「教職専門性スタンダード」
出所：Queensland University of Technology, *Student Handbook 2009*を基に筆者作成。

ダード」の項目がそのまま教職専門科目の成果目標として示されている（表の＊）。たとえば、1年次前期に履修する「学習ネットワーク」は情報通信技術に関する科目であるが、成果目標は以下の5項目である（括弧内はスタンダードの項目）。①言語・リテラシー・ニューメラシーの能力を向上させ、テキストに用いられる言語の形態や特質、テキストの構造などに関する基礎的知識を発揮するとともに、学術的かつ専門的な英語のリテラシーを獲得する（STD2）、②デジタル情報など多様な情報源から知識を獲得、形成し、それを批評する（STD3）、③テクノロジーを適切に活用して情報を収集し、コンピュータによる文書の管理や作成の技能を修得する（STD9 / STD 10）、④相談活動を重視し、学習ネットワークの中に協働性と批判的関係を構築し、テクノロジーを媒体とする対話に参加する（STD9）、⑤多様な文脈における教職の学習ネットワークについて分析できる（STD6 / STD 10）[26]。

グリフィス大学やジェームズ・クック大学では、スタンダードの文言そのものが示されているわけではないが[27]、成果目標にはスタンダードの要素が

表3-9 科目の成果目標となるスタンダード(グリフィス大学)

科目名	教職専門性スタンダード(STD)									
	1	2	3	4	5	6	7	8	9	10
教授ストラテジー	+	+	+	+		+	+			
教育実習1	+	+	+	+	+	+	+	+	+	+
教育心理学	+		+			+				+
教育実習2	+	+	+	+		+	+	+	+	+
生徒の学習評価	*	*	*	*		*	*	*		
差異に対応する授業	*	*	*	*	*	*	*	*		
研究者としての教師									+	+
教育実習3	+	+	+	+		+	+	+	+	+
社会的制度としての教育	+			+		+		+		
教育の哲学と価値									*	*
仕事・教育・職業教育	*	*	*	*						

注：＊成果目標として示されている「教職専門性スタンダード」
　　＋「教職専門性スタンダード」の文言以外で示されているもの
出所：Griffith University Academic *Programs and Courses 2009*により筆者作成。

必ず含まれている（**表3-9**と**表3-10**）。たとえば、グリフィス大学の「教授ストラテジー」の成果目標は、①教授・学習におけるコミュニケーション(STD2)、②教授方法(STD1、STD2、STD3、STD4)、③態度および行動の指導方法(STD7)、④学習を支援する環境(STD7)、⑤授業計画(STD1)、⑥学級担任の役割と責任(STD6)の5項目である。ジェームズ・クック大学の「教育入門」の場合は以下が成果目標として示されている。①知識を社会的、歴史的な構築物であることを理解し、知識が個人の世界観をどのように発展させたり、抑制したりするのかを理解する(STD3)、②教員の法的かつ職務上の責任や義務を理解する(STD10)、③同僚との協働性の価値を認識する(STD9)、④学習に必要な読解力、作文力、グループワークの技術を理解する(STD2、STD3)、⑤社会的包摂、持続可能性、先住民問題など、教育に関わる多様な社会学的理論と研究についての理解を深める(STD4)。このことからいずれの養成機関を修了してもスタンダードに示される資質・能力は共通に修得されると考える。

　第二の機能は、評価規準としての機能である。これには大学が学生を評価するための規準と学生による自己評価規準としての機能の二種類がある。大

表3-10　科目の成果目標となるスタンダード（ジェームズ・クック大学）

科目名	教職専門性スタンダード（STD）									
	1	2	3	4	5	6	7	8	9	10
教育入門		+	+	+					+	+
言語とリテラシー		+								
教育における情報処理		+	+	+		+				
児童期と思春期	+	+	+	+	+		+			
教授・学習管理	+		+	+			+	+		
文化的多様性のための教育	+	+	+	+	+					+
2年次教育実習	+	+					+	+	+	
中等教育における教授と学習の統合				+					+	+
中等教育カリキュラム研究	+	+	+	+	+	+	+		+	+
3年次教育実習	+	+	+	+	+		+	+	+	
教授・学習と中等教育カリキュラム	+	+	+	+						+
中等教育専門カリキュラム	+	+	+	+			+			+
4年次教育実習A	+	+	+	+	+		+	+	+	+
特別ニーズのためのインクルーシブ教育	+		+	+	+					
4年次教育実習B	+	+	+	+	+	+	+	+	+	+
未来と教育								+	+	+
カリキュラムと情報教育	+	+	+			+	+			

+：「教職専門性スタンダード」の文言以外で示されているもの
出所：James Cook University, *Student Handbook 2009* を基に筆者作成。

学は、すべての科目でスタンダードを組み込んだ成果目標を示し、スタンダードの達成に力点を置いて教授活動を行うとともに、学生の評価もスタンダードを基準として行なっている。また、スタンダードは教育実習の評価項目にも組み込まれており、項目ごとの指標に基づいて実践力が評価される。ただし、スタンダードの達成は科目ごとに確認されるのみで、養成の最終段階でスタンダードの達成度を総合的に評価するための試験などは実施されていない。総合的な評価は実習の最終段階で行われる面接がその機能をはたし、達成状況の証明は学生自身に委ねられている。それゆえ、面接で高い評定を得るためにはスタンダードをできるだけ高いレベルで達成し、それを証明する資料を学生自身が準備しておく必要がある。すなわち、学生にとってスタンダードは教員として必要な資質・能力を形成するための達成目標であるとと

もに、学位や資格を取得するための目標、教員登録を行うための目標、そして希望する条件で教職に就くための目標にもなっている。そのため、学生は各科目で自分が何を修得し、どのスタンダードを達成しなければならないかを認識し、その達成状況を確認しながら自律的に学習を進める必要がある。その際に自己評価規準として活用されるのがスタンダードであり[28]、達成を証明する有効な資料となるのがポートフォリオである。そして、ポートフォリオの作成や[29]教科専門科目の振り返りなどでスタンダードが有効に活用されている事例も報告されている[30]。

第三の機能は、大学がプログラムを構成し、向上させるための理論的根拠としての機能である。先述のとおりプログラムの認定で、大学は各プログラムが「教職専門性スタンダード」の達成に有効なプログラムであることの根拠を教員登録機関に示さなければならない。ただし、学生の評価は科目担当教員、実習校の教員、学生自身、採用のための面接などにより多面的に行われているため、スタンダードの達成度を数値化して示すことは求められていない。そもそも「教職専門性スタンダード」は養成段階で修得を目指す資質・能力を総合的に示すものであり、個々の能力についてどの程度達成すればよいかを示すものではなく、適格性を判断する共通の「チェックリスト」でもないからである[31]。認定に際して大学に求められているのは、資料をもとにプログラムの有効性を論理的に証明することである。

すなわち、修了生の資質・能力に関しては教員養成の専門機関である大学がすべての責任を負っており、その形成は学生一人ひとりの自律性に委ねられる面が大きい。そのため、大学は学生が高いレベルでスタンダードを達成できるようにプログラムの内容を常に吟味し、改善する必要がある。十分な能力が備わっていない学生に修了資格を与えたり、質の低いプログラムを実施した場合には養成機関としての信頼を失うおそれがあるからである。それは、認定更新に際して大学教員、現役学生や卒業生、採用機関の関係者、現職教員などの幅広い意見聴取が行われ、プログラムの有効性が十分に吟味されることからも推察できるであろう[32]。

こうして学生の力量形成に重点を置いたプログラムが実施され、大学は常

にスタンダードの達成に有効なプログラムの開発に努め、水準の維持、向上に努めている。実際に、クイーンズランド工科大学では2003年に実施した学部改革で、2002年版の「教職専門性スタンダード」と連結する大学独自のスタンダード(TPAs)を策定し、複数の科目の成果目標にこれを組み込んだ。そして、2年後にはそれを改善し、「教職専門性スタンダード」とさらに緊密に結びついたスタンダード(EPAs)にしてすべての科目の成果目標に組み込んだ。さらに、2009年からは現在の「教職専門性スタンダード」が全科目の成果目標として示され、プログラムはこれまで以上に「教職専門性スタンダード」の達成を目指すものとなっている。以上のことから、スタンダードはプログラムの質を向上させる機能も果たし、それによって教員養成の質の向上が図られると考える。

3 履修分野と科目の配列

これまでの考察から明らかなように、教員養成プログラムは教科専門科目、教職専門科目、実習体験が主要分野となっている。実習体験は大学によって教職専門科目に含められる場合と、独立した領域として設定される場合とがあるが、いずれの場合も教育実習がプログラムの中心に位置づけられている。そこで、各分野では何が、どのように履修されているかを確認しておく。

(1) 教科専門分野(discipline studies)

教科専門科目は、授業を担当する教科の内容について履修するものである。初等教員養成プログラムの場合は、主要学習領域全般にわたって幅広く学習されるが、中等教員養成プログラムでは、学生個人が教授専門教科を2教科選択して履修する[33]。教科専門科目は教育学部以外の学部と連携して行われ、授業はそれぞれの学部で提供される。以下は、クイーンズランド工科大学で選択できる教科専門分野の一覧である(括弧内は科目を提供する学部)。学生は主専攻と副専攻の科目から1科目ずつ選択する。ただし、同一分野の科目を選択することはできない。また、学部の事情により選択が制限されることもある。

主専攻(X教科)の科目

会計学・ビジネスマネジメント(ビジネス学部)、コンピュータ(科学工業技術学部)、英語(教育学部)、家政学(健康学部)、数学(科学工業技術学部)、体育(健康学部)、科学(科学工業技術学部)、社会科学(教育学部)、ESL(教育学部)

副専攻(Y教科)の科目

会計学・ビジネスマネジメント(ビジネス学部)、生物(科学工業技術学部)、映画・メディア研究(創造産業学部)、化学(科学工業技術学部)、地球科学(科学工業技術学部)、英語(教育学部)、フランス語(教育学部)、地理(教育学部)、ドイツ語(教育学部)、健康教育(健康学部)、歴史(教育学部)、インドネシア語(教育学部)、日本語(教育学部)、法学(法学部)、中国語(教育学部)、数学(科学工業技術学部)、物理学(科学工業技術学部)

　学校教育のカリキュラムについては、大学によって教科専門科目として履修される場合と、教職専門科目として履修される場合がある。クイーンズランド工科大学では「カリキュラム研究」という科目を教科専門科目の中に設定し、図3-1のように教科専門科目と学期をずらせて履修していく。同科目では、教科の専門知識を学校教育のカリキュラムに結びつけ、カリキュラムの編成と実施、教材の選択と活用、教授法などについて理論と実践の両面から履修する。履修した理論は教育実習で検証し、実践的指導力も向上させていく。

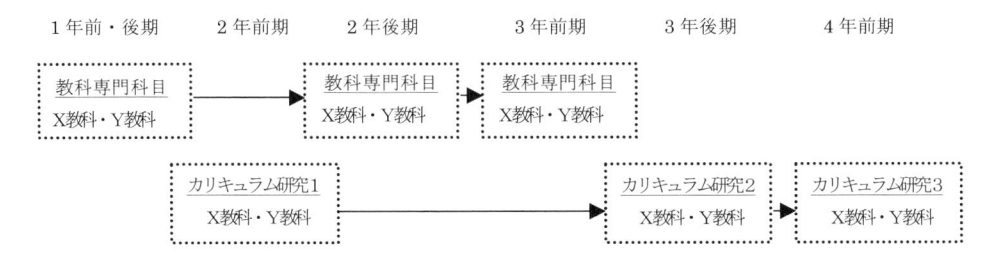

図3-1　クイーンズランド工科大学における教科専門科目の履修方法

出所：Queensland University of Technology, *Student Handbook 2009* を基に筆者作成。

表3-11　教科専門科目の履修例（英語と数学を教授専門教科とする場合）

学期	英語	数学
1年前期	言語研究（教育学部）	代数と微積分（科学工業技術学部）
	シェークスピア―過去と現在（創造産業学部）	
1年後期	中等教育における文学（教育学部）	微積分と微分方程式（科学工業技術学部）
		代数と解析幾何学（科学工業技術学部）
2年前期	カリキュラム研究1（教育学部）	カリキュラム研究1（教育学部）
2年後期	教材と文書の理解（教育学部）	統計モデル（科学工業技術学部）
	オーストラリアの出版物（創造産業学部）	
3年前期	テレビと映像作品の分析（創造産業学部）	統計データ分析（科学工業技術学部）
3年後期	カリキュラム研究2（教育学部）	カリキュラム研究2（教育学部）
4年前期	カリキュラム研究3（教育学部）	カリキュラム研究3（教育学部）

（　）内は、科目を提供する学部
出所：Queensland University of Technology, *Student Handbook 2009* を基に筆者作成。

たとえば、英語と数学を専門教科とする場合は**表3-11**のように履修する。英語の科目は教育学部と創造産業学部（Faculty of Creative Industry）で提供され、数学の科目は科学工業技術学部（Faculty of Science and Technology）の数学科（School of Mathematical Science）で提供される。「カリキュラム研究」は教育学部で提供される。なお、教育学部以外の学部で提供される教科専門科目は、教職を専門としない教員が担当するため、教職の要素が含まれることはほとんどない。

(2)　**教職専門科目 (professional studies in education)**

教職専門科目は、教育の理論と実践の両面から履修する[34]。プログラムガイドラインでは心理学や哲学などの科目例が示されているが、科目名や履修年度、履修内容、履修方法などは、すべて大学の裁量にゆだねられているため、各大学の設置科目には共通性と独自性のいずれもが見られる（**表3-12**）。

共通性としては教育学、社会学、心理学の科目が必ず設定されていることが挙げられる。次に、情報通信技術や先住民教育、多様な教育的ニーズへの

表3-12 各大学の教職専門科目(必修科目)

学年	クイーンズランド工科大学	分野	グリフィス大学	分野	ジェームズ・クック大学	分野
1年	学習ネットワーク	情・教			教育入門	教
	教授・学習研究1(新たな時代の教育)	教・社			教育における言語とリテラシー	教・言・社
					教育における情報技術	情・教
					児童期と青年期	教・心
2年	教授・学習研究2(発達と学習)	教・心			教授・学習管理	教
	教育実習1	実習			文化的多様性のための教育	教・社
	カルチュラルスタディーズ(先住民教育)	教・社			2年次教育実習	実習
3年	教授・学習研究3(教育実践)	教・社	教授ストラテジー	教	中等教育における教授と学習の統合	教
	教育実習2	実習	教育実習1	実習	中等教育カリキュラム研究	教
			教育心理学	教・心	3年次教育実習	実習
			教育実習2	実習		
4年	教授・学習研究4(インクルーシブ教育)	教・社・心	生徒の学習評価	教	教授と学習と中等教育カリキュラム	教
	教育実習3	実習	差異に対応する授業	教・社・心	中等教育専門カリキュラム	教
	教授・学習研究5(教師の専門的職務)	教	教育実習3	実習	特別ニーズのためインクルーシブ教育	教・社・心
	教育実習4	実習	研究者としての教師	教	4年次教育実習A	実習
	インターンシップ	実習	社会体験	実習	カリキュラムとテクノロジー	教・情
			教育の社会的機能	教・社	未来と教育	教
			教育における哲学と価値	教・哲	4年次教育実習B	実習
			職業、教育および職業教育	教・社		
			社会体験			

注：教(教育学)、心(心理学)、社(社会学)、哲(哲学)、情(情報通信技術)、実習(教育実習)
出所：Queensland University of Technology, *Student Handbook 2009*；Griffith University *Academic Programs and Courses 2009*；James Cook University, *Student Handbook 2009*を基に筆者作成。

対応など政策上の優先分野の履修が必ず行われている。さらに、多様性を主要テーマとする科目が必ず設定されており、特に、インクルーシブ教育はすべての大学で必修となっている。

　独自性としては以下を挙げることができよう。第一は、科目の配列方法である。事例とした大学でも、教職専門科目が4年間を通して設定されている大学と教科専門科目と教職専門科目が二分割されている大学がある。第二は、科目数の違いである。教育実習を除いた場合、クイーンズランド工科大学とグリフィス大学はそれぞれ7科目と8科目であるのに対して、ジェームズ・クック大学は13科目と細分化され、カリキュラムに関する履修もこの中に含められている。第三は、類似したテーマを扱っていても科目の名称や扱い方が異なり、履修内容や履修年度にも違いが見られることである。たとえば、インクルーシブ教育に関する科目は「教授・学習研究4(インクルーシブ教育)」(クイーンズランド工科大学)、「差異に対応する授業」(グリフィス大学)、「特別ニーズのためのインクルーシブ教育」(ジェームズ・クック大学)というように大学によって名称が異なり、履修年度も異なる。情報通信技術を扱う科目も、「学習ネットワーク」、「教授ストラテジー」、「教育における情報通信技術」と名称は異なり、先住民教育をテーマとする科目は、クイーンズランド工科大学では「カルチュラルスタディーズ」、ジェームズ・クック大学では「文化的多様性のための教育」となっている。また、ジェームズ・クック大学ではほとんどすべての科目に先住民教育を組み込んでいる。第四は、科目の設定方法である。クイーンズランド工科大学では、「教授・学習研究」が4年間継続しており、その中でテーマを分けているが、グリフィス大学やジェームズ・クック大学では、教授方法、教育心理、評価、多様性への対応というようにテーマごとに別の科目が設定されている。教育実習の回数や実施年度、各回の日数も大学によって異なり、インターンシップも大学によって必修と選択が分かれる。

(3) 実習体験 (professional experiences)

　ガイドラインでは、学部課程での実習体験は最低100日とされており、そ

のうちの80日は学校において指導教員のもとで行う実習(supervised professional experiences)となっている[35]。教育実習をどのように実施するかは大学の裁量にゆだねられており、実施学年、回数、実習日数の割り振りなど、大学が理念と実情に基づいて決定する。通常、実習は3回以上に分けて実施されている。1年次から開始するところもあるが、多くが2年次から始めている。学校以外で行う20日間の社会体験(wider field experiences)は、企業での実習やボランティア活動、社会教育活動などがこれに相当するが、その実施方法も、全員に学校現場でのインターンシップを課す大学もあれば、個々の学生が社会の幅広い分野から実習先を選定している大学や、大学が地元の様々な機関に学生の受け入れを要請し、その中から学生が実習先を選択する大学など多様である。

　教育実習はプログラムの中心に位置づけられ、また、他の科目と連結し、理論と実践が実習を通して融合されるように設定されている。図3-2はクイーンズランド工科大学の例である。実習は2年次から毎年実施され、学年、あるいは学期ごとに「カリキュラム研究」や「教授・学習研究」の配列に合わせて実践を積み上げていくように構成されている。それによって、理論の検証と実践の省察が繰り返される。連結した科目とは課題を共有しており、課題が媒介となって大学での理論学習と実習校での実践が統合されるようになって

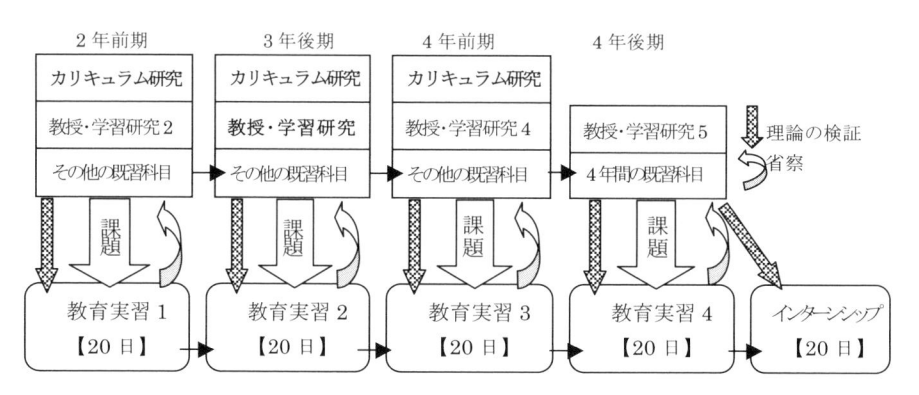

図3-2　理論学習と教育実習の関係（クイーンズランド工科大学）

出所：Queensland University of Technology, *Student Handbook 2009*を基に筆者作成。

いる。さらに、教職ポートフォリオの作成が義務づけられ、実習を通してどのスタンダードをどれだけ向上させたかを教職ポートフォリオで示すことが求められている。なお、このことはグリフィス大学やジェームズ・クック大学でもほぼ同様に行われている。また、いずれの大学でも実習ごとに評価規準となるスタンダードが示され、各回の実習で達成すべきことが明示されている。

4 教育実習の実施方法

(1) 実習内容と評価

実習校では、専門教科の現職教員が指導教員として個々の実習生を担当する。そして、実習生は指導教員の指導を受けながら、授業観察、実践授業、教材研究、課題への取り組み、調査活動などを行う。実践授業はプログラムごとに時間を増やしていく(**表3-13**)。また、実習生は授業だけでなく職員会議や授業以外の活動などにも参加し、学校現場の実態や教員の仕事について幅広く体験する。

学生は実習ごとに大学から課題を与えられ、実習指導教員の指導を受けながら課題にも取り組む。ポートフォリオの作成も重要である。ポートフォリオは各履修科目のレポート、学業成績、ボランティア活動の記録など、個々の学生が養成課程を通じて成長、発達していく過程を証明するものであるが、教育実習の記録は最も重要なものとなる。さらに、採用のための面接では自らの力量を証明する重要な資料となる。

実習の評価は、実習指導教員による実践の評価と、大学から課せられる課題の評価を併せて行われ、いずれにも「合格」しなければ単位は取得できない。実習指導教員は、大学が設定した評価項目に沿って評価するが、評価の前提となる指導は綿密に行わねばならず、学生が評価基準を達成できるような指導を行うことが重視される。実習の中間時点で中間報告書(Interim Report)が出され、実習指導教員はそれをもとに実習生へのフィードバックを行う。実習生はフィードバックを参考にして前半の実習の振り返りを行い、後半に向けて改善すべき点を明確にする。

表3-13 実習スケジュール(クイーンズランド工科大学の場合)

	授業・校務	1−5日	6−10日	11−15日	16−20日
教育実習1	授業観察	12−14時間から始め、次第に授業実習に移行する。			
	実習1		週3−4時間		
	実習2			週3−4時間	
	校務・教材研究	学級指導に加えて継続的に実施			
	評価報告書		中間報告(10日目)		最終報告(20日目)
	ポートフォリオ	すべての活動をスタンダードに基づいて省察し、ポートフォリオに記録する。			
教育実習2	授業観察	週6−7時間から始め、次第に授業実習に移行する。			
	実習1	週6−7時間			
	実習2		週6−7時間(2つの専門教科について実施するのが望ましい)		
	その他の職務	学級指導に加えて継続的に実施			
	評価報告書		中間報告(10日目)		最終報告(20日目)
	ポートフォリオ	すべての活動をスタンダードに基づいて省察し、ポートフォリオに記録する。			
教育実習3	授業観察	週に1−2時間の観察を継続する。			
	実習1	週4−5時間			
	実習2	週4−5時間	週10時間		
	その他の職務	学級指導に加えて継続的に実施			
	評価報告書		中間報告(10日目)		最終報告(20日目)
	ポートフォリオ	すべての活動をスタンダードに基づいて省察し、ポートフォリオに記録する。			
教育実習4	授業観察	週に1−2時間の観察を継続する。			
	実習(学級)	週に12−14時間(2つの専門教科について実施するのが望ましい)			
	その他の職務	学級指導に加えて継続的に実施			
	評価報告書		中間報告(10日目)		最終報告(20日目)
	ポートフォリオ	すべての活動をスタンダードに基づいて省察し、ポートフォリオに記録する。			

実習1は授業の一部を担当し、実習2は1単位時間の授業すべてを担当する。
出所:Queensland University of Technology, Faculty of Education, *Field Experience Handbook, Bachelor of Education (Secondary)* を基に筆者作成。

表3-14 クイーンズランド工科大学における「教育実習1」の評価項目

教授・学習	STD1	・生徒のニーズや興味に対応する教授・学習・評価の方法や資料を選択して、適用する。 ・カリキュラムの枠組みや政策を反映する授業を計画できる知識を有する。
	STD2	・効果的な言語・リテラシー・ニューメラシーの技能モデルを示す。 ・生徒のリテラシーとニューメラシーを観察して、管理する。
関係性	STD7	・望ましい学習態度を示し、知的意欲を喚起し、安心して参加できる学習環境を設定する。また、授業態度についても指導を行う。 ・公平性と一貫性を重視して、生徒に適した生活指導の方法を見つけ、それを実践する。
	STD9	・職務の優先項目と目標を設定して、達成する。 ・他の教員と連携して、学習を計画し、実施する。
専門性	STD10	・自己の職務を批判的に省察する。 ・教員としての自己の役割を率先して果たし、熱意を示す。

出所：Queensland University of Technology, *Field Experience Handbook, Bachelor of Education* (*Secondary*) を基に筆者作成。

　クイーンズランド工科大学の例を見てみよう。**表3-14**は「教育実習1」の評価項目である。項目は「教職専門性スタンダード」で示され、評価の指標が具体的に示されている。評価は、指標ごとに「非常に向上した」（Well developed）、「適切な向上が見られる」（Developing adequately）、「適切な向上が見られない」（Not developing adequately）の3段階で評定が示される。さらにそれらを総合して「秀」（Excellent）、「優」（Very good）、「良」（Suitable）、「不合格の可能性あり」（At risk of failure）の4段階で総合評定が示される。なお、「不合格の可能性あり」と判断された場合は、実習校から大学に連絡が行き、実習校の教員と大学の教員が両者で指導にあたる[36]。最終日には最終報告書が出され、正式な合否の判定が示される。「不合格」となった場合は単位を取得することができず、実習を再度行うか、プログラムを中止するかのいずれかを選択しなければならない。なお、実習生は評価内容について疑義を正したり、自由に意見を述べることができ、納得がいくまで実習指導教員と議論できる。そして、最終報告書は指導教員と学生のいずれもが記載内容に合意した上で大学に送付される。

　実習の最終段階には州教育省による能力審査が面接形式で行われる。第2

章第2節で述べたように、面接は校長、副校長など現職教員が行い、学生は自分自身でスタンダードの達成を証明しなければならない。

(2) 教育実習における教職員の役割と学生の義務
① 教育実習オフィスの職員

大学では教育実習のための専門部署(以下、教育実習オフィス)が設置されており、専任の職員が常駐し[37]、実習校の確保や実習生の配置など教育実習に関わる実務を担当している。オフィスの機能は大きく3つある。第一は、実習生の配置等に関わる連絡調整であり、学生の希望、居住地、実習校が提示する条件等を考慮して全学生の実習先を決定することである。第二は、実習に関わる大学教員、実習校の教員との連携構築であり、特に、実習校と大学のコミュニケーションを促進させることが重要な業務となっている。第三は、実習プログラムの向上であり、大学教員、他の大学や学校、外部の教育関係機関とも連携して、実習に関する調査、研究を行いながらプログラムの改善を図ることである。

オフィスの学内業務としては、①実習生の掌握、②実習希望地域の調査、③実習校の割り振り、④実習校ごとの連携教員の配置、⑤説明会の実施、⑥実習に関わる資料の作成と配布などがある。対外業務としては、①実習校への資料の送付と実習生受け入れの要請、②実習校の要望収集、③実習校と学生のマッチング、④プログラムの調整、⑤実習校との連絡調整、⑦実習報告書の回収と意見の収集などがある。また、新入学生を対象とするオリエンテーションの開催やオンラインによる情報提供、学生のカウンセリングなども行っている。さらに、他大学との情報交換も重要な業務のひとつである。

いずれの大学でも実習校の確保が課題となっている。特に、大学がブリスベンとその近郊に集中する一方で、学生は近隣の学校での実習を希望することが多いため、結果的に実習校が不足する。地方での実習は交通費や滞在費など費用の負担が大きく、実習中の滞在場所を見つけることも難しいことなどがその理由である。そのため州内の大学は「教育実習コンソーシアム」(Queensland Consortium for Professional Experiences in Pre-service Teacher Education)を設

立し、学校、行政機関、教員組合、その他の関係機関と連携しながら、実習に関わる情報交換を行い、実習校の調整などを行っている。また、教育実習コンソーシアムを通じてオーストラリア遠隔地保護者協議会(Isolated Children's Parents' Association of Australia)[38]などとも連携し、遠隔地で実習を行う学生の滞在先や費用などの援助を受け、地方での実習を奨励している。こうした教育実習コンソーシアムに関わる業務も教育実習オフィスの職員が担っている。

② 実習校の教員

　実習校では複数の教員が実習生の指導に関わっている。まず、実習生受け入れの窓口となる実習コーディネーターが配置され、一般に副校長がこの任にあたる。実習コーディネーターは、実習生の指導を直接担当する実習指導教員(supervising teacher)の割り振りのほか、実習プログラムの作成、実習生に対するオリエンテーションの実施、実習指導教員の職務管理と負担の軽減など実習に関わる管理業務を担当する。また、大学とのパイプ役としての機能も果たし、実習生の受け入れ条件や実習内容に関する協議も行う。

　実習指導教員は原則として2年以上の教職経験を有する教員が担当する。実習指導教員は大学から事前に送付される資料に目を通し、求められる指導内容を把握するとともに、大学での履修内容についても理解する。また、実習が始まる前に実習生と打ち合わせを行い、実習期間中の指導は毎日行う。自ら教員としてのモデルを示し、授業の進め方や、指導方法、教材の選定、指導案の作成、授業中の生徒の掌握など、実習生が自立的に授業を行えるように指導する。授業は必ず参観し、実習生のみで授業を行うことは認められていない。大学から課せられている実習課題についても助言し、実習生が生徒や教職員と健全な関係が築けるような配慮も必要とされる。また、実習状況について実習コーディネーターや大学の連携教員と情報交換も行う。なお、実習指導教員には大学から実習指導費が支払われるが、インターンシップは学生が自立して授業等を行うため、実習指導費の支払いはない。

③ 大学の教員

大学の教員も実習生の指導に関わっている。実習科目の担当教員は、実習前の授業で実習の意義、実習内容や方法など一連の事前指導を行い、課題も提示する[39]。それ以外の教員も実習校ごとに連携教員(liaison academic)として複数の実習校を分担し、実習生を個別に指導する。実習校が大学近郊の場合はできるだけ訪問することが望ましいとされている。特に、実習生が「不合格の可能性がある」状況に陥った場合は、実習校に直接赴くなどして、実習指導教員と連携して対策を講じなければならない。

連携教員の重要な役割に、実習に対する各学校の意見や要望、研修希望などを吸い上げることがある。連携を強め、プログラムを向上させるために、大学は常に実習校の意見に耳を傾ける必要があるからである。また、大学は現職教員対象の研修プログラムを各種設定し、教員の職能成長の一翼を担っており、実習生を受け入れている学校に対しては特別な研修機会を提供するなどの配慮をしている。そのため、連携教員による情報収集は現場の教員の研修ニーズを把握する上でもきわめて重要である。

④ 実習生

実習校が決定すると学生は各自で実習校に関する情報を収集し、同時に実習コーディネーターに連絡をとって事前の打ち合わせを行う。なお、クイーンズランド州では、青少年の安全と権利を保護する目的から2000年に制定された「青少年および児童保護委員会法」(Commission for Children and Young People and Child Guardian Act 2000)により、18歳以下の青少年に関わる活動に従事する者には犯罪歴等の審査が課せられ、その結果発行される許可証(通称「ブルーカード」)の所持が義務づけられている。それゆえ、学生は事前にこれを取得しなければならない。また、実習生は職務に関しては現職教員と同じ法律が適用され、教員登録機関が提示する教員の行動規範(Code of Ethics)[40]にも従うことが義務づけられている。実習期間中は実習校の指導計画に基づいて実習を進める。実習は教科指導が中心となるが、それ以外の職務も幅広く体験することも奨励されている。

(3) 教育実習における大学と学校、地域の連携

　以上見てきたように、教育実習は大学と実習校が連携し、その他の関係機関とも連携しながら実施されている。そこで、連携の枠組みを整理しておく。
　まず、大学には実習の実務を担当する部署が設置されており、連携を構築する上で重要な役割を担っている。オーストラリアでは学生が個人で実習校を選定することはできず、学生の希望をもとに教育実習オフィスが実習先を決定する。これはどの学生にも平等な実習機会を与えると同時に、縁故などによる利害関係をつくらないためでもある。そのために大学は実習生全員を配置するための学校を確保する必要がある。その業務を担っているのが教育実習オフィスである。オフィスの職員は年間を通して州内外の学校と連絡を取り、実習生の受け入れ要請や実習校の情報収集、大学への情報提供などを行っている。また、個別に連携するだけでなく、教育実習コンソーシアムを通じた複数の大学や学校間の連携も行われている。さらに、地域の様々な関係機関との連携構築もオフィスの重要な役目となっている。教育実習オフィスによるこうした連携構築によって、大学と学校、地域、との間で年間を通じて活発な情報交換が行われ、それが円滑な実習運営に結びついていると考えられる。
　また、教育実習では大学と実習校の教員が連携し、協働で実習生の指導に携わっている。実習校の指導教員は、実習生の指導を行うことによって職務の負担が増すことは事実であるが、実習の意義を理解しているため、指導は綿密に行われることが多い。筆者が訪問した学校でも実習コーディネーターである副校長がインタビューで次のように述べている。「実習生の指導を行うことについて教職員はおおむね肯定的であり、指導も熱心に行っている。教職員にとっては実習生の指導によって仕事が増えることは事実であるが、自分たちも実習指導を受けてきており、後進を指導するのは当然だと考えている。教員養成では現場での実践が重要であることを教職員は理解しているので、不満の声はほとんど聞こえない[41]。」この言葉からは、教員養成は大学と学校が連携して行うものであるという認識が学校現場に広く浸透している様子が推察される。

一方、大学教員も実習には深く関与している。大学教員は実習校ごとに連携教員となり、実習校と連絡を取り合いながら実習生の指導を分担している。場合によっては、実習校を訪れ、実習の様子を観察することもある。筆者が学校訪問に同行した際にも、連携教員は実習生から実習状況を聞くとともに、生徒指導や授業、課題への助言を細部にわたって与え[42]、実習の最終段階で行われる面接の指導や卒業後の進路指導なども行っていた[43]。教員養成に携わる大学教員には学校現場を経験した元教員が多く、学校の事情を十分に把握しているということが積極的な指導につながっていると推察できる。ただし、担当教員により指導に温度差が見られることも事実であり、実習にはほとんど関わらない大学教員もいる。しかし、実習生が中間評価で「不合格の可能性がある」とされた場合は、実習指導教員と大学教員が協働で指導を行うことが義務づけられているため連携は不可欠である。また、実習の合否判定も、実習指導教員による評価と、大学で課せられる実習課題の評価を総合して行われる。こうした双方向からの連携した指導や評価は、大学教員と実習校の教員の間に教育実習に対する共通認識を醸成し、指導内容のずれを解消することにつながると考えられる。

さらに、大学によって連携を維持するための努力が日常的に行われている。教育実習オフィスは年間を通して各学校と連絡を取り、実習受け入れの要請と連携の維持に努めている。実習生の受け入れを依頼するためには、各学校の事情を日常的に把握し、大学側の条件等についても早めに提供する必要があるからである。実習が始まる前には実習生の情報や指導に関わる要望、留意事項、評価方法等についての情報を実習校に送付し、また、大学での履修内容との乖離をなくすために、大学の養成内容についても情報が提供されることがある。さらに、大学は現職教員向けの研修プログラムを多数実施しているが、こうした研究プログラムが実習校との連携の強化につながることが少なくない。大学は実習を依頼するかわりに実習校の教員に研修を提供し、そこにいわゆる「ギブ・アンド・テイク」の関係が成立するのである。それゆえ、大学は効果的な研修を提供するため、各校のニーズを把握し、現場の要請に応える努力をしている。また、現職教員をチューターとして大学の授業

で活用することも一般に行われており、大学と実習校の連携は教育実習に関わることだけでなく、日常の授業や現職教員の研修など様々な面で行われている。さらに優秀な学生を実習校に送ることが、次年度以降も継続した実習生の受け入れにつながるため、大学は実習生の指導をきめ細かく行っている。

こうした連携を図示すると**図3-3**のようになる。まず、大学において実習の渉外業務を担当するのは教育実習オフィスであり、渉外の窓口は一本化されている(図の太い矢印)。実習校でも渉外業務は実習コーディネーターに一本化されている。そのため情報交換を行いやすく、情報の遺漏や齟齬が生じる心配が少ない。また、実習に関わる担当者間の連携も密である(図の細い矢印)。さらに、大学と実習校のいずれにおいても各担当の責任範囲が明確にされている。大学からは事前に実習校に指導教員向けのマニュアルなどが送付され、大学が求める指導内容が伝えられ、実習プログラムの詳細も示されるため、実習指導教員は自分に何が求められているかを明確にして指導にあたることができる。なお、これらは大学からの一方向的な要請ではなく、大学は実習校の意見を取り入れながらプログラムを作成しているため、そこには実習校の意見も反映されている。このように、実習では運営面と内容面のいずれにおいても連携が見られ、連携を維持するために大学は日頃から学校側の意見を収集することに努めている。特に実習終了後に実習校から送られるフィー

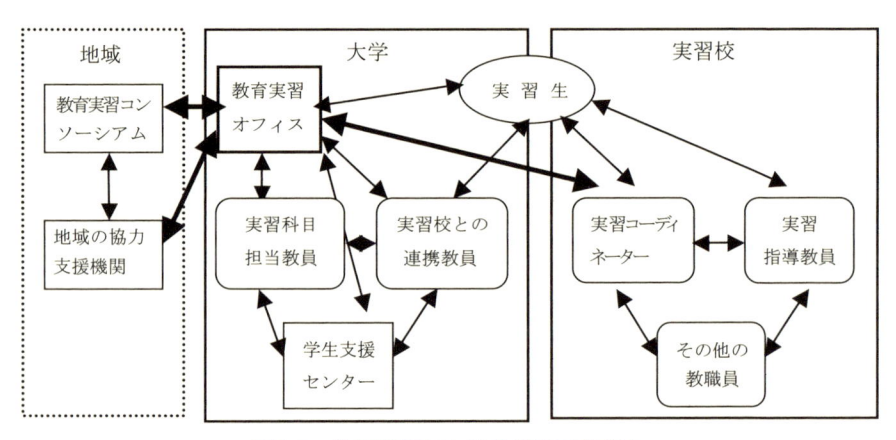

図3-3 教育実習における連携の枠組み

ドバックは連携を維持するための貴重な情報となっている。

第4節　プログラムの構造

　以上の考察から、中等教員養成プログラムの構造面の特質として3点が明らかになる。

　第一の特質は、「教職専門性スタンダード」が教員養成の成果目標となるようにプログラムが構成されていることである。教員登録機関が提示する教員養成プログラム認定のガイドラインはプログラムを構成するための枠組みとなるものであり、ガイドラインに付された「教職専門性スタンダード」が州における教員養成の理念を示すものであることが、教育関係者の間で共通に認識されている。それゆえ、いずれの大学も「教職専門性スタンダード」を養成の成果目標とし、養成段階終了までに学生がスタンダードをすべて達成できるようなプログラムの実施を目指している

　ただし、目標の設定方法は大学によって異なる。先述のように、クイーンズランド工科大学では2002年以降、「教職専門性スタンダード」（2002年版）と連結した大学独自のスタンダード（TPAs, EPAs）を作成し、それを科目の成果目標として示してきたが、2009年からは「教職専門性スタンダード」（2007年版）そのものを成果目標としており（表3-8）、州の理念により近づいたものとなっている。ジェームズ・クック大学では「教職専門性スタンダード」（2002年版）を組み込んだ独自のスタンダード（Graduate Qualities）を作成していたが、2009年からはそれに代えて「教職専門性スタンダード」を各科目の成果目標に組み込んでいる（表3-10）。グリフィス大学は独自のスタンダードは作成しておらず、「教職専門性スタンダード」を成果目標の一部に組み込んでいたが、2009年度からは同スタンダードを提示する割合が増えている（表3-9）。

　このように、いずれの大学でも「教職専門性スタンダード」が養成の成果目標となっているため、初任教員に必要とされる最低限の資質・能力が共通に修得されることになる。ただし、スタンダードの達成方法やプログラムの構成に関しては大学の独自性が尊重されている。このことは、各大学のプログ

ラムを比較考察すると、共通する部分が多い一方で、設置科目とその配列、実習の回数や実施方法、履修方法、評価の観点などに違いが見られることからも明らかである。すなわち、ガイドラインはあくまでも大学がプログラムを構成するための枠組みを示すものであって、それをどのように活用するかは大学の裁量にゆだねられているのである。このことから、クイーンズランド州ではガイドラインでプログラムの枠組みを示し、すべての学生が「教職専門性スタンダード」を達成することを各大学に求める一方で、プログラムに関しては大学の教育理念や学生の特質、地域の特性など大学の独自性を尊重していると言えるであろう。

　第二の特質は、履修科目が系統的かつ一貫性を持って配列され、必要とされる資質・能力が確実に修得できるようなプログラムの実施を目指していることである。学生が履修する科目はほとんどが必修科目で占められ、履修年度も指定されている。これは4年間に指定された科目を指定された順に履修していくことで、スタンダードに示された資質・能力をすべての学生に確実に修得させるためだと考えられる。また、基礎的かつ概論的内容から、高

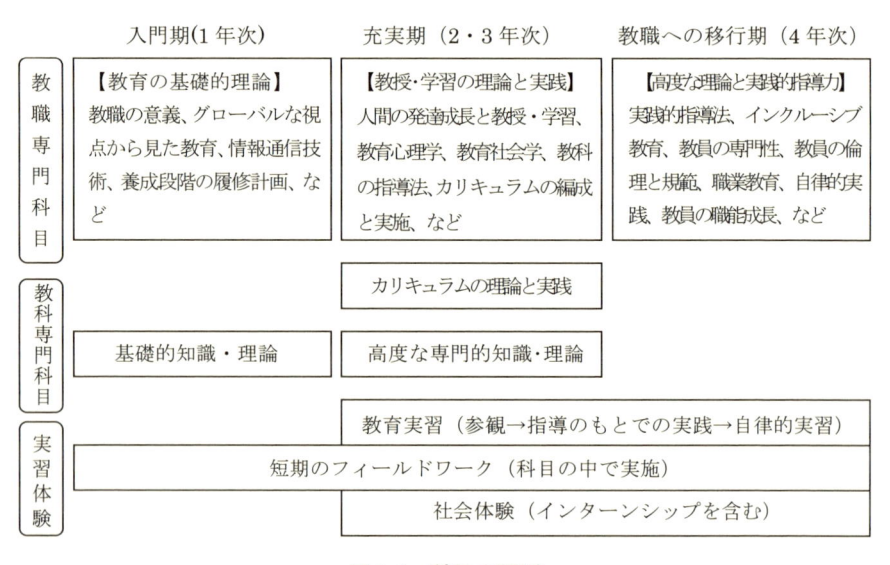

	入門期(1年次)	充実期 (2・3年次)	教職への移行期 (4年次)
教職専門科目	【教育の基礎的理論】教職の意義、グローバルな視点から見た教育、情報通信技術、養成段階の履修計画、など	【教授・学習の理論と実践】人間の発達成長と教授・学習、教育心理学、教育社会学、教科の指導法、カリキュラムの編成と実施、など	【高度な理論と実践的指導力】実践的指導法、インクルーシブ教育、教員の専門性、教員の倫理と規範、職業教育、自律的実践、教員の職能成長、など
教科専門科目	基礎的知識・理論	カリキュラムの理論と実践 高度な専門的知識・理論	
実習体験		教育実習（参観→指導のもとでの実践→自律的実習） 短期のフィールドワーク（科目の中で実施） 社会体験（インターンシップを含む）	

図3-4　科目の配列

度で専門的かつ実践的な内容へと徐々に移行するように配列されている（図3-4）。

　1年次は入門期で、教科に関する科目を中心に履修し、合わせて教育の基礎的な概念について履修する。特に、グローバルな視点から学校教育の現状について理解を深め、教員の職務や社会的責任を認識し、教職課程を通じてどのような資質・能力を修得していかなければならないかを明確にする。クイーンズランド工科大学の「教授・学習研究1：新たな時代の教育」やジェームズ・クック大学の「教育入門」などはこれに相当する科目である。さらに、1年次には情報通信技術の技能を確実に修得する。2、3年次は充実期であり、教科の専門知識を深めながら、教授・学習の理論、教授法、カリキュラムについて重点的に履修し、教科の知識を教授・学習やカリキュラムに統合させていく。いずれの大学でも2、3年次に教授・学習とカリキュラムに関する科目が多く設定されているのはそのためだと考えられる。また、心身の発達・成長に適した教授・学習や社会文化的営みの中で、教育が個人や社会にとってどのような意味を持ち、社会の発展にいかなる貢献をするかなど社会学的な視点からの探求も行われる。実習が本格的に始まるのもこの年次であり、実践を通して理論の探求が深められている。

　4年次は教職への移行期で、新任教員に必要な力量を総合的に修得することを目指す。さらに、学校現場の多様性に対応したインクルーシブな指導法を修得する。クイーンズランド工科大学の「教授・学習研究5：専門職としての教師」やジェームズ・クック大学の「未来と教育」などは、初任教員としてのアイデンティティ形成も重視しており、教職への移行を特に意識した科目だと言える。また、教員としての倫理や規範、専門職性などに対する認識を高め、養成段階の学習を現職研修につなげるため、自律的な研究や職能成長を行う方法が教授されている。たとえば、グリフィス大学の「研究者としての教師」では、アクションリサーチについて履修され、実践の中で職能成長を図るために有効とされる方法が具体的に指導されている。また、いずれの大学でも4年次の実習は新任教員に近い自律性が求められている。インターンシップはその集大成と言えよう。

194　第4節　プログラムの構造

　第三の特質は、教育実習をカリキュラムの中心に位置づけて早い年度から継続的に実施し、実習を通して理論と実践の融合を目指していることである。教員養成における理論と実践の融合についてはその重要性が指摘されながら、乖離が見られることも少なくない[44]。それゆえ、多くの大学では実習を教職専門科目と教科専門科目のいずれにもつながるように配置し、学年あるいは学期ごとの科目配列に合わせて実践を積み上げていくように構成されている。実習では理論の検証が行われ、実習後は実践が省察され、再び理論学習に繋げられる。さらに、理論科目とテーマや課題を共有することが多く、実習ごとの成果目標も理論科目と連結させ、各回の実習で何を重点的に修得すればよいかが明確にされている。

　これらを図示すると図3-5のようになる。クイーンズランド工科大学では教育実習が2年次から実施され、特定の教職専門科目と教育実習を一体化し、理論と実践を繰り返しながら両者を統合していく構造である。グリフィス大学では、教育実習はプログラムの後半に集中して実施され、教科の専門知識

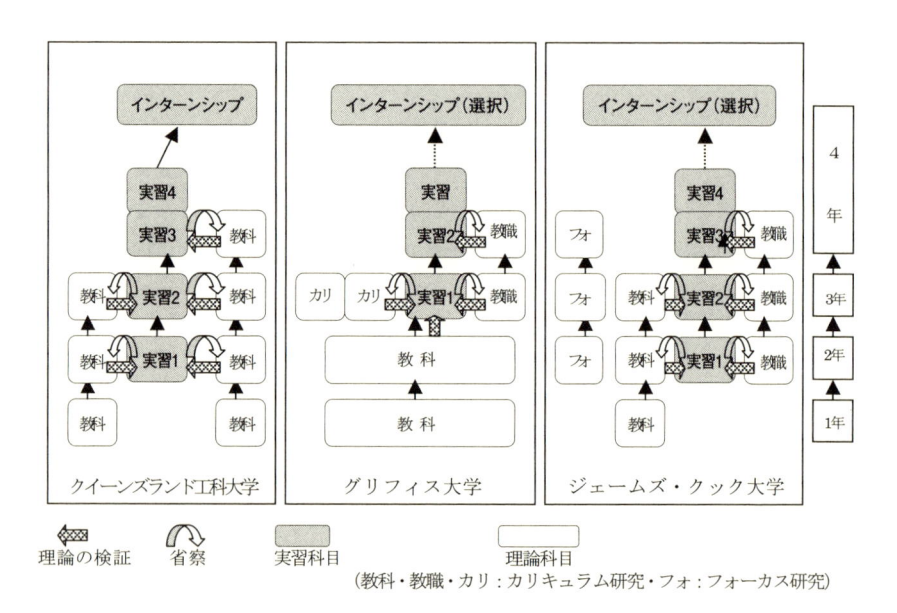

図3-5　プログラムにおける教育実習の配列

出所：各大学の資料を基に筆者作成。

を確実に修得してから行われる。また、実習では教職専門科目で修得した理論を検証しながら実践を積み上げ、学生自身が理論を構築していくように構成されている。ジェームズ・クック大学では各実習が複数の教職専門科目と連結し、同一学期に学習された理論が包括的に検証される。教育実習は2年次から始まり、学年が進むにつれて期間が次第に長くなる。こうして各大学では授業と実習との連続性、整合性を確立し、理論と実践が融合していくプログラムが目指されている。さらに、学校以外での幅広い社会体験もプログラムに組み込まれ、多様な体験を取り入れた学習がさらに両者の融合を促進することが期待されている。

　本章では、クイーンズランド州における中等教員養成プログラムの構造について検討した。そして、1980年代から1990年代にかけてのプログラムを年度別に考察し、オーストラリアが1970年代に多文化主義を採用して以降、社会の変化に対応しながら少しずつ変化していったことを明らかにした。また、3つの大学で実施されているプログラムを比較して検討し、構造的な特質を明らかにした。第4章では履修内容を検討し、多様性の視点がどのように組み込まれているかを検討していく。

註
1　コース終了後教員として最低1年間学校現場を経験し、再び大学で1年間学ぶとバチェラーが取得できた。当時は養成段階だけではなく「養成教育―1年以上の現職経験―1年間のバチェラー教育」という流れが一般的な教員養成とされていた。
2　Brisbane College of Advanced Education (1983) *Course Handbook 1983*, pp.94-101.
3　Queensland Board of Teacher Registration (1991) *Australia in Asia, Implications for Teacher Education in Queensland*.
4　Queensland Board of Teacher Registration (1991) *Annual Report 1990*, pp.5-8.
5　*Ibid.*, p47.
6　青少年問題、多文化主義、女性問題、平和教育、隠れたカリキュラム、オルターナティブ教育、先住民教育、階層問題など社会を反映した幅広い分野で設定されている。
7　全学生に平等な教育機会を提供するため、ニーズを有する学生や教職員の支援を行う部署である。支援に関わる内容としては、差別的処遇、保育や子育て、

家庭問題、インクルージョン、ジェンダー問題、産休及び育休、先住民との和解問題などがある。

8 Queensland University of Technology (2003) *Pathways to a Professional Portfolio: An Introduction to your Teacher Education Program at QUT*, p.5.
9 *Ibid.*
10 *Ibid.*
11 同大学では1科目12単位である。これは週に12時間の学習(大学の授業以外の個別学習を含む)が必要とされることを意味する。
12 オーストラリア大使館・オーストラリア政府国際教育機構 (2005)『オーストラリア留学ガイド 2006-2007』p.101。
13 同大学では1科目10単位である。これは週に10時間の学習(大学の授業以外の個別学習を含む)が必要とされることを意味する。
14 教育学部のキャンパスは大学の前身であるマウント・グラバット教員カレッジのキャンパスを引き継いでおり、メインキャンパスからやや離れた場所に設置されている。
15 このことは、筆者が行ったインタビューでも複数の科目担当者が述べている(2006年8月31日実施)。
16 先住民学生は全学生の約20%を占め、割合は州の大学の中では最も高い(2008年)。
17 全学生(留学生を除く)の25%が地方および遠隔地出身者である(2008年)。
18 RATEPについては、青木麻衣子(2008)『オーストラリア先住民を対象とした遠隔地教員養成プログラム―「是正」措置における「基準」の維持をめぐって』オセアニア教育学会(2008)「オセアニア教育研究」第14号、pp.4-19を参照。
19 同大学では1科目3単位である。これは週に10時間の学習(大学の授業以外の個別学習を含む)が必要であることを意味する。
20 4年次の実習評価項目は次の10項目である。①学習者を理解し良好な関係を築きながら支援的な指導を行う。②ジェンダー、人種、民族、年齢、能力、学習スタイルなど個々の生徒のニーズを把握し、その価値を認め、対応する。③発達段階をふまえた生徒のニーズを理解し、それをカリキュラムや教授活動に反映させる。④専門分野のカリキュラムや教授、実践活動を理解し、それらを批判的に評価して、応用する。⑤計画、実践、評価の流れの中で生徒が効果的に学習できる方策を取り入れる。⑥情報機器などを効果的に利用し、学習環境を巧みに管理し、その成果を高める。⑦学校コミュニティにおける連携を強化し、協働で教育活動に取り組む。⑧教授活動に必要なリテラシーを獲得する。⑨自らの教授活動を振り返り、常にこれを改善する。⑩教員としての倫理に基づいて行動し、倫理観を高める。
21 2010年から「持続可能な未来に向けたサービス・ラーニング(Service Learning for Sustainable Futures)」という科目が設定され、これまでの社会体験の代替として履修されることになった。

22　Queensland Government（Department of Education）(2002a) *Queensland State Education 2010.*
23　Queensland Government（2004）*The Report of the Ministerial Taskforce on Inclusive Education*（*students with disabilities*），p.19.
24　筆者によるプログラム担当者へのインタビューより（2006年8月31日実施）。
25　「修了生の資質（Graduate Qualities）」にも、「遠隔地やコミュニティを多く抱える北部クイーンズランド地方のニーズを重視して、生徒やその家族、コミュニティとともに、効果的に職務を遂行する」というスタンダードが設定されている。
26　Queensland University of Technology（2009）*EDB006 Learning Networks,, Unit Outline.*
27　「教職専門性スタンダード」は2009年から導入されたため、本研究の調査時（2010年）には、「教職専門性スタンダード」の文言そのもので示されている科目（表の＊）と、文言は異なるがスタンダードの要素を含む文言で示す科目（表の＋）が混在していた。その後はスタンダードそのものを示す割合が増えている。
28　大学によっては学生が自己評価に活用できるようなルーブリックを作成しているところもある。
29　http://www.studenteportfolio.qut.edu.au/forstudents/videos.jsp（2011年12月4日閲覧）
30　Hudson, P., "How can Preservice Teachers be Measured against Advocated Professional Teaching Standards?", *Australian Journal of teacher Education,* Vol.34 (5), 2009, pp.1-10.
31　Queensland College of Teachers（2007）*Program Approval Guidelines for Preservice Teacher Education,* p.8.
32　審査委員会（Program Panels）には現職教員も含まれているが、現職教員の場合はプログラムを修了したばかりの初任教員や実習生の力量を基に評価することが予想されるため、初任教員や実習生の資質・能力はプログラムの評価につながり、ひいてはプログラムを提供する大学の評価にも影響すると考えられる。
33　中等教員は2つの教科専門分野（teaching areas）について教授資格を取得する必要があるが、これは教科専門科目を2分野履修することにより取得できる。
34　Queensland College of Teachers（2007）*op. cit.*
35　教育実習は「フィールド体験」（field experiences）、「教職実習」（professional practices in teaching）、「教職体験」（professional experience）など大学によって名称が異なる。
36　これはグリフィス大学やジェームズ・クック大学でもほぼ同様に行われている。
37　オフィス専任の職員であるが、大学内の他の部署への異動もある。筆者がクイーンズランド工科大学を訪問した2007年度は、オフィス長ほか4名の職員が勤務していた。
38　オーストラリアの遠隔地に居住する生徒の保護者によって構成される全国的なボランティア組織であり、地理的条件により生徒が不利益を被ることがないよ

う、様々な支援活動を行っている。
39 以下は事前指導の一例である。第1週：オリエンテーション、第2週：反省的教師と授業観察、第3週：授業の実態、第4週：学校と法律、第5週：学校におけるコミュニケーション。第6週：態度や行動の指導、第7週：まとめ［クイーンズランド工科大学「教育実習2」の資料より］。
40 Queensland College of Teachers (2009) *Code of Ethics for Teachers in Queensland*. http://www.qct.edu.au/PDF/PCU/CodeOfEthicsPoster20081215.pdf (2010年3月5日閲覧)
41 学校訪問は2006年3月15日に行い、インタビューは、学校長、実習コーディネーター、実習指導教員の3者に対して計2時間行った。
42 クイーンズランド工科大学の実習校連携教員に同行して、州立中等学校を訪問した (2006年9月4日)。
43 筆者による実習校での調査より(2006年9月4日実施)。
44 Darling-Hammond, L., and Bransford, J. (eds.) (2005) *Preparing Teachers for a Changing* World : What Teachers Should Learn and Be Able to Do, San Francisco: Jossey-Bass, pp.391-392.

第4章　教員養成プログラムと多様性

　第4章は多様性の視点からクイーンズランド州の教員養成を検討する。まず、第3章で取り上げた1980年代から1990年代のプログラムについて教職専門科目の内容を年度ごとに考察し、履修内容にどのような変容が見られるか分析する。次に、3つの大学の2009年度のプログラムについても教職専門科目の内容を全般的に考察し、さらに、多様性を主要テーマとする科目を1科目ずつ取り上げて、いかなる資質・能力がどのように形成されているかを分析する。最後に、社会的公正の観点から州の教員養成プログラムを批判的に評価し、その意義と課題を明らかにする。

第1節　養成内容の変容

1　ケルビングローブ高等教育カレッジ1981年度の養成内容

　表4-1は、教授ディプロマ(Diploma of Teaching)コースの1981年度の教職専門科目一覧である。表からも明らかなように、オーストラリアにおける学習者(生徒)の概念、教育と社会との関係、社会が学校に及ぼす影響、社会における学校教育の位置づけ、社会が学校教育に求めるものなど、教育と社会を関連づけた科目が多く設定されている。そして、オーストラリア社会の多文化状況や、学校における生徒の多様な文化的・言語的背景とそこから派生する教育的ニーズ、多様性に対応した指導方法など、多様性が主要なテーマとなっている。

　同年度は選択科目にも多様性に関わる科目が多く設定されている。たとえ

表4-1 ケルビングローブ高等教育カレッジ1981年度の教職専門科目

学年	科目名	養成内容
1	教授方法1	目標とする教師像と今後目指すべき教育活動を明確にする。教育活動の評価、観察の技法、オーラルコミュニケーション、教育計画、説明や発問のしかた、視聴覚機器の基本的操作方法等についても履修する。
1	学習者1	生徒を様々な視点から考察し、多様化するオーストラリア社会の文脈で学習者である生徒の概念がどのように変化してきたかを理解する。人間の成長と発達について歴史的に考察する。また、身体的、認知的、道徳的、情緒的発達を教授・学習と関連づけて検討する。
1	教育実習1	1年次前期までに履修した理論を、実践において検証する。
1	教授方法2	非言語コミュニケーション、生徒の学習評価、生徒の管理と掌握、柔軟な授業、補助資料の活用、授業の導入とまとめ、教材等について履修し、教授方法1と教育実習で習得したことを発展させる。
1	学校と社会1	オーストラリアの教育制度やオーストラリア社会と教育との関係、社会が学校に及ぼす影響、社会が学校教育に求めるもの、社会的共同体としての学校について考察する。
2	教授方法3	教授ストラテジーや授業技術、評価方法、適切な教材を用いた教授活動のあり方や授業の流れについても履修する。
2	学習者2	最新の主要学習理論、学習に関するデータ収集、テストやテスト以外の方法によるデータ収集の利点と欠点、学習と人間の成長発達、個性と特別なニーズと学習との関係、社会が学習に及ぼす影響などについて検討する。
2	教育実習2	2年次前期までに履修した理論を、実践において検証する。
2	教授方法4	言語コミュニケーションと文字コミュニケーションの関係、中等教員にとってのコミュニケーションの意味について履修する。教科書その他の印刷教材を、生徒がすでに修得している言語コミュニケーション能力につなげる方法、印刷教材の選定方法、読解力を評価する方法など、様々な教授ストラテジーを修得する。
2	学校と社会2	オーストラリアの多文化社会の特質、学校組織と地域社会における学校の位置づけなどについて履修し、学校を社会学的な視点で分析する。
3	教授方法5	学校現場における様々な文化的・言語的背景を持つ生徒の指導に関する理論を履修する。
3	教育実習3	3年次前期までに履修した理論を、実践において検証する。
多様性に関わる選択科目の例		
「社会学的に見たクイーンズランド州の教育」「多文化教育と教師」「教師の社会性」「教育社会学」「言語の社会学」「特別なニーズを有する生徒」「社会の変容と失業、教育」「性役割と教育、社会」		

出所：Kelvin Grove College of Advanced Education, *Course Handbook 1981* により筆者作成。

表4-2 ブリスベン高等教育カレッジ1985年度の教職専門科目

学年	科目名	養成内容
1	コミュニケーション	教員に求められるコミュニケーション能力を修得する。
1	学習者と教師	人間性の多様な側面、生徒の発達成長、社会が生徒の世界観に及ぼす影響、教員の指導が学校の雰囲気に及ぼす影響などについて履修する。
1	教育実習1	①救急法、②発展的教員養成プログラム(大学のセミナー参加、各種機関の訪問、特別ニーズの生徒に関するプログラム、比較教育学関連のスタディーツアー参加など)、③教育実習(オリエンテーション、授業参観、授業実践、少人数グループの指導、学校運営、課外活動など)
1	基礎的教授技術	生徒の知的発達を促すための様々な技術を修得する(動機づけの技術、授業の開始と終了の方法、説明や質問の技術など)。
1	哲学と教授	哲学の方法論、教育哲学、教育の概念、伝統的教育と進歩的教育、社会の変化の中で予想される将来の課題などについて検討する。
2	高度教授技術	様々な分野の高度な教授技能を修得する。
2	学校・地域・社会	教育問題を理解する上で不可欠な学校・家庭・コミュニティの関係、階層や文化の違いから生じる問題、教員の態度や価値の形成について履修する。
2	教育実習2	授業観察、授業計画、授業実践、評価、学級運営、保護者との面談、課外活動などについて修得する。学校事務職員などとの懇談も実施する。
2	個別学習の授業	多様な学習スタイルに適した指導方法、個別学習、コンピュータを使った学習などについて履修する。
2	社会学的観点から見たオーストラリアの教育	マクロ社会学とミクロ社会学の理論、オーストラリア社会の特質、教育における不公正、政治と教育、カリキュラムの社会学、学校における異なる文化集団の問題などを取り上げ、教育を社会学的に探求する。
3	文書処理	様々なテキストの特性、テキストの活用方法などについて履修する。
3	教授・学習の心理学	主要な学習理論を修得し、動機付け、教室における生徒の掌握、特別なニーズ生徒の指導方法などを修得する。
3	教育実習3	教員の義務と責任、教育計画、教授活動、専門教員の活用、教室での生徒の掌握と管理、個に応じた態度や行動の指導などを実践の中で修得する。
3	初任教員	教室や教材の管理、同僚との人間関係、生徒や保護者との関係、初任者研修、職業上の法的義務などについて履修する。
多様性に関わる選択科目の例		

「アボリジニと教育」「偏見と人種差別」「学習困難を持つ生徒の支援」「通常学校のおける英才生徒」
「通常学校における特別な支援を必要とする生徒」「学校における逸脱行動」「遠隔地教育」「クイーンズランド州の教育の社会学」「家族と葛藤」「教育と社会変動、失業」「個に応じた指導」「コミュニティの学校参加」「オーストラリアにおける教育の発展」「性役割と教育・社会」

出所:Brisbane College of Advanced Education, *Course Handbook 1985* により筆者作成。

ば、「社会学的に見たクイーンズランド州の教育」、「多文化教育と教師」、「教育社会学」、「言語の社会学」などでは社会の多様性が教育と関連づけられており、オーストラリアの多文化主義を理解し、多様性に対応できる教員を育成しようとする意図がうかがえる。また、特別なニーズを有する生徒を通常クラスに統合する(integrate)方法について履修する科目も設置され、生徒の多様なニーズに対応しようとしている様子が推察できる。

2　ブリスベン高等教育カレッジ1985年度の養成内容

表4-2は1985年度の教授ディプロマコースの教職専門科目である。この年度も教育と社会とを関連づけた履修が多く行われている。ただし、多様性を文化的・言語的多様性に限定せず、発達段階による違いや学習スタイルの違い、特別なニーズなど様々な側面から捉えていることは1981年度と異なる。たとえば、特別なニーズを有する生徒に対するプログラム(「教育実習1」)、多様な学習スタイルに適する指導(「個別学習の授業」)、「差異」の理解と特別なニーズを抱える生徒の指導方法(「教授・学習の心理学」)、個に応じた態度や行動の指導(「教育実習3」)などにその傾向を見ることができる。また、心身の発達や社会化のプロセスが生徒の世界観に及ぼす影響(「学習者と教師」)や、階層や文化の違いから生じる学校内の問題(「学校・地域・社会」)など、教育が社会的文脈で捉えられている。さらに、「社会学的観点から見たオーストラリアの教育」では、教育において社会的公正が重視され始めていることがうかがえる。

なお、同年度は1981年度よりも選択科目の中に多様性に関する科目が多く設定されている。特に、先住民、学習困難、英才など個別のニーズに関する科目が増え、学校現場で多様な教育的ニーズへの対応がさらに必要になってきていることが推察できる。

3　ブリスベン高等教育カレッジ1990年度の養成内容

表4-3が示すように、この年度は入門期に「オーストラリア社会とアイデンティティ」と「世界的文脈におけるオーストラリア文化」の2科目が多様性

表4-3 ブリスベン高等教育カレッジ 1990年度の教職専門科目

学年	科目名	養成内容
1	オーストラリア社会とアイデンティティ	オーストラリア社会の現状を批判的に分析し、国家および個人のアイデンティティ形成など、社会とアイデンティティとの関係について検討する。
1	世界的文脈におけるオーストラリア文化	世界の中でのオーストラリアの位置づけ、産業化以降の社会、グローバル経済の影響などと関連づけてオーストラリアの文化を探求する。特に、文化の特異性について検討する。
2	青少年の発達	青少年の身体的、精神的発達と成長を教育と関連づけて探求する。
3	カリキュラム入門	カリキュラムの基礎的理論を修得する。
3	教授入門	授業計画、授業の進め方、発問のしかた、観察の技法、学習評価、生徒の管理と掌握など、教授・学習の基礎的理論を修得する。クイーンズランド州における中等教育のシラバスとその活用方法や教授方法を修得する。
3	学習と教授の心理学	心理学の基礎的知識を修得し、教授・学習に応用できるようにする。
3	カリキュラム計画と開発A	カリキュラムを計画して実施するための基礎的理論を修得し、シラバスの実施方法、学校を基盤とするカリキュラム開発、学習モジュール、学習の評価などについて履修する。
4	カリキュラム計画と開発B	上記Aの科目で学習したことを発展させ、学校レベルでカリキュラムを計画し、実施する方法を修得する。
4	対人関係と集団における関係	生徒が望ましい対人関係を構築し、集団活動に積極的かつ効果的に参加するための指導方法について履修する、
4	カリキュラム開発の動向と課題	カリキュラム改革の意義やイデオロギーの影響などについて検討する。カリキュラムに関する各種政策を吟味し、近年の動向と課題を把握する。
4	初任教員	初任教員として必要な資質・能力を総合的に理解し、教職に就いたあとも継続して職能成長を行うことの重要性についての理解を深める。
多様性に関わる選択科目の例		

「人種と民族」「女性、文化、社会」「先住民教育」「反人種差別教育」「オーストラリアの多文化主義」「学校と社会階層」「言語と権力」「学校と地域の連携」「オーストラリアの政治と法律」「ジェンダーと学校教育」「教育における隠れたカリキュラム」「平和教育」「生徒：疎外からエンパワーメントへ」

出所：Brisbane College of Advanced Education, *Course Handbook 1990* により筆者作成。

を主要なテーマとして設定されており、オーストラリアにおける国家や個人のアイデンティティ問題、グローバルな視点から見たオーストラリアの社会問題などが扱われている。学生には早い段階から社会が抱える多様性の問題について考えさせ、多文化社会の現状を認識した上で教員として必要な資質・能力を修得させようとしていることが推察できる。そこには多文化状況が一段と進んだ1990年当時の社会状況が反映されていると言えるであろう。

しかし、必修科目では多様性に関する科目が減少しており、代わって、カリキュラムに関する科目が増加している。これは、1989年の「ホバート宣言」で全国学校教育目標が示され、各州が共同でカリキュラム開発に取り組むことが求められるなど、カリキュラムが重視されるようになってきたことによるものと考えられる[1]。その一方で、選択科目の中に多様性を主要テーマとする科目が多く設定されていることもこの年度の特徴である。人種と民族、先住民、ジェンダー、人種差別、社会経済的階層、言語、地域との連携、隠れたカリキュラムなどテーマも多様であり、学校現場のニーズが多様化してきていることが推察できる。

4　クイーンズランド工科大学1997年度の養成内容

ブリスベン高等教育カレッジの教育学部は、1990年に一部がクイーンズランド工科大学に統合された。また、クイーンズランド州では1998年1月から教員登録の条件が最低4年間のプログラムを修了することに変更されたため、クイーンズランド工科大学でも科目の配列や養成内容にそれ以前との違いが見られる(表4-4)。

多様性に関しては、「教育実習3：インクルーシブなカリキュラム」がこれを主要テーマとして扱い、生徒の多様な背景や能力を包摂するカリキュラムの実施方法が実践を通して修得されている。州では1990年代の初めごろからインクルーシブ教育が推進されるようになったことは第1章でも述べたが、1994年の「社会的公正計画」でインクルーシブなカリキュラムの実施が戦略的行動計画の重要項目になり、教員にもこれを実施する能力が必要とされたことがこの科目の設置理由のひとつと考えられる。

表4-4 クイーンズランド工科大学1997年度の教職専門科目

学年	科目名	養成内容
1	コンテクストの中の教育	ポストモダン社会と教育、社会の多様性と複雑性の中での教育、1990年代の教育課題に対する政策の役割などについて履修する。
1	人間の発達と教育【フィールドワーク10日】	認知、言語、道徳、社会的情緒などに関わる人間の発達理論、生徒の差異の理解、民族的背景や文化が人間の発達に及ぼす影響、インクルーシブ教育の概念等について履修する。
1選択	オーストラリアにおける先住民文化とアイデンティティ	オーストラリアの先住民問題に対する理解を深め、先住民生徒の教育方法やすべての生徒に対して先住民問題への意識を高める方法について履修する。
2	教育実習1「教室における生徒の掌握と指導」【フィールドワーク10日】	学習の伝達者、計画立案者、管理者、ファシリテーターとしての教員、教室における教員の役割、授業における生徒の掌握等について理論と実践の両面から修得する。
2	言語、科学技術と教育	世界的な文脈で言語、リテラシー、科学技術と教育との関係について検討し、それらが教育に及ぼす影響などについて修得する。
3	学習と教授の心理学【フィールドワーク5日】	学習理論、メタ認知、学習動機、課題解決、民族的背景や文化が教授・学習に及ぼす影響、「差異」に対応した授業等について履修する。
3	教育実習2「カリキュラムにおける意思決定」【20日】	カリキュラムに関する連邦および州の政策を検討し、生徒の教育的ニーズや能力に対応するための方法、カリキュラムを決定する際の留意点などについて履修する。
4	教育活動の理解	社会的、文化的、歴史的、政治的文脈における学校教育、争点となっているカリキュラム問題、近代国家における学校教育の役割などを履修する。
4	教育実習3「インクルーシブなカリキュラム」【20日】	カリキュラムに影響を及ぼす社会的、政治的、物理的要因について検討し、生徒の多様な背景や能力を包摂するインクルーシブなカリキュラムの推進要因と制約要因について理解を深める。
4	教育実習4「初任教員」【30日】	4年間の学習を統合して、初任教員として教職を効果的に始めるための知識と実践力を総合的に修得する。
多様性に関わる選択科目の例	
「オーストラリアにおける先住民文化とアイデンティティ」「先住民教育政策」「非英語系生徒に対する教授」「文化的多様性と教育」「教育と文化的多様性」「先住民生徒に対する教授」「教師にとってのジェンダーとセクシュアリティの問題」「ジェンダー教育」「生徒の差異の認識と対応」「英才」「態度と行動の指導」「特別な指導を必要とする生徒」「個別学習」「遠隔地に住む生徒と教師」		

出所：Queensland University of Technology, *Handbook, 1997*により筆者作成。

この年度の特徴としては、多様性を文化的・言語的側面に限定せず、様々な側面からアプローチしていることが挙げられよう。さらに、多様性の要素が複数の科目に組み込まれ、カリキュラム全般で幅広く扱われていることも特徴的である。たとえば、「コンテクストの中の教育」では、ポストモダン社会の変容、オーストラリア社会の多様性、1990年代の教育課題とそれに対応するための政策などが扱われており、学校教育が当時の社会状況と関連づけられている。「人間の発達と教育」では、生徒の「差異」を理解するとともに、民族的背景や文化が人間の成長や発達に及ぼす影響やインクルーシブ教育の概念などが履修され、フィールドワークの中でそれが検証されている。「学習と教授の心理学」でも、民族的背景や文化が教授・学習に及ぼす影響や、生徒の「差異」を重視してインクルーシブな授業を行う方法について履修されている。また、「教育活動の理解」では、学校教育が社会的、文化的、歴史的、政治的文脈の中で吟味され、多様性の視点を重視したカリキュラムを実施する方法についても履修されている。

選択科目の中にも「先住民教育政策」、「英語を母語としない生徒に対する教授」、「文化的多様性と教育」、「生徒の差異の認識と対応」、「教員にとってのジェンダーとセクシュアリティ」など、多様性をテーマとする科目が多数設定されている。また、先住民文化や先住民教育を扱っている「オーストラリアにおける先住民文化とアイデンティティ」という教養科目を教科専門科目の代替として選択することも可能となっている。

5　1980年代から1990年代の教員養成と多様性

以上、1980年代から1990年代の養成内容を考察し、多様性の要素がどのように扱われているかを検討した。その結果、年度による違いがまず明らかになった。すなわち、1980年代は多文化主義や多文化教育がテーマとして扱われ、文化や言語に焦点が当てられることが多かったが、その後は次第にその割合が減少し、1997年のプログラムでは文化や言語だけでなく、様々な要素が多様性の概念に包摂されるようになっている。また、集団から個人に焦点が移るとともに、複数の科目に多様性の要素が組み込まれる傾向が強

まっている。そうした中で、個別のニーズに対応することが次第に重視されるようになっている。

　このことは以下のように分析することができよう。オーストラリア政府が1970年代に多文化主義を採用し、その推進に積極的であった1980年代にかけては、多文化主義や多文化教育に関する科目が多く設置され、多文化主義国家の教育を担う教員としての資質・能力の形成に力点が置かれていた。これは、連邦政府の主導で多文化教育が積極的に実施されていたこととも関係しており、多文化教育を実施するためには、多文化主義に対する意識の高い教員が求められるからである。しかし、1986年に連邦政府が多文化教育への補助金を停止し、主導権が州政府に移ってからは、教員養成における多文化主義や多文化教育の要素は次第に薄れている。これは1989年の「ホバート宣言」で全国学校教育目標が示されたことに伴う教育改革が各州で実施されたことの影響だと考えられる。クイーンズランド州でも教員養成の力点がリテラシーやニューメラシーなどの基礎学力の向上、カリキュラム開発、情報通信技術、公正・公平な教育機会の保証、職業教育といった改革のアジェンダに移っている。また、1990年代半ば以降はすべての生徒を対象とする多文化教育から、個々の生徒の教育的ニーズに対応して社会的公正を実現するインクルーシブ教育に焦点が移行している。第1章で述べたように、インクルーシブ教育を実施する教員の資質・能力に関しては、教員登録機関を中心に1990年代の初めごろから議論が活発に行われるようになり、1997年のプログラムではそれまで設置されていなかったインクルーシブ教育に特化した科目が設置されている。また、多くの科目に社会的公正の要素が組み込まれ、言語や文化の違いだけでなくあらゆる側面の多様性に対応し、どのような状況にある生徒に対しても平等に教育の機会を提供し、参加を促し、学力を向上させる社会的公正に力点が置かれるようになっている。すなわち、集団から個々の生徒に焦点が移行し、社会で自立して生きていくために必要な能力をすべての生徒に確実に獲得させ、社会に貢献できる人材を一人でも多く育成しようという意図が感じられる。

　また、1990年代以降のプログラムでは先住民教育に関する科目が増加し

ている。このことは、1980年代後半から連邦政府が先住民への教育支援政策を打ち出したことによると推察される。先住民を多く抱えるクイーンズランド州では特に1990年代の初め頃から教員養成に先住民の視点を含めることが重視されるようになっており、クイーンズランド工科大学の1997年のプログラムでは、先住民文化に関する科目を教科専門科目の代替として履修でき、選択科目の中にも先住民教育に関する科目が複数設置されている。

さらに、1993年に出された州政府の「「社会的公正計画」」[2]に呼応して、それ以降のプログラムでは社会的公正がそれまで以上に重視されるようになっている。そして、特定の科目だけでなく、教職専門科目全体に社会的公正の視点を浸透させる「統合アプローチ」[3]が採られ、同計画を受けて示された教員養成において社会的公正を推進するための提言がプログラムに多く取り入れられている[4]。

第2節　2009年度の養成内容

本節では、第3章で取り上げた3つの大学のプログラムの教職専門科目の履修内容に多様性の要素がどのように組み込まれているかを分析する。分析は第1節と同様にシラバスを中心に行う。また、プログラムの中で多様性が主要なテーマとなっている科目を1科目取り上げ、どのような履修が行われ、多様性に対していかなるアプローチがなされているかも分析し、他の科目との関係性についても検討する。なお、シラバスを補足する資料として、授業の配布資料や、筆者が各大学のプログラム責任者や科目担当教員に対して行ったインタビューの結果も合わせて使用する。なお、取り上げる授業例は筆者が現地で調査をした2006年時点のものが中心となっている。

1　クイーンズランド工科大学の養成内容

(1) 履修科目と多様性の要素

表4-5はクイーンズランド工科大学の教職専門科目とその履修内容を示したものである。1年次前期で情報通信技術を活用した学習ネットワークの構

築について履修したあと、「教授・学習研究」の科目が4年次まで一貫して続く。この科目では社会学の分野が多く扱われており、教育において多様性と公平性を尊重し、社会的公正の実現を目指すという同大学の理念が強く表れている。特に、「教授・学習研究3（教育実践）」と「教授・学習研究4（インクルーシブ教育）」は多様性が主たるテーマとなっている。「教授・学習研究3」では社会学的観点から多様性にアプローチし、現代社会の多様性と複雑性の中で、教員はいかにして公平かつ公正な教育実践を行えばよいかについて探求されている。成果目標のひとつが、「多様性と社会的公正、インクルージョンを重視し、促進すること」[5]となっており、多様性と社会的公正が密接に結びつけられている。また、授業実践が差別や偏見など生徒の意識形成にどのような影響を及ぼすかについても探求され、ジェンダー、人種、差別の問題が授業と関連づけて履修されてもいる。なお、同科目で履修された理論は「教育実習2」で検証される。一方、4年次の「教授・学習研究4」はインクルーシブ教育に関わる科目であり、学校教育が社会文化的な視点から捉えられ、多様な教育的ニーズへの対応方法が履修されている。なお、同科目では20日間のサービスラーニングが実施されている。サービスラーニングは地域の関係諸機関と連携して実施され、コミュニティサービスやプロジェクト活動などインクルーシブ教育に関連する活動に参加して実践的に学習するものであり、クイーンズランド州が1980年代の終わりから推し進めているインクルーシブ教育に直結する科目と言えるであろう。

　多様性に関わる科目としては、他にも先住民教育について履修する「カルチュラルスタディーズ」が必修科目として設定されている。同科目は先住民ユニット[6]と連携して実施されており、オーストラリアの先住民と非先住民の関係を歴史的に考察し、先住民文化がどのように構築され、社会の中で先住民がなぜ不利な状況に置かれているかについて探究する。また、学校教育に先住民の文化がいかなる影響を及ぼしているかについても理解を深める。なお、同科目で先住民文化を学ぶことによって、先住民以外の学生が自己の文化的位置(cultural positioning)を確認することも重視されており、それによって先住民生徒に対する理解が深まると考えられている。異文化を理解するた

表4-5　クイーンズランド工科大学2009年度の教職専門科目

学年	科目名	養成内容
1	学習ネットワーク	情報通信技術を活用して、知識を獲得する上で必要なネットワークの構築方法を修得する。また、情報リテラシーや情報通信技術も修得する。
1	教授・学習研究1（新たな時代の教育）【フィールドワーク10日】	教育を社会的、文化的、歴史的変容の中で考察し、現代社会における教育の意味、学校の現状、教員としてのアイデンティティや倫理、生徒の多様性などについて探求する。また、グローバルな社会の中で、教育において多様性がどのような意味を持つかについて考える。さらに、階層、ジェンダー、民族をカルチュラルスタディーズの枠組みで考察し、自らの学校教育体験を振り返りながら、教員の職務について理解を深める。
2	教授・学習研究2（発達と学習）	人間の発達成長と学習との関係について学び、発達段階に応じて学習を支援するファシリテーターとしての力量を高める。
2	教育実習1【20日】	中等学校の教員に必要な実践力を形成し、生徒の学習を計画して、実施する上で必須とされる生産的教授法（productive pedagogy）を修得する。また、支援的な学習環境の設定や、生徒指導の方法についても履修する。
2	カルチュラルスタディーズ（先住民教育）【フィールドワーク10日】	オーストラリアの先住民問題に対する理解を深め、先住民生徒の教育方法と、すべての生徒の先住民問題に対する意識を高揚させる方法を探求する。さらに、オーストラリア社会における自分自身の文化的位置を確認し、文化がどのような影響を及ぼすかについても理解を深める。
3	教授・学習研究3（教育実践）	教育を社会文化的側面から考察し、教育が社会的かつ文化的活動であることを理解する。学校教育がどのように形成され、運営されているかについても理解を深める。また、教育に組み込まれた文化的、社会的、政治的、経済的問題が実践に及ぼす影響についても探求し、教員として必要な社会学的知識と実践力、批判的思考力を養う。さらに、公平性や公正の観点から様々な実践を批判的に検討する。
3	教育実習2【20日】	学校における様々な教職活動に参加し、教員の職務について理解を深める。また、教科専門分野における言語やニューメラシーの重要性について探求し、生徒の思考力や探求力を向上させる方法について履修する。
4	教授・学習研究4（インクーシブ教育）	インクルージョンの世界的潮流を理解し、生徒の学習ニーズを把握して、学習の障害を取り除くインクルーシブ教育の理論と実践について履修する。また、多様性を有効に活用し、すべての生徒の教育経験を豊かにする方法を探求する。生徒の学業成果を高める上での障害を把握する能力も形成する。さらに、地域において20時間のサービスラーニングを行い、グローバルおよびローカルな教育コミュニティにおける多様性を体験する。

4	教育実習3【20日】	多様性の価値を尊重し、個々の生徒が抱える言語やリテラシー、ニューメラシーなどのニーズに対応したカリキュラムを計画し、実施し、評価する方法を修得する。さらに、多様性を尊重した教授方法や評価方法を批判的に検討する方法についても修得する。
4	教授・学習研究5（教師の専門的職務）	ワークショップや会議への参加を通して、現代の教育問題への理解を深め、教職学生から自立したプロの教員となるための足がかりを作る。また、同僚性を高め、協働で教育活動を行うための資質を向上させる。
4	教育実習4【20日】	インクルーシブかつ反省的な実践家として多様な背景の生徒に対応できる資質・能力を向上させる。また、個に応じたカリキュラム、教授・学習、評価を計画し、実施するための力量を高める。
4	インターンシップ【20日】	養成段階で修得した知識と技能を応用して、初任教員に近い位置づけで教育活動を行う。

多様性に関わる選択科目の例

「第二言語習得」「グローバル教師」「付加言語としての英語」「文化的多様性と教育」「先住民教育に関わる問題」「教師にとってのジェンダーとセクシュアリティ」「教育カウンセリング」「先住民に関する知識：研究倫理とプロトコル」「先住民の書きことば」「障害児教育」「学習困難を抱える生徒に対する授業」「教室における態度や行動の指導」「教授ストラテジー」「授業における評価」など

出所：Queensland University of Technology *Handbook 2009*により筆者作成。

めには自己の文化的アイデンティティの確認が重要だと考えられているからである[7]。同科目ではすべての生徒を対象とする通常の授業の中に先住民問題を組み込んで、非先住民生徒にも先住民文化の重要性を認識させる方法について履修されている。また、10日間のフィールドワークも行われており、理論と実践の両面から先住民に対する理解が深められている。

　多様性の視点はその他の科目や教育実習にも見られる。たとえば、「教授・学習研究1」では、生徒の背景や教育的ニーズが多様化する中で、社会経済的階層、ジェンダー、民族的背景などの観点から学生が自らの文化的アイデンティティを確立するとともに、これらの要素が教育においてどのような意味を持つかについて探究する。「教授・学習研究2」では、人間の発達成長と学習との関係についての知識を深め、社会的、文化的、情緒的な要素が生徒の学習に及ぼす影響について探究する。教育実習はインターンシップを含めて5回設定されているが、「教育実習3」では多様な背景を有する生徒の指導を実際に体験しながら、教育的ニーズに対応したカリキュラムを実施する方

法が修得され、プログラムの最終段階に実施する「教育実習4」では、それまで培ってきた知識と技能をすべて応用して、個に応じたインクルーシブなカリキュラムを実施する実践力を総合的に形成することが成果目標となっている。インターンシップはそれらの集大成と言えよう。さらに、選択科目の中にも、第二言語習得や文化的多様性、障害児教育など多様性をテーマとする科目が多く見られる。ただし、必修科目が多いというプログラムの構造上、選択科目を履修する学生の割合が少ないのが現状である。

(2) 多様性を主要テーマとする科目

ここでは3年次の「教授・学習研究3（教育実践）」を取り上げる。この科目は社会学系の科目であり、社会文化的側面から多様な生徒に対する実践方法について履修されている。「教育実習2」と連結しており、実習では同科目で履修した理論を検証することが課せられている。

1) 科目のねらいと学習の成果目標

教育は社会文化的活動であるという認識に基づき、実践を批判的に検討する能力を向上させることを目的としている。成果目標は以下の4項目である[8]。

① 多様な情報を収集して、それを批判的に検討する。
② 法的、倫理的枠組みの範囲内で多様性や社会的公正、インクルージョンを促す。
③ 相談や助言を重視した実践を行い、批判し合える関係を構築する。
④ 自らの職成成長とキャリア管理に責任を持つ。

多様性は偏見や差別につながる可能性が高く、教員には社会学的な視点で教育の諸相を批判的に検討する能力が必要である。それゆえ、同科目では学生が社会文化的な視点から現代の教育問題に疑問を呈し、批判的分析を通してそれを解明していく作業が繰り返される[9]。

2) 履修内容

各週の講義テーマは**表4-6**の通りである。講義は全履修者を対象に大教室

第 4 章　教員養成プログラムと多様性　213

表4-6「教授・学習研究3（教育実践）」の講義テーマ

週	講義テーマ
1	導入（社会的統制システムと学校教育の関係性／テストによる評価）
2	態度・行動の指導
3	リテラシーとその教授方法の再考
4	個々の能力を重視した実践（社会的階層と学力／インクルーシブなカリキュラム）
5	学校教育におけるジェンダー（ジェンダー間の不平等と学校教育における対応）
6	教育実習の事前指導
7	反差別的実践（他者を差異化することによる差別の可能性）
8	将来に向けて（地方分権、学校主体の教育行政／変容する世界と学校）
9	自主学習
10-13	教育実習

出所：Queensland University of Technology, EDB003 Teaching and Learning Studies 3 : Practicing Education の資料をもとに筆者作成。

で週1回各2時間行われ、複数の教員が交代で担当する。チュートリアルは少人数に分かれ、講義で扱われた主題に関して週2時間行われる演習であり、討論やプレゼンテーションが中心となる。使用するテキストは、Burnett, B., Meadmore, D. and Tait, G. (eds.) (2004) *New Questions for Contemporary Teachers, Taking a Socio-Cultural Approach to Education.* である。同科目で履修した理論は第11週から行われる教育実習の中で検証する。実習の課題として小論文が2本課せられており、これらの課題が同科目と実習を統合させる重要な役割を果たしている。

3) 評価方法

評価は2通りの方法で行われる（数字は評価全体に占める割合）。第一は実践事例の分析であり(40%)、チュートリアルで実施されるグループプレゼンテーションとレポートで評価される。学生はグループごとにテーマを決め、テーマに関連する事例を取り上げて、これを社会文化的視点から分析し、教授・学習の成果に影響を及ぼす要素を明らかにする。分析結果についてはグループで30分から40分のプレゼンテーションを行う。プレゼンテーションは、①主題の解釈、②主要概念の分析、③文献レビュー、④実践事例の分析、④

質疑応答を総合して評価される。さらに、プレゼンテーション実施後に提出する500-600語のレポートと1200-1500語の小論文も評価の対象となる。第二は筆記試験による総括的評価である(60%)。試験に先立って質問項目が予め示されるため、科目の中で履修した知識を答えるだけでなく、学生自身により発展的に修得された新たな知識を加えて解答することが期待されている。

(3) クイーンズランド工科大学の教員養成と多様性

 図4-1はクイーンズランド工科大学のプログラムを図示したものである。実践の矢印は学年、学期ごとの履修の流れを示し、両矢印は科目の連結を示す。多様性が主要テーマとなっている科目は網掛けで示した(他の2大学についても同様)。

 多様性を主要テーマとする科目は、「教授・学習研究3(教育実践)」、「教授・学習研究5(インクルーシブ教育)」、「カルチュラルスタディーズ(先住民教育)」の3科目である。それぞれ扱う内容は異なるが、いずれも多様性と社会的公正が重要なトピックになっており、多様性に関しては核となる科目である。学生はこれらの科目を通して多様性に対応するために必要な基礎的理論を修得する。なお、多様性の要素は「教授・学習研究1」や「教授・学習研究2」などの科目にも組み込まれ、先の3科目と連結している(点線両矢印)。また、「教授・学習研究3」は「教育実習2」に連結している(実線両矢印②)。

 教育実習は2年次から4回にわたって20日間ずつ実施される。「教育実習1」から「教育実習3」はそれぞれ「カリキュラム研究」の1から3に直結している(図の実践両矢印①③④)。たとえば、英語科を専門教科とする学生の場合、「カリキュラム研究1」では中等教育における英語科カリキュラムと教授法の基礎を履修し、これと連結する「教育実習1」でもカリキュラムと教授法、授業における生徒指導を中心に実践を行う。「カリキュラム研究2」では、一単位時間の授業および単元全体のカリキュラムについて履修し、連結する「教育実習2」はそれらの実践が中心となっている。また、社会文化的文脈の中で生徒の教育的ニーズや興味に適合するカリキュラムを構成する方法につい

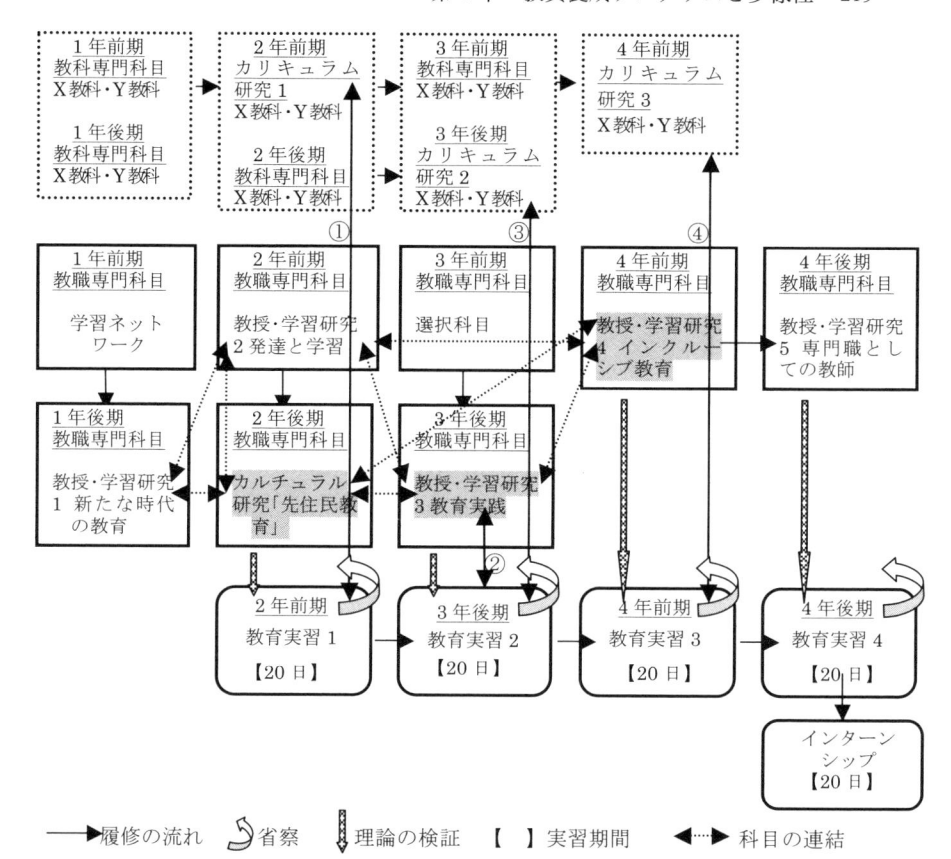

第4章 教員養成プログラムと多様性　215

図4-1　クイーンズランド工科大学のプログラム

出所：Queensland University of Technology, Student Handbook 2009 により筆者作成。

ても履修する。「カリキュラム研究3」では後期中等教育のシラバスにおける言語とリテラシーが扱われ、連結する「教育実習3」は、言語やリテラシー、ニューメラシーに関わるニーズを検討し、ニーズに適切に対応できるようになることが成果目標の一つとなっている。このように、「カリキュラム研究」で修得した理論はすべて教育実習の内容につながっており、理論と実践の統合が目指されている。教育実習ではその他の科目で履修した理論も合わせて検証することが求められている（太い下向き矢印）。「教育実習2」は特に「教授・

学習研究3」とも直結しているため(実線両矢印②)、授業で扱われた社会経済的階層、ジェンダー、民族的背景など、多様性に関する理論が学校現場の実践を通して検証されることになる。

このように、クイーンズランド工科大学では、1年次の科目でグローバルな視点で多様性の基礎を履修したあと、2年次、3年次、4年次には多様性を主要テーマとする科目をそれぞれ1科目ずつ設定し、それらを他の科目と連結させ、さらに実習にも統合させている。また、「カリキュラム研究」にも多様性の要素を組み込み、教科カリキュラムに関する履修でも理論と実践が統合されている。こうして、多様性に関する知識と実践力が徐々に形成されるようなプログラムとなっている。ただし、教科専門科目と教職専門科目はつながりがほとんど見られない。

2 グリフィス大学の養成内容
(1) 履修科目と多様性の要素

同大学では教職専門科目が3年次と4年次に集中して履修されている。多様性に関しては4年次に設定された「差異に対応する授業」が多様性を包括的に扱っている(表4-7)。この科目ではインクルーシブ教育を実施する上で必要な資質・能力が形成されており、文化的・言語的多様性のほか、心身の障害や学習能力、社会経済的階層、態度や行動特性、コミュニケーション能力、リテラシーなど多様性の様々な側面に焦点を当て、生徒の差異を重視し、教育的ニーズに対応できる力量形成を行なっている。

多様性の要素は他の科目にも組み込まれている。たとえば、「教授ストラテジー」では、授業において生徒の教育的ニーズに対応するための様々な技術が紹介されており、「教育心理学」では、心理学の理論を応用して特に英才の可能性を高める指導法が教授されている。「生徒の学習評価」では、教育的ニーズを考慮した評価方法が教授され、「教育の社会的機能」では、社会的公正や社会における不平等の構造、社会経済的地位が教育成果に及ぼす影響など社会学的視点から学校の果たす機能が探求されている。「教育における哲学と価値」では、個人の権利という視点から教育についての探求が行われ、

表4-7　グリフィス大学2009年度の教職専門科目

学年	科目名	養成内容
3	教授ストラテジー	授業計画、教授方法、評価、生徒とのコミュニケーションなどの授業管理技術を全般的に修得する。
3	教育実習1【25日】	2つの専門教科の一方に焦点をあて、1単位時間の授業を計画し、実施し、管理する方法を修得する。
3	教育心理学	教育において必要な心理学の基礎的理論を学ぶ。生徒の世界観が学校生活に及ぼす影響と学校生活が生徒の世界観に及ぼす影響の双方向から教育の心理的要因について検討する。特に、英才の指導を効果的に行う方法やインクルーシブ教育について履修する。
3	教育実習2【25日】	生徒の教育的ニーズを把握しながら授業を効果的に行う方法について修得する。「教育実習1」で担当しなかったもう一方の専門教科を担当し、単元に焦点を当てて授業を行う。
4	生徒の学習評価	学習評価に関する理論を学び、教育における評価の役割について批判的に検討する。すべてのカリキュラム分野において、言語リテラシーが評価の手段として重要な働きをすることを理解する。
4	差異に対応する授業	差異を重視し、多様性に対応した教授活動を行うインクルーシブ教育の理論と実践についての知識を修得する。
4	教育実習3【25日】	2つの専門教科のいずれの授業も担当し、生徒の教育的ニーズを重視した授業を計画して、実施する。
4	研究者としての教師	実践家であると同時に研究者として教育について探求する方法について履修する。特に、アクション・リサーチの理論とその応用について修得し、自律的に職能成長をはかれるようにする。
4	社会体験	教育実習とは異なる設定で、幅広い社会体験を行い、教員としての視野を広げる。
4	教育の社会的機能	学校の社会的機能、教育の社会経済的問題、社会における学校の位置付けや、学校の「ランク付け」などについて考察する。社会の構造、社会的公正、人間の社会化、不平等の構造、家庭の役割など、社会の様々な問題を教育と関連づけて履修する。
4	教育における哲学と価値	教職の意義を哲学的に探求し、人間社会において学校や教員の果たす役割について理解を深める。人権、倫理、社会的公正を尊重して、倫理に裏付けられた公正な教育実践が行える資質・能力を形成する。
4	職業、教育および職業教育	中等教育段階の職業教育について、その現状と課題について検討する。

多様性に関わる選択科目の例

「カウンセリング入門」「通常クラスにおける特別な教育を必要とする生徒」「才能教育」「ドラッグとアルコール問題」「言語とリテラシー」など

出所：Griffith University Academic Programs and Courses2009により筆者作成。

倫理を重視した実践的指導力も形成されている。また、「研究者としての教師」ではアクション・リサーチに関する履修が行われている。自らの実践を振り返ることは多様性に対応する上でも重要であるが、アクション・リサーチがそのための有効な手段と考えられているからである。さらに、3回の教育実習いずれにおいても、生徒の多様な背景や教育的ニーズに対応する実践力の形成が重視されている。

(2) 多様性を主要テーマとする科目

事例とする科目は4年次の前期に設定されている「差異に対応する授業」である。なお、筆者は2006年から同大学を数回訪れ、同科目の講義やチュートリアルに参加するとともに、科目担当教員や履修学生のインタビューも行った[10]。(本章の最後に学生の履修事例)。

1) 科目のねらいと学習の成果目標

同科目は、インクルーシブ教育を主要テーマにしており、その歴史的背景と理論的根拠、教授法やカリキュラムの編成と実施方法、教育的ニーズの把握方法など理論と実践の両面から幅広く履修されている。生徒の「差異」を多様性と捉え、教員はそれにどう対応したらよいかについて探求し、教員としての価値や哲学、コミュニケーション能力、態度、様々な教育関係者との協働体制づくりの方法なども履修する。同科目は、インクルーシブ教育についての基本的知識を修得するとともに、学校現場での実践力を養うことを目標としており、すべての生徒は公正でインクルーシブな教育を受ける権利を有するという前提のもとに授業が行われている。そして、生徒とその学習スタイルの多様性を尊重する態度の育成が図られている。具体的な成果目標としては以下が示されている。

① インクルーシブ教育の歴史的、法的、および政策的枠組みに対する理解を深める。
② 社会的公正、およびインクルーシブ教育の理論、実践、研究、評価等について理解を深める。

③ 特別なニーズを有する生徒に対する個を重視したインクルーシブなカリキュラムの原則や実践について理解を深める。
④ 生徒の教育的ニーズに対する理解を深める。
⑤ 教育的ニーズに対しては相談と助言が重要であることを理解する。
⑥ 専門職集団としての協働性に対する認識を高める。
⑦ 効果的でインクルーシブな授業を行うための資質・能力を全般的に向上させる。

同科目の担当教員は筆者のインタビューに対して以下のように述べている。「医師が患者とその家族に対して病状の説明がきちんとできなければならないのと同様に、教員も生徒や保護者の相談や質問に対しては適切な助言や説明をしなければなりません。それは初任教員もベテラン教員も同じです。学生は教職に就いたらすぐに自立した教員として多様な背景の生徒を指導しなければなりません。生徒や保護者にとっては教育を担う一人の教員であることに変わりはなく、初任だからという甘えは許されません。それゆえ、教員として最低限必要な知識や技能は養成段階で確実に修得する必要があります。だから、この科目では成果の見られない学生には単位は与えていません[11]。」担当教員のこの発話には、教師教育者としてのプライドと責任感が強く感じられる。

2）　**履修内容**

学生は講義とチュートリアルそれぞれに週2時間ずつ参加する。使用するテキストは、Ashman, A. & Elkins, J. (eds.) (2005) *Educating children with diverse abilities. Frenchs Forest,* NSW: Pearson Educationである。各週のテーマは**表4-8**の通りである。テーマからは講義の内容が実践的かつ具体的であることが推察できるであろう。

講義は大教室で一斉に行われ、各テーマを専門とする複数の教員が担当する。筆者が参観した第3週の講義では、教員は絶えず学生の意見を引き出しながら話を進め、一方向的な講義ではなく、大教室ではあるが活発な意見が飛び交う授業であった。また、具体的な事例が多く取り入れられ、実践に直

表4-8 「差異に対応する授業」の講義テーマ

週	講義のテーマ
	チュートリアルセミナーのプレゼンテーショントピック
1	インクルージョンの導入
	1 授業において多様性への肯定感をどのように促進させたらよいか。 2 インクルージョンは実現可能か、哲学的観念でしかないのか。学校にとってのメリットは何か。
2	リテラシーと学習障害
	学校教育においてリテラシーに問題を抱える子どもにどう対応したらよいか。
3	教室における問題行動への対応
	教室での生徒の問題行動を生み出す要因は何か。また、それをいかに減らすことができるか。
4	生徒の多様な能力の評価
	1 学習に困難を抱える生徒に教員はどう対応したらよいか。生徒を適切に評価するための教育省の政策はどのようなものか。 2 主要科目において、リテラシーに問題を抱える子どもをどのように評価するか。
5	多様な生徒に対する数学の授業
	1 インクルーシブ教育の価値をテーマとする保護者会はどのように実施するのが効果的か。 2 問題のある生徒を「排除」することなく授業で対応するにはどうしたらよいか。
6	多様な生徒に対する理科の授業
	態度に問題のある生徒がクラスに2名いる場合、授業をどのように行ったらよいか。
7	英語を母語としない生徒とリテラシー
	1 学習困難を抱える生徒を教科の授業に効果的に参加させるにはどのようにしたらよいか。 2 身体障害、知覚障害、知的障害を持った生徒、あるいは英語を母語としない生徒がいる中で、初等中等教育段階の生徒に「概念」を教えるための効果的な方法はどのようなものか。
8	教室におけるコミュニケーション：知的障害、知覚障害、学習困難の生徒への対応方法
	保護者とのコミュニケーションを促進するためにはどのような方法が効果的か。
9	学校における相談と協力（教職学生に必要なスキル）
10-14	教育実習 5週間(25日間)
15-16	試験

出所：Griffith University 4205CLS Teaching to Difference Semester 1-2006 COURSE OUTLINE をもとに筆者作成。

第4章　教員養成プログラムと多様性　221

結する内容が多く扱われていた[12]。

　一方、チュートリアルは十数名の学生による少人数クラスの演習で、担当するチューターには大学教員のほかに現職教員や元教員なども含まれる。演習では、各週のテーマについてプレゼンテーションやディスカッションが行われ、学生は講義で学んだ理論をチュートリアルでさらに深め、実践に結びつけていく。筆者が参観したチュートリアルでも、多様なニーズを有する生徒の対応について以下のような発言が聞かれた[13]。なお、担当チューターは女性の元高等学校数学教員である。

「遠隔地には先住民生徒がたくさんいるけど、教材が十分に行き渡っておらず、家庭の都合で学校に通うことができない生徒もたくさんいるようです。先住民の家庭には問題の多い家庭が多いように感じます。」（男子学生A）；「アボリジニの収入は平均の60パーセントと言われています。アボリジニの子どものための寄宿舎を充実させる必要があると思います。リテラシーの問題も改善しなければいけません。」（女子学生B）；「先住民問題はとてもデリケートな問題なので、学校で話題にするときなど、扱いには十分注意する必要がありますからね。」（担当教員）；「先住民だけじゃなく、リテラシーは今の学校教育ですごく重要な問題だと思います。異文化間での言語の壁も大きな問題です。」（女子学生C）；「私の母語は英語ではありません。学校のシラバスは標準英語を基本としていますが、もっと多様な言語や文化を含むべきではないかと思います（女子学生D）。」「ぼくは4年前にドイツから来たので、家ではドイツ語を話します。移民の親の中には、子どもに早く英語を習得させたいがために母語で話さない人もいるようです。でも母語の習得はアイデンティティの面でもすごく大事なことだと思います。」（男子学生E）；「ESLの指導はビデオやCDばかりに頼らないでね。先生が直接話しかけたり、本を読み聞かせたりすることは多様な英語を聞かせることにもなるのでとても大事ですから。」（担当教員）

（日本語訳は筆者）

3） 評価方法

　評価は、プレゼンテーション[20%]、質問課題に対する口頭発表[10%]、質問課題に対する小レポート8本[25%]、インクルーシブ教育に関する小論文[20%]、筆記試験[25%]の5項目で行われる（[　]は評価の配分）。学生にはこれらのすべてが課せられ、1項目でも合格点に達しなければ単位を取得することができない。

　プレゼンテーションは2人1組(30分間)で行われる。インクルーシブ教育の観点を含めることが条件となるが、実習に向けて授業力を向上させるため、発表者2人の協力が見られるか、他の学生の参加を促す発表であるか、時間が厳守されているか、発表の目的が明確であるかといったプレゼンテーション技術も重要な評価対象とされている。ロールプレイやグループ討論、質問の投げかけなどを行い、聴衆である他の学生をプレゼンテーションに参加させることが、教員として生徒を授業に参加させるための有意義な学習になるからである。

　質問課題に対する口頭発表は、テキストおよび講義の内容に関して複数の質問が事前に提示され、その中から毎時間チューターが質問し、学生がそれぞれの考えを口頭で発表するものである。筆者の参観時には、通常クラスの指導案を特別ニーズの生徒向けの指導案に改編する方法について発表が行われ、チューターだけでなく学生からも活発な意見が出されていた。質問課題についてはさらに300語から400語のレポート提出が計8本求められている。

　インクルーシブ教育に関する小論文は、架空の学校や学級を想定し、その中で、知的障害、学習障害、知覚障害、非英語母語話者のいずれかに焦点を当て、これらの生徒を包摂する授業案を作成するものである。また、指導案の理論的根拠を記した2000語程度の小論文を合わせて提出する。

　筆記試験は50題の多肢選択問題で、障害者差別禁止法と教育の関係、障害に関わる各種の用語(impairment、disability、handicapなど)の説明、インクルージョンの意味、学習障害と学習困難の違い、マイクロティーチングの方法、効果的なコミュニケーションの方法、生徒の問題行動への対応など、同科目で履修した内容が網羅されている。

(3) グリフィス大学の教員養成と多様性

図4-2はグリフィス大学のプログラムを図示したものである。先述のように、プログラムは前半の教科専門教育と後半の教職専門教育に分けられている。履修領域は社会学、心理学、哲学、教育学など多方面にわたり、養成内容も教科の内容から教授・学習、評価、リテラシー、態度や行動の指導(behavior management)、障害者教育、保護者との連携など多分野に及び、様々な側面の多様性に対応できる能力の形成が目指されている。

多様性に関しては、「差異に対応する授業」がこれを包括的に扱い、多様な教育的ニーズに対応する授業をどのように実施したらよいかについて履修されている。文化的・言語的多様性のほかに、心身の障害や学習能力、社会的階層、態度や行動特性、コミュニケーション能力、リテラシーなど多様性の様々な側面が扱われ、インクルーシブ教育に関して最低限必要な基礎的知識が幅広く履修されている。初任教員であっても多様な生徒のニーズに応える

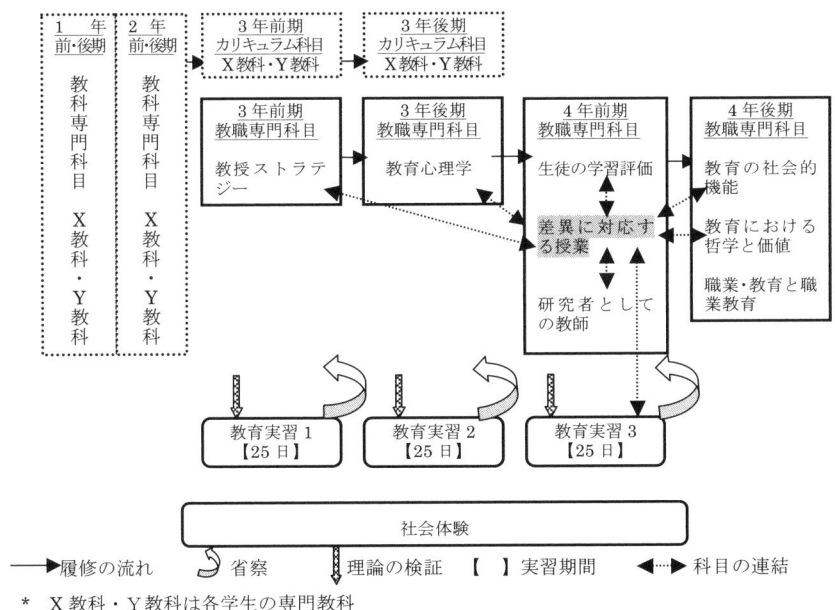

図4-2　グリフィス大学のプログラム

出所：Griffith University Academic Programs and Courses 2009により筆者作成。

指導ができなければならないという科目担当教員の教育観が強く表れた科目であり、クイーンズランド州のインクルーシブ教育政策にも直結する科目だと言えよう。

　障害を持つ生徒への対応については特に多くの時間が費やされている。第3章でも述べたように、グリフィス大学は障害のある生徒や学習困難を抱える生徒の教育では研究がさかんであり、1990年代からは一般学生にも障害に関する履修を奨励し、複数の選択科目を設置してきた。さらに、1990年代後半からは、「差異に対応する授業」をすべてのプログラムで必修とし、インクルーシブ教育の学習を全学生に課すようになった。具体的な事例が多く取り上げられ、「教育実習3」にも直結している。評価項目のひとつである小論文も、同科目で履修した理論を実習で検証し、理論的根拠を示しながら作成することが求められている。

　多様性の要素はその他の科目にも見られ、「差異に対応する授業」につながる科目は多い。(図の点線矢印)。たとえば、多様性を考慮して学習を計画し、実施する方法について履修する「教授ストラテジー」、学習上の困難を抱える生徒の評価方法について履修する「生徒の学習評価」、生徒の社会的経済的背景が学習にどのような影響を及ぼすかについて履修する「教育の社会的機能」などは「差異に対応する授業」の履修内容と連結している。こうして「差異に対応する授業」を中心として多様性の要素が教職専門科目全体に広がる構成となっている。ただし、教職専門科目は3、4年次に集中的に履修されるため、1、2年次の教科専門科目と切り離される傾向が見られることは否めない。さらに、教科専門科目には多様性や公平性、社会的公正などの視点はほとんど見られない。

3　ジェームズ・クック大学の養成内容
(1)　履修科目と多様性の要素

　同大学には多様性を主要テーマとする科目が2種類ある。ひとつは「文化的多様性のための教育」であり、2年次後期に設定されている。この科目は人種や民族、社会階層、ジェンダーに焦点が当てられており、教育における

制度的、社会構造的な不公正をいかに是正するかといった問題が探求され、多文化教育の要素が強い科目である。特に、先住民問題を通して学生が自分自身の文化について考え、自らの文化的アイデンティティを確立することに重点が置かれている。これは、異文化を理解するためには、自己の文化を認識する必要があるという考えに基づくものである[14]。多様性に関するもう一方の科目は4年次の「特別ニーズのためのインクルーシブ教育」であり、特に障害などから派生する特別な教育的ニーズを抱える生徒への対応について履修されている。同科目では3日間のフィールドワークが組まれている(表4-9)。

　これら以外の科目でも、1年次の「教育入門」では社会的公正の観点を含めた現代の教育問題を文献研究と実践活動の両面から検討し、社会的不公正や不平等にどう対応したらよいかが履修されており、「教育における言語とリテラシー」では学校における言語的多様性の問題が扱われ、先住民や移民生徒への英語教育について履修されている。また、「教授・学習管理」では効果的な授業のあり方を探求し、個々の生徒の教育的ニーズに対応した授業計画の立て方などが履修され、「中等教育カリキュラム研究」では多様性を考慮したカリキュラムの編成について履修されている。4年次の教育実習では評価項目に「学習者を理解し、より良い関係を築きながら支援的な指導を行う。」、「ジェンダー、人種、民族、年齢、能力、学習スタイルなど個々の生徒のニーズを把握し、その価値を認め、対応する。」、「成長段階を把握した上で生徒のニーズを理解し、それをカリキュラムや教授活動に反映させる。」[15]などの記述が見られ、多様性に関わる実践力の形成が目指されている。

(2)　多様性を主要テーマとする科目

　2年次後期に設定されている「文化的多様性のための教育」を事例として検討する。

1)　科目のねらいと学習の成果目標

　「文化的多様性のための教育」は人種と民族、社会経済的階層、ジェンダー、

第2節 2009年度の養成内容

表4-9 ジェームズ・クック大学2009年度の教職専門科目

学年	科目名	養成内容
1	教育入門 【フィールドワーク5日】	現代の教育問題について理解を深め、教育における公正、持続可能な社会の形成、先住民教育などに関して履修し、多様な文献講読を通して現代の様々な教育問題を考察する。レポートの作成方法なども履修され、初年次教育の要素を含む科目である。
1	教育における言語とリテラシー	教育における言語とリテラシーの問題を検討し、第二言語修得やテキストの機能などについて修得する。学術論文の書き方についても履修する。
1	教育における情報技術 【フィールドワーク2日】	情報通信技術の社会的、教育的意義やジェンダー、障害者、文化との関係について理解を深め、コンピュータの技能を修得する。また、情報通信技術を社会的公正の観点から検討する。
1	児童期と青年期	教育心理学の基礎を履修する。子どもの成長と発達を身体、認知、心理、情緒、倫理などの側面から検討する。
2	教授・学習管理 【フィールドワーク5日】	教授・学習プロセス、教師と生徒の役割、学習環境に焦点を当て、問題解決学習を通して授業を効果的に行う方法について修得する。生徒の多様なニーズを把握して、学習を計画し、これを効果的に実施する方法やすべての生徒が安心して参加できる学習環境の設定についても履修する。
2	文化的多様性のための教育	オーストラリアの教育を文化的多様性の観点から考察し、特に、先住民問題を通して自分自身の文化的アイデンティティを確立する。
2	2年次教育実習【15日】	焦点化した授業観察、データ収集、授業計画と実施、学習環境の設定を中心に実習を行う。
3	中等教育の教授・学習研究 【フィールドワーク5日】	中等教育の教授・学習理論を学び、効果的な教育実践やインクルーシブな教授法について履修する。
3	中等教育カリキュラム研究	各専門教科の内容を学校カリキュラムと関連づけ、カリキュラムの構成や教授法などについて履修する。
3	3年次教育実習【20日】	教職とコミュニティサービスの接点を見出し、理解を深める。多様な背景の生徒に対する理解と授業実践、効果的な学習環境の設定と管理、リテラシーの向上などについて修得する。
3	中等学校における教授と学習の統合	中等段階の生徒の学習ニーズ、授業計画と実施、評価、教室における生徒の指導について修得する。生徒の学習を支援する方法、リテラシーやニューメラシーの発達を促進する方法、評価や成績通知の方法、支援的な学習環境の設定方法などについても履修する。

4	中等教育専門カリキュラム	後期中等教育カリキュラムに関する政策、研究動向、実践方法などを批判的に検討し、多様な生徒に対する教授能力を向上させる。特に第12学年の生徒に焦点を当て、学校教育段階以降の進路選択や職業教育・訓練、産業界やコミュニティとの連携などについても検討する。
4	特別ニーズのためのインクルーシブ教育【フィールドワーク3日】	通常学校における特別なニーズを抱える生徒の教育方法について履修し、インクルーシブ教育に関する政策、理論、実践方法など幅広く検討する。
4	4年次教育実習A【20日】	教職に必要なリテラシーとニューメラシーの技能を実践の中で修得し、学校教育における多様性への理解を深め、知識と実践を融合させる。
4	カリキュラムにおけるテクノロジー	情報通信技術の教育への応用について検討し、各種機器を扱えるようにする。また、教員にとっての同僚性の重要性や、ジェンダー、年齢、民族的背景、文化、宗教、政治的信条の違いなどへの対応についても履修する。
4	未来と教育	教育問題を批判的に検討し、変化に対応できる能力を形成して、初任教員としてのアイデンティティを確立する。教員の力量形成における教職スタンダードの意味や協働性の構築についても批判的に検討する。
4	4年次教育実習B【25日】	教職倫理に基づいて様々な教育活動に参加する。学校現場の多様性に対応する能力を高め、教職の複雑性を理解し、自律的かつ反省的な初任教員となる。
多様性に関わる選択科目の例		
「教育と文化的多様性」「教育におけるニューメラシー」「社会と環境教育」「第二言語教育カリキュラム」「中等教育における言語とリテラシー」「教育における研究方法」「外国語教育と外国語としての英語教育」「中等教育カリキュラムの編成」「特別な教育を必要とする生徒」「特別なニーズを抱える生徒の評価」「トレス海峡における教育」「遠隔地教育」「僻地コミュニティと教育」「若者文化と教育」		

出所：James Cook University, Faculty of Arts, Education and Social Sciences, *Student Handbook 2009*により筆者作成。

居住地の多様性に焦点を当ててオーストラリアの教育を文化的多様性の視点から考察する科目である。オーストラリア社会で現在もなお社会的不利益を被っている先住民の教育問題については特に多くの時間が費やされており、先住民と白人との「和解」(reconciliation)や社会的公正の問題は重要なテーマとなっている。また、文化的アイデンティティの形成、オーストラリアの歴史遺産、文化的に多様な人々と学校および社会との関係、文化的にインクルーシブな教育実践などについて考察し、教育において意思決定を行うために必要な資質・能力も修得する。成果目標は以下の5項目である。

① 社会的位置づけが個人の経験や教育経験にどのような影響を及ぼすかを理解し、将来教職に就くための資質・能力をいかに形成していけばよいかを認識する。
② 差別を排除する政策に則って、インクルーシブかつ公正な態度で教育活動を行う。
③ 先住民教育に関する有効な理論、研究、実践を批判的に分析し、それを応用する。
④ 文化的に包括的なカリキュラムと教授法を理解し、批判的に活用する。
⑤ 先住民コミュニティのニーズに重点を置きながら、多様な文化的背景を有する生徒、家族、および同僚と協働で、生産的かつ公正な実践を行うために必要な知識と技能を批判的に検討する。

これらの目標からは、履修に占める先住民問題の割合が大きく、先住民教育が特に重視されていることがうかがえるであろう。そして、履修を通して学生は教育の制度的不公正や、社会の構造的な不公正をいかに是正するかといった問題も探求していく。

2) 履修内容

授業は13時間の講義と24時間のチュートリアルで構成され、ディスカッションを中心に進められる。テキストは大学が作成したオリジナルテキスト、James Cook University, School of Education (2006) *Education for Cultural Diversity, Book of Readings* を使用し、学生は事前に指定された文献を講読して講義とチュートリアルに臨む。テキストには多様な文献が取り上げられているが、特に、マイノリティ集団の視点を反映したものが多い。講義やチュートリアルを担当する大学教員の多様性も重視されており、マイノリティの背景を有するゲストスピーカーの活用もさかんである。

各週のテーマは**表4-10**の通りである。テーマからはオーストラリアの教育を文化的多様性の視点から考察し、教育における制度的、社会構造的な不公正をいかに是正するかといった問題が探求されていることが明らかであろう。また、アイデンティティの形成が重視されていることも確認できる。

表4-10 「文化的多様性のための教育」の講義テーマ

週	講義およびチュートリアルのテーマ	チュートリアルのディスカッショントピック
1	自己のアイデンティティ	自己のアイデンティティ
2	文化の理解、自己の理解	文化の定義、文化の構築、文化と社会・教育、多文化教育における文化の意味
3	多様な背景を有する生徒に対する授業	非主流文化の生徒と学業成績
4	人種と社会的階層の概念	文化とアイデンティティ形成、人種と人種差別
5	社会的公正	社会的公正の多様な概念、政策と言説、公正なカリキュラム、教育における社会的公正
6	インクルーシブなカリキュラム	低所得地域の学校における効果的なカリキュラム、社会的再生産と社会変容、先住民生徒のアイデンティティ
7	公平で、良い授業とは何か	文化に適する教授法、民主的なカリキュラム
8	ジェンダーの学習とステレオタイプ	教師の多様性と生徒の多様性、自分たちの中に見られる多様性、教師の位置づけ、言説、主観性
9	反差別的な教育実践	人種差別、直接的あるいは間接的な人種差別、制度上の差別、生徒の問題行動への対応と差別、支援と励まし
10	個人の視点	教員養成と文化形成、教員養成の効果、自己認識、個人に限定されたイデオロギー
11	コミュニティの教育参加	学校と地域の連携
12	言語文化	先住民の言語と標準英語
13	総復習	

出所：James Cook University, School of Education (2006) *Education for Cultural Diversity, Book of Readings*により筆者作成。

　チュートリアルではディスカッションとグループプレゼンテーションが行われる。チュートリアルの内容はチューターによって若干の違いがあるが、あるクラスでは自己のアイデンティティについて次のような課題が与えられている。学生はまず自分自身の名前の由来や、家族の文化的背景について調べ、自分の名前が文化的にどのような意味を持つかを調べる。次に、グループで情報交換しながら、それぞれの家庭が属している文化集団の風習や習慣、社会での位置づけ、文化に見られる構造的な問題(structural issues)などについ

て検討し、結果をグループごとに発表する。なお、グループはマイノリティの学生が必ず含まれるように構成され、グループ内の活動にも多様な視点が反映されるように配慮されている。

3) 評価方法

評価は、チュートリアルへの出席状況とプレゼンテーション[30％]、筆記試験[40％]、および提出課題[30％]によって行われる([ ]内は評価の配分)。たとえば、あるチュートリアルでは、プレゼンテーションを①「文化的慣行」(cultural practice)の概念を理解しているか、②家族の文化的慣行と広範囲な社会的要因との結びつきを理解しているか、③文化的慣行の生成について理解しているか、④オーストラリア社会における個人の名前と文化的位置づけの関係を認識しているかという4項目で評価が行われ、筆記試験では次のような課題が出されている[16]。

> 「差別の問題を授業で扱うこととする」という規定を、学校の「反差別教育方針」に含めるよう(あなたが：筆者註)学校長に進言する場合の略式文書を作成しなさい。なお、差別の扱い方について具体例を2つ以上示し、差別の事例も2つ以上取り上げて記述しなさい。

この試験では、学生が教職に就いた際に直面するような出来事を「台本」として書かせることによって、文化的多様性は学生が将来直面することが予測される重要な課題のひとつであるということを学生に認識させることが企図されている[17]。そして、「台本」を通して自分ならどう対応するかを学生に考えさせている。

(3) ジェームズ・クック大学の教員養成と多様性

図4-3はジェームズ・クック大学のプログラムである。同大学には多様性が主要なテーマとなる科目が2科目設定されている。そのひとつが前記した「文化的多様性のための教育」であるが、この科目を設定する背景には大学の

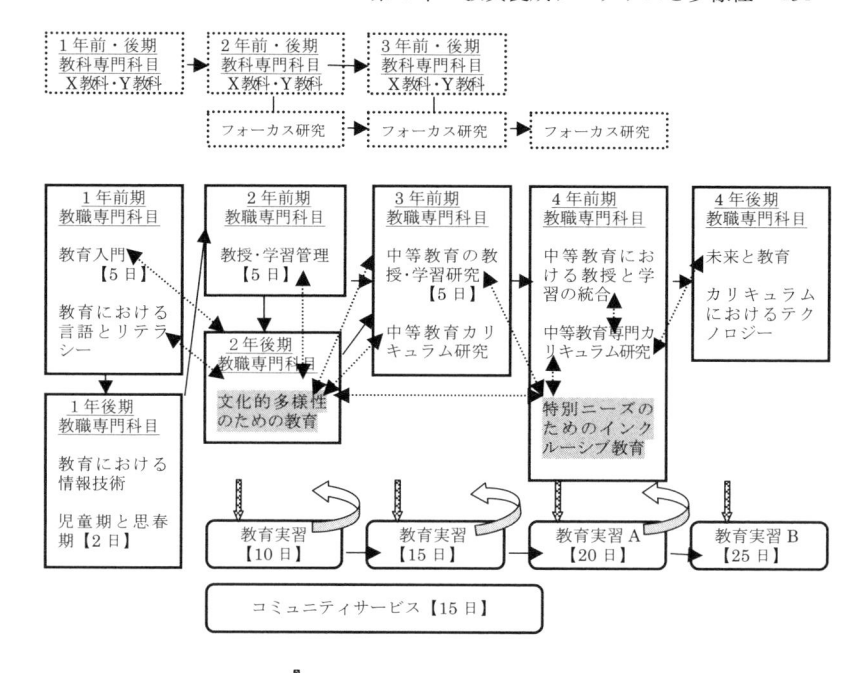

第4章　教員養成プログラムと多様性　231

図4-3　ジェームズ・クック大学のプログラム

出所：James Cook University, *Student Handbook 2006* により筆者作成。

　地域性が大きな要因となっていると考えられる。先述のように、同大学は先住民が多く住むクイーンズランド州北部にあり、先住民教育に積極的に取り組んでいる。また、学生は先住民生徒が多く在籍する学校で教育実習を行うことが多く、教員として赴任する学校にも先住民生徒は多い。そのため先住民文化や先住民教育についての学習は不可欠である。教育実習が本格的に始まる直前に同科目が設定されているはそのためだと考えられる。また、科目の一番のねらいは先住民問題を通して学生が自分自身の文化について考え、自らの文化的アイデンティティを確立することである[18]。先住民問題を学生自身のアイデンティティ形成につなげるようにするところに地域性を重視する同大学の特質を見出すことができるであろう。

4年次の「特別ニーズのためのインクルーシブ教育」も多様性が主要なテーマとなる科目である。この科目はインクルーシブ教育によって特別なニーズを抱える生徒を通常クラスに包摂し、ニーズに応じた指導を行う方法を履修する科目である。なお、特別なニーズには、英才生徒、学習障害を抱える生徒、知的および身体的障害を抱える生徒、行動面の問題を抱える生徒などが含められているが、文化的・言語的多様性の要素は含まれていない。このように、先の2大学とは異なり、先住民生徒に代表される地域の文化的・言語的多様性をインクルーシブ教育の一要素として扱うのではなく、独立した科目として重点的に履修させるところにも同大学の独自性が表れていると言えるであろう。

多様性の要素は他の科目にも見られる。「教育入門」では教育という文脈の中で社会的包摂や社会的公正の概念が考察されており、先住民問題からも社会的公正へのアプローチがなされている。「教育における言語とリテラシー」では、第二言語の修得という側面から多様性が扱われている。「教授・学習管理」では、生徒が有する多様なニーズを把握し、ニーズに応じた学習を計画することなどに多様性の要素が見られる。「中等教育の教授・学習研究」ではインクルーシブ教育の実践に不可欠な教授法が探求されている。「未来と教育」ではジェンダー、年齢、民族的背景、文化、宗教、政治的信条の違いにどう対応したらよいかについて探求されている。また、これらの科目は扱われる分野に応じて「文化的多様性のための教育」や「インクルーシブ教育」と連結している（点線両矢印）。

このように、先の2大学と同様にジェームズ・クック大学でも多様性に関して核となる科目を設定するとともに、その他の科目にも多様性の要素を組み込んで、多様性が養成内容全体に行き渡るようにカリキュラムを構成している。なお、教科専門科目が教職専門科目と切り離されており、多様性の要素が教科の専門知識に結びついているとは言えないことも他の大学と共通している。

第3節　多様性の視点から見たクイーンズランド州の教員養成

　以上の結果を踏まえて、第3節ではクイーンズランド州の教員養成を多様性の視点から総合的に分析し、その特質を明らかにする。さらに、社会的公正の実現に向けた教員養成という観点からこれを評価し、その意義と課題を明らかにする。

1　教員養成の特質

　図4-4は多様性の視点から見たクイーンズランド州の教員養成の全体像を示したものである。特質としては以下を指摘できよう。

　第一に、「教職専門性スタンダード」に組み込まれた多様性の要素が教員養成の成果目標としてプログラム全体に浸透し、様々な分野の資質・能力の形成を促す教員養成が実施されている。これまでにも述べてきたように、「教職専門性スタンダード」は州における教員養成の理念を示すものであり、養成段階の修了生が教員登録を行うために達成すべき成果目標である。スタンダードは10項目から構成されるが、教授・学習の領域では多様性に関するスタンダード(STD4)が独立して設定されており、教員には生徒の学習に影響を及ぼす要因は様々あることを理解し、すべての生徒に対して高い期待と肯定的態度を示すとともに、多様性に対応した授業を行うために必要な知識と実践力、およびそれを支える価値を修得することが求められている。また、その他のスタンダードにも教育活動の様々な領域で必要とされる多様性への対応能力が示されている。そして、すべてのスタンダードに「教育的ニーズ」がキーワードとして組み込まれ、ニーズへの適切な対応が求められている。さらに、公平性を重視して生徒中心の授業を行い、すべての生徒を学校教育に包摂するインクルーシブ教育を推進する資質・能力が必要とされている(図4-4のA)。このように多様性の様々な側面を含む「教職専門性スタンダード」をすべての科目の成果目標に組み込むことによって、必要な資質・能力が科目ごとに着実に形成される教員養成が目指されている。その結果、プログラムの修了時には初任教員に必要な資質・能力が修得されると考えられている。

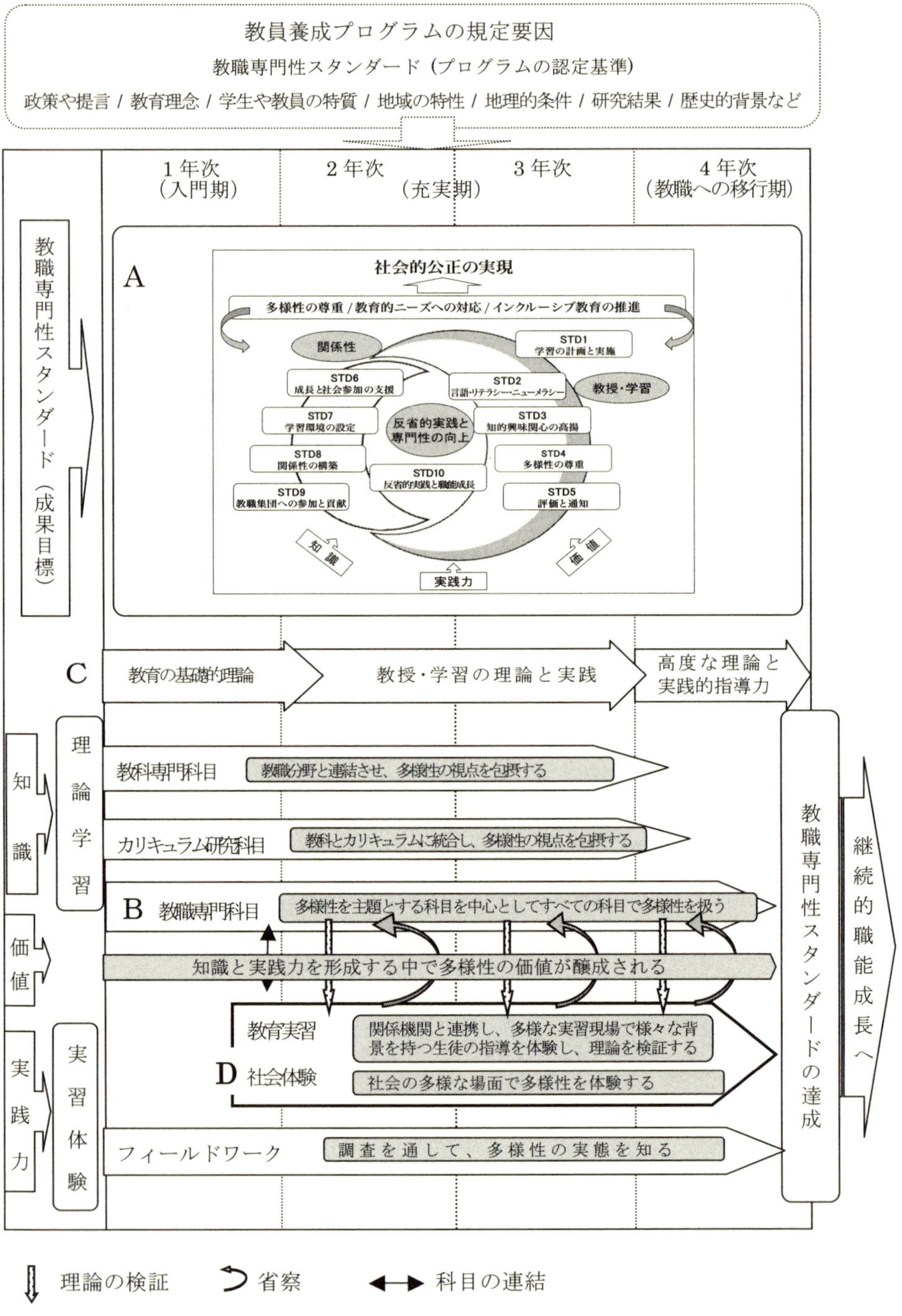

図4-4 多様性の視点から見た教員養成プログラム

第二に、教職専門科目の中に多様性を主要テーマとする必修科目が1科目以上必ず設定されているとともに、その他の科目にも多様性や社会的公正の要素を幅広く組み込む「統合アプローチ」が採られ、社会的公正の実現に向けて必要な資質・能力が全科目を通して多面的に修得されるようなプログラムとなっている(図4-4のB)。なお、多様性を主要テーマとする科目は、過去においては文化的・言語的多様性への対応を重視する多文化教育からのアプローチが多かったが、近年は、「差異」を包摂し、個々の教育的ニーズに対応するインクルーシブ教育からのアプローチが主流となっている。第1章でも述べたように、州では1990年代後半から政策によってインクルーシブ教育が推進され、それまで主流であった多文化教育がインクルーシブ教育に組み込まれるようになっていった。教員養成においてもすべてのプログラムでインクルーシブ教育について履修することが義務づけられたため、いずれの大学でもインクルーシブ教育に関する科目が必修科目として設置されている。その一方で、1990年代までは独立した科目として扱われることが多かった多文化教育はインクルーシブ教育に収斂されるようになっている。また、先住民に関する履修も政策で求められているため、ほとんどの大学が必修に近い科目の中でこれを履修させている[19]。

　多様性の要素はその他の必修科目や教育実習にも組み込まれている。また、選択科目にも先住民生徒や障害のある生徒、英語を母語としない生徒、英才など「ターゲット・グループ」に特化した科目が多数設定されており、学生は各自の興味、関心に応じて専門的知識を深めることができるようになっている。すなわち、社会的公正に関する核となる科目を独立して設定するとともに、教職専門科目全体に社会的公正の視点を行き渡らせ、様々な問題を複眼的な視点で学生に探究させようとしていることが確認できる。このことは、多様性や社会的公正の視点をすべての教職専門科目に含め、プログラム全体に行き渡るようにカリキュラムを構成することが州で推奨されているからだと考えられる。それは、多様性という概念が多義的であるとともに、多様な要素が複雑に絡み合い、重層化しているからであろう。

　第三に、プログラムの構造面の特質でもある体系的かつ一貫性のある科目

配列により、多様性に関しても必要な知識と実践力が段階的かつ確実に修得できるような教員養成が目指されている。教職専門科目は基礎的かつ概論的内容から、高度で専門的かつ実践的な内容へと移行するように科目が一貫した配列になっており(図4-4のC)、各科目が互いに関連づけられ、体系的な構造となっている。それゆえ、入門期の1年次には多様性に関する基礎的理論が広く履修され、学生は生徒の背景や教育的ニーズの多様性に教員が適切に対応する必要があることをまず理解する。充実期の2、3年次は教育的ニーズに対応した教授・学習への理解を深めるとともに、実践力も形成していく。また、この年次には、心身の発達・成長と学習との関係についても履修され、発達段階や学習能力の差異を考慮した教授活動について探求を深めていく。学校カリキュラムについても本格化に履修し、生徒の多様な背景や教育的ニーズを考慮してカリキュラムを構成し、実施する方法や指導法などが専門教科と関連づけて履修される。教職への移行期である4年次は、「差異」に対応するためには学校全体をどう改革していけばよいか、また、それを実現させるには何が必要かということを、インクルーシブ教育の観点から履修する。こうして、4年次は初任教員として学校現場の多様性に対応できる最低限のレベルまで力量を向上させることが目指されている。

　第四は、教育実習をプログラムの中心に配置することにより、多様性に関しても理論と実践の融合が目指されている(図4-4のD)。実習の開始時期や実施回数、実施方法などは大学によって異なるが、いずれの大学でも実習を理論科目と連結させ、科目に合わせて実習の目標が絞られている。そして、各科目で履修した理論を実践の中で検証し、さらに実践を省察して理論と実践を往還させ、両者の融合を目指すプログラムとなっている。それによって、学生の内面で多様性に対する価値が醸成され、これが教員に必要な態度となって表れると考えられている[20]。なお、いずれの大学でも実習は3年次から本格的となるが、1、2年次から短期のフィールドワークなどによる現場体験を実施する大学が多い。プログラムの早い段階で現場を体験するが多様性に対する視野を少しずつ広げ、意識の高揚が促されると考えられているからであろう。また、教育実習では大学と実習校の連携が特に重視されている。

連携によって多様な場での実習が可能になり、学生は様々な背景の生徒にも接することができるからである。また、地域と連携することにより学校以外の多様な場を体験することができ、その結果、学生が「当然のもの」と考えている世界に対する批判的省察が促され、視野を広げることができると考えられている[21]。特に多様性の概念は差別や区別、先入観などを孕みやすいことから[22]、批判的省察は必須であり、多様な体験には効果が期待されている。

なお、本書では初等教員のプログラムは扱っていないが、教職専門科目に関しては初等教員のプログラムも中等教員のプログラムもほとんど共通であることから、これらの特質は初等教員の養成についても同様に言えるであろう。すなわち、多様性に対しては初等教員にも中等教員にも共通する資質・能力が求められ、それらを形成するプログラムには大きな違いはないと言える。それゆえ、クイーンズランド州の教員養成では多様性の要素がプログラム全般に幅広く組み込まれ、様々な側面の多様性に対応できる資質・能力の形成が目指されていると言えよう。

2 教員養成の評価

(1) 評価規準

ここからは社会的公正の観点からクイーンズランド州の教員養成を評価していく。評価にあたってまず評価規準を設定する。規準は1995年に教員登録機関によって出された『教員養成における社会的公正』(第1章第3節)で示された提言(第1章第3節参照)を基に設定する。提言は州の教員養成における社会的公正に関する指針と言えるものであり、各大学はこれらができるだけ実現できるようにプログラムを実施してきたからである。ただし、提言が示されてからすでに10年以上が経過し、教員養成を取り巻く社会の状況は大きく変化している。そこで、先行研究で得られた知見を踏まえながら提言内容を再検討し、評価規準を、①プログラムの構成、②履修科目の設定と養成内容、③教育実習の内容と実施方法、④教授法、⑤学生の評価の5項目に整理するとともに、評価の観点を以下のように設定した。

① プログラムの構造
・プログラムの成果目標となる明確なスタンダードが設定されているか
・スタンダードの達成を目指すプログラムの構成となっているか
・成果目標に社会的公正の視点が含まれているか
・プログラム全体に社会的公正の要素が行き渡っているか
・体系的かつ一貫性のあるプログラムであるか
・理論と実践が融合されているか
・科目間のつながりが見られるか
・スタンダード、プログラムの成果目標、評価の基準と方法に一貫性があるか

② 履修科目の設定と養成内容
・多様性をテーマとする必修科目が設定されているか
・すべての科目で社会的公正の問題が扱われているか
・インクルーシブ教育に関する科目が設定されているか
・「ターゲット・グループ」に関する情報が含まれているか
・選択科目の中に多様性に関する科目が設定され、社会的公正に関わる特定分野が探求されるようになっているか
・言語の多様性や言語習得に関する科目が設定されているか

③ 教育実習の内容と実施方法
・多様な実習場面が設定され、広範囲の臨床体験が行われているか
・観察を中心とする実習が早い段階から実施されているか
・大学の授業と教育実習が統合されているか
・スタンダードが実習の成果目標となっているか
・実習に社会的公正に関わる問題が組み込まれているか
・実践の省察が行われているか
・指導力のある教員が効果的に指導を行い、社会的公正の実践モデルを示しているか

④ 教授法
・社会的公正に必要な資質・能力の形成を促す教授法が採用されているか
・実践を通して資質・能力を向上させる教授法が採用されているか
・学生に自らの文化的アイデンティティの確認を促す指導が行われているか
・学生が自己の差別意識、誤解、偏見、思慮を欠いた理解に気づき、多様性や社会的公正に対する自己認識を省察する機会が含まれているか

⑤ 学生の評価
・スタンダードに基づいた評価が行われているか
・社会的公正に関わる資質・能力が適切に評価されているか
・社会的公正に関わる修了生の資質・能力を保証するような評価が行われているか

　提言内容に新たに追加したり、修正を加えたりした内容は以下の通りである。まず、複数の項目に「教職専門性スタンダード」に関する規準を含めた。スタンダードを基盤とする教員養成の有効性は多くの研究で明らかにされており[23]、クイーンズランド州でも、「教職専門性スタンダード」がプログラムを規定する主要な要因となっている。しかし、同州でスタンダードが策定されたのは2000年以降であり、提言にはスタンダードに関する内容は含まれていなかった。そこで、これを新たに加えることとした。次に、履修科目の項目に、インクルーシブ教育および言語に関する規準を加えた。同州でインクルーシブ教育が推進されるようになったのも提言が示されて以降であり、提言にはインクルーシブ教育に関する内容は盛り込まれていなかったからである。また、言語および第二言語の習得に関する知識は先行研究でもすべての教員に必要だとされており[24]、州でも移民や難民、先住民生徒など英語を母語としない生徒を通常クラスにおいて適切に指導できる力量がすべての教員に求められているため[25]、これも含めることとした。さらに、教育実習では先行研究の知見に基づいて社会的公正に関わる省察を含め、教授法では大

学教員による実践モデルの提示や、学生による自己のアイデンティティの確認、差別意識や偏見などを払拭する機会の設定を含めた。また、近年は教員養成課程修了生の「質」をどのように保証するかという議論が活発であるため、これを学生の評価に関する項目に加えた。

(2) 教員養成の評価
①プログラムの構造

　クイーンズランド州で教員登録を行うためには、養成の修了時点で「教職専門性スタンダード」に示された資質・能力を確実に修得していることが求められている。それゆえ、各大学はスタンダードをすべての科目の成果目標に組み込み、科目ごとに学生がスタンダードの達成を目指して履修を進め、全課程を修了した時点でスタンダードがすべて達成できるようにプログラムを構成している。そして、社会的公正を推進するためには多様性への対応が不可欠であるという認識から、スタンダードでは教育活動の様々な側面で多様性に対応できる資質・能力が組み込まれている。それゆえ、社会的公正に関わる資質・能力はどの大学を修了しても共通に修得されることになる。また、プログラムは、教職専門科目、教科専門科目、教育実習から構成されており、履修科目が体系的かつ一貫性を持って配列され、多様性に対応するために必要な知識と実践力が段階的に修得できるように構成されている。さらに、教育実習も理論科目の履修と交互に実施され、実践力についても段階的に形成されるようになっている。

　このように、構造的には系統性や一貫性を目指すプログラムではあるが、実際の運用においては課題も存在する。まず、担当教員によって多様性や社会的公正に対する認識の違いが見られ、教授内容の一貫性が欠如する場合がある。教員の連携が十分にとられないため、科目間で無駄な重複や、齟齬が見られることも少なくない。さらに、中等教員養成プログラムでは教科専門科目のほとんどが教育学部以外の学部で提供されるため、教職専門科目との統合がなされず、教科専門科目に多様性や社会的公正の要素が含められることもほとんどない。指導を行う教員が教職を専門としていないため、学校現

場のニーズに合う教科教育があまり意識されないからであろう[26]。教職専門科目と教科専門科目の担当者の連携を深めて、両分野の統合を図る必要があるだろう。なお、これらの課題には大学の組織体制や他学部の教員の認識も関わるため、大学全体で教員養成に取り組むことが重要だと考える。

② 科目の設定と養成内容

　教職専門科目の中には多様性を主要テーマとする必修科目が1科目以上必ず設定されており、多様性の視点から社会的公正が探求されている。多様性を主要テーマとする科目は、かつては文化的・言語的多様性への対応を主題とする多文化教育からのアプローチが主流であったが、現在はインクルーシブ教育に関連する科目が主流となっている。ただし、インクルーシブ教育の扱い方は大学によって異なり、障害を抱える生徒に焦点が当てられる場合と、障害以外の要素も含めて扱われる場合がある。また、多様性は先住民教育の視点からアプローチされることも多く、オーストラリア社会において常に不利な立場に置かれてきた先住民の問題を通して、社会的公正が探求されている。なお、その他の必修科目にも多様性の要素は組み込まれており、科目を横断して各要素が相互に連結する「統合アプローチ」によって教職専門科目全体に社会的公正の視点が浸透している。しかし、担当教員の認識や考え方の違いによって扱う内容や方法、割合などには違いが見られる。科目担当者の共通理解を促し、履修内容の一貫性を強める必要があると考える。

　多様性を主題とする科目は選択科目にも設定されている。特に、障害や学習困難を抱える生徒の教育、ESL教育、先住民教育、才能教育、遠隔地教育、特別ニーズ教育など、「ターゲット・グループ」に関する科目は選択科目として多く設定されている。これらの選択科目を履修することによって、学生は各自の興味・関心に応じて特定の分野の履修を深めることが可能となっている。しかしながら、プログラムの構造上、選択科目を履修する余地が少ないのが実情である。ESL教育など言語や言語教育に関する科目はほとんどが選択科目であるが、履修する学生は言語教育専攻の学生が主である。インクルーシブ教育が推進されているクイーンズランド州の学校では、通常クラスに英

語を母語としない生徒やオーストラリア標準英語を使えない先住民生徒が在籍することが少なくない。学校にはESL教育を専門とする教員が配置され、特別な指導が行われているが、ESL教員以外の教員にもESL生徒の指導は必要である[27]。それゆえ、すべての学生が言語や言語習得に関して履修できるように改善する必要があると考える。

③ 教育実習の内容と実施方法

　教育実習は最低100日で、現職教員のもとで行う実習は80日以上となっている[28]。実習の長さだけでその意義を論じることはできないが、少なくとも100日という長さからは実習が重視されていることがうかがえるであろう。実習はプログラムを通して数回実施され、最低でも3回は実施されている。教育環境の異なる学校で、多様な生徒の指導を体験することが重視されているため、複数の学校で実習を行うことが奨励されている。また、「ターゲット・グループ」の生徒の指導など、実習生が多様性をできるだけ多く体験し、社会的公正の様々な問題に取り組む機会が持てるような配慮がなされることが多い。実習は一般に2年次から本格的となるが、観察を中心とする実習やフィールドワークなどが1年次から実施されることも多く、学生は教職に対する視野を少しずつ広げることができるのではないかと考える[29]。さらに、学校以外の多様な場面での社会体験が実施されており、学生が社会の中で社会的公正の様々な側面を体験し、「当然のもの」[30]と認識している世界を批判的に省察することが促されると推察できる。

　なお、教育実習はプログラムの中心に位置付けられ、ほとんどすべての科目と連結している。そして、各科目で履修した理論を実習で検証することが求められている。また、ポートフォリオの作成などを通して実践を常に省察することが重視されている。こうして、理論の検証と実践の省察を繰り返すことによって、両者が次第に融合していくと考えられている。大学も教育実習が大学の授業内容と乖離しないよう、養成内容に関する情報を実習校に提供したり、実習校と協働で実習プログラムを作成したりしている。さらに、理論科目と教育実習が課題を共有し、大学で履修した理論と関連づけた課題

を学生が自ら設定し、実習の中で課題の解決方法を探究するという課題解決学習が広く取り入れられている。

　こうした中で教育実習では社会的公正の問題も広く扱われている。事例として取り上げた大学でも、教育的ニーズへの対応、学校教育における公平性の問題、インクルーシブ教育、先住民教育などが教育実習のテーマに組み込まれており、学生は、各学校がこれらの問題にどのように取り組んでいるかを把握すると共に、自らも教員として適切に対応できるような実践力を形成していく。多様な教育的ニーズに対応することは社会的公正の推進には必須であり、学生も実習を通して多様性の実態を知り、教育的ニーズへの対応方法について学ぶ必要がある。ただし、多様性の実態は学校ごとに異なり、体験内容も実習校によって異なる。しかし、教育実習は他の科目と同様に「教職専門性スタンダード」を成果目標としており、スタンダードの達成を確認する最も重要な場でもある。そして、「教職専門性スタンダード」には多様性や社会的公正の視点が幅広く組み込まれているため、実習においても社会的公正の実現に必要な資質・能力の形成はなされていると推察できる。

　だが、教育実習にも課題は存在する。まず、実習指導を行う現職教員の指導力や意欲、実習に対する理解が課題として挙げられる。本人の意志に反して実習生の指導を任される教員もおり、指導に意欲のある優秀な教員が常に効果的な指導を行っているとは限らない。そのため、学生が十分な指導を受けられず、教育実習そのものの質を懸念する声も聞かれる[31]。社会的公正の実現に向けた有効な実践モデルが示されないことも少なくないのではないかと推察される[32]。また、実習生の指導が現場の教員の負担を増加させていることは否定できず、指導に影響が及んでいることが推測される。一方、大学にも課題は存在する。まず、大学教員の実習への関与度が挙げられる。実習生の指導に意欲的に取り組む教員もいれば、実習校に任せきりという教員もいる。また、現場経験のない教員の中には現実的でない指導をする教員もいる。現場経験のある教員も、学校現場を離れてから年数を経ている場合は、現状を十分に把握しておらず、現場のニーズとかけ離れた指導を行ってしまうことが予測される。運営面でも課題がある。実習校が慢性的に不足してい

るため多様な実習場面を設定することが困難となっている。特に、大学が集中する都市部ではこれが顕著である。その結果、学生が多様性を体験する機会が制限され、理論を検証する機会も十分に確保されていないことが少なくない。実習にかかる費用が大学の予算を圧迫するなどの問題もある。さらに、年々多様化している教員養成課程の学生一人ひとりの状況やニーズに応じた教育実習を実施することも課題であろう。

④ **教授法**

　教員養成の教授法に関しては様々な研究が行われており、多様性への対応能力に関しても具体的な教授法が提示されている[33]。ここでは複数の大学で採用されている教授法を取り上げておきたい。

　クイーンズランド州の大学で広く取り組まれているもののひとつに「問題解決学習」(problem-based learning)がある。これは、教員によって示された課題、あるいは学生自身が設定した課題に、個人あるいはグループで取り組み、学生が自律的に課題を解決する学習である。学生の自主性が要求され、他者とのインターアクションも必要とされることから、自己を省察し、他者との差異を認識することにもつながると思われる。それゆえ、多様な概念が存在する社会的公正の問題を探求するには効果があるのではないかと考える。フィールドワークも一般的である。科目の一部として実施されることが多く、学生は現場での調査を通して、授業で履修したことを確認したり、検証したりする。近年は社会の幅広い分野で実施されるサービスラーニングもさかんであるが、多様性の実態を把握するためには有効であろう[34]。

　学生が社会的公正に対する自己の認識や態度、差別や偏見を省察することも重視されている。教員が多様な生徒に対応するためには自らのアイデンティティを確立する必要があるため、自己アイデンティティの追究も促されている。たとえば、ジェームズ・クック大学の「文化的多様性のための教育」は、学生自身の文化的アイデンティティの確立を目的として設定された科目であり、先住民に関する学習を通してアイデンティティ形成が行われている。クイーンズランド工科大学の「カルチュラルスタディーズ(先住民教育)」でも、先

住民文化の理解を通して学生が自己の文化的アイデンティティを認識することを目指している。また、グリフィス大学の「差異に対応する授業」では、インクルーシブ教育を実施するために教員自身が多様性に対する自己の認識を明確にすることの重要性が強調されている。

なお、教員養成を担当する大学教員の多くが学校現場を経験した元教員であるため、授業では学校での事例が多く扱われ、実際の授業を想定した授業が行われることが多い[35]。講義では科目担当者の他にもそれぞれのテーマを専門とする教員やゲストスピーカーが担当するなど、専門性を重視するものが多く、教員による一方向的な講義ではなく、ディスカッションを中心に進められることが多い。チュートリアルは現職教員が担当することも多く、現場と直結する指導がなされ、ワークショップや学生によるプレゼンテーションなどもさかんである。また、教員が各学生の実習体験を取り込みながら理論を解説するなど、教育実習と関連づけた授業の展開も多く見られる。

グループによるプロジェクト学習やアクション・リサーチ、マイクロティーチングも多くの大学で取り入れられている。グループ活動では学生相互の協力が必要であるため、協同活動を通して学生は自分たちの中にある多様性も認識し、互いの「差異」を理解し、受容し合う態度を育んでいくことが期待されている。アクション・リサーチは自律的学習を促し、自らの教育活動を省察する上で有効とされる。多様な教育的ニーズに対応するために有効とされるマイクロティーチングも多くの科目で取り入れられており、こうした大学の授業そのものが学校現場の教授法の有効なモデルとなっていることが少なくない[36]。ポートフォリオも省察のための有効な手段となっている。

このように、授業では有効な教授法が数多く採用されているが、特に多様性や社会的公正を意識してこうした教授法が採用されるのは主に教職専門科目であり、教科専門科目にはこれらの要素はほとんど見られない。また、教職専門科目でも担当教員によっては一方的な講義に終始する授業もあり、すべての科目で有効な教授法が採用されているとは言えない。その場限りの講義に終わり、一貫性や継続性が見られない授業もあり[37]、社会的公正を実現する教員としてのロール・モデルがすべての教員によって示されているとは

言い難い面もある。大学教員の共通認識を高める必要があるだろう。

⑤ 学生の評価

いずれの大学でも、学生の評価は「教職専門性スタンダード」を規準として行われており、スタンダードを達成することがプログラムの成果目標となっている。このことから、どの科目もスタンダードを成果目標にしてシラバスを構成しており、科目ごとにスタンダードの達成を確認するという方法が採用されている。「教職専門性スタンダード」には社会的公正の要素が全般的に組み込まれているため、スタンダードの達成を確認することで社会的公正に関わる資質・能力も確認されることになる。特に、教育実習はスタンダードの達成を確認する最も重要な場であり、多様性への対応が適切になされているか否かが評価の重要な観点となっている。なお、スタンダードの作成には多くの教育関係者が関わり、スタンダードが州における教員養成の理念を示すものであることが関係者の間で共通に認識されていることから、修了生がスタンダードを達成していることが確認されれば、結果として州が求めている教員としての資質・能力が備わっていることになる。その結果、修了生の質がある程度は保証されることになるのではないかと考える。

しかし、スタンダードの活用方法などには課題が散見される。たとえば、個々のスタンダードが切り離され、チェックリストとして使用されたりすることがないとは言えない。スタンダードは相互依存の関係にあり、学生はこれらのスタンダードを総合的に達成することが肝要とされている[38]。しかし、各科目におけるスタンダード達成状況の確認は、担当教員により、達成目標として設定されたスタンダードについてのみ行われ、総合的な達成度を斟酌して行われているわけではない。このことは教育実習の評価でも同様であり、評価は実習ごとに設定されたスタンダードについて行われる。また、規準は共通であっても、実習校や実習指導教員によって評価方法に違いが見られたり、多様性に対する認識の違いが評価に表れたりすることもある。さらに、自己評価が重視され、学生自身がスタンダードの達成を確認しながら科目を履修し、達成を証明する根拠をポートフォリオに収集することが求められて

いるが、自己評価である以上評価の信頼性に疑問がないわけではない。プログラム修了生の初任教員としての資質・能力を確実に保証するのは難しいのではないかと考える。個々の修了生がすべてのスタンダードを同一水準で、網羅なく修得することが現実的に不可能であり、それが期待されていないことを鑑みつつ、総合的な評価方法を確立する必要があるだろう。

　本章では、養成内容に焦点を当て、多様性の要素がどのように組み込まれているかを分析した。そして、1980年代から1990年代のプログラムを年度ごとに分析した結果、文化や言語に焦点を当てた多文化教育から、文化や言語以外の様々な要素も包括し、個々のニーズに対応するインクルーシブ教育へと、社会的公正へのアプローチのしかたが変化していることが明らかになった。また、多様性の要素が特定の科目だけでなく、複数の科目に組み込まれる傾向が次第に強まっていることも確認した。次に、3つの大学の2009年度のプログラムを多様性の視点から検討し、多様性の要素がプログラム全体に幅広く組み込まれ、構成面とともに養成内容の面でも多様性を重視した教員養成が実施されていること、また、多様性の様々な側面に対応できる教員の育成が目指されていることを明らかにした。さらに、本章ではクイーンズランド州の教員養成を社会的公正の観点から評価し、意義と課題を明らかにした。以上の結果をふまえて、終章では本研究の3つの課題について論じながら、結論につなげていく。

付論　グリフィス大学における学生の「学び」

　本研究では3つの大学を事例としてプログラムの構造と養成内容を考察したが、個々の学生が実際にどのような「学び」を行っているかについての検討は行っていない。そこで、グリフィス大学の教員養成プログラムを2006年に修了し、中等教員の資格を取得した男子学生(以下、Alex[仮名])[39]の事例を紹介しておきたい。

　Alexは大学に入学するまでは多様性や社会的公正に対する意識はそれほど高くはなく、背景の違いから生じる教育的ニーズに対する関心も低かった。しかし、グリフィス大学の教員養成プログラムで履修を進めるうちに、生徒はそれぞれ異なる背景を有し、教育的ニーズも多様であること、また、教員がニーズに適切に対応することが重要であることを次第に認識するようになっていった。特に、教育実習を通してその認識が次第に強まっていった[40]。そして、ポートフォリオのテーマを「多様性への対応」に設定し、授業での対応に焦点を当てて履修を進めていった。

　Alexの「学び」については以下の流れで記述する。まず、グリフィス大学のプログラムの中で、多様性を主要テーマとする唯一の科目として本章でも取り上げた「差異に対応する授業」で、Alexがどのような「学び」を行っているかを検討する。同科目は多様性を包括的に扱い、教育的ニーズへの対応について幅広い側面から教授されていることが確認できた。そこで、Alexが科目の中で作成したレポート類の分析を通して、学生の側から「学び」の軌跡を検討することとする。次に、教育実習での「学び」を検討する。特に、理論と実践の統合という観点から、「差異に対応する授業」で履修した理論を教育実習でどのように検証し、両者を統合させているかを考察する。最後に、ポートフォリオの分析を通して、多様性に対する認識をどのように深め、資質・能力を

付論　グリフィス大学における学生の「学び」　249

形成していったかを検討する。ポートフォリオには養成課程の「学び」が凝縮されており、その軌跡を考察する有効な資料だと考えるからである(資料の日本語訳はすべて筆者による)。

1　「差異に対応する授業」を通した「学び」

　Alexが作成したレポートは計16本で、各レポートのテーマは以下のとおりである。

　　第1週　①　家庭の多様な背景が授業に及ぼす影響
　　　　　　②　教育の成果に影響を及ぼす要素
　　第2週　①　教育現場において生徒を属性によって分類することの問題点
　　　　　　②　教育を受ける権利と義務
　　第3週　①　「個別教育計画」における生徒と教員の役割
　　　　　　②　協働的な学習における相互依存
　　第4週　①　プロセスを重視した指導と生徒間の協働学習
　　　　　　②　機能性を重視した態度行動の評価
　　第5週　①　信頼性のある評価
　　　　　　②　複数の手段(筆記、視覚、口頭など)を用いた評価
　　第6週　①　ニューメラシーに問題を生じさせる原因となるもの
　　　　　　②　学習困難を抱える生徒のニューメラシー
　　第7週　①　英語を母語としない生徒の数学に対する意識
　　　　　　②　英語を母語としない生徒に対する教員の認識
　　第8週　①　学校コミュニティにおける協働の「架け橋」
　　　　　　②　重度の聴覚障害を抱える生徒とのコミュニケーション

　レポートには、授業で履修した理論の概要、理論の批判的考察、Alex自身の体験、チュートリアルのトピックに関する意見などが記されている。授業で扱われた幅広いテーマが取り上げられており、Alexが多様性の様々な側面について検討していることがわかる。レポートは回を重ねるごとに内容が変

化し、単に知識を習得するだけでなく、授業を通して自分自身の理論を構築していく様子が見られる。たとえば、授業開始直後のレポートでは以下のようにテキストの抜粋や要約などが多く見られる。

　　家庭での体験は様々なことに影響を及ぼしている。たとえば、文化や人種の問題、経済的事情、性的指向などが例として挙げられるが、個性、ジェンダー、民族的あるいは人種的背景、地理的条件などと同様に、家庭の状況は教育にプラスの影響もマイナスの影響も及ぼす可能性がある(第1週)

　　(テキストの中で：筆者註)アシュマンとエルキンスは以下のように述べている。固定的な見方は生徒の中で継続されることが多く、時に、一生続くこともある。また、他者からの固定的な見方が自尊心や自己達成感を阻害することもある。たとえば、教員の言動によって生徒が自分はいつもないがしろにされているという感覚を持ったり、目標を達成するのは無理だと感じたり、相手が固定的な見方をするから自分は不適切な態度を示すのだと言い訳をしたりすることがある。その結果、生徒は努力して何かを達成しようとする気持ちを失っていく。(第2週)

しかし、第3週の協働学習に関するレポートでは、効果的なグループ学習を行うためには明確な役割分担が重要であることを、教育実習での体験を通して理解したことが記述されている[41]。第5週の学習評価に関するレポートでも、同じ題材やテキストを用いても教材や教具が違うと生徒の学習効果に差が生じることを自身で確認したと報告されている[42]。

　　協働学習とは生徒が小グループで同じ目標に向かって学習することである。このような学習は学業の達成を促進し、積極的態度や自己肯定感、さらに、障害のある生徒を積極的に受け入れようとする態度を養う。私(Alexのこと：筆者註)は特別な教育的ニーズを抱える生徒がいるクラス

で実際にこの協働学習を取り入れている授業を参観し、利点がたくさんあることを確認した。(第3週)

　同じ教材や題材を生徒に与えても、種類や内容(印刷教材や映像など：筆者註)が違えば、生徒の参加態度や理解度に大きな違いが見られることを教育実習の英語の授業で検証した。(第5週)

さらに、第7週のレポートでは英語を母語としない生徒への対応について記述されているが、Alex自身が日本の学校で授業を参観した際に、学習言語が理解できない生徒の立場を少なからず体験し、生徒の教育的ニーズへの理解が深められたことを以下のように記述している。

　指導の仕方によっては、英語を母語としない生徒が数学で「成功のチャンス」をつかむことも可能である。数学で使われる記号は万国共通であり、(英語ができなくても：筆者注)記号そのものは理解できるからである。それゆえ、学習の達成は英語力だけに左右されるものではないと言える。(中略)ただし、生徒がどの国で生まれたかによって、数学の理解度は異なり、同じ学年でも国によってはオーストラリアの学校より高度なことを学んでいることもある(中略)これは私自身の体験であるが、日本での研修に参加した際に、現地の中学校で数学の授業を参観した。授業の内容は9年生レベルのものだったにも関わらず、(日本語が理解できないために：筆者註)私にはそれが非常に難しく感じられた(第7週)。

このように、後半になるほどAlexは自らの体験をレポートに含めるようになっており、実践を省察しながら論を展開している様子がうかがえる。一方、小論文は社会科の授業における英語を母語しない生徒への対応をテーマとしており、第8学年に在籍するアフガニスタンの難民生徒Kを想定した授業案を作成し、その対応について記述している。以下はその概要である。

252　1　「差異に対応する授業」を通した「学び」

　　Kは、入国当初は難民キャンプで生活し、キャンプ内の学校に通っていたが、数ヶ月前に現在のコミュニティに転居し、地元の学校に通学するようになった。キャンプ内での学習が効果を発揮し、生活言語としての英語はかなり習得している。また、学校の授業にも前向きに取り組んでいる。しかし、学習言語の習得は不十分であり、特に、作文力の不足が見られる。また、グループ活動にもやや消極的である。そのため、言語面の障害を取り除き、自信や自尊感情を高めることに重点を置いた授業案の作成が必要だと考える。また、授業ではKの文化的背景が尊重されるような状況を生み出すために少人数グループを構成し、Kにとって支援的な学習環境を作るように努めた。さらに英語のモデルとなるパートナーとペアを組ませ、英語力を向上させることもめざした。自分の考えを英語で表現する力をつけさせるため、Kにはまず母語で自分の考えをまとめてから英語に言い換えるよう助言し、時間も他の生徒より多く与えることにした。こうした取り組みはKの内省的思考を促し、また、教員である私自身がKの文化や母語を尊重していることをKに対して示すことにもなると考える[43]。

　記述からは、学習言語が十分でない難民生徒の場合は、自尊感情を高めながら授業への参加を促すことが重要だと考えている様子がうかがえる。また、支援的な学習環境、生徒の教育的ニーズの把握、レベルに合わせたカリキュラムの改編、協働学習の促進、教育的ニーズに応じた個別学習プランの作成と実施、教員による生徒の言語や文化の尊重などの重要性も認識していることが推察できる。ちなみに、Alexが同小論文の添付資料として作成した授業案には、同科目だけでなく、カリキュラム研究の科目や3年次の教育実習などで扱われた内容も含められており、他の科目との統合が確認できる。
　Alexは「差異に対応する授業」について次のように述べている。「とても有意義な科目だと思う。S（担当教師：筆者註）も熱心で評判がいい。ただし、私の場合はこの科目を履修する前に、すでに3年次の教育実習で特別なニーズを有する生徒がたくさん在籍するクラスを担当し、また、特別支援教育ユ

ニットでもボランティア活動を4週間行っているので、この科目で履修した内容の多くはすでに体験済みだった。だから、授業で特に新しいことを学んだという印象は少ない。むしろ、体験したことを理論的に確認することが多かったように思う[44]。」この言葉からは、Alexが同科目の履修を通して教育実習での実践を振り返り、理論との統合を図っている様子が推察できる。また、レポートや小論文の内容からは、教育実習での体験がインクルーシブ教育の様々な理論に統合されている様子が確認でき、小論文に付された授業案の有効性が教育実習で検証され[45]、理論と実践を結びつけた履修が幅広く行われている様子がわかる。

2　教育実習における「学び」

(1) 実習スケジュール

Alexの実習スケジュールは表1のとおりである。3年次の実習校であるW中等学校(以下、W校)は、ブリスベンに近接する市の州立中等学校である。同校は低所得者の集住地域にあり、生徒の中には民族的マイノリティが多く、先住民生徒や南太平洋諸島出身の生徒も多く在籍する学校である。特別なニーズを抱える生徒も多く、生徒指導上の問題も多く抱えるいわゆる「困難校」である。障害のある生徒のための特別支援教育ユニットがあり、通常クラスでの指導が困難で、個別指導が必要な場合は同ユニットの特別プログラムで指導が行われる。Alexは同校で正規の教育実習を5週間行ったあと、続けて4週間の「社会体験」を同ユニットで行った。

表付-1　Alexの教育実習スケジュール

年度・学期	教育実習	実習校	教科担当学年(教科名) / 担当学級
2005年前期	教育実習1(25日)	W校	第8学年(英語) / 第8学年
2005年前期	社会体験 (20日)	W校	特別支援教育ユニットでのボランティア
2005年後期	教育実習2(25日)	B校	第10・11学年(社会) / 第12学年
2006年前期	教育実習3(25日)	B校	第10・12学年(英語)、第10学年(社会) / 第8学年(担任クラス)

4年時の実習(2回)はブリスベン市内にあるB中等学校(以下、B校)で実施した[46]。B校は生徒数が2,000人を超える大規模校である。また、州内でも有数の進学校であり、州立学校の中で入学試験を実施している唯一の学校である[47]。W校とB校は、生徒の文化的多様性、家庭環境、学習能力などにおいて対照的な学校だと言える。

(2) 授業観察

実習は授業観察、授業の計画立案と実施、省察が中心となっている。実習の初期には授業観察に多くの時間が費やされ、徐々に授業実習の時間が増えていく。第1回目のW校での実習では授業観察を26回行った。表付-2に示すように観察の観点が毎回設定されており、Alexの授業観察記録からも指導教員の教授法や授業の流れ、生徒の授業態度など、様々な観点から観察が行われている様子が推察される。たとえば、第9回の観察では「グループ活動はすべての生徒が活動内容を確実に理解してから始める必要がある。」と記し

表付-2 授業観察の重点項目

回	観察の焦点	学年	時間	回	観察の焦点	学年	時間
1	リテラシーとニューメラシーの課題	8	70	14	有効な表現方法と手本の示し方	11	70
2	学習態度の指導	8	70	15	活動に集中させる方法	8	70
3	題材の提示	12	70	16	教授テクニック	8	70
4	理解の把握と承認	8	70	17	ティームティーチング	8	70
5	添削と承認	8	70	18	教授方法	8	70
6	学習態度の指導	8	70	19	ティームティーチング	8	70
7	読解の指導	8	70	20	テストの実施	8	70
8	作文指導	8	35	21	教授方法－課題への取り組み	8	70
9	グループ活動の指示	8	35	22	学習の奨励と指導	10	70
10	討論の目的とその指導	12	70	23	表現と手本の示し方	8	70
11	添削指導	10	70	24	授業の雰囲気作りと効果	11	70
12	学習態度の指導	8	70	25	教授テクニック	11	70
13	学習方法	8	70	26	授業における生徒の掌握と指導	8	70

ており、グループ活動の留意点を確認している。また、第16回の観察では、「特別な支援を必要とする生徒を個別に支援するには、課題を難易度に応じて分割し、各段階で何をすればよいかがわかるまで生徒に考えさせることが有効である。」と記しており、教育的ニーズを抱える生徒に対する個別支援の効果的な指導法を学習している様子がうかがえる。第17回と第19回の観察からは、複数の教員による協働授業では「キャッチボールのような」授業が効果的であることや、補助教員を活用して個別支援を行う方法などが学習されている。さらに、第18回には、生徒の発言や態度・行動から生徒の情報を引き出し、それを指導に生かす方法を学んでいる。これらの観察のあとAlexは授業担当教員と意見交換を行い、さらに実習指導教員から指導を受け、観察で得たことをその後の授業に生かす努力をしている。

(3) 授業実習

3年次には、前期(W校)と後期(B校)の2回実習が行われているが、それぞれ授業は30回程度行われている。この年度、Alexはポートフォリオのテーマを「多様な教育的ニーズへの対応」に設定し、その理由を以下のように記述している。

> 教育省は、州立学校に在籍するすべての生徒が公正な教育を受けられることをめざしているが、学校では教員もまたすべての生徒に公平に対応し、公正な指導を行わねばならない。しかし、学校には多様な生徒が在籍しており、これを一律に実現するのは現実には非常に困難である、そのため、教員は個々の生徒に適した指導計画を意図的に立案し、これを実施する必要がある。(中略)そこで、今年度は生徒の多様性への認識と効果的な教授活動をポートフォリオの中心課題として設定した[48]。

Alexは、公正な指導を行うためには、教員が多様性に対応した授業を意図的に行う必要があると考え、大学の授業で履修した様々な理論を適用している。そして、①インクルージョンを促進する教室の座席配置、②学習への動

機づけと学習態度の指導、③個々の生徒の「差異」への対応の3点に焦点を当てた授業を行い、以下のように理論の検証を行った。

1) インクルージョンを促進するための教室の座席配置

　Alexは、B校の第11学年のクラスの中に、いつも特定の場所に固まって座り、授業への意欲をあまり示さない生徒たちがいることに気がついた。そこで、指導教員と相談し、それまで黒板に平行に配列されていた座席を**図付-1**のように馬蹄形に変更した。座席配置の変更は、Alexが実習前に大学の授業で学習したグランドウォーター＝スミスの理論を応用したものである。グランドウォーター＝スミスは、教室で生徒がクラスの重要な一員であると自己認識することの重要性を指摘している。それによって、授業の中で生徒は互いに他者から共感や支援を得ていると感じることができ、クラス全体のまとまりを作り出すことが可能となるからである。そのためには、教員も生徒も「私たち(We)」や「私たちの(our)」などというインクルーシブなことばを意図的に使用し、また、生徒の間に生産的な(productive)関係性が作り出せるような座席配置にするのが効果的であると述べている[49]。

　座席配置を変更した結果、教室の中に教員にとっての「死角」がなくなり、Alexは全員を見渡すことができるようになった。また、机間巡視もしやすくなった。さらに授業での対話が形式的ではなく、自然な形で行われるように

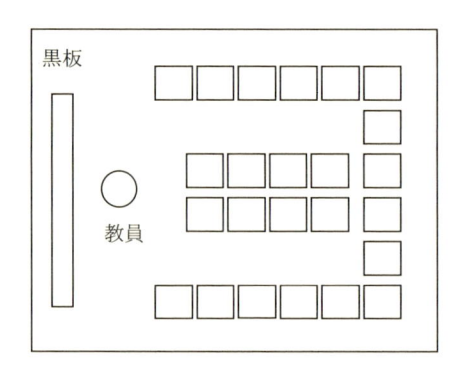

図付-1　馬蹄形の座席配置

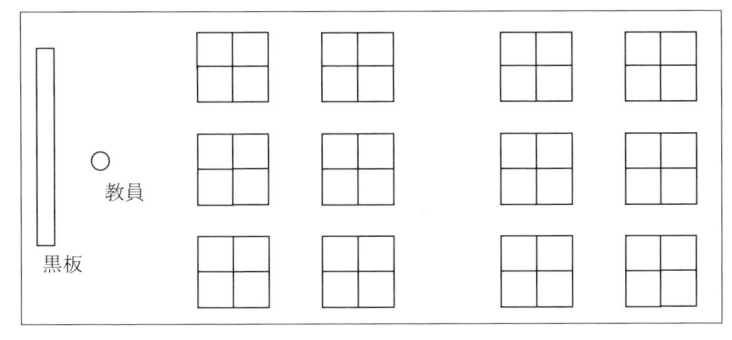

図付－2　小グループの座席配置

なった。結果としてその後の授業では、それまで意欲を見せなかった生徒だけでなく、他の生徒も今まで以上に積極的に授業に参加するようになり、学習が促進されたと報告している[50]。意欲のない生徒への対応として実施した新たな座席配置がクラスの生徒の関係性を強め、全体の学習を促進させるという予期せぬ効果をも生み出したのである。

一方、W校の実習ではB校とは異なる座席配置が試みられている(図付-2)。Alexが担当した第8学年のクラスは生徒数45名という大規模なクラスであり、そのうちの3分の2以上が学習その他の面で特別なニーズを有する生徒であった。低学力の生徒が多い一方で、高い学力の生徒もおり、学力差は大きい。そのため、Alexは小人数によるグループ活動を行わせることが効果的であると判断した。また、各グループそれぞれに学力の高い生徒と低い生徒を混在させ、生徒が互いに教え合う状況を作り出そうと考えた。その結果、生徒の授業への参加姿勢が向上し、クラスのまとまりが強まるとともに、個々の生徒の学習意欲が高まったとAlexは報告している[51]。

2) 学習への動機づけと学習態度の指導

生徒の意欲と学習態度は密接な関係を有しており、学習態度を改善させるには、生徒が授業に参加したくなるような動機づけを十分に行う必要がある[52]。そのためには学習の目的を明確にし、責任と主体性を持たせて学習させること、生徒の興味・関心を刺激し、ときには通常とはかけ離れた大胆

とも思える活動(risks)であってもこれを敢えて行い、実際的な価値を有する(relevant)カリキュラムを実施することが重要だとAlexは考えた。

そこで、B校での第11学年の英語の授業では、指導教員の助言をもとに、生徒自身に学習を管理させて意欲を促し、学習態度などの問題が起きないようにしようと考えた。具体的には、授業の目標と目的を繰り返し生徒に伝え、これを黒板などに明示した。さらに、学習を評価と直結させ、毎時間の授業は個別に切り離されたものではなく、単元学習の一環であり、すべてが評価につながることを生徒に認識させるように努めた。また、教材を工夫して生徒の興味・関心を絶えず刺激し、学習動機を高めるようにも努力した。評価と結びついたこうした学習活動は生徒の学習への取り組みを向上させる結果をもたらした。

一方、W校における第8学年の横断的学習でも、学習能力に関わりなく生徒たちが授業に関心を持てるように、生徒の興味関心に合う題材や教材を見つけて、効果的に活用し、どの生徒も理解できるような方法で授業を行うよう心がけた。その結果、Alexのクラスでは低学力の生徒も授業で取り残されることが少なくなり、学習に興味を示し、積極的に参加する様子が見られるようになっていった。

3) 生徒の教育的ニーズへの対応

B校の英語の授業では、学習スタイルに応じて柔軟に教材を選定することを試みた。また、生徒にも個々の興味・関心や能力に応じて教材や学習方法などを選択させた[53]。たとえば、作文を課した際に、Alexは手本となるテキストを示すにあたっては、多様な文化、時代背景、表現方法が取り入れられた数多くのテキストを準備し、その中から個々の生徒に使用するテキストを選択させた。与えられたテキストではなく、生徒が自らの興味・関心、能力に適したテキストを選択することが課題の効果を高めることにつながると考えたからである。結果として、生徒が提出した作文はAlexの期待以上のレベルのものとなり、また、Alexが提示しなかったならばおそらく生徒は接することがなかったであろうと思われるテキストからも多くの影響を受けてい

ることが判明した。このことを証明する資料として、Alexはクラスの中で普段はほとんど目立たず、孤立しがちだった女生徒が、他の生徒の手本となるようなレベルの高い作文を書いて皆の注目を集め、自信を持つようになった事例を紹介している[54]。

　一方、W校で学習困難の生徒が多く在籍するクラスで授業を行った際には、「たとえ軽い障害の生徒を対象とする授業であっても、効果を生み出すためには高度に構造化された授業が必要である」というマーシュ（Marsh）の理論[55]を応用した。そして、授業を計画する際には常に特別な教育的ニーズを抱える生徒への対応を念頭に置いて計画をたて、彼らに配慮しながら授業を実施した。

　このように、Alexは大学で学習した様々な理論を実践の中で応用し、検証しながら、生徒の教育的ニーズに対応するためにはどのような授業を行えばよいかを探求している。そして、自分自身の教授法を確立している様子がうかがえる。

3　4年間のプログラムを通した「学び」

　Alexは、必要な単位を4年次前期までに取得し[56]、最終の教育実習となる4年次前期の実習では、ほぼ初任教員に近い立場で教育活動に参加した。課外活動の指導も行い、教員研修や職員会議、教科の会議なども正規の教員とともに参加した。その結果、直接指導を受ける教員以外の教員からも多くの助言を得ることができ、そのことが自己の力量形成にとってきわめて有益であったと報告している。実習の2週目を終えた段階でAlexはポートフォリオに以下のように記している。

　　今回の実習では第10学年のクラスの指導が難しい。（中略）その時々の学校状況や生徒のニーズによって生徒指導の方法も大きく影響される。すなわち、ある状況に適した教員の態度や方策が、他の状況にも適するとは限らないということである。この点に関しては、複数の教員か

ら有益な助言を得ることができ、大変有り難かった。（中略）　生徒が教育的ニーズを抱えているとき、これまでの自分は、ひとつのニーズにしか目が向いていなかった。しかし、実際に指導しながら、生徒の中には複数のニーズを抱える者もおり、多様な支援を必要としていることを学んだ。(中略)　形成的な評価を工夫して、次週以降は個々のニーズにもっと効果的に対応したいと思う[57]。

なお、実習の最終段階で受けた州教育省の能力審査でAlexが得た評定は最高レベルのものであった。そして、実習校からは在学中から非常勤として勤務してほしいという申し出を受けている[58]。これらのことからも、Alexが養成段階ですでに高い資質・能力を身につけていたことが推察できる。また、ポートフォリオからは、4年間のプログラムを通して教員としての高い意識と必要な資質・能力を形成していったことが確認できる。たとえば、教職の意義と役割については以下のように記している。

　　私は、学ぶことの重要性を生徒に繰り返し伝えるとともに、意欲を高める学習環境を設定する方法を常に追求してきた。自分が果たすべき役割は、個々の生徒が学校や社会において批判的かつ創造的に問題を解決する能力を向上させるための手助けをすることだと考える。(中略)すべての生徒が一様に達成すべき学習目標がある一方で、生徒の異なる興味・関心、ニーズ、能力、学習動機、すでに習得した知識や過去の経験をもとにして目標に到達する道程はすべて異なる。それゆえ、生徒の「差異」を理解し、尊重し、これを公正に評価しながら効果的な教授法を探求して彼らの学業を向上させ、公平性とインクルージョンを実現させる義務が自分にはあると考えている。(中略)私の目標は、すべての生徒が積極的に学業に従事し、その能力を高めることであり、また、生徒が学校や社会において自己実現をはかれるような資質や技能を習得し、生涯にわたって自らを向上させていくことができるよう、有効な支援を行うことである[59]。

付論　グリフィス大学における学生の「学び」　261

記述からは、Alexが公正な指導とはすべての生徒を同一に扱うことではないと考えており、個々の生徒に適した方法で、差異化をはかることも時には必要だと考えていることが推察できる。しかし、Alexは最初からこうした認識を持っていたわけではなく、教員養成課程での履修を通して徐々に認識を高めていったと推察される。その最初のきっかけとなったのが、W校で最初に実習を行った際に体験した特別なニーズを抱える生徒たちの指導である。Alexはその時のことを以下のように記している。

　　私はW校での実習の中で、知的障害、ADHD、アスペルガー自閉症などの特別な教育的ニーズに関わる貴重な経験をし、そこから多くのことを学んだ。そこでの実習は私自身の今後の教育活動や、それ以外の面においても非常に有意義な体験だったと感じている。実習の初日には、自分は本当に教職に向いているのだろうかという疑問を抱いていた。しかし、9週間の実習をすべて終えた今、教職は私にとって間違いのない選択であると確信している[60]。

　先述のように、W校には州の中でも特に多様な民族的背景の生徒が在籍し、低所得家庭や失業家庭の割合が極めて高い学校である。そこでの試行錯誤の実践経験がAlexに多様な文化的背景、学習能力、学習態度などへの対応の重要性を実感させることにつながったと考えられる。一方、Alexは他の2回の実習を州の中で最も学力水準が高いと言われている学校で実施している。そして、あらゆる面において異なる環境にある2つの学校で実習を行ったことが、「差異」への対応について学ぶ上で非常に有意義であったと語っている[61]。また、学力が高いと言われるB校においても、教育的ニーズは様々な面に見られることを知り、ニーズへの対応はどのような学校においても必要とされることを学んだ。

　さらに、多様な背景や能力を有する生徒が在籍するクラスにおいて授業をどのように構成し、それをいかに効果的に実施するかということが、教員にとっての重要な課題であることも学習しており、これに関しては以下のよう

に記している。

> 私は、授業を計画する際には生徒の多様性を重視し、常に多様性の価値を念頭において授業を行った。(中略) 生徒の異なる生活背景、知識、興味、リテラシーの能力などは学習上多くの問題を生じさせることがある。しかし、……多様性は一方で学習の重要な基盤となり、豊かで意味のある学習経験を作り出すものだと考える。それゆえ、実習では、個々の生徒の性格や特質を把握するように努め、彼らの知的好奇心を刺激するような、やりがいのある授業を計画するように努力した。(中略) 生徒がすでに獲得している知識や技能を、新たな学習に結びつけるための「足場」(scaffolding) として活用することによって、彼らが学習の障害を乗り越えられるようにも努めた。(中略)同ポートフォリオに添付した各種資料からも教育の質、公正とインクルージョンを重視する私の姿勢が教授活動のあらゆる面に浸透していることを理解してもらえるであろう[62]。

生徒の教育的ニーズに対応した実践の重要性について、Alexはポートフォリオの中で繰り返し述べている。そして、多様性への対応は教育活動において必須であり、Alex自身そのために必要な資質・能力の形成に努めている。多様性に対するAlexのそうした価値、理論的知識、実践力の多くが教員養成プログラムの中で培われ、醸成されていったことは、ポートフォリオに添付した実践記録や、授業の資料、生徒の感想、指導教員の評価などの中に、多様性に関わるものが非常に多く含まれていることからも明らかであろう[63]。たとえば、資料には、文化的に多様な生徒が在籍するクラスで実施した、生徒の民族的背景を取り入れた活動の記録、生徒の興味関心や学習スタイル、学習能力の多様性に対応した授業の指導計画、生徒の多様な背景を重視したインクルーシブ教育の実践記録、クラスの半数以上の生徒が学習困難を抱える中で授業を行った際に、生徒や指導教員から集めたフィードバックなど、多様性や社会的公正に関わるものが非常に多い[64]。このことからも、カリキュ

ラムを通してAlexが多様性への対応を通して社会的公正を推進するための資質・能力を、理論と実践の両面から修得していったことが明らかである。

註
1 Queensland Board of Teacher Registration（1991）*Annual Report 1990*, p.9.
2 第1章で記したように、クイーンズランド州では1992年に、学校教育における社会的公正を実現するための具体的な取り組みに関する検討が行われ、その結果、社会的公正の視点を政策に組み込む「社会的公正計画1992-1993」、さらに、「社会的公正計画1994-1998」が策定された。
3 松尾は、アメリカの多文化主義教員養成における「付加アプローチ」と「統合アプローチ」の事例について論じている。松尾知明（2007）『アメリカ多文化教育の再構築－文化多元主義から多文化主義へ』明石書店、pp.157-165。
4 Queensland Board of Teacher Registration（1995a）*Implications of Social Justice Issues for Teacher Education,* Toowong, QLD：Queensland Board of Teacher Education, pp.39-40.
5 Queensland University of Technology（2007）*Unit Details, Teaching and Learning Studies3: Practicing Education.*
6 先住民学生の学業支援と、非先住民学生と先住民問題に対する教職員の意識向上を目的に、1991年に設置された研究センターである。ユニットの名称は先住民の女性詩人であるウージェルー（Oodgeroo Noonuccal: 1923-1993）の業績に敬意を表してつけられている。
7 筆者による科目担当者へのインタビューより（2004年8月26日実施）。
8 事例としている2006年度はEPAsが成果目標となっていたため、ここで示されている目標はEPAsのスタンダードある。
9 筆者による科目担当者へのインタビューより（2006年9月6日実施）
10 科目担当者へのインタビューは2006年3月22日と8月30日にそれぞれ1時間半ずつ実施し、講義（3回）とチュートリアル（1回）にも各2時間ずつ参加した。
11 筆者による担当教員へのインタビューより（2006年3月22日実施）。
12 たとえば、担当教員は学生の学校時代の経験を引き出しながら講義を進め、100人近い学生に絶えず質問を投げかけ、語りかけるように講義を行っている様子が見られた。また、学生からも多くの質問が出され、大教室でありながら、活発な議論が行われていた。さらに、教員が教室に入るときには目線をどこに向けるのがよいか、意欲のない生徒は教室内のどこに座ることが多いかなど、学校現場の具体的な話題が多く取り上げられていた（2006年3月16日参観）。
13 2006年9月5日参観。
14 筆者による科目担当講師へのインタビューより（2005月3月24日実施）。

15　James Cook University（2009）*Professional Experience Handbook.*
16　McDonald, H.（2003）*Education for cultural diversity in yet-to-be-imagined times: Local contexts, global concepts.* Paper presented at International Council on Education for Teaching World Assembly, Melbourne.
17　*Ibid.*
18　筆者による科目担当者へのインタビューより（2005年3月24日実施）。
19　Queensland Board of Teacher Registration（2004）*Indigenous Education-Everybody's Business: Implications for teacher education.*
20　Darling-Hammond, L.,& Baratz-Snowden, J.（eds.）（2005）*A Good Teacher in Every Classroom : Preparing the Highly Qualified Teachers Our Children Deserve,* San Francisco : Jossey-Bass, pp.39-41.
21　Taylor, S.（1995）"The Implications for Teacher Education", in *Implications of Social Justice Issues for Teacher Education: Conference Proceedings,* Toowong, QLD: Queensland Board of Teacher Registration, p.17.
22　Groundwater-Smith,S.et al.（2007）*Teaching Challenges & Dilemmas,* Melbourne: Thomson.
23　Ramsey, G.（2000）*Quality Mattens, Reritalising teaching : Crirical times, critical choices, Report of the Review of Teacher Education,* Sydney : NewSouth Wales Department of Education and Training. pp.128-145; Darling-Hammond, L., and Bransford, J.（eds.）（2005）*Preparing Teachers for a Changing World: What Teachers Should Learn and Be Able to Do,* San Francisco; Jossey-Bass, pp.263-274; Darling-Hammond, L., & Baratz-Snowden, J.（eds.）（2005）*op.cit.;* Sleeter, C.（2008）"An Invitation To Support Diverse Students Through Teacher Education", *Journal of Teacher Education,* Vol.59, pp.212-219; Zeichner, K.（2009）*Teacher Education and the Struggle for Social Justice,* New York: Routledge.
24　Zeichner, K.（2009）*op. cit.*
25　Queensland College of Teachers（2007）*Program Approval Guidelines for Preservice Teacher Education,* p.21.
26　OECD（2005）*Teachers Matter, Attracting, Developing And Retaining Effective Teachers.* Paris,p.41。
27　Zeichner, K.（2009）*op.cit.,* p.42.
28　オーストラリアでは州によって教育実習の期間や実施形態が異なるが、クイーンズランド州は実施期間が最も長い州である。
29　西オーストラリア大学の学生を対象に行われた調査では、初年時の教育実習によって、学生が教職を単なる知識や技能の伝達というステレオタイプで捉えることをやめ、視野を広げているという報告がなされている［Burgess, Y., & Briscoe, D. Williamson, J.（1994）"The Impact of First- year Education Practicum and Study on Preservice Teachers: a West Australian perspective", *South Pacific Journal of Teacher Education,* Vol.22, No.1, pp.19-26］。

30　Queensland Board of Teacher Registration (1995a) *op. cit.,* p.40.
31　Ramsey G. (2000) *op.cit.,* p.60.
32　ツァイヒナーは、教育実習において、指導教員が社会的公正の実践モデルを示すことの重要性を指摘している［Zeichner, K. (2009) *op.cit.,* p.43］。
33　たとえば、ダーリング＝ハモンドは、入念に選定された文献教材や資料、効果的に構成された講義、有効な教授法の解説と実演のほか、生徒の作品や授業で実際に使用した教材、授業を録画したビデオなどを使った授業研究なども大学の授業を学校現場の授業に連結させるための教授法として有効であると述べている。さらに、マイクロティーチングやアクション・リサーチ、ポートフォリオ、実践課題、事例研究などの有効性についても論及している［Darling-Hammond, L., & Baratz-Snowden, J. (eds) (2005b) *op. cit.,* pp.41-52］。ツァイヒナーは、差別や自己中心主義などをテーマとする議論に学生を参加させて、社会的公正に対する学生自身の認識や信条、態度等を検討させることや、自伝や視覚教材の有効活用、問題解決学習　事例研究、アクション・リサーチなどを効果的な方法として例示している。また、社会的公正の実現を進める教員のロール・モデルが示されることの必要性についても論じている［Zeichner, K. (2009) *op.cit.,* p.43］。コクラン＝スミスは、多様性に向けた教員養成において重要な構成要素のひとつとして授業（course work）を挙げており、授業では、多様性を欠陥ではなく、教育資源として活用し、社会の中で主流となっている前提認識（dominant assumptions）やイデオロギー、文化、学習、学校教育の相互関係、文化に対する認識や文化の理解、探求精神と自己認識を重視すべきであると主張している［Cochran-Smith, M. (2010) *Preparing Teachers for the Challenges of Diversity,* Presentation Power-Point in JUSTEC Forum 2010］。
34　たとえば、グリフィス大学の「教育の社会的機能」では、学生がグループで学校に赴き、授業参観、生徒や教員へのインタビューなどを行い、社会の中でその学校がどのような位置付けにあるかを調査し、社会階層と学校の関係について考察している。調査結果は、チュートリアルでグループごとに発表し、資料として作成したポスターは大学の校舎内に展示されている。
35　竹川は、クイーンズランド工科大学で行われている批判的リテラシーの授業を紹介し、授業を構想する力量の形成が重視されていることを報告している［竹川慎哉（2010）『批判的リテラシーの教育－オーストラリア・アメリカにおける現実と課題』明石書店、pp.203-208］。
36　同上書。授業で採用されている教授法そのものが実践のモデルとなっている。
37　Hickling-Hudson, A., & McMeniman, M. (1993) "Beyond Tokenism: Multicultural and Teacher Education in Australia", in Verma, G. K. (ed.) *Inequality and Teacher Education: An International Perspective,* London: Falmer Press.
38　Queensland College of Teachers (2006) *Professional Standards for Queensland Teachers,* p.6.

39 Alex は、クイーンズランド州南西部、ダーリング・タウンズ地方の白人家庭に生まれた。地元の州立中等学校を卒業したあと、ニューサウスウェールズ州の大学の人文学部に入学して心理学を専攻し、3 年後に優等学位（Honors）を取得した。卒業後は 3 年間企業に勤務したが、その後、同州にある別の大学に再入学し、文学と歴史学を専攻した。同時に教育学のディプロマコースにも在籍した。第 1 学年終了と同時にクイーンズランド州にもどり、グリフィス大学に編入学した。グリフィス大学では人文学と教育学の 2 つの学位を同時に取得する (double-degree) コースに在籍し、人文学の分野では文学と歴史学を専攻し、教育学では中等教員養成コースに在籍した。卒業後の現在はブリスベン市内の州立中等学校で教職に就いており、英語と社会を担当している。Alex は学業に従事する一方で様々なボランティア活動にも参加した。また、日本文化に興味を持ち、独学で日本語を習得し、いずれは日本語の教授資格も取得しようと考えている。さらに、2005 年には日本企業の招聘で 3 週間の日本研修旅行に参加し、研修の一環として関東地方の公立中学校を訪問して、授業参観や生徒との交流を行うと共に、オーストラリアについての授業も行った。

40 筆者による Alex へのインタビューより。インタビューは 2006 年 8 月 29 日ほか数回実施した。

41 レポートには、「グループ活動では各人の役割分担を明確にし、それぞれの役割をわかりやすく説明することが効果的であった。」と記されている。

42 「教育実習で英語の授業を行ったとき、同じテキストを用いたり、同じテーマを取り上げたりしても、（プリントや視聴覚教材など）異なる学習媒体を用いると、生徒の授業への参加や理解の度合いに大きな違いが見られた。」と記されている。

43 Alex1 の課題小論文（*Creating inclusive lessons for a refugee child with a non-English speaking background*, A Written Assignment for "Teaching to Difference"）より引用。

44 筆者による Alex へのインタビューより（2006 年 8 月 29 日実施）。

45 小論文の指導案は架空のクラスを想定したものであるが、Alex は教育実習における英語を母語としない生徒への教科指導で、これを実際に使用している。

46 グリフィス大学では、通常 3 回の教育実習は異なる学校で実施することになっているが、2 回目の実習で Alex の力量を認めた B 校の教員が、第 3 回目の実習も同校で実施するよう勧めたからである。

47 オーストラリアの州立学校では通常入学試験等は実施されない。

48 Alex のポートフォリオより。

49 Groundwater-Smith, S., Ewing, R., and Le Cornu, R. (2007) *op. cit.*, p.127.

50 Alex のポートフォリオより。

51 Alex のポートフォリオより。

52 Groundwater-Smith, S. et al (2007). *op.cit.*, p.126.

53 こうした学習方法を Alex は大学のカリキュラム研究の科目でも学習している。

付論　グリフィス大学における学生の「学び」　267

54　Alex の3年次のポートフォリオより。
55　Marsh, C.（2000）"Providing for individual differences in learning", *Handbook for Beginning Teachers,* Ch.14, Longmans: Melbourne.
56　グリフィス大学での Alex の単位には、他大学で取得した単位が算入されているため、Alex は通常よりも短い期間で必要単位を取得している。
57　Alex の実習中間報告書より。
58　4年次前期の終了時点で教員登録も行っている。
59　Alex のポートフォリオより。
60　Alex が大学に提出した教育実習報告書（**Professional Experience Report**）より。
61　筆者による Alex へのインタビューより（2006年9月8日実施）。
62　Alex のポートフォリオより。
63　ポートフォリオには、スタンダードの達成を証明する資料の添付が求められており、実習の評価表、指導教員のコメント、生徒による授業評価、生徒の作文などがこれに含まれている。
64　Alex は根拠を示す資料（evidence）として27種類の資料をポートフォリオに添付している。

中等学校の授業(終章)

初等学校の授業(終章)

終章　オーストラリアの教員養成と
　　　　グローバリズム

　本研究の目的は、学校教育において教員が多様性と公平性の保証に向けた教育活動を行う上で必要とされる資質・能力とその形成について、オーストラリアのクイーンズランド州を事例として検討し、その意義と課題を明らかにすることにある。研究の背景にはグローバリゼーションによる社会の急激な変化がある。国境を越えた人の移動が活発となり、多様な背景を持つ人々が共に暮らす社会が広がる中、学校でも生徒の背景や能力、教育的ニーズが多様化し、多様性に対応した教育活動が必要となっている。それを実施する上で重要な鍵となるのが教員の資質・能力だと考え、多様性に対応するための教員の資質・能力とその形成を研究主題に設定した。そして、長年にわたって多様性を重視した学校教育を実施しているオーストラリアを事例として検討することとした。また、論点を明確にするために3つの研究課題を設定し、それぞれの課題について検討しながら結論を導いていくことにした。

　ここで改めてそれらの課題を確認しておく。第一の課題は、多様性が複雑化する中で、生徒の多様な背景や教育的ニーズに対応するため、オーストラリアの教員にはいかなる資質・能力が求められているかを解明することである。第二の課題は、そうした資質・能力がどのような教員養成プログラムによって形成されているかを検討し、多様性の視点からプログラムの特質を明らかにすることである。第三の課題は、それらの教員養成プログラムを社会的公正の観点から批判的に評価し、意義と課題を明らかにすることである。

第1節　教員に求められる資質・能力

　オーストラリアでは、1970年代に国是として多文化主義が採用されて以来、学校教育においても多文化主義を推進するための様々な政策が実施されてきた。そのひとつが多文化教育政策である。オーストラリアの多文化教育は、移民が社会にもたらした民族的多様性を政府が積極的に受容し、それを国家の財産として活用する政策である多文化主義を根拠としている[1]。そして、多文化主義では民族的背景に関わりなくすべてのオーストラリア人が社会的に公正な処遇を得ることが前提となっており、学校教育でこれを実現するための方途のひとつが多文化教育である。オーストラリアの多文化教育政策の特徴としては、多文化主義を推進するためには教育が重要な鍵となることを政府が自覚し、政府主導で推進した政策であるという点が挙げられよう。そして、政策実現の場である学校では政策に則った教育活動が要求され、教員にも多文化教育を実施するための資質・能力が求められた。しかし、準備の整わない学校も多く、また、教員によって多文化教育の捉え方に違いが見られ、実践が統一されなかったり、現場のニーズとの齟齬が生じたりするなどの課題が見られた[2]。さらに、州によって取り組みに温度差が見られ、保守的と言われるクイーンズランド州では、他州に比べてそれほど積極的な取り組みは行われなかった。

　しかし、グローバリゼーションや情報通信技術の発達などの影響を受け、社会が大きく変化し始めると、民族的多様性のみに焦点を当てた対応では不十分になり、特に、1990年代以降は、社会経済的階層やジェンダーなどの要素も社会的公正の重要な鍵となることが認識されるようになった。1994年の「公平性のための国家計画」で「ターゲット・グループ」が設定されたことはその一例と言えよう。クイーンズランド州でも「社会的公正計画」で「ターゲット・グループ」が設定され、教育をはじめとして福祉や雇用の面でも支援の対象となっている。さらに、多様性の要素は重層化し、個人が複数のカテゴリーに属することもある。そのため、集団から個人に焦点が移り、個別の対応を通して社会的公正を実現することに重点が置かれるようになって

いった。たとえば、クイーンズランド州の学校教育ではインクルーシブ教育が推奨されているが、同州のインクルーシブ教育は障害のある生徒を学校教育に包摂することに重点を置きながら、文化的・言語的背景や、社会経済的階層などの要素も含め、すべての生徒が対象となっている。そして、教育的不利益を被る割合が高い「ターゲット・グループ」への支援を重点的に行う一方で、生徒の教育的ニーズに個別に対応し、一人一人の学校教育への「アクセス」と「参加」、さらに、「結果」としての学業達成を促し、社会的公正を実現することが目指されている。

こうした中、クイーンズランド州の政策では、教員にも社会的公正を推進するための資質・能力が求められている。それは、生徒の学業に最も大きな影響を及ぼすのが教員の資質・能力とその実践だからである[3]。教員に必要な資質・能力として各種の政策に共通に示されているのは、多様性の価値を認め、生徒の「差異」に適切に対応して学業を達成させることができる能力であり、図終-1 が示す5項目に集約することができる。すなわち、①すべての生徒に対して高い期待を持ち、肯定的態度を示すこと、②生徒の多様な背景や特性、教育的ニーズを的確に把握し、理解すること、③教育的ニーズに対応できるインクルーシブなカリキュラムを構成し、それを効果的に実施すること、④同僚や保護者、地域や関係機関との連携を構築し、協働性を確立すること、⑤倫理に則って職務に専念し、継続的に職能成長に努めることである。これらは先行研究でも重要性が指摘されており、州の「教職専門性スタンダード」にも示されているものである[4]。

では、こうした資質・能力はクイーンズランド州の教員に限定されるものなのだろうか。また、多様性に対応するためだけに必要な資質・能力なのだろうか。これらは生徒の背景に関わらず、教員が時代を超え、国や地域を越えて普遍的に備えるべき資質・能力ではないのかという指摘もあるだろう。たしかに、生徒の「差異」を尊重し、その背景や教育的ニーズに対応することは教育の基本であり、多様性が顕在化していなくても必要であろう。それゆえ、これらはクイーンズランド州の教員に限定されるものでもなければ、多様性に対応するためだけに必要なものではなく、いつの時代においても教員

図中:

① 生徒への高い期待と肯定的態度
② 多様な背景や特性、教育的ニーズの把握と理解
③ ニーズに対応したインクルーシブなカリキュラムの実施
④ 連携の構築と協働性の確立
⑤ 職務への専念と継続的な職能成長

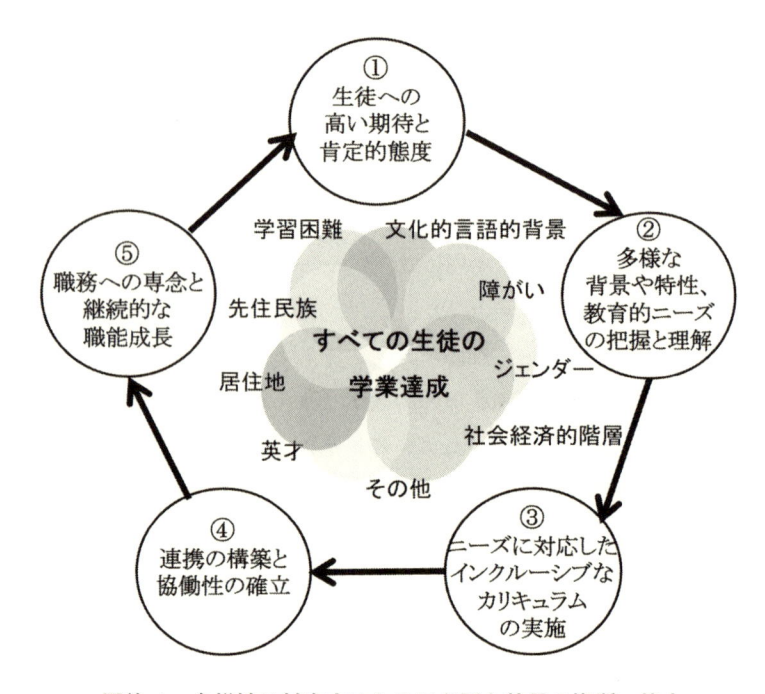

中央：すべての生徒の学業達成

周辺ラベル：学習困難、文化的言語的背景、障がい、ジェンダー、社会経済的階層、その他、英才、居住地、先住民族

図終-1　多様性に対応するために必要な教員の資質・能力

出所：筆者作成

が備えるべき資質・能力だと言える。ただし、社会の変化に伴って多様性の内実は変化し、生徒の背景や教育的ニーズも変化する。それゆえ、教員にはそうした変化を敏感に捉え、変化に合わせて適切に対応する能力も不可欠である。

では、これらの資質・能力がいつの時代にも必要とされながら、対応が十分になされてこなかったのはなぜだろうか。その理由としては、教員に求められる資質・能力が明確にされず、形成が不十分であったことが挙げられる。また、これまでは多様性にあまり目が向けられず、対応の必要性そのものが認識されなかったことも理由のひとつと考えられる[5]。さらに、社会が変化する一方で、教員養成に関わる研究が社会の変化に追いついていないことも理由として挙げられよう。だが、グローバル化が進む中で教育において多様性は今後さらに重要な要素となり、学校ではこれまで以上にきめ細かな対応

終章　オーストラリアの教員養成とグローバリズム　273

が求められることは想像に難くない。それゆえ、教員が必要な資質・能力を確実に形成し、それを十分に発揮できる体制を整える必要があるだろう。

第2節　オーストラリアにおける実践の意義

　オーストラリアの教員養成は、植民地時代から現在に至る歴史の中で、社会の変化に対応しながら独自の制度を確立しており、そこには国や州の歴史が色濃く反映している。たとえば、植民地時代に見習い制度として始まった教員養成は、その後は教員養成を専門に行う教員(養成)カレッジから高等教育カレッジ、さらに大学へと養成の場を移していった。その中で、実践力と学術的理論のいずれに重点を置くべきかについての議論が絶えずなされ、理論と実践の融合を目指す努力がなされてきた。また、教育の主たる担い手が女性であるという植民地時代からの伝統により、教員養成課程に在籍する学生は圧倒的に女性が多い。さらに、学生のニーズに合わせた多様なプログラムが実施されていることや、教員の多くが大学の集中する都市部で養成されていることなども、歴史の反映と言える。

　こうした歴史を背景としてクイーンズランド州の教員養成は、教員に関わる各制度と密接につながりながら発展してきた。第一は、教員登録制度とのつながりである。教員養成プログラムの修了生が州内の学校で教職に就くためには、教員登録が必要である。そして、修了生が教員登録を行うためには、登録に必要な資質・能力を確実に備えている必要があり、それを実現できるプログラムの実施が必要となる。そこで、プログラムを認定する制度が実施されている。認定制度では、登録に必要な資質・能力の規準を示すスタンダードが策定され、スタンダードの達成が可能と判断されたプログラムが認定される仕組みとなっている。それゆえ、各大学の教育養成プログラムはスタンダードの達成を目指す構造になっている。こうした中で、教員登録制度は教員および教員養成の質を保証するとともに、プログラムを向上させる機能を果たし、教職が高い価値と倫理に裏付けられた専門職であることを広く社会に認知させる機能も果たしている。第二は、教員採用制度とのつながりであ

る。教員の採用は養成内容を踏まえて行われており、特に、教育実習を中心に実践力を重視する選考が行われている。また、学校現場と連携して実施され、公平性や透明性が維持されている。第三は、現職教員の研修制度とのつながりである。養成教育は現職教育と一貫しており、生涯を通じた職能成長につながる履修内容となっている。そして、大学は養成段階のプログラムとともに、現職教員のニーズに応じた研修プログラムを多数提供している。こうして、養成段階で修得された資質・能力の有効性が現場の実践の中で確認され、さらに修得が必要とされる分野は現職研修で向上させる制度が確立している。また、教員の研修参加は権利として保障されており、教員は多様な機関で実施される様々な研修の中から各自のニーズに応じた研修に自主的に参加し、力量を高めることが可能となっている。このように、クイーンズランド州では教員の養成、登録、採用、研修の各制度が有機的に結合して一体化しており、職能段階を通した継続的な資質・能力の形成が可能となっている。そして、「教職専門性スタンダード」が州における教員養成の理念を具現化し、州の教員に求められる最低限の資質・能力を示すものであるという合意形成が関係者の間でなされ、教員養成の成果目標および評価規準としての機能を果たしている。

　本研究では、さらに、多様性に対応するための資質・能力が養成段階でどのように形成されているかを明らかにするために、プログラムの事例を検討した。まず、プログラムを歴史的に検討した結果、以下が明らかになった。白豪主義の時代は多様性への対応はほとんど見られなかったが、連邦政府が多文化主義を採用した1970年代以降は、多文化主義や多文化教育に関する科目が多数設置され、文化的・言語的多様性に対応できる教員の養成が目指された。しかし、1980年代半ばに連邦政府が多文化教育への補助金を停止し、主導権を州政府にゆだねて以降は、多文化主義や多文化教育の要素が次第に減少していった。その後、全国学校教育目標が示されると、教育の重点項目がリテラシーやニューメラシー、学校を基盤とするカリキュラム開発、情報通信技術などの分野に移り、教員養成もこれらに重点が置かれるようになっていく。そして、多様性に関しては、従来からのESL教育のほかに、特別

ニーズ教育や先住民教育などに重点が置かれるようになっていく。さらに、1990年代半ばになると、特別なニーズだけでなく、すべての生徒が有する多様な教育的ニーズへの対応に重点を移し、インクルーシブ教育が推進されるようになる。

　こうした流れの中で、多文化教育の全盛時代に比べると、1990年代半ば以降の教員養成プログラムでは多文化教育の要素が大幅に減少しており、政府の新たな教育重点項目に主眼が置かれるようになっていることが確認できる。しかし、これを多文化教育からの後退と見るのは早計であろう。重点項目には先住民教育やESL教育など多文化教育と関連が深いものは依然として含まれており、学校における多文化教育は現在も継続して実施されているからである[6]。それゆえ教員養成プログラムにおいて多文化教育の要素が減少しているのは、多文化教育が重視されなくなったからではなく、社会的公正の実現に向けて個々の生徒の不利益を是正することに重点が移り、多文化教育がインクルーシブ教育に収斂されているからだと考えるのが妥当であろう。このことは、クイーンズランド州教育省の政策文書の中でかつては独立した文書であった文化的・言語的多様性に関する文書(CS-16 Cultural and Linguistic Diversity)がインクルーシブ教育の政策文書(CRP-PR-009: Inclusive Education)に統合されていることや[7]、その他の政策文書でも文化的・言語的多様性がインクルーシブ教育のカテゴリーに組み込まれている[8]ことなどからも推察できる。

　また、教員の資質・能力を養成教育から現職教育という一貫した流れの中で形成することが重視され、多文化教育など多様性に関わる履修が養成段階から現職段階へと移行していると推測することもできる。現職教育の重要性が認識されるとともに、多様性に関しては実践を通して学ぶことが効果的だという考えもあり、現職教員が現場の様々な課題の解決を図りながら研修を行い、資質を向上させることに力点が置かれているという推論である。実際に筆者が訪れた大学でも多様性に関わる現職研修が数多く設定されており、キャンパスでは現職教員の姿をよく目にした。「教職専門性スタンダード」にも生涯学習者としての「学び」に関する項目が設定されており、養成段

階のプログラムでも生涯学習につながる履修が行われている。すなわち、養成段階では基礎的な理論の修得に重点が置かれ、教員は教職に就いたあと実践を積みながら自律的に研修を行い、資質・能力を向上させていくという流れが確立している。たとえば、養成段階では「研究者としての教師(teacher as a researcher)」の育成が目指され、アクション・リサーチや事例研究、問題解決学習など自律的に研鑽を積む方法が広く修得されている。こうした養成教育は、学生が教職に就いてからも多様性の問題を自律的に解決する上で効果が期待できるであろう。

　本研究ではまた教員養成プログラムの構造について検討し、特質として以下を明らかにした。第一に、「教職専門性スタンダード」がプログラを規定する重要な要因となっており、学生がスタンダードの達成を目指して履修を進めるようなプログラムが構成されている。第二に、履修科目が系統的かつ一貫性を持って配列され、スタンダードに示された資質・能力が確実に修得できるように構成されている。第三に、教育実習をプログラムの中心に位置づけて複数回実施し、理論と実践の融合を目指している。なお、プログラムの実施方法に関しては大学の自律性が尊重されていることも確認した。

　さらに、プログラムを多様性の視点から検討すると、以下の特質が明らかになる。第一に、「教職専門性スタンダード」に組み込まれた多様性の要素がプログラム全体に浸透している。第二に、教職専門科目の中に多様性を主要テーマとする科目が1科目以上必ず設定されているとともに、他の科目にも多様性の要素が幅広く組み込まれ、学校現場の様々な場面で必要とされる資質・能力が全科目を通して多面的に修得されるようなプログラムである。第三に、多様性に関する知識と実践力が段階的かつ総合的に修得できるようになっており、スタンダードに組み込まれた多様性への対応能力が徐々に形成されるようなプログラムである。第四に、教育実習がプログラムの中心に配置されることにより、多様性に関しても理論と実践の融合が図られ、多様性の価値が醸成される構造になっている。なお、教育実習では大学と実習校が連携することによって多様な実践場面が設定され、広い視野と幅広い実践力の形成が可能となる。その結果、学生が「当然のこと」と捉えがちな世界に対

する省察が促され、批判的思考力の向上と自己アイデンティティの形成が促されると考えられている[9]。多様性の概念は差別や偏見、先入観などを孕みやすいことから、実践を批判的に省察することは必須であり[10]、多様な実習がこれを可能にするであろう。

なお、これらの特質は中等教員養成プログラムを検討することによって明らかになったものであるが、初等教員養成プログラムについても同様に言えることである。多様性に対応する能力の形成は教職専門科目を中心に形成されており、それは初等・中等いずれのプログラムも共通だからである。

以上の結果を踏まえて、クイーンズランド州における教員養成の意義を提示しておく。意義として第一に挙げられるのは、多様性を重視し、社会的公正の実現を目指す教員養成が行われているということである。これまで論じてきたように、クイーンズランド州では「教職専門性スタンダード」が教員養成プログラムの主たる規定要因となっており、各大学はスタンダードを成果目標としてプログラムを構成している。そして、社会的公正を推進するためには多様性への対応が不可欠であるという認識から、スタンダードにも多様性や社会的公正の要素が組み込まれており、プログラムでは教育活動の様々な領域で必要とされる幅広い資質・能力の形成が可能となっている。

第二に、社会的公正の実現に向けて必要とされる知識と実践力が段階的に修得できるようなプログラムの構成である。教職専門科目には多様性を主要テーマとする必修科目が1科目以上必ず設定されており、特に、インクルーシブ教育に関連する科目はすべての大学で設置されている。さらに、それ以外の科目にも多様性の要素が組み込まれ、教職専門科目全体で多様性や社会的公正の問題が扱われている。加えて、科目を横断して各要素が統合される構造となっている。すなわち、これらを特定の科目で扱うのではなく、プログラム全体に様々な要素を幅広く組み込む「統合アプローチ」が採られ、資質・能力の形成が持続的かつ段階的に形成されている。また、選択科目にも多様性を主題とする科目が多数設定されており、特に「ターゲット・グループ」の指導に関する選択科目は数多く設定されている。その結果、学生が自らの興味・関心に応じて特定の分野の履修を深めることが可能となっている、多文

化社会における教員の養成において効果的と言われる「統合アプローチ」が増加傾向にある中で[11]、こうしたクイーンズランド州のプログラムには一定の有効性を見出すことができるであろう。そして、社会的公正の問題に対する意識の高い教員が養成されるのではないかと推察される。

　第三に、教育実習を早い段階から数回に分けて実施することも理論と実践の融合に効果があり、有意義である。最低100日という日数の多さだけでなく、教育実習がプログラムの中心に位置づけられ、理論科目と連結していることも有効である。それによって、理論の検証と実践の省察が繰り返され、両者が徐々にかつ着実に融合されていくのではないだろうか。さらに、教育実習は環境の異なる複数の学校で実施され、学校現場の多様性をできるだけ多く体験できるように配慮されている。その結果、各学校が多様な教育的ニーズへの対応や公平・公正な教育活動、インクルーシブ教育、先住民教育などにどのように取り組んでいるのかが把握できるとともに、学生自身も社会的公正の問題にどう取り組めばよいかを熟考できるのではないかと考える。また、教育実習とは別枠で実施される社会体験やフィールド体験なども学生の視野を広げ、社会的な文脈で学校教育を捉えることを可能にし、社会的公正の重要性を認識する上で有効であろう。

　第四に、大学の授業では、多様性に向けた資質・能力を形成するために有効とされる教授法が数多く取り入れられている。たとえば、多くの大学で実施されている「問題解決学習」は課題への自律的な取り組み、自己省察、他者とのインターアクションなども必要とされることから、多様な概念が存在する社会的公正の問題を探求するには効果があるのではないかと考える。グループによるプロジェクト学習もさかんである。グループ活動では学生相互の協力が必要とされ、学生の中に見られる多様性にも対応する必要があることから、他者を理解し、「差異」を受容する態度の育成を促すことが期待できる。また、アクション・リサーチやマイクロティーチングなどもさかんに行われ、多様性に対する自己の認識や態度、差別や偏見などを批判的に省察することを学生に促している。さらに、ポートフォリオの作成がすべての学生に課せられていることも学生の自己省察を促し、多様性に対する認識やアイ

デンティティの確認に有効なのではないかと考える。このように、大学の授業で採用されている教授法そのものが学校教育における教授法の有効なモデルとなっている例が少なくないことは有意義である[12]。なお、教員養成を担当する大学教員には学校現場をよく知る元教員が多いことも、有効な教授法が採用される要因のひとつであろう。授業では学校現場の事例を題材にした講義や実際の授業を想定したワークショップなどが広く行われており、現職教員や専門分野のゲストスピーカーを招聘して、現場の実践や教育実習と関連づけた授業が頻繁に行われている。こうした授業は実践との乖離を減らす上で効果が期待できるのではないかと考える。

　第五に、学生の評価が「教職専門性スタンダード」を基準にしていることが挙げられる。評価は科目ごとにスタンダードの達成を確認しながら行われているが、「教職専門性スタンダード」全般に多様性の要素が組み込まれているため、多様性に関わる資質・能力も同時に評価されることになる。また、スタンダードの作成には多くの教育関係者が関わり、スタンダードが州における教員養成の理念として関係者の間で共通に認識されていることによって、評価規準や評価方法の統一性が生み出され、いずれの大学を修了しても初任教員に最低限必要な資質・能力が担保されるのではないかと考える。

第3節　オーストラリアの教員養成——今後の課題と展開

　クイーンズランド州の教員養成には以上見てきたような意義が見られる一方で、課題も散見される。まず、プログラムは系統的かつ一貫性を目指す構造になっているが、科目を担当する大学教員の連携が十分とは言えず、教授内容やスタンダードの設定に一貫性が見られなかったり、科目間での無駄な重複や齟齬が見られたりすることがある。また、言語および言語教育に関する履修が不足していることや、必修科目がほとんどを占め、選択科目の余地が少ないことなども改善を必要とする点であろう。さらに、教育学部と他学部との間の連携が十分に取れていないために、教科専門科目と教職専門科目が切り離され教科専門科目に多様性や社会的公正の要素が盛り込まれなかっ

たり、学校現場のニーズとの乖離が見られたりする。教育実習にも課題は見られる。実習指導を担当する現職教員の意欲や指導力、教員養成に対する意識などに問題が見られることがあり、社会的公正の実現に向けた有効な実践モデルが示されないことも少なくない。このことは大学教員に関しても同様である。学生の指導を実習校に任せきりにしている教員や、現場のニーズに合った指導ができない教員がいることは否定できない。また、実習校が慢性的に不足しているため学生の体験の場が制限され、理論の検証が十分にできないこともある。加えて、実習にかかる費用が大学の予算を圧迫していることや現場の指導教員の負担を増加させていることなども改善が必要とされる点である。教授法については教科専門科目で多様性や社会的公正を重視した教授法が採用されていないことが挙げられる。教職専門科目でも有効な教授法が採用されず、社会的公正を推進する教員としてのロールモデルが十分に示されているとは言い難い面も見られる。学生の評価では個々のスタンダードが切り離され、スタンダード全体の達成状況を斟酌した評価が行われていないこと、教員によって評価方法が異なり、多様性に関する力量の評価にもばらつきが見られること、そして、学生がスタンダードをどの程度達成しているかを総合的に判断する方法が確立していないことなども課題として指摘できる。

　では、教員養成を管轄する州政府は課題をどのように認識し、今後どのように改善していこうとしているのだろう。本書を締めくくるにあたり、クイーンズランド州政府による教員養成の評価および課題に対する認識を整理して、オーストラリアにおける教員養成の今後の展開を予測しておきたい。クイーンズランド州は2010年に教員養成と初任者研修に関する見直しを行っている[13]。その結果、州の教員養成は高い水準を保持しており、大学の教員養成プログラムでは理論的知識が確実に修得され、効果が見られることが確認された。その一方で、プログラムを修了して教職に就いたばかりの初任教員には、知識を応用して学校現場の多様性に対応する実践力が不足していることが明らかになった。そして、評価結果を基に教員養成に関する65項目の提言がなされ、州政府はそのうちの24項目を喫緊の課題として受理し、

実施を承認した。残る41項目についてはさらなる分析が必要であるとして、作業部会に検討が委ねられている。

　喫緊の課題とされたのは、先住民教育、特別な教育的ニーズ、態度や行動の指導、就学前教育、保護者との連携、「教職専門性スタンダード」に関することである。先住民教育については、特に英語を母語としない先住民生徒に対するESL教育や先住民文化に対する幅広い理解とそれを尊重する態度の育成を養成段階で確実に行うこと、さらに、先住民コミュニティの学校に赴任する初任教員に対して、先住民の保護者や補助教員との連携に関する研修を充実させることが必須とされた。特別な教育的ニーズに関しては、これに関する履修をすべてのプログラムに組み込み、教育実習で実践力を向上させることである。また、態度や行動の指導に関するスタンダードを策定し、生徒の問題行動に適切に対応できる資質・能力形成することや、就学前教育の技能を測る基準や尺度を設定するとともに、養成教育では「遊び」を基盤とするカリキュラムを履修の優先項目にし、教育実習でその技能を確実に形成することも必要とされた。さらに、保護者の学校参加を促す能力を向上させる機会を教育実習でも設定し、連携の構築、葛藤処理、危機対応、パストラルケアやコミュニケーション能力など実践的技能の修得を図れるようにすることも当面の課題とされた。「教職専門性スタンダード」に関しては、根拠に基づいた精選されたリストであるかを再検討すること、修了生のスタンダード達成を確実に証明できることをプログラム認定の第一条件にすること、そして、教育実習で能力が十分に認められない場合には迅速に対策を講じることが求められている。なお、作業部会に検討が委ねられた項目には、養成期間の延長、養成課程の入学基準の引き上げ、大学と学校との連携、初任教員の職務軽減とメンターの配置などがある。

　以上のことから、州政府が現在の教員養成を肯定的に評価しながらも、改善すべき課題を明らかにしており、さらなる改善の必要性を認識していることが確認できる。本研究で検討してきた多様性と公平性の保証に向けた教員の資質・能力についても未だ十分に形成されているとは言えず、課題のひとつとなっている。そして、課題の解決に向けて教員養成改革は今後も継続し

て実施される予定である。今後の展開を特徴づける事項としては以下の2点を挙げておきたい。第一は、教員養成に関する全国的統一性に向けた動きである。クイーンズランド州で教員登録を行うために達成が必要とされているスタンダードは、これまでは州のスタンダードに依拠していたが、2014年以降は全国共通のスタンダードに切り替えられ、教員養成プログラムの認定も全国共通のガイドライン基づいて実施される予定である。このことは他州でも同様であり、教員養成に関する全国的統一性が一段と強まり、国全体で教員養成の質の向上を図る動きが活発になることが予測される。第二は、教員の資質向上に向けた連邦政府の積極的な予算の投入である。これについては「教員資質向上プログラム」が効果的に活用されていることを第1章で述べたが、クイーンズランド州ではさらに連邦政府と州政府の協働イニシャチブ (The Improving Teacher Quality National Partnership: ITQNP)[14]を通して、優秀な人材の確保と保持、教員の資質向上に向けた新たな施策が次々に実施されている。たとえば、教員を目指す学生への奨学金制度や遠隔地教員養成プログラムの拡充、大学と学校が協働で高度な実習指導を行うための拠点校(School Centers of Excellence)の設置、遠隔地での教育実習の充実、社会経験のある人材の活用、意欲ある学校長を育成するためのプログラムの実施などが挙げられる。また、後期中等教育段階の優秀な生徒を在学中から教員養成課程に受け入れて履修を開始させるプログラムもそのひとつである。オーストラリアの教員養成については今後も幅広い展開が予測される。取り組みの一つ一つを丹念に検討し、成果を検証しながら、この先グローバリゼーションにどのように対応していくのか研究を深める必要があるだろう。

註
1 見世千賀子(2002)「オーストラリア－多文化社会に向けた公教育の再構築」江原武一編著『多文化教育の国際比較－エスニシティへの教育の対応』玉川大学出版部、pp.176-177。
2 同上書、p.184。
3 Ramsey, G. (2000) *Quality Matters, Revitalising teaching: Critical times, critical choices, Report of the Review of Teacher Education,* New South Wales Department of Education and Training, Sydney; Darling-Hammond, L. (2000) "How

Teacher Education Matters", *Journal of Teacher Education,* Vol.51, No.3, pp.166-173; OECD (Organization for Economic Co-operation and Development) (2005) *Teachers Matter: Attracting, Developing And Retaining Effective Teachers,* Paris: OECD.

4   Queensland College of Teachers (2006) *The Professional Standard for Queensland Teachers.*
5   荒川智 (2008)『インクルーシブ教育入門』クリエイツかもがわ、p.4。
6   馬渕仁 (2006)「多文化主義の行方－ビクトリア州を中心として」『オーストラリア研究』第18号、オーストラリア学会、pp. 83-95。
7   http://education.qld.gov.au/strategic/eppr/curriculum/crppr009/ (2010年10月16日閲覧)
8   http://education.qld.gov.au/studentservices/inclusive/index.html (2010年10月16日閲覧)
9   Queensland Board of Teacher Registration (1995a) *Implications of Social Justice Issues for teacher Education,* Toowong, QLD : Queensland Board of Teacher Education, p.40.
10 Groundwater-Smith,S. et.al. (2007) *Teaching Challenges & Dilemmas,* Melbourne: Thomson, p.128.
11 松尾知明 (2007)『アメリカ多文化教育の再構築－文化多元主義から多文化主義へ』明石書店、pp.157-165
12 Darling-Hammond, L. and Bransford, J. (eds.) (2005) *Preparing Teachers for a Changing World: What Teachers Should Learn and Be Able to Do,* San Francisco; Jossey-Bass, pp.390-491.
13 Queensland Government (2010) *Review of Teacher Education and School Induction, Second Report-Full Report.*
14 連邦政府の予算を各州政府が実情に応じて活用し、州の独自性を重視しながら学校教育の充実を図り、生徒の学業を達成させるための協働プロジェクトである。クイーンズランド州では2009年から2015年の6年計画でこれを実施している。
    http://education.qld.gov.au/nationalpartnerships/ (2013年3月2日閲覧)

資 料

資料1　オーストラリアおよびクイーンズランド州の基礎情報
資料2　オーストラリアの教育制度
資料3　オーストラリアの主要教員養成機関と学生数(2011年)
資料4　クイーンズランド州の「教職専門性スタンダード」(2007年版)
資料5　クイーンズランド州の「教職専門性スタンダード」(2002年版)

資料1 オーストラリアおよびクイーンズランド州の基礎情報(2011年現在)

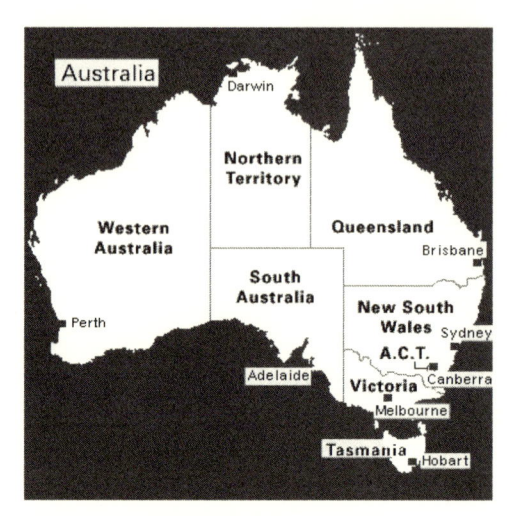

出所：National Library of Australia

各州の概要　　　　　　　　　　　　　　　　　　*人口は国勢調査の統計より

州名	州都	面積(km^2)	人口(千人)
ニューサウスウェールズ(NSW)	シドニー	800,642	6,918
ビクトリア(VIC)	メルボルン	227,416	5,354
クイーンズランド(QLD)	ブリスベン	1,730,648	4,333
南オーストラリア(SA)	アデレード	983,482	1,596
西オーストラリア(WA)	パース	2,529,875	2,239
タスマニア(TAS)	ホバート	68,401	495
北部準州(NT)	ダーウィン	1,349,129	212
首都直轄区(ACT)	キャンベラ	2,358	357

出所：Australian Bureau of Statistics

オーストラリアの概要	
国名	オーストラリア
首都	キャンベラ
面積	7,602,024km^2
人口	21,507,717人
政治体制	立憲君主制
元首	エリザベス女王(連邦総督：Governor Generalが代行)
連邦議会	二院制(上院・下院)
通貨	オーストラリアドル(A$)
公用語	英語

クイーンズランド州の概要	
州議会	一院制(他州は二院制)
州首相	Anna Bligh [労働党]
州総督	Penelope Anne Wensley
地理	南北　2,100km 東西　1,450km 海岸線　7,400 km
気候	熱帯雨林気候(北部) 亜熱帯気候(南部)

資料2　オーストラリアの教育制度

【高等教育】

大学	大学院	取得できる学位・資格	
		博士号	
		修士号	
		優等学位 (オナーズ)	グラデュエート・ディプロマ
			グラデュエート・サーティフィケート
	学部	学士(バチェラー)	
		準学士	アドバンス・ディプロマ
			ディプロマ

職業訓練専門学校	取得できる資格
	職業グラデュエート・ディプロマ
	職業グラデュエート・サーティフィケート
	アドバンス・ディプロマ
	ディプロマ
	サーティフィケート4
	サーティフィケート3
	サーティフィケート2
	サーティフィケート1

【初等・中等教育】

義務教育	年齢	学年	NSW	VIC	TAS	ACT	SA	NT	WA	QLD	特別支援学校
	17 16	12 11	後期中等教育				後期中等教育				
	15 14 13 12	10 9 8 7	前期中等教育				前期中等教育				
	11 10 9 8 7 6 5	6 5 4 3 2 1	初等教育				初等教育				
	年齢	学年	就学前教育				就学前教育				
		州	NSW	VIC	TAS	ACT	SA	NT	WA	QLD	

出典：Australian Government (Australian Education International) (2008) *Study in Australia* により筆者作成。

(1) 就学前教育

　いずれの州でも3歳から5歳の幼児を対象とする就学前教育が幼稚園(kindergarten)やプレ・スクール(pre-school)で実施されている。初等学校入学前の5歳児に対しては通常1年間の準備教育が提供され、ニューサウスウェールズ州と首都直轄区では「キンダーガーテン」(Kindergarten)、ビクトリア州

とタスマニア州は「プレパラトリー」(preparatory)、西オーストラリア州は「プレ・プライマリー」、南オーストラリア州は「レセプション」、北部準州「トランジション」、クイーンズランド州は「プレ・スクール」と呼ばれている。就学義務はないが、就学前教育の重要性を認識する政府は就学を奨励している。地域には保育を必要とする家庭のために、私的な保育所(child care center)も多数設置されている。

(2) 初等・中等教育

　初等・中等学校は、州立学校(government school)と私立学校(non-government school)に大別され、前者が全体の7割を占めている。後者にはカトリック系の(catholic)学校と独立系の(independent)学校がある。ほとんどの学校が総合的な(comprehensive)教育を行い、専門教育のみを行う学校というのはない。ただし、障害を有する生徒のためには特別支援学校(special schools)は設置されている。通常は男女共学だが、一部で別学も実施されている。初等・中等教育の修業年限はいずれの州も12年間であるが、その区分は6－6制の州と7－5制の州がある。5歳あるいは6歳で入学し、第10学年までが義務教育である。就学開始は6歳に達する月を基準とするが、月の設定が州ごとに異なるため、同じ学年であっても州によって一年近い年齢差が生じることがある。ただし、こうした違いは修業年数も含めて今後はすべての州で統一される予定である。

　中等教育は前期中等教育段階(3年または4年)と後期中等教育段階(2年)に区分されるが、タスマニア州を除くと一貫して行われることが多い。第10学年修了時には前期中等教育修了証書が授与され、後期中等段階や専門学校への進学、就職などのための資格証書として使用される。第11学年と第12学年の後期中等教育段階は、高等教育進学への準備段階と位置づけられ、進路に合わせた科目を選択して履修し、大学の基礎教育という意味合いが強い。修了時には後期中等教育修了証書が付与されるが、修了要件や評価方法、修了証書の名称などは州によって異なる。第12学年では高等教育進学のための統一試験も実施されているが、実施時期や方法、内容なども州ごとに異なる。

(3) 高等教育

　高等教育では、学術的な研究を行う大学のほかに、職業訓練を行う公立の技術継続職業機関(Technical and Further Education: TAFE)、私立の専門学校がある。2011年現在、大学は全国に40校あるが、37校が各州の法律に基づいて設立、運営される州立大学である。

　州立大学は、予算については連邦政府の管轄であるが、設立と運営は州政府が管轄している。大学にはシドニー大学やメルボルン大学など歴史の長い伝統的大学と、1980年代の高等教育改革以降に設立された新大学(new universities)とがある。前者は、学術研究が盛んな大学であり、モナシュ大学、ニューサウスウェールズ大学、クイーンズランド大学、西オーストラリア大学、アデレード大学、オーストラリア国立大学とともに「8大学」(Group of Eight)と呼ばれるグループを構成している。後者は、かつての高等教育カレッジ(College of Advanced Education)の大学への吸収合併、あるいは、カレッジ間の統合によって設立され、地域と結びついた実務的な教育に重点が置かれている。

　学部課程は通常3年間で学士号が取得できるが、分野によって4年以上必要な場合もある。2年間で準学士を取得するコースや、ディプロマやサーティフィケートなどの資格を取得するコースもある。また、学士コースを優秀な成績で修了すると一年間の専門研究コースに進むことができ、修了時には優等学位(Honours)が取得できる。さらに、オナーズの成績によっては、修士課程を経ずに博士課程に進学することもできる。修士課程には研究論文を提出する「リサーチコース」と、講義履修、試験、実習等を組み合わせた「コースワーク」があり在籍期間は通常1～2年である。博士課程は3年以上高度な専門研究を行い、学術論文を完成する。

資料3 オーストラリアの教員養成機関と学生数(2011年)　　　　　　　　（単位：人）

州	大学名	設立	計
NSW	Charles Sturt University	1990	5,091
	Macquarie University	1964	2,719
	Southern Cross University	1994	1,305
	The University of New England	1954	3,545
	The University of New South Wales	1949	934
	The University of Newcastle	1965	3,903
	The University of Sydney	1850	1,984
	University of Technology, Sydney	1989	695
	University of Western Sydney	1989	1,959
	University of Wollongong	1975	1,739
	その他		1,137
VIC	Deakin University	1974	3,434
	La Trobe University	1964	1,965
	Monash University	1958	2,196
	RMIT University	1992	798
	The University of Melbourne	1853	1,449
	University of Ballarat	1994	1,766
	Victoria University	1990	2,113
	その他		24
QLD	Central Queensland University	1992	1,152
	Christian Heritage College	1986	218
	Griffith University	1971	2,894
	James Cook University	1970	1,342
	Queensland University of Technology	1989	2,446
	The University of Queensland	1909	1,210
	University of Southern Queensland	1994	830
	University of the Sunshine Coast	1995	1,072
	その他		262
WA	Curtin University of Technology	1987	1,044
	Edith Cowan University	1991	3,576
	Murdoch University	1973	1,836
	The University of Notre Dame Australia	1990	2,283
	The University of Western Australia	1911	347

SA	Tabor College Adelaide	1979	181
	The Flinders University of South Australia	1966	1,823
	The University of Adelaide	1874	712
	University of South Australia	1991	2,466
	その他		190
TAS	University of Tasmania	1890	1,742
NT	Batchelor Institute of Indigenous Tertiary Education	1999	73
	Charles Darwin University	1989	1,550
ACT	University of Canberra	1990	1,420
複数州	Australian Catholic University	1991	5,656
総数	2011年	男17,338	74,491 女57,153
	2010年	72,808	

出典：DEEWR（2012）*Students 2011 : Selected Higher Education Statistics* により筆者作成。

資料4　クイーンズランド州の「教職専門性スタンダード」　　　　　　　　　　（2007年版）

スタンダード1	個人や集団の興味を引きつける柔軟なカリキュラムを構成し、実施する。
知識	• 教科の教授内容、学習の流れ、技能および教科間のつながり • 社会的、文化的、歴史的に構築された知識の特質 • 学習目標の認識方法 • 授業計画 • カリキュラムの枠組みや、学校、行政当局、採用機関の政策 • 生徒の学習方法についての知識と、それを応用する力 • 学習計画のために生徒の情報を収集し、それを活用する方法 • 教授・学習、評価の方法、資料、技術について知り、それらの価値を評価し、適切なものを選択する知識 • 情報通信技術を組み込んだ効果的な教授・学習、評価方法 • 障害、学習困難、英才など特別なニーズを含めた、すべての生徒の学習ニーズ • カリキュラムを計画し、適切に処理し、実施し、実施された学習を評価する技術
実践力	• カリキュラムの枠組みや政策を反映した学習目標を設定し、学習計画をたてる。 • 学習目標と学習計画を生徒や保護者に通知する方法を熟知する。 • 学習目標、カリキュラム、生徒の学習ニーズ、興味、学習スタイルを明確にし、それらに適した教授・学習方法や教材を選択して、活用する。 • 個人および集団に対して教授・学習、評価、態度・行動の指導を柔軟に行うための方法を認識し、それを適用する。 • 情報通信技術を含んだ教授・学習や評価の方法について知り、それを活用する。 • 学習活動を評価するための幅広い情報を収集し、それらを教授・学習や評価、教材の改善に役立てる。
価値	• 青少年を含むあらゆる年齢の学習者に対応する。 • すべての生徒の「学び」を信頼し、成功を促すための支援を行う。 • 学習への興味を示し、生涯学習者としてのモデルを示す。 • ICTと学習を統合させる。

スタンダード2		言語、リテラシー、ニューメラシーを向上させるカリキュラムを構成し、実施する。
知識		・学習や日常の場面における言語、リテラシー、ニューメラシーの広範な特質 ・言語、リテラシー、ニューメラシーの技能向上に関する根拠に基づいた最新の理論 ・言語、リテラシー、ニューメラシーに関する政策の認識 ・カリキュラムにおいて必要とされる言語、リテラシー、ニューメラシーと、学校やコミュニティにおいてこれらを学習する機会を認識する技能 ・生徒の言語、リテラシー、ニューメラシーの向上に関する情報収集と、向上を判断するための評価方法 ・言語、リテラシー、ニューメラシーの向上 ・様々なテキストの言語様式と、その特徴や構造 ・数学の応用と課題解決 ・異なるコミュニケーションの方法、社会的、文化的、歴史的文脈が言語選択や実践に及ぼす影響 ・教授分野や、異なる文脈の中で、言語、リテラシー、ニューメラシーの技能向上を助ける様々な方法や資料 ・言語、リテラシー、ニューメラシーの向上のためのICTの効果 ・生徒の言語、リテラシー、ニューメラシーのニーズ(ESLのニーズを含む)を把握して、その能力を評価し、適切な介入および支援の方法 ・言語、リテラシー、ニューメラシーの教授技能を向上させる必要性や、技能の検討方法
実践力		・カリキュラム分野において必要とされる言語、リテラシー、ニューメラシーを認識する。 ・生徒の言語、リテラシー、ニューメラシーの技能に関する情報を収集し、それらを学習計画や実施のために活用する。 ・生徒が多様な文脈の中で言語、リテラシー、ニューメラシーの能力を効果的に発揮できるような授業を行う。 ・生徒が言語、リテラシー、ニューメラシーの技能を向上させ、それを支援するための教授・学習方法と教材を見つけ、それを適用する。 ・生徒の言語、リテラシー、ニューメラシーの技能を観察して評価し、学習プログラムの計画、保護者への通知、指導方法や資料の見直しなどにおいてそれを活用する。 ・カリキュラム領域における個人の言語、リテラシー、ニューメラシーの技能や能力を評価し、必要に応じて教育活動の中で改善する。
価値		・すべての生徒の言語、リテラシー、ニューメラシーの発達に高い期待を示す。 ・生徒の言語、リテラシー、ニューメラシーを発達させることは、教員の義務であることを認識する。 ・効果的なスキルのモデルを示し、教員自身の言語、リテラシー、ニューメラシーのスキルとそれらの教授技術を向上させる。 ・リテラシーやニューメラシーを教室活動に統合させる。

スタンダード3	知的興味・関心を高めるカリキュラムを構成し、実施する。
知識	・教授分野の中核となる概念、探求モデルとその構造 ・知識の本質と、それが生成され、応用され、再建される方法 ・生徒を支援する方法 ・教科やカリキュラム分野におけるレベルの高い思考、想像力、創造性 ・知的リスクへの挑戦、省察と問題解決を促す教授・学習方法 ・教科分野および生徒の学習段階に応じたカリキュラムの枠組み ・知識の構築を促す探求学習などの教授方法 ・個人および小集団での探求を支援する方法 ・意図的にICTを活用した教授・学習 ・価値の分析方法
実践力	・スキャホールディングの技術を活用し、生徒が学習目標を達成して、自らの学習に対して責任を持てるように支援する。 ・知的で、取り組む価値のある題材や問題に生徒を挑戦させる方法を認識する。 ・多様な考えや意見が尊重され、疑問を呈したり、意見を述べたりすることが奨励されるような環境を設定する。 ・生徒が積極的にICTを活用して、新たな知識にアクセスし、これを体系づけ、探求し、解釈し、分析し、創造し、それを伝達し、説明する学習経験を計画し、実施する。 ・レベルの高い思考を含んだ教授活動を行う。 ・生徒が課題を探求するための方法を認識し、その適用方法を知る。 ・生徒の自信や、探求される課題の概念に対する精通度にふさわしい指導を行う。 ・生徒に批判的内省を促す方法を認識してそれを適用し、生徒が何をどのように学習しているのか検討し、その結果を新たな理解につなげる。
価値	・生徒が自らの学習目標を明確にし、レベルの高い目標を達成するための支援をする。 ・創造性、創造力を高め、知的挑戦を促す。 ・生徒中心の学習を促し、批判的思考、自立的な問題解決能力を向上させる。 ・新時代のデジタル技術を取り入れ、21世紀の学習にふさわしい教授活動を行う。

スタンダード4	多様性を尊重するカリキュラムを構成し、実施する。
知識	• 教授・学習に関する根拠に基づいた理論と研究 • 社会経済的状況、ジェンダー、民族的背景、言語、宗教や信条、特別なニーズなどの要因が個人の世界観に及ぼす影響 • オーストラリア先住民の文化と歴史 • 学校および採用機関の多様性に関わる政策 • 障害、学習困難、英才に関わる特別なニーズを含めた個々の学習ニーズとその支援 • 先住民生徒に対する高い期待と、彼らの学業達成を促す教授方法 • 生徒の学習機会を向上させ、個々の学習ニーズに対応するためのICTの活用 • 生徒、家族、コミュニティに対するバイアスや偏見、差別の負の影響 • 異文化への感性とパースペクティブ
実践力	• 生徒の多様な背景や特質を理解する。 • 個々の生徒に応じた学習活動を計画して、実施する。 • 個人および集団の差異を尊重し、すべての生徒が公平な待遇を得られる学習環境を設定する。 • 個々の学習ニーズを把握し、障害や学習困難、英才など特別な学習ニーズを抱える生徒を教授するための方策を知る。 • すべての学習領域において、全生徒が高い目標を達成するための方策を認識し、実施する。 • 多様な背景、特質、能力を有する生徒の学習を促進させるために、ICTを活用する。 • 個々の生徒の学習を支援するために保護者と協力し、コミュニケーションを行う方法を認識する。 • 自分自身の多様性に対する技能と実践力を評価し、これを向上させるための方法を明確にする。
価値	• 多様性を尊重し、積極的に対応する。 • すべての生徒とその保護者、コミュニティを尊重し、共感し、信頼関係を築く。 • 生徒の学業への取り組みやその成果は複数の要因に影響されるとともに、生徒には固有の能力や長所があることを認識する。 • 生徒がカリキュラムに公正にアクセスできるようにする。

スタンダード5	生徒の学習を構造的に評価し、成果を通知する。
知識	• 様々な評価技術の特徴、活用方法、利点と欠点 • 評価基準を明確にし、それを向上させる方法と、適切に通知する方法 • 妥当性、公平性、柔軟性のある信頼できる評価の原則 • 評価と成績通知に関する学校や採用機関、行政当局の政策とその手続き • 評価と成績通知における倫理的責任 • 学習を評価し、教授と評価活動を検討するためのデータの活用方法 • 生徒の学習を管理し、評価するためのICTの活用方法 • 評価の質を保証する方法 • 形成的評価、総括的評価、記述的評価など多様な評価方法の利点と欠点、 • 継続中の学習を反映した評価とその通知方法
実践力	• 政策やカリキュラムの枠組み、生徒の期待やニーズなどに対応した学習目標と評価の条件を確立する。 • 同僚、生徒、保護者と学習目標や評価について協議する。 • 生徒の学習を評価するために幅広い資料を活用し、情報を収集する。 • 生徒の学習に対してフィードバックを行う。 • 生徒に適した支援および評価方法を採用し、異なる方法で学習できるようにする。 • ICTの活用を含め、学習を効果的に管理し、評価し、記録する。 • 保護者等に生徒の学習状況を適切に通知する。 • 資料や情報、指導計画や教授活動、評価およびその通知への活用方法を確立する。 • 共通試験のような評価の質保証プロセスへの参加方法を知る。
価値	• 学習を評価するとともに、学習のために(下線筆者)評価する。 • 生徒の長所や短所の発見を学習の好機と捉える。 • 倫理に基づいた評価活動を行い、評価に関わる情報の守秘義務を遵守する。 • 同僚と協働で(教育の:筆者註)質の保証に取り組む。

スタンダード6	個人の成長と社会参加を支援する。
知識	・各教育段階における生徒の特質とニーズ ・生徒の学習スタイル、興味、過去の学習体験や生活経験を把握する方法 ・生徒が、個人のアイデンティティやプラスのイメージ、健康と福利、他者との健全な関係、共感する心を発達させるための支援方法 ・青少年が、個人の成長、卒業後の進路選択、健康、ライフスタイル、人間関係などの問題について議論する方法 ・グローバリゼーション、労働、教育、余暇などに見られる変化が、卒業後の進路選択に及ぼす影響 ・教育、訓練、労働、余暇、生涯学習を含めた若者の学校後の進路選択 ・学校外の世界とつなぐICTの可能性 ・学校、企業、高等教育機関、コミュニティ関係機関を含めた学習パートナーシップ ・積極的な市民性を促進する方法 ・倫理および職務態度、プライバシー、守秘義務およびパストラルケアに関する政策
実践力	・生徒に関わる情報を把握し、それを活用して学習目標を設定し、個人の発達と社会参加を促す。 ・生徒が、アイデンティティ、価値、自尊感情、健康と福利、他者との健全な関係、共感する心などを発達させるために必要な支援方法を積極的に認識し、その活用方法を知る。 ・積極的な態度、能動的な市民性、生涯学習を促進し、学校と実社会を繋ぐ方法と、それを活用する方法を知る。 ・生徒が仕事や余暇、学習の目標を設定するための支援方法を知る。 ・生徒が学校外の活動に参加する経験を提供する方法を知る。 ・学校、ビジネスや産業社会、コミュニティなどとのパートナーシップの構築方法について知る。 ・生徒が多様なコミュニケーション方法を意図的に活用し、地域、国、世界のコミュニティに参加する機会を提供する方法を知る。 ・生徒へのパストラルケアを行う上での教員の役割と責任を知る。 ・課外活動に参加して、貢献する。
価値	・生徒の社会的、情緒的、身体的発達を促す。 ・倫理に基づいて、生徒の保護者やコミュニティとの関係を維持する。 ・生徒が積極的かつ十分な社会参加ができるようなパートナーシップを構築する。

スタンダード7	安心して学習に参加でき、支援が受けられる環境を設定し、維持する。
知識	• 態度や行動の指導、安全で支援的な学習環境に関する政策や法律に関する知識 • 各学習段階における青少年の発達についての最近の理論や研究 • 態度・行動の指導の原則と方法 • コミュニケーション、時間の処理、葛藤処理、協議技術 • 教室環境が生徒の学習や行動に及ぼす影響 • 個人および集団の学習を計画し、実施し、評価するとともに、教材や科学技術を効果的に使用する技術 • すべての生徒を学習活動に参加させるための様々な技術 • 生徒の学習、態度、および福利に関する助言の資料
実践力	• 安心できる学習環境を設定して、生徒を支援し、学習に対して前向きに取り組む態度が養えるような関係を築く。 • 生徒の学習態度に対する明確な目標を設定し、適切な態度を促すためのフィードバックを行う。 • 態度・行動の指導および生徒の安全に関する政策とその手続きを(実践に：筆者註)適用する方法を知る。 • 公平で、適切な配慮がなされ、言行が一致した指導を継続的に行い、助言を得る適切な時機についても知る。 • 他者に対する自己の責任を認識し、適切に対応することを生徒にわかりやすく教える。 • 学習への取り組みを促し、安全で支援的な学習環境を設定するために、時間や場所、教材を効果的に活用する。 • 個人や集団の活動を把握し、どのような生徒も学習に参加できる方法を取り入れる。
価値	• 安全で支援的、かつ刺激のある学習環境を設定する。 • 生徒が積極的に学習に取り組む雰囲気を教室内につくり、学校全体でそれを維持する。 • 参加民主主義の価値を示す学習環境を設定する。

スタンダード8	家庭や地域との生産的な関係を積極的に構築する。
知識	・生徒や家族、保護者、コミュニティの文化的、社会的、経済的特質や要望 ・生徒のニーズへの対応に向けて保護者が参加することの重要性の理解と参加方法に関する知識 ・コミュニティにおける学校の役割 ・学校と家庭との効果的な対話の特質とそれが教授・学習に与える効果についての知識 ・家庭やコミュニティとのパートナーシップを維持、向上させ、効果的に対応するための方法 ・学習プログラムの開発と実施、見直しなどに家庭やコミュニティを参加させる方法 ・コミュニティを基盤とした学習活動に生徒を参加させる方法 ・学校目標を、家庭やコミュニティに広げる方法 ・意思決定や生徒の福利において利害関係者と協働することの重要性と、生徒や家庭のプライバシー保持の重要性
実践力	・生徒の学習と福利を支援するために、家族や保護者、コミュニティの人々に敬意をはらい、協力関係を築く。 ・保護者などとの効果的なコミュニケーションを行うために、ICTを含む多様な方法を活用し、協働性を高め、学校のプログラムへの参加を促す。 ・保護者の関心、価値、優先事項や、多様な文化やコミュニティを承認した学習環境を確立する方法を知り、活用する。 ・保護者、コミュニティの人々の技能や人的資源を学習活動に取り込む。 ・生徒にとって意味のある学習体験を計画、実施し家庭やコミュニティの中で培われた知識や技能をさらに伸ばす。 ・教育、学校、教職の価値を家族、保護者、地域に推し進める方途を知り、適用する。
価値	・生徒の教育に関して、保護者やコミュニティの中心的役割を担う。 ・生徒の福利を促進し、保護者と協働で学業達成の多様な機会を生徒に提供する。 ・保護者やコミュニティと協働で、生徒の学習を向上させる。

スタンダード9	教職集団に積極的かつ効果的に参加し、貢献する。
知識	• 教育において教員が集団として活動することの重要性 • 個人としての目標を設定する技術 • コミュニケーション、交渉、時間の処理、葛藤処理、問題解決能力 • 集団の原動力 • 効果的な集団を構成する人材の特質 • 高い業績を挙げる集団の特質 • 学校を基盤とする教職集団の役割と責任 • 生徒の学習を支援する専門家などによる支援 • 集団の業績を見直す力
実践力	• 個人としての職務目標を設定し、優先事項を確認する。 • 個人の技能、職務に関する専門的力量、および責任範囲に従って職務集団に参加する。 • 教員、専門家、専門家に準ずる人材、補助教員、その他の関係者と協力して生徒の学習プログラムを計画、実施、評価する。 • 職務上のコミュニケーションのためにICTを活用する。 • 教職集団の活動の見直しに貢献する。
価値	• 教授学習活動を向上させるための同僚性を確立し、維持する。 • 職務集団の一員として、積極的かつ責任を持って活動に参加する。 • 意思決定に参加する。

スタンダード10	反省的な実践と継続的な職能成長に専心する。
知識	• 現代社会における教員の変化する役割 • 学校および当局の政策と説明責任 • 生徒保護に関する職務上の法的および倫理的な責任と義務 • QCTにより設定された教職のためのスタンダードとアカウンタビリティ • 教師の専門職性に関する最新の研究 • 職務に関する自己の学習と自己評価、自己の向上を支援するためのICT等の活用方法、教育研究へのアクセス方法、学習コミュニティや教職ネットワークへの貢献方法 • メンタリングなどの指導技術 • 職能成長の支援 ネットワーク • 反省的実践と生涯学習の方法
実践力	• 自己の教育活動を批判的に省察する。 • 教職スタンダードを用いて自分自身の職務に関する長所、短所を分析し、職務目標を設定する、 • QCTが示す職務要求や倫理要求に適合しているか否かを評価する。 • 教授活動その他の業績を向上させる研修機会を知り、参加方法を知る。 • 学習コミュニティの教職ネットワークを知り、アクセスする。 • 政策や法的、倫理的義務に基づいて義務を遂行する。 • メンター活動や指導、その他の職務活動に積極的に参加する。
価値	• 法的かつ倫理的に職務に念ずる。 • 職務を内省し、改善し、生涯学習に専念する。 • 同僚などと協働で職務を向上させる。 • 教職に対する社会の信頼を高める。

出典：Queensland College of Teachers (2006) *The Professional Standards for Queensland Teachers.* により筆者作成

資料5　クイーンズランド州の「教職専門性スタンダード」（2002年版）

1　教員としての専門的知識および教科の知識の基盤を有し、それを実際に応用する能力 　1-1　急速に変化する社会環境の中での学習と教授活動の意味を理解する。 　1-2　上記の知識をカリキュラム、教授法、評価レポートなどに役立てる。 　1-3　上記の知識を創造し、応用し、さらに発展させる。 　1-4　学習環境の設定、提供、評価における教科横断的知識の位置づけを理解する。 　1-5　社会的、文化的、歴史的、政治的文脈の中での教育の位置づけを理解する。
2　教員という専門的職務に求められる幅広いリテラシーを有し、それを応用する能力 　2-1　言語およびニューメラシーに関して高度な技能を有する。 　2-2　言語、言語学習、言語教育に関する理論を理解し、応用する。 　2-3　自らの教授活動に必要な教科のリテラシーを有する。 　2-4　社会的、文化的文脈における幅広いコミュニケーション能力を有する。 　2-5　複数のリテラシーに精通し、学習環境における情報通信技術に精通する。
3　生徒を引きつけて知的好奇心をかきたてるとともに、支援的な学習環境を作り出す能力 　3-1　教育学、カリキュラムおよび評価の知識と技術をすべての生徒に応用する。 　3-2　生徒および学習に関する知識を有し、個人や集団にとって望ましい成果を促すような学習の機会を作り出す。 　3-3　社会的に公正でインクルーシブな学習環境をつくり、高度な思考と批判的探求心を促す。 　3-4　生徒の言語的、社会的、文化的な立場や、多様な能力、興味・関心を認識する。 　3-5　すべての生徒の学習を支援するよう努力する。
4　学校コミュニティ内外において、倫理に則った教育活動を行う上で必要な様々な人間関係の重要性を理解し、適切な関係を築く専門的能力 　4-1　学習共同体に積極的に関わり、人間関係を構築し、協力することの重要性を認識する。 　4-2　上記の人間関係には、生徒、保護者、同僚以外に、他の専門職員やサポート職員、地域の関係者、教育分野以外の人材などとの関係も含まれる。 　4-3　実践共同体の中で互いに協議し、協力し、批評し合う関係を進んで受け入れる。
5　積極的に研鑽を積み、反省的態度で常に教員としての資質を高めようとする姿勢 　5-1　自らの教授・学習に積極的に取り組み、職能成長にとって実践の振り返りが重要であることを認識する。 　5-2　倫理的かつ社会的に公正な実践を行うために必要とされる多様な、また、時には矛盾を孕んだ価値を批判的に認識する。 　5-3　同僚性の中で自らの専門性を高め、生涯学習者としての自己を確立する。

出典：Queensland Board of Teacher Registration, *Professional Standards for Graduates and Guidelines for Pre-service Teacher Education Programs*, pp.6-7 より筆者作成。

引用・参考文献

【英語文献】

ACDE (Australian Council of Deans of Education) (1998) *Preparing a Profession: Report of the National Standards and Guidelines for Initial Teacher Education Project.*

—— (2005) *Teaching Tomorrow's Teachers:* ACDE submission to the House of Representatives Inquiry into Teacher Education, Canberra: ACDE Inc.

ACER (2008) *OECD Improving School Leadership Activity, Australia: Country Background Report*, A report prepared for the Australian Government Department of Education, Science and Training by ACER.

Ainscow, M., Booth, T., and Dyson, A. (2006) *Improving Schools, Developing Inclusion,* London : Routledge Falmer.

Allen, J. (ed.) (2004) *Sociology of Education,* NSW: Social Science Press.

Alton-Lee, A. (2003) *Quality Teaching for Diverse Students in Schooling: Best Evidence Synthesis,* Wellington: Ministry of Education.

Anstey, M., & Manitzky, J. (2003) "Case Study for the Role of Teacher Registration in Teacher Education: the development of literacy standards in pre-service education in Queensland", *Asia-Pacific Journal of Teacher Education,* Vol.31,No.1, pp.33-50.

Ashman, A., & Elkins, J. (eds.) (2005) *Educating children with diverse abilities,* Frenchs Forest, NSW: Pearson Education.

Ballantyne, R., Bain, J. D., and Preston, B. (2002) *Teacher Education Courses and Completions, Initial teacher education courses and 1999, 2000 and 2001 completions.*

Ballantyne, J. (2003) "Current trends in teacher education : Some implications", Paper presented at the AARE Annual Conference 2003, Auckland.

Barnett, B., Meadmore, D., & Tait, G. (2004) *New Questions for Contemporary Teachers, Taking a Socio-Cultural Approach to Education,* Frenchs Forest, NSW: Pearson Education Australia.

Bartolo, L.D. (2005) "Educational Polarization in Brisbane: Rawls's Least Advantaged and the Myth of Choice", *The Australian Educational Researcher,* Vol.32, No.3. pp.64-82.

Bates, R. (2006) "Educational administration and social justice", *Education, Citizenship and Social Justice,* 2006, Vol.1, pp.141-156.

Banks, J. A. (2002) *An Introduction to Multicultural Education,* Boston: Allyn and Bacon.

―――― (2006) *Race, Culture, and Education : The selected works of James A. Banks,* New York : Routledge.

Banks, J. A., and Banks, C. A. M. (eds.) (2009) *Multicultural Education: issues and perspectives,* Hoboken, N.J. : Wiley.

Bennett, C. I. (1995) *Comprehensive Multicultural Education. Theory and Practice,* Boston: Allyn and Bacon.

Booth, T., and Ainscow, M. (2002) *Index for Inclusion: developing learning and participation in schools,* Bristol: Centre for Studies on Inclusive Education.

Bourke, P. E. (2010) "Inclusive education reform in Queensland: Implications for policy and practice", *International Journal of Inclusive Education,* Vol. 14, No.2, pp.183-193.

Brady, L. (2000) "Directions and Priorities in Teacher Education", *Australian Journal of Teacher Education,* Vol.25, No.1, pp.19-29.

Bray, M., Adamson, B., & Mason, M. (eds.) (2007) *Comparative Education Research Approach and Methods,* Comparative Education Research Centre, The University of Hong Kong, Hong Kong: Springer.

Burstein, N. D., & Cabello, B. (1989) "Preparing Teachers to Work with Culturally Diverse Students: A Teacher Education Model", *Journal of Teacher Education,* Vol. 40, No. 5. pp.9-16.

Cahill, D. (ed.) (1996) *Immigration and Schooling in the 1990s,* Canberra: Commonwealth of Australia.

Carrington, S., & Robinson, S. (2004) "A case study of inclusive school development: a journey of learning", *International Journal of Inclusive Education,* Vol. 8, No.2, pp.141-153.

Carrington, S., & Robinson, S. (2006) "Inclusive school community: Why is it so complex?" *The International Journal of Inclusive Education,* Vol.10, No.4, pp.323-334.

Cochran-Smith, M. (2004) *Walking the Road: Race, Diversity, and Social Justice in Teacher Education,* New York: Teachers College, Columbia University.

―――― (2005) "Studying Teacher Education: What We Know and Need to Know (Editorial) ", *Journal of Teacher Education,* Vol.56, No. 4, pp.301-306.

―――― (2010) *Preparing Teachers for the Challenges of Diversity,* Presentation Powe0Point in JUSTEC Forum 2010.

Cochran-Smith, M., & Zeichner, K. (2005) *Studying Teacher Education: The Report of the AERA Panel on Research and Teacher Education,* Mahwah, NJ: Lawrence Erlbaum.

Collins, C. (2004) "Envisaging a new education studies major: what are the core educational knowledges to be addressed in pre-service teacher education?" *Asia-Pacific Journal of Teacher Education,* Vol. 32, No. 3, pp.227-240.

Connell, R. W. (1993) *Schools and Social Justice,* Philadelphia: Temple University Press.
Darling-Hammond. L. (2000a) "Teacher Quality and Student Achievement: A Review of State Policy Evidence", *Education Policy Analysis Archives,* Vol.8 No.1.
――― (2000b) "How Teacher Education Matters", *Journal of Teacher Education,* Vol.51, No.3, pp.166-173.
――― (2006a) "Constructing 21st-Century Teacher Education", *Journal of Teacher Education,* Vol. 57,No.3. pp. 300-314.
―――(2006b) *Powerful Teacher Education,* San Francisco: Jossey-Bass.
Darling-Hammond, L., & Baratz-Snowden, J.(eds.)(2005) *A Good Teacher in Every Classroom: Preparing the Highly Qualified Teachers Our Children Deserve,* San Francisco: Jossey-Bass. / ダーリングーハモンド，L. & バラッツスノーデン，J.編 / 秋田喜代美・藤田慶子訳『よい教師をすべての教室へ－専門職としての教師に必須の知識とその習得』新曜社。
Darling-Hammond, L., and Bransford, J. (eds.) (2005) *Preparing Teachers for a Changing World: What Teachers Should Learn and Be Able to Do,* San Francisco: Jossey-Bass.
Darling-Hammond, L., French, J., & Garcia-Lopez, S.P. (2002) *Learning to Teach for Social Justice,* New York: Teachers College Press.
Dyson, M. (2005) "Australian Teacher Education: Although Reviewed to the Eyeballs is there Evidence of Significant Change and Where to Now?, *Australian Journal of Teacher Education,* Vol.30, No.1, pp.37-54.
Eckermann, A. (1994) *One Classroom, Many Cultures,* NSW: Allen & Unwin Australia.
Field, S., Kuczera, M., & Pont, B. (2007) *No More Failures: Ten Steps to Equity in Education,* Paris: OECD.
Foreman, P. (ed.) (2001) *Integration & Inclusion in Action,* NSW: Harcourt Australia.
――― (2005) *Inclusion in Action,* VIC: Thomson.
Forest,J.,& Dunn, K. (2006) *Tolerance of Cultural Diversity in Queensland.*
Forlin, C (1999) "Teacher Education for Diversity", *Queensland Journal of Educational Research,* Vol.15, No.2, pp.207-225.
――― (2004) "Promoting inclusivity in Western Australian schools", *International Journal of Inclusive Education,* Vol.8, No.2, pp.185-202.
Gold, Y. (1996) "Beginning Teacher Support: Attrition, Mentoring and Induction", in Sikula, J. (ed.) *Handbook of Research on Teacher Education,* Association of Teacher Education, New York: Macmillan.
Gollnick, D. (1995) "National and state initiatives for multicultural education", in Banks, J. A. (eds.) *Handbook of research on multicultural education,* New York: Macmillan.
Grant, C., & Secada, W. (1990) Preparing teachers for diversity, in Houston, W. R., Haberman,M., & Sikula, J. (eds.) *Handbook of Research on Teacher Education,*

New York: Macmillan, pp.403-422.

Grossman, H. (1995) *Teaching in a Diverse Society*, Boston: Allyn & Bacon.

Groundwater-Smith, S., Brennan, M., McFadden, M., and Mitchell, J. (2003) *Secondary Schooling in a Changing World*, Melbourne: Thomson.

Groundwater-Smith, S., Ewing, R., and Le Cornu, R. (2007) *Teaching Challenges & Dilemmas*, Melbourne: Thomson.

Herbert, J. (2002) "Teacher Education", Paper for AARE Conference, Brisbane.

Hickling-Hudson, A. (2003) "Multicultural Education and the Postcolonial Turn", *Policy Futures in Education*, Vol. 1, No. 2, pp. 381 – 401.

——— (2004) "Educating Teachers For Cultural Diversity and Social Justice", in Hernes, G., and Martin, M. (eds.) *Planning For Diversity: Education in Multi-Ethnic and Multicultural Societies*, Paris: International Institute for Education Planning (UNESCO) ,pp. 270-307.

——— (2006) "Integrating cultural complexity, postcolonial perspectives, and educational change: challenges for comparative educators", *Review of Education*, Vol.52, pp.201-219.

Hickling-Hudson, A., & McMeniman, M. (1993) "Beyond Tokenism: Multicultural and Teacher Education in Australia", in Verma, G. K. (ed.) *Inequality and Teacher Education:* An International Perspective, London: Falmer Press, pp.58-69.

——— (1996) "Pluralism and Australian Teacher Education", in Craft, M. (ed.) *Teacher Education in Plural Societies: An International Review*, London: Falmer Press, pp.16-26.

Holmes, D., Hughes, K., & Julian, R. (2007) *Australian Sociology, A changing Society*, Frenchs Forest, NSW: Pearson Education Australia

Hudson, P., & Hudson, S. (2008) "Changing Preservice Teachers' Attitudes For Teaching In Rural Schools", *Australian Journal of Teacher Education*, Vol.33, 4, pp.67-77.

Human Rights and Equal Opportunity Commission (2000) *"Education Access": National Inquiry into Rural and Remote Education.*

Huntly, H. (2008) "Teachers' Work: Beginning Teachers' Conceptions of Competence, *Australian Educational Researcher*, Vol. 35, No.1, pp.125-145.

Hyde, M., Carpenter, L., and Conway, R. (Eds.) (2010) *Diversity and Inclusion in Australian Schools*, South Melbourne: VIC: Oxford University Press.

Imison, K. (2001) *The Acceptance of Difference: Report of the Review of Gifted and Talented Education in Queensland State Schools Towards 2010.*

Ingvarson, L. (2002) *Development of a National Standards Framework for the Teaching Profession*, ACER Policy Briefs Issue 1.

Ingvarson, L., Beavis, A., Kleinhenz, E., & Elliott, A. (2004) *Pre-service Teacher*

  Education in Australia: A Mapping Study of Selection Processes, Course Structure and Content, and Accreditation Processes, Australian Council for Educational Research（ACER）．
Ingvarson, L.,Beavis, A., and Kleinhenz, E.（2005）*Factors Affecting the Impact of Teacher Education Courses on the Teacher Preparedness,* ACER.
Ingvarson, L., and others（2006）*Teacher Education Accreditation: A review of national and international trends and practices,* Teaching Australia (Australian Institute for Teaching and School Leadership)．
Irvine, J. J.（2003）*Education Teachers for Diversity: Seeing with a Cultural Eye,* New York : Teachers College Press.
Keefe, M., & Carrignton, S.（2006）*Schools and Diversity,* Frenchs Forest, NSW: Pearson Education.
Ladson-Billings, G.（1995）"Multicultural Teacher Education: Research, practice, and policy", in Banks, J. A., and Banks, C. A.（eds.）*Handbook of research on multicultural teacher education,* New York: Macmillan, pp.747-761.
Lake, J., & Williamson, J.（2000）"Australia", in Morris, P., & Williamson, J.（eds.）*Teacher Education in the Asia-Pacific Region, A Comparative Study,* New York: Falmer Press, pp.11-32.
Lang, H. R., & Evans, D. N.（2006）*Models, Strategies, and Methods: For Effective Teaching,* Boston, Allyn & Bacon.
Lingard, B.（1995）"Social Justice and Education", in Board of Teacher Registration *Implications of Social Justice Issues for Teacher Education,* Conference Proceedings, Toowong, QLD: Board of Teacher Registration, pp.4-13.
Lingard, B., & Garrick, B.（1997）"Producing and Practising Social Justice Policy in Education: a policy trajectory study from Queensland, Australia", *International Studies in Sociology of Education,* Vol. 7-2, pp157-179.
Lingard, B., & Mills, M.（2007）"Pedagogies making a difference: issues of social justice and inclusion", *International Journal of Inclusive Education,* Vol,11, No.3, pp.233-244.
Loreman, T., Deppeler, J., & Harvey, D.（2005）*Inclusive Education: A Practical Guide to Supporting Diversity in the Classroom,* NSW: Allen & Urwin.
Luke, A.（1999）*Education 2010 and new times: Why equity and social justice still matter, but differently,* Paper presented to the Education Queensland online conference.
Marginson, S.（1997）*Educating Australia, Government, Economy and Citizen Since 1960,* Cambridge: Cambridge University Press.
Marsh, C.（2000）"Providing for individual differences in learning", in *Handbook for Beginning Teachers,* Ch.14, Melbourne: Longman.
Martinez, L.（2000）*Equity Paper,* Brisbane: Education Queensland.
Matas, C. P., & Bridge, S.（2005）*Federal And State Policies On Multiculturalism And*

The Teaching Of Culture: A Focus On Primary Education, Paper presented at ATEA Conference 2005.

Mayer, D., Mitchell, J., Macdonald, D., and Bell, R. (2005) "Professional standards for teachers : a case study of professional learning", *Asia-Pacific Journal of Teacher Education,* Vol.33, No.2, pp.159-179.

McDonald, H. (2003) *Education for cultural diversity in yet-to-be-imagined times: Local contexts, global concepts.* Paper presented at International Council on Education for Teaching World Assembly, Melbourne.

McMeniman,M. (2004) *Review of the Powers and Functions of the Board of Teacher Registration,* Brisbane: Queensland Government, Department of Education, Training and the Arts.

Melnick, S., & Zeichner, K. (1998) "Teacher education's responsibility to address diversity issues: Enhancing institutional capacity", *Theory into Practice,* No.37 (2) , pp.88-95.

Mills, C. (2006) *Pre-service Teacher Education and the Development of Socially Just Dispositions: A Review of the Literature,* Paper presented at AARE Conference 2006.

―――(2008) "Making a difference: moving beyond the superficial treatment of diversity", *Asia-Pacific Journal of Teacher Education,* Vol.36, No.4, pp.261-275.

Millwater, J., and Beutel, D. (2009) *Transitioning to the Real World of Education,* Frenchs Forest, NSW: Pearson Education Australia.

Milojevic, I., and others (2001) *Moving Forward: students and teachers against racism,* VIC: Eleanor Curtain Publishing.

Nieto, S. (2000) *Affirming Diversity: The Sociopolitical Context of Multicultural Education,* New York : Longman.

OECD (Organization for Economic Co-operation and Development) (2005) *Teachers Matter: Attracting, Developing And Retaining Effective Teachers,* Paris: OECD. / 国立教育政策研究所国際研究・協力部監訳『教員の重要性－優れた教員の確保・育成・定着－』

―――(2010) *Educating Teachers for Diversity: Meeting the Challenge,* Paris: OECD.

Osborne, B. (ed.) (2001) *Teaching, Diversity & Democracy,* VIC: Common Ground.

Partington, G., (2003) "Why Indigenous Issus are an Essential Component of Teacher Education Programs", *Australian Journal of Teacher Education,* Vol.27, No.2, pp.39-48.

Partington, G., & McCudden V. (1993) *Ethnicity and Education,* Wentworth Falls: Social Science Press.

Ramsey, G. (2000) *Quality Matters, Revitalising teaching: Critical times, critical choices, Report of the Review of Teacher Education,* Sydney: New South Wales

Department of Education and Training.
Santoro, N., & Allard, A. (2003) "Troubling identities: teacher education students' constructions of class and ethnicity", Paper presented to NZARE/AARE National Conference 2003.
Sinclair, C., Munns, G., and Woodward, H. (2005) "Get real: making problematic the pathway into the teaching profession", *Asia-Pacific Journal of Teacher Education,* Vol.33, No. 2, pp.209-222.
Singh, M., & Sawyer, W. (2008) "Democracy and robust hope: Queensland's education and training reforms for the future", *Education, Citizenship and Social Justice,* 2008, Vol.3, pp.223-237.
Singh, P. (2004) "Globalization and Education", *Educational Theory,* Vol.54, No.1 ,pp.103-115.
Singh, P., & Taylor, S. (2010) "A new equity deal for schools: a case study of policy-making in Queensland, Australia, *British Journal of Sociology of Education,* Vol. 28, No.3, pp.3010-315.
Skilbeck, M., and Connell, H. (2003) *Attracting, Development and Retaining Effective Teachers: Australian Country Background Report,* Canberra.
──── (2004) *Teachers for the Future: The Changing Nature of Society and Related Issues for the Teaching Workforce,* A report for the Teacher Quality and Educational Leadership Taskforce of the Ministerial Council for Education, Employment, Training and Youth Affairs.
Slee R. (2005) "Education and the politics of recognition, Inclusive education － an Australian snapshot", in Mitchell, D. (ed.) *Contextualizing Inclusive Education: Evaluating old and new international perspectives,* London: Routledge.
──── (2008) "Beyond special and regular schooling? An inclusive education reform agenda", *International Studies in Sociology of Education,* Vol. 18, No. 2, 2008, pp. 99-116.
Sleeter, C.E., & Grant, C.A. (2003) *Making Choices for Multicultural Education: Five Approaches to Race, Class, and Gender,* New York: John Wiley & Sons.
Tangen, D., and others (2008) *Engaging Diverse Learners,* Frenchs Forest, NSW: Pearson Education Australia.
Taylor, S. (1995) "Social Justice and Education: The Implications for Teacher Education", in Board of Teacher Registration, *Implications of Social Justice Issues for Teacher Education: Conference Proceedings,* Toowong, QLD: Board of Teacher Registration.
Taylor, S., and Henry, M. (2003) "Social Justice in a Global Context: Education Queensland's 2010 Strategy", *International Journal of Inclusive Education,* Vol. 7. No. 4, pp.337-355.
Taylor, S., & Singh, P. (2005) "The Logic of Equity Practice in Education Queensland

2010", *Journal of Education Policy,* Vol.20 No.6, pp. 725-740.

Turney, C. (ed.) (1972) *Pioneers of Australian Education: Studies of the Development of Education in the Australian Colonies 1850-1900,* Sydney: Sydney University Press.

UNESCO (2001) *Understanding and Responding to Children's Needs in Inclusive Classrooms, A Guide for Teachers.*

Urbina, A., & Cullen, D. (2000) "Facing the Challenge of Schooling in Australia", Paper presented at Multicultural Education Conference 2000.

Villegas, A.M. (2007) "Dispositions in Teacher Education: A Look At Social Justice", *Journal of Teacher Education,* Vol.58, No.5, pp.370-380.

Watson, L. (2005) *Quality Teaching and School Leadership: A scan of research findings by Louise Watson,* Teaching Australia.

Wesselingh, A. (1997) " Spheres of Justice: the case of education", *International Studies in Sociology of Education,* Vol. 7-2, pp181-94.

Windle J. (2008) "The management and legitimisation of educational inequalities in Australia: some implications for school experience", *International Studies in Sociology of Education,* Vol. 8-3,4, pp157-171.

Zeichner, K. (1996a) "Educating Teachers for Cultural Diversity", in Zeichner, K., Melnick. S., & Gomez, M. L., (eds), *Currents of Reform in Preservice Teacher Education,* pp.133-175.New York: Teachers College Press.

Zeichner, K., & Hoeft, K. (1996b) "Teacher socialization for cultural diversity", in Sikula, J., Buttery, T.J., & Guyton, E. (eds.) *Handbook of research on teacher education* (2nd ed.), New York: Macmillan, pp.525-547.

Zeichner, K. (2009) *Teacher Education and the Struggle for Social Justice,* New York: Routledge.

Zundans, L (2006) "Policy and its impact on inclusion in Australia", *Proceedings of the 2006 Australian Teacher Education Association Conference.*

【日本語文献】

青木麻衣子(2001)「オーストラリアにおける日本語教員の養成・研修に関する考察―南オーストラリア州を事例に」オセアニア教育学会『オセアニア教育研究』第8号、pp.50-65。

―――(2008)『オーストラリアの言語教育政策：多文化主義における「多様性」と「統一性」の揺らぎと共存』、東信堂。

荒川智 (2008)『インクルーシブ教育入門』クリエイツかもがわ。

アラン・ダイソン (2006)「インクルージョンとインクルージョンズ」ハリー・ダニエルズ、フィリップ・ガードナー編、中村満紀男、窪田眞二監訳『世界のインクルーシブ教育』明石書店。

伊井義人（1998）「オーストラリア先住民を対象とした教育支援政策に関する考察－1970年以降の財政的な支援政策を中心に」オセアニア教育学会『オセアニア教育研究』第5号、pp.68-81。

伊井義人（2000）「バチェラーカレッジにみるオーストラリア先住民に対する高等教育－『先住民の知識と「西洋の知識」の狭間で』日本比較教育学会編『比較教育学研究』第26号。

─── (2002)「オーストラリア先住民の教育成果に関する一考察－二つの方向性を視点として」オセアニア教育学会『オセアニア教育研究』第9号、pp.10-23。

飯笹佐代子（2007）『シティズンシップと多文化国家－オーストラリアから読み解く』日本経済評論社。

石附実・笹森健編(2001)『オーストラリア・ニュージーランドの教育』東信堂。

馬越徹（2007）『比較教育学』東信堂。

梅田久枝（2008）「オーストラリアの格差問題対策－労働党新政権の政策展開」、国立国会図書館調査及び立法考査局編『外国の立法』No.236, pp.154-162。

江原武一編著（2002）「多文化教育の国際比較－エスニシティへの教育の対応」玉川大学出版部。

江淵一公（1993）「異文化間教育と多文化教育－研究の意義と課題」異文化間教育学会編『異文化間教育』第7号、アカデミア出版会、pp.4-20。

江淵一公編（1997）『異文化間教育研究入門』玉川大学出版部。

小山内洸（2000）「クイーンズランド（オーストラリア）における公立学校教育と教員養成の現状」『北海道教育大学紀要（教育科学編）』第51巻、第1号、pp.161-176。

川崎誠司(2001)「異文化間トレランスの育成に果たすEquity Pedagogyの意義」異文化間教育学会『異文化間教育』15、pp.69-85。

河村正彦（1976）「オーストラリアにおける教員養成の展開」『日本教育学会大35回大会発表要旨収録』、p.129。

神鳥直子(2002)「多民族に対応する言語教育政策－オーストラリア社会をモデルとして」江原武一編著『多文化教育の国際比較－エスニシティへの教育の対応』玉川大学出版部、pp.265-283。

クリス・バージェス(2005)「日本の大学改革－オーストラリアの教育制度、およびモナッシュ大学の例から学ぶ」オーストラリア学会編『オーストラリア研究』pp.69-84。

黒田一雄(2008)「障害児とEFA－インクルーシブ教育の課題と可能性」小川啓一、西村幹子、北村友人編著『国際教育開発の再検討－途上国の基礎教育普及に向けて』東信堂、pp.214-230。

笹森健(1999)「オーストラリアにおける地方教育行政の再編と方向－クイーンズランド州を中心に」オセアニア教育学会編『オセアニア教育研究』第6号、

pp.6-18。
――― (1999)「オーストラリア―発展著しい多文化主義教育」佐藤三郎編著『世界の教育改革―21世紀への架け橋』東信堂、pp.213-230。
――― (2002)「エスニック・グループに対する教育行政」江原武一編著『多文化教育の国際比較―エスニシティへの教育の対応』玉川大学出版部。
佐藤博志 (2005)「オーストラリアの教員養成」日本教育大学協会編『世界の教員養成Ⅱ 欧米オセアニア編』、pp.125-139。
佐藤博志編著 (2007)『オーストラリア教育改革に学ぶ―学校変革プランの方法と実際』学文社。
塩原良和 (2001)「公的ナショナリズムとしてのマルチカルチュラリズム―現代オーストラリアにおける国民統合言説の再構築」オーストラリア学会『オーストラリア研究』第13号、pp.33-45。
――― (2005)『ネオ・リベラリズムの時代の多文化主義―オーストラリアン・マルティカルチュラリズムの変容』三元社。
下村隆之 (2007)「オーストラリア先住民に対する偏見・差別の現状―初等・中等教育の現場を通じて」オーストラリア学会編『オーストラリア研究』第20号、pp.93-107。
杉本和弘 (2003)『戦後オーストラリアの高等教育改革研究』東信堂。
関根政美 (1991)『マルチカルチュラル・オーストラリア』成文堂。
――― (2000a)『多文化主義社会の到来』朝日選書、朝日新聞社。
――― (2000b)「多文化主義国家オーストラリアの誕生とその現在」『多文化主義・多言語主義の現在』人文書院。
高倉翔編著 (1996)『教育における公正と不公正』教育開発研究所。
竹川慎哉 (2010)『批判的リテラシーの教育―オーストラリア・アメリカにおける現実と課題』明石書店。
竹田いさみ・森健・永野隆行編 (2007)『オーストラリア入門』東京大学出版会。
玉村公二彦・片岡美華 (2006)『オーストラリアにおける「学習困難」への教育的アプローチ』文理閣。
中央教育審議会 (2005)『今後の教員養成・免許制度の在り方について(中間報告)』。
特別なニーズ教育とインテグレーション学会編『特別なニーズ教育と教育改革』クリエイツかもがわ。
中島智子 (1997)「多文化社会オーストラリアの教育」『多文化教育と在日朝鮮人教育Ⅱ』全朝教ブックレット⑧、全国在日朝鮮人教育研究協議会。
中島智子編著 (2000)「多文化教育―多様性のための教育学」明石書店。
西川長夫、渡辺公三、ガバン・マコーマック編 (2000)『多文化主義・多言語主義の現在 カナダ・オーストラリア・そして日本』人文書院。
バーカン, A. / 笹森健監訳 (1995)『オーストラリア教育史』青山社。[Barcan, A. (1980) A History of Australian Education, Oxford University Press.]
バンクス, J. A. / 平沢安政訳 (1999)『入門多文化教育―新しい時代の学校づくり』

明石書店。
フォスター，L. / 吉井弘訳 (1990)『オーストラリアの教育』勁草書房。
前田耕司 (2003)『多文化多民族社会におけるマイノリティ教育の研究』(博士学位申請論文：早稲田大学)。
松尾知明 (1998)「多文化教育と教師教育　アメリカ合衆国における動向と現状」江淵一公編著『トランスカルチュラリズムの研究』明石書店。
─── (2007)『アメリカ多文化教育の再構築－文化多元主義から多文化主義へ』明石書店。
松田陽子 (2009)『多文化社会オーストラリアの言語教育政策』ひつじ書房。
馬渕仁 (2005)「多文化主義・多文化教育へのまなざし」オセアニア教育学会編『オセアニア教育研究』第11号、pp.41-52。
─── (2006)「多文化教育の行方－ビクトリア州を中心として」オーストラリア学会『オーストラリア研究』第18号、pp.83-95。
─── (2010)『クリティーク多文化、異文化－文化の捉え方を超克する』東信堂。
見世千賀子 (1993)「多文化主義政策の確立と多文化教育の展開－オーストラリア連邦政府の選択」『筑波大学教育学研究科教育学研究集録』第17集、pp.55-66。
─── (1995)「オーストラリア連邦政府による1983年以降の多文化教育政策の展開」『筑波大学教育学系論集』第19巻　第2号、pp.79-91。
─── (1997)「オーストラリアにおける多文化教育の展開－クイーンズランド州を事例として」『比較・国際教育』第5号、pp.47-57。
─── (2002)「オーストラリア－多文化社会に向けた公教育の再構築」江原武一編著『多文化教育の国際比較－エスニシティへの教育の対応』玉川大学出版部、pp.176-208。
本多泰洋 (2008)『オーストラリア連邦の個別化才能教育－米国および日本との比較』学文社。
嶺井正也・シャロン・ラストマイヤー (2007)『インクルーシヴ教育に向かって－「サラマンカ宣言」から「障害者権利条約」へ』八月書館。
本柳とみ子 (2005a)『多文化社会に対応した教師教育と教師の資質に関する研究－オーストラリア、クイーンズランド州を事例として』早稲田大学大学院教育学研究科学校教育専攻修士論文。
─── (2005b)「オーストラリアの教員養成課程カリキュラムにおける多文化教育の視点－クイーンズランド州を事例として」オセアニア教育学会『オセアニア教育研究』第11号、pp. 81-94。
─── (2006a)「オーストラリアの教師教育における教員養成スタンダードの機能とその意義」『早稲田大学大学院教育学研究科紀要』別冊第13号-2、pp.205-215。
─── (2006b)「オーストラリアの教員養成カリキュラムにおける教育実習の位置づけとその特質」『早稲田大学大学院教育学研究科紀要』別冊第14号-1、

pp.221-231。
―――(2007a)「オーストラリアの学校教育における多様性への視座の変容―クイーンズランド州を事例として」『国際教育評論』第4号、東京学芸大学国際教育センター、pp.35-50。
―――(2007b)「オーストラリアの教育実習における大学と実習校の連携に関する一考察」『早稲田大学大学院教育学研究科紀要』別冊15号-1、pp.149-159。
―――(2007c)「オーストラリアにおける教員の採用に関する一考察:クイーンズランド州を事例として」オセアニア教育学会『オセアニア教育研究』pp.41-55。
―――(2008a)「オーストラリアの学校教育における多様性への対応―クイーンズランド州のインクルーシブ教育に着目して」日本比較教育学会編『比較教育学研究』第36号、pp.66-85。
―――(2008b)「オーストラリアにおける教員養成の歴史的変遷」『早稲田大学大学院教育学研究科紀要』別冊15号-2、pp.83-93。
―――(2008c)「オーストラリアにおける学校教育の多様性に対応した教員養成」日本国際教育学会『国際教育』第14号、pp.23-42。
―――(2008d)「オーストラリアにおける教員養成プログラムの認定に関する一考察」『早稲田大学大学院教育学研究科紀要』別冊15号-2、pp.95-105。
―――(2009a)「オーストラリアの学校におけるインクルーシブ教育―クイーンズランド州の公立学校を事例として」『早稲田大学大学院教育学研究科紀要』別冊17号-1、pp.123-133。
―――(2009b)「文化的多様性に対応した学校教育―オーストラリアの実践と日本への提言」早稲田大学オーストラリア研究所編『オーストラリア研究―多文化社会日本への提言』オセアニア出版社、pp.89-106。
山中冴子 (2005)「オーストラリアにおける『社会的公正』と障害児者―ニューサウスウェールズ州の教育動向から」早稲田大学オーストラリア研究所編『オーストラリアのマイノリティ研究』オセアニア出版、pp.114-129。
―――(2008)「オーストラリア連邦政府における障害児教育施策の登場―ウィットラム労働党政権(1972～1975年)の教育行政に着目して」『埼玉大学紀要 教育学部』第57号(1)、pp.125-134。
横尾俊 (2008)「我が国の特別な支援を必要とする子どもの教育的ニーズについての考察―英国の教育制度における『特別な教育的ニーズ』の視点から」『国立特別教育支援教育総合研究所研究紀要』第35号、pp.123-136。

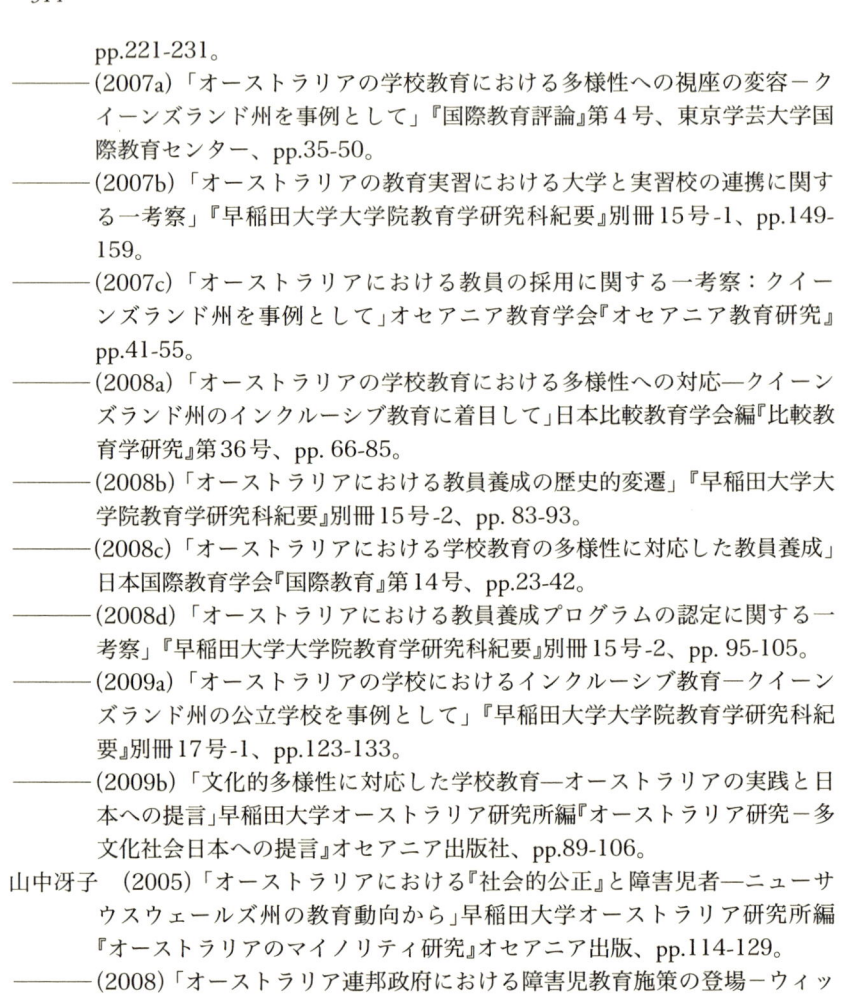

【政府関係機関等刊行物】

Australia Bureau fo Statisitics (2008) *Schools Australia 2008*.
Australian Education Council (1989) *The Hobart Declaration on Schooling*.

―――(1990) *Teacher Education in Australia, A Report to the Australian Education Council by an AEC Working Party,* Canberra: Australian Government Publishing Service (AGPS).

Committee of the Review of Post-arrival Programs and Services for Migrants (Chairman: Galbally, F.) (1978) *Migrant Services and Programs: Report of the Review of Post-Arrival Programs and Services for Migrants,* Canberra: AGPS.

Committee on Multicultural Education, Commonwealth Schools Commission (1979) *Education for Multicultural Society* — Report of the Committee on Multicultural Education, Canberra: AGPS.

Commonwealth of Australia (1999a) *A New Agenda for Multicultural Australia,* Canberra, ACT.

―――(1999b) *Australian Multiculturalism for a New Century: Towards Inclusiveness.*

―――(2003a) *Multicultural Australia: United in Diversity, Updating the 1999 New Agenda for Multicultural Australia: Strategic Directions for 2003-2006.*

―――(2003b) *Attracting, Developing, and Retaining Effective Teachers,* OECD Australian Country Background Report.

―――(2005) *Disability Standards for Education 2005.*

―――(2008) *National Report of Australia for the UNESCO's International Conference on Education 2008.*

DEST (Department of Education, Science and Training) (2000) *Teachers for the 21st Century - Making the Difference.*

―――(2002) *An Ethic of Care: Effective Programs for Beginning Teachers,* Canberra.

―――(2003) *Australia's Teachers: Australia's Future, Advancing Innovation, Science, Technology and Mathematics* (3 Vols.), Canberra: Committee for the Review of Teaching and Teacher Education.

―――(2006a) *Survey of Final Year Teacher Education Students.*

―――(2006b) *Survey of Former Teacher Education Students* (*A Follow-up to the Survey of Final Year Teacher Education Students*).

DETYA (Department of Education, Training and Youth Affairs) (2001) *PD2000 Australia: A National Mapping of School Teacher Professional Development,* Canberra.

DEEWR (Department of Education, Employment and Workplace Relations) (2008a) *Staff in Australian Schools 2007.*

―――(2008b) *The Development of Education, National report for the International Conference on Education,* Geneva.

MCEETYA (Ministerial Council on Education, Employment, Training and Youth Affairs) (1994) *National Strategy for Equity in Schooling,* Melbourne: Curriculum Corporation.

―――(1999) *The Adelaide Declaration on National Goals for Schooling in the Twenty-*

First Century.
——— (2003a) *Demand and Supply of Primary and Secondary School Teachers in Australia*, Canberra.
——— (2003b) *National Framework for Professional Standards for Teaching.*
——— (2006) *Australian Directions in Indigenous Education2005-2008.*
——— (2007) *National Report on Schooling in Australia 2007.*
——— (2008a) *Melbourne Declaration on Educational Goals for Young Australians.*
——— (2008b) *National Report on Schooling in Australia 2008.*
National Multicultural Advisory Council (1999a) *New Agenda for a Multicultural Australia.*
——— (1999b) *Australian Multiculturalism for a New Century: Towards Inclusiveness.*
Queensland Board of Teacher Education (1978) *1978 Review Teacher education in Queensland*, Report of the Committee appointed by the Board of Advanced Education and the Board of Teacher Education to advise on desirable developments in teacher education in Queensland.
——— (1987) *Project 21: Teachers for the Twenty-First Century.*
Queensland Board of Teacher Registration (1992) *Students with Special Educational Needs in Local Schools, Implications for Teacher Education and Development.*
——— (1994a) *Knowledge and Competence for Beginning Teaching, Report of a Policy development Initiative.*
——— (1994b) *Yatha: Aboriginal and Torres Strait Islander Studies in Teacher Education.*
——— (1995a) *Implications of Social Justice Issues for Teacher Education*, Conference Proceedings.
——— (1995b) *Meeting the Diversity of Students' Needs in the Inclusive School.*
——— (1999) *Guidelines on the Acceptability of Teacher Education Programs for Teacher Registration Purposes.*
——— (2001) *Literacy in Teacher Education,: Standards for Pre-service Programs*, A Report of the Literacy in Teacher Education Working Party.
——— (2002) *Professional Standard for Graduate and Guidelines for Pre-service Teacher education Programs.*
——— (2003) *The Multiple Faces of Internships, Report of Phase One of a BTR Project on Internships in Preservice Teacher Education.*
——— (2004) *Indigenous Education-Everybody's Business: Implications for teacher education*, A report of the Working Party on Indigenous Studies in Teacher Education.
Queensland College of Teachers (2006) *Professional Standards for Queensland Teachers.*
——— (2007) *Program Approval Guidelines for Preservice Teacher Education.*
——— (2008) *Annual Report* 2007.

―――（2009）*Annual Report* 2008.
Queensland Government, Department of Education（1971）*Teacher Education in Queensland: Report of the Committee to Review Teacher Education in Relation to the Needs and Resources of Queensland and to make Recommendations on the Future Development of Teacher Education.*
―――（1985）*Female Teachers in Queensland State Schools: A history 1860-1983.*
―――（1994）*Social Justice Strategies, Book1 A Framework for Action, Book2 Issues and Strategies.*
―――（1998a）*Cultural and Language Diversity in Education: Policy and Information Sheets*, Brisbane: Education Queensland.
―――（1998b）*Handout 3.5, CS-15: Principles of inclusive curriculum.*
―――（2000）*Queensland the Smart State, Education and Training Reforms for the Future: Green Paper.*
―――（2002a）*Queensland State Education 2010.*
―――（2002b）*Professional Standards for Teachers, Guidelines for Professional Practice.*
―――（2002c）*Queensland the Smart State, Education and Training Reforms for the Future: A White Paper.*
―――（2004）*The Report of the Ministerial Taskforce on Inclusive Education*（students with disabilities）, Brisbane: Education Queensland.
―――（2005）*Inclusive Education Statement 2005.*
―――（2006）*CRP-PR-009: Inclusive Education.*
―――（2010）*Review of Teacher Education and School Induction, Second Report-Full Report.*
備考：クイーンズランド州教育省および関連する部署の名称については表記をDepartment of Educationに統一した。

【高等教育機関資料】
Kelvin Grove College of Advanced Education（1981）*Course Handbook 1981.*
Brisbane College of Advanced Education（1985）*Course Handbook 1985.*
Brisbane College of Advanced Education（1990）*Course Handbook 1990.*
Griffith University（2009）*Student Handbook 2009.*
James Cook University, Faculty of Arts, Education and Social Sciences（2009）*Student Handbook 2009.*
Queensland University of Technology（1997）*Handbook 1997.*
―――（2003）*Pathways to a Professional Portfolio: An Introduction to your Teacher Education Program at QUT.*
―――（2009）*Handbook 2009.*

ウェブサイト

ABS (Australian Bureau of Statistics)
　　　http://www.abs.gov.au/websitedbs/D3310114.nsf/home/home?opendocument
Australian Government, Department of Education, Employment and Workplace Relations
　　　http://www.deewr.gov.au/Pages/default.aspx
Queensland College of Teachers
　　　http://www.qct.edu.au/
Queensland Government, Department of Education and Training and Arts
　　　http://education.qld.gov.au/
Queensland Government, Office of Economic and Statistic Research
　　　http://www.oesr.qld.gov.au/about-statistics/index.php
MCEETYA (MCEECDYA)
　　　http://www.mceecdya.edu.au/mceecdya/
Queensland Studies Authority
　　　http://www.qsa.qld.edu.au/

James Cook University	http://www.jcu.edu.au/
Griffith University	http://www.griffith.edu.au/
Queensland University of Technology	http://www.qut.edu.au/

あとがき

　小学生のときの記憶である。クラスの中に授業中じっと座っていることができず、教室内を歩き回る女子がいた。授業が始まると彼女はあちこちの児童の席に行っては、話しかけたり、机の上の文房具をさわったりしていた。彼女に知的障害があり、学習内容をほとんど理解していないことは、小学生の私の目にも明らかだった。しかし、大声を出したり、暴れたりするということはなかったので、あまり問題にされなかった。周囲は彼女の行動を日常的なこととして受け入れていたように思う。担任も、時には席に連れ戻したり、特別な課題を与えたりすることもあったが、黙って見守っていることの方が多かった。そんな彼女も、興味のある作業は行ったし、班活動にも参加した。休み時間も私たちといっしょに遊んだりした。修学旅行も行動を共にした。私も、彼女が他の児童とはどこか違うと感じていたが、彼女が教室にいることへの違和感はなかった。彼女を「排除」する雰囲気もクラスにはなかった。その後も、中学、高校と進む中で、様々なクラスメートと学校生活をおくった。障害のある生徒の他にも、出自や経済的背景、宗教、性的指向などクラスメートの背景は多様だった。「インクルージョン」や「インクルーシブ教育」ということばこそ耳にしなかったが、あの頃の学校はある意味で「インクルーシブ」な学校だったような気がする。
　しかし、教員になってからは印象が変わった。勤務校にも障害のある生徒はおり、病弱な生徒や病気の後遺症で身体の自由がきかない生徒、経済的に厳しい家庭の生徒、外国から転入してきた生徒などもいた。親と死別し、祖父母に育てられていた生徒や親の虐待を受けている生徒もおり、配慮や支援

を必要とする生徒は少なくなかった。また、表面上は問題がないように見えても、家庭や学校で居場所を見つけられない生徒、集団生活が不得手な生徒、学習上の困難を抱える生徒など、教育的配慮の必要な生徒はたくさんいた。しかし、そうした生徒に適切な対応がなされていたかというと、決してそうではなかったと思える。制度面でも、教員の対応面でも問題を感じることは多かった。個性重視が標榜される一方で、他の生徒と「異なる」ことが不利に働くこともあり、時に、「排除」されることすらあった。最初に紹介したような行動をする生徒は、明らかにクラスの「お荷物」扱いされ、授業の邪魔になるとして「排除」された。「これでいいのだろうか。」という思いが少しずつ私の中で積み重なっていった。そんな時に出会ったのがオーストラリアの教育である。

　ある年、研修でオーストラリアを訪れた私は、現地の学校をいくつか訪問する機会を得た。そして新鮮な驚きを感じた。肌の色、髪の色、目の色、そして、休み時間に話している言葉すら異なる生徒たちが、同じ教室で実に伸び伸びと学習しているのである。先住民の生徒もいればイスラムの生徒もいる。欧米系の生徒もいればアフリカ系、アジア系など多様な民族的背景の生徒がいた。その中にはオーストラリアに来たばかりの移民の生徒もいたが、彼らは必要に応じてESLの指導を受けていた。車椅子の生徒も通常のクラスでたくさん見かけたが、必ずと言ってよいほど介助の補助教員がついていた。授業をする教員も一人一人への言葉かけなど、きめ細やかな対応をしていた。これが多文化社会の学校なのかと思わせる新鮮かつ衝撃的な体験だった。そして、この体験が数年後の私に大きな決断をさせるきっかけとなる。その後も何度かオーストラリアの学校を訪問する機会に恵まれ、50歳を前にして教員をやめる決断をしたのである。そして、いささか遅いスタートではあったが、大学院でオーストラリアの教育について研究を始めることにした。

　本書は、筆者が2011年に早稲田大学に提出した博士論文に大幅な加筆と修正をしたものである。本書が刊行されるまでには、多くの方々のご指導と

ご支援をいただいた。博士論文の執筆に際しては、早稲田大学教育・総合科学学術院教授の長島啓記先生からこの上もなく温かいご指導を賜った。26年間の教職を辞し、大学院への進学を決めた私ではあったが、研究を始めるにあたって不安や迷いがなかったわけではない。そこで、先生が当時勤務しておられた静岡の大学を訪問し、相談に乗っていただいた。その際に、先生は研究の後押しとなる助言と励ましのことばをたくさんくださった。あの日の先生との出会いがなかったら、大学院での研究も、本書の出版もなかったであろうと考えると、感慨深いものがある。長島先生には大学院の修士課程から博士課程まで10年近くご指導をいただき、資料収集、文献講読、現地調査、学会発表など研究に関するあらゆることを丁寧に教えていただいた。論文を執筆する際には一字一句に神経を使うことや、研究に対して真摯に取り組むことの大切さも教えていただいた。個人の意思を最大限尊重し、院生一人一人の自主性と自律性を重視して指導される先生の姿からは、教育者としても多くのことを学ばせていただいた。先生には心からお礼を申し上げたい。

　博士論文では、副査をしていただいた早稲田大学教育・総合科学学術院教授の前田耕司先生、日本語教育研究科教授の宮崎里司先生、大阪教育大学教職教育研究開発センター教授の冨田福代先生からも、貴重なご意見とご指導を賜った。前田先生には修士課程の時から授業等でご指導いただき、修士論文の副査も務めていただいた。宮崎先生には大学院で研究を始める前から一般社会人として授業に参加させていただいており、オーストラリアを研究のフィールドとするきっかけを作っていただいた。教師教育研究の専門家である冨田先生は、学会等でお会いするたびに貴重なアドバイスをくださり、博士論文の審査でも的確なご指摘をたくさんくださった。本書は、先生方のそうしたご指導を少しでも反映させたいという思いで執筆したが、どれだけ実現できたか心許ない限りである。先生方に満足していただけるような成果を追及して、さらに研究を続けていきたいと思う。

　なお、早稲田大学では他にもたくさんの先生方にご指導とご支援をいただいた。日本語教育研究科教授の川上郁雄先生は、ゼミで実施されたオースト

ラリアの現地調査に参加させてくださり、本研究の下地となる貴重な情報を入手する機会を与えてくださった。法学部教授の澤田敬司先生には、学部の授業や自主ゼミで幅広い分野の勉強をさせていただき、書籍の執筆にも携わらせていただいた。研究を進める中では挫折もたびたび経験したが、一院生の私に心温まる励ましの言葉をかけてくださった先生方がたくさんおられたから、研究を続けることができたと思っている。すべてのお名前をここに記すことはできないが、先生方には今でも感謝の気持ちでいっぱいである。

　調査のために度々訪れたオーストラリアでも、数えきれないほどの方々にお世話になった。クイーンズランド工科大学のアン・ハドソン先生、キャシー・ドハティー先生、スザンヌ・カリントン先生など、研究の第一線で活躍されているたくさんの先生方の研究室をお訪ねし、貴重な情報と助言をいただいたことは、この上なく有難かった。グリフィス大学やジェームズ・クック大学でも、多くの先生方がインタビューの時間を取ってくださり、授業にも参加させてくださった。ジェームズ・クック大学のバリー・オズボーン先生ご夫妻は、調査でケアンズを訪れた私をご自宅に滞在させてくださり、研究に関する貴重なアドバイスをたくさんくださった。また、グリーンスロープス小学校のカトリーヌ・カマラッタ先生は、インタビューや授業見学だけでなく、ご家庭に滞在させてくださり、指導案や教材など現場の貴重な資料をたくさん提供してくださった。一人一人の子どもを心から大切にして、指導にあたる先生からは教えられることが多く、先生のご家族とは今でもお付き合いさせていただいている。そして、もう一人、私の研究に欠かせない存在がA.D.（本書ではAlexの仮名で記載）である。私は、彼がグリフィス大学の教員養成課程に在籍していた時に日本で知り合い、ブリスベンで中等学校の教員になって以降も親交を深めている。A.Dには教員養成課程の学生として養成現場の生の情報をたくさん提供してもらったが、特に、本書の第4章で付論として記した彼のポートフォリオは、教職課程の学生としての貴重な成長記録である。それを研究資料として使用し、本書に掲載することを快諾してくれたA.D.には心から感謝している。他にも、教育省や教員登録機関、学習局、教員組合などの教育関係機関の方々からたくさんの情報をいただき、オース

トラリアと日本の教育について語り合う機会を持つことができた。書面を借りてお礼の気持ちを伝えたい。

　また、本書の刊行にあたっては、東信堂の下田勝司氏に出版を快く引き受けていただき、出版作業でも大変お世話になった。厚くお礼申し上げたい。

　最後に、大学院で共に学び、研究し、年長の私を労わりながらも若い感性で率直かつ有意義な意見をたくさん提供してくれた長島ゼミの院生仲間、そして、私の研究を陰ながら見守ってくれた家族に「ありがとう」と言いたい。

2013年10月

本柳とみ子

索引

1964年教育法	125
1988年教育(教員登録)法	125
1999年教育(教員登録)条例	125
2005年教育(クイーンズランド・カレッジ・オブ・ティーチャーズ)法	125
2006年教育法	41
DEEWR	x, 89, 90, 113, 292, 315
DEST	x, 89〜91, 315
ESL	x, 23, 58, 59, 74, 78, 98, 177, 221, 241, 242, 274, 275, 281, 293
ETRF	x, 45, 87
LOTE	x, 90, 111, 112, 132
MCEETYA	x, 30, 39, 49, 50, 61, 64, 66, 81, 86, 88, 89, 91, 93, 94, 315, 319
OECD	x, 3, 4, 23, 25, 30, 147, 264, 283, 303, 305, 308, 315
QSE2010	45〜47, 169

あ行

アクション・リサーチ　141, 217, 218, 245, 265, 276, 278
アシュマン(Ashman, A.)&エルキンス(Elkins, J.)　12, 27, 250
アデレード宣言　64, 65, 86, 93
アボリジニ　3, 48, 84, 90, 96, 201, 221
移民　3, 4, 16, 17, 23, 25, 31〜33, 38, 48, 58, 59, 60, 64, 70, 86, 90, 92, 103, 170, 221, 225, 239, 270
移民制限法　58
インクルーシブ教育　i, viii, 5〜8, 11〜14, 16〜18, 23, 54, 65, 70〜74, 76〜78, 80, 84, 94, 95, 119, 157, 160, 161, 168, 169, 172, 174, 179, 180, 204〜207, 209, 210, 214, 216〜218, 220, 222〜225, 227, 232, 233, 235, 236, 238, 239, 241, 243, 245, 247, 253, 262, 271, 275, 277, 278, 283, 310, 311, 314
インクルーシブ教育声明　71, 94
インクルージョン　ii, 7, 37, 46, 54, 55, 75, 78, 136, 166, 196, 209, 210, 212, 220, 222, 255, 256, 260, 262, 310
インターンシップ　161, 168, 172, 179〜181, 186, 193, 211, 212
英語以外の言語→LOTE　x, 23, 31, 43, 58, 59, 93, 132
英才　13, 94, 119, 201, 202, 205, 216, 217, 232, 235, 292, 295
エッカーマン(Eckermann, A.)　11, 76
遠隔教育　44, 49, 86, 165
遠隔地　x, 3, 17, 32, 35, 39, 44, 48, 49, 50, 52, 53, 64, 65, 85, 86, 88, 102, 111, 134, 135, 138, 165, 166, 168, 170, 186, 196, 197, 201, 205, 221, 227, 241, 282
遠隔地域奨励制度　134
遠隔地教育　201, 227, 241
遠隔地教員養成プログラム　x, 111, 166, 196, 282
オーストラリアカトリック大学　108, 109, 112, 113
オーストラリア標準英語　48, 242
オズボーン(Osborn, B.)　14

か行

学習局　x, 41, 43, 86, 89, 121, 126
学習困難　10, 17, 64, 75, 94, 119, 163, 201, 202, 211, 220, 222, 224, 241, 249, 259, 262, 292, 295, 312
学習障害　10, 23, 163, 220, 222, 232
カリキュラム研究　155, 156, 160, 161, 163, 164, 168, 174, 177〜179, 181, 214, 215, 216, 225, 226, 252, 266
ガルバリー報告　59

帰化法　　　　　　　　　　58
期限付き雇用　　　　40, 53, 86
技術継続教育機関（TAFE）　x, 135
教育科学訓練省→DEST　　　 x
教育局　　　　　x, 41, 103, 104
教育訓練芸術省（教育省）　41, 86
教育雇用職場関係省→DEEWR　 x
教育実習　ix, 57, 72, 80, 83, 113, 121, 122,
　　　　133, 149, 150～152, 154～157,
　　　　160, 161, 164, 165, 167～174, 176, 177,
　　　　179～186, 188～190, 194, 195, 197,
　　　　198, 200～202, 204, 205, 209～215,
　　　　217, 218, 220, 224～227, 231,
　　　　235～240, 242～246, 248, 250～253,
　　　　259, 264～267, 274, 276, 278～282,
　　　　313, 314
教育実習オフィス　185, 186, 188～190
教育実習コンソーシアム　185, 186, 188
教育省　　　36, 40, 41, 43, 44, 51, 53,
　　　　57, 69, 71, 72, 75, 86, 88, 89, 93, 95, 99,
　　　　104, 121, 125, 126, 130, 131, 133～138,
　　　　141, 144～146, 165, 184, 220, 255, 260,
　　　　275, 317
教育庁　　　　　　　　　　41
教育的ニーズ　i, 4, 6, 7, 10, 11, 13, 15,
　　　　16, 18, 20, 24, 28, 31, 46～48, 54, 74,
　　　　76, 77, 78, 120, 160, 178, 199, 202, 205,
　　　　207, 209, 211, 214, 216～219, 223, 225,
　　　　233, 235, 236, 243, 245, 248, 250～252,
　　　　255, 258～262, 269, 271, 272, 275, 278,
　　　　281, 314
教員カレッジ　102～105, 107, 138, 142,
　　　　158, 170, 171, 196
教員採用　viii, 99, 131, 132, 138, 273
教員資質向上プログラム　66, 67, 135, 282
教員登録　　　　viii, x, 41, 66, 99,
　　　　110, 111, 114, 115, 121, 123～131, 135,
　　　　137, 139, 140, 145, 146, 148, 150, 153,
　　　　155, 156, 159, 160, 166, 169, 171, 175,
　　　　187, 191, 204, 207, 233, 237, 240, 267,
　　　　273, 282
教員登録機関　viii, 41, 99, 110, 111, 114,
　　　　115, 121, 123～130, 137, 140, 146, 159,
　　　　160, 166, 175, 187, 191, 207, 237
教員養成　　　　i, viii, ix, x, 1, 6,
　　　　8～11, 13～15, 17, 18～22, 25, 28～
　　　　30, 41, 46, 53～57, 65, 66, 72, 80～84,
　　　　99～102, 104～111, 113～116, 121
　　　　～127, 131, 137～142, 144, 145, 149,
　　　　150, 153, 155, 157～159, 163, 165, 166,
　　　　168～171, 175, 176, 188, 189, 191, 194
　　　　～196, 199, 201, 206～208, 214, 223,
　　　　229, 230, 233～237, 239～241, 244～
　　　　248, 261～263, 265, 266, 269, 272～
　　　　277, 279～282, 285, 291, 311～314
教員養成学校　　　　　　100, 141
教員養成カレッジ101, 102, 141, 142, 157,
　　　　158
教員養成プログラム　viii, ix, x, 14, 15,
　　　　17～20, 22, 28, 41, 53～57, 72, 80～
　　　　82, 84, 99, 104, 105, 108, 110, 111, 114,
　　　　115, 121～123, 125～127, 131, 139,
　　　　149, 150, 155, 166, 169, 176, 191, 195,
　　　　196, 199, 201, 234, 240, 248, 262, 269,
　　　　273, 275, 276, 277, 280, 282, 314
教員養成プログラムの認定　viii, 41, 114,
　　　　121, 123, 125, 126, 139, 282, 314
教科専門科目　viii, ix, 19, 113, 151,
　　　　156, 160, 161, 163, 164, 166～168, 170,
　　　　175～178, 180, 194, 197, 206, 208, 216,
　　　　224, 232, 240, 241, 245, 279, 280
教授ディプロマ　150, 152, 199, 202
教授法　　　8, 11～13, 18, 47, 77,
　　　　80, 81, 83, 114, 115, 151, 154, 163, 164,
　　　　169, 177, 193, 210, 214, 218, 226, 228,
　　　　229, 232, 237, 239, 244, 245, 254, 259,
　　　　260, 265, 278, 279, 280, 302
教職専門科目　ix, 19, 80, 113, 114, 121,

156, 160, 161, 163, 164, 166〜168, 170, 172, 176〜180, 194, 195, 199〜203, 205, 208, 210, 216, 217, 224, 226, 232, 235〜237, 240, 241, 245, 276, 277, 279, 280
教職専門性スタンダード　viii, 18, 65, 67, 79, 94, 114, 115, 118, 121, 122, 133, 139, 141, 149, 159, 160, 166, 167, 169, 171〜176, 184, 191, 192, 197, 233, 239, 240, 243, 246, 271, 274, 275〜277, 279, 281, 285, 301, 302
教職復帰プログラム　121, 126, 130
教職フレームワーク　66, 67, 94
クイーンズランド・カレッジ・オブ・ティーチャーズ（QCT）　x, 125
クイーンズランド工科大学　viii, ix, xi, 82, 106, 109, 111, 113, 149, 150, 155, 157, 158, 161〜163, 165, 170〜172, 176, 177, 179〜181, 183, 184, 191, 193, 194, 197, 198, 204, 205, 208, 210, 214〜216, 244, 265
クイーンズランド州の教育2010 →QSE2010　44
クイーンズランド大学　81, 102, 108, 109, 111〜113, 143, 165, 289
グラデュエート・ディプロマ　109, 110〜112, 287
グランドウォーター＝スミス（Groundwater-Smith, S.）　12, 256
クリスチャンヘリテッジカレッジ　108, 109, 112, 113
グリフィス大学　viii, ix, xii, 106, 109, 111, 113, 149, 157, 162, 164, 170, 172, 173, 179, 180, 182, 191, 193, 194, 197, 216, 217, 223, 224, 245, 248, 265〜267
グローバリゼーション　ii, 115, 269, 270, 282, 297
グローバル化　i, 14, 31, 47, 272
経済協力開発機構→OECD　x, 3

結果の平等　8, 51
ケルビングローブ高等教育カレッジ　viii, ix, 150, 151, 199, 200
言語に関する国家政策　60, 91
研修スタンダード　viii, 136, 147
研修フレームワーク　126, 130
現職教育　274, 275
講義　ix, 212, 213, 218〜222, 228, 229, 245, 263, 265, 279, 289
高等教育カレッジ　viii, ix, x, 104, 105, 107, 108, 142, 149〜155, 157, 163, 165, 199〜204, 273, 289
高等教育入学志願センター　x, 110
高等教育費負担制度　x
公平性　a, ii, iii, 1, 4, 6〜8, 15, 25, 36, 50, 51, 62〜65, 71, 75, 81, 83, 89, 92, 119, 120, 153, 162, 163, 184, 209, 210, 224, 233, 243, 260, 269, 270, 274, 281, 296
公平性のための国家計画　63, 64, 81, 270
コーエン委員会　104
コクラン＝スミス（Cochran-Smith, M.）　13, 265
個別教育計画　75, 249
コミュニティサービス　167, 168, 170, 209, 226

さ行

サービスラーニング　209, 210, 244
差異　i, ix, 7, 13, 18, 26, 48, 50, 55〜57, 105, 116, 153, 164, 173, 179, 180, 202, 205, 206, 213, 216〜218, 220, 223〜236, 244, 245, 248, 249, 252, 256, 260, 261, 271, 278, 295
才能教育　217, 241, 313
サザンクイーンズランド大学　108, 109, 112, 113
サラマンカ宣言　5, 6, 24, 70, 313
参加と公平性プログラム　63, 92

サンシャインコースト大学　109, 112, 113
暫定登録　110, 115, 116, 129～131, 137
ジェームズ・クック大学　viii,
　　ix, xi, 105, 107, 109, 111, 113, 142, 149,
　　157, 165, 170, 172～74, 179, 180, 182,
　　191, 193, 195, 197, 224, 230～232, 244
ジェンダー　　i, 3, 7, 10, 12, 17, 62,
　　64, 70, 72, 77, 81, 89, 94, 119, 122, 196,
　　203～206, 209～211, 213, 216, 224～
　　　　　　　227, 229, 232, 250, 270, 295
実習コーディネーター　186～188, 190,
　　　　　　　　　　　　　　　　　198
実習指導教員　　　　182, 184, 186, 187,
　　　　　　　　189, 190, 198, 246, 255
社会経済的階層　　i, viii, 4, 7, 50, 204,
　　　　　　　　211, 216, 225, 270, 271
社会体験　　83, 164, 179, 181, 195, 196,
　　　　　　　　　　217, 242, 253, 278
社会的公正　　　ii, viii, 4～6, 8, 10,
　　12～20, 22, 23, 26, 28, 29, 36, 37, 45
　　～48, 50, 51, 62～65, 67～73, 76, 77,
　　80～84, 92, 93, 159, 162, 163, 199, 202,
　　204, 207～209, 212, 214, 216～218,
　　224～227, 229, 232, 233, 235, 237～
　　248, 262, 263, 265, 269～271, 275, 277
　　　　　　　　　　　　　　　～280, 314
社会的公正計画　　　67～70, 73, 76, 77,
　　　　　　　　80～82, 204, 208, 263, 270
社会的排除　　　　　　　　　　　5, 92
ジャヤスリヤ報告　　　　　　　　　62
就学前教育　39, 43, 46, 87, 93, 110, 125,
　　　　　　　　　　　138, 281, 287, 288
終身雇用　　40, 53, 86, 131, 133, 134, 146
主専攻　　　　　　151, 152, 156, 176, 177
首都直轄区　　　　　　　x, 29, 286, 287
障害　　ii, 4～7, 10, 12～14, 17, 18, 23,
　　24, 26, 36, 46～48, 54, 55, 63～65, 68,
　　70,～72, 75, 87, 92, 95, 119, 132, 133,
　　158, 160, 163, 170, 210～212, 216, 220,
　　222～226, 232, 235, 241, 249, 250, 252,
　　253, 259, 261, 262, 271, 288, 292, 295,
　　　　　　　　　　　　　　311, 313, 314
障害児教育　10, 12, 14, 163, 211, 212, 314
障害者権利条約　　　　　　　5, 24, 313
障害者差別禁止法　　　　　　63, 70, 222
情報通信技術　　i, 93, 114, 122, 126, 135,
　　157, 160, 169, 172, 178～180, 193, 207,
　　208, 210, 226, 227, 270, 274, 292, 302
将来に向けた教育と訓練の改革→ETRF
　　　　　　　　　　　　　　　　x, 45
職業教育　43, 87, 91, 103, 110～112, 142,
　　　　　164, 168, 173, 179, 207, 217, 227
シラバス　　21, 27, 43, 130, 171, 203, 208,
　　　　　　　　　　　215, 221, 246
事例研究　　　　　　　28, 265, 276
人権および機会平等法　　　　　　63
人種差別禁止法　　　　　　　　59, 69
正規登録　　　　116, 129, 130, 131, 137
性差別禁止法　　　　　　　　　　63
青少年教育訓練参加法　　　　　　46
成績通知　　54, 55, 57, 75, 120, 226, 296
生徒休業日　　　　　　　　　79, 135
全国学校教育目標　43, 44, 66, 157, 204,
　　　　　　　　　　　　　　207, 274
全国教育雇用訓練青少年問題審議会
　　→MCEETYA　　　　　　　　61
全国教職専門性スタンダード　　　67
全国先住民教育政策　　　　　　　61
全国統一制度　　　　　　　107, 142
先住民　　　　　x, 3, 4, 10～12, 14,
　　17, 23, 26, 32, 33, 35, 37, 38, 41, 46～
　　48, 53, 60～65, 80, 81, 84, 86, 88, 91,
　　～94, 112, 114, 118, 119, 122, 132, 133,
　　144, 149, 155, 157, 158, 160～162, 165,
　　166, 168～170, 172, 173, 178, 179, 180,
　　195, 196, 202～211, 214, 221, 225～
　　229, 231, 232, 235, 239, 241～244, 253,
　　　　　263, 275, 278, 281, 295, 311, 312

先住民教育　　x, 10, 14, 60, 61, 80, 86, 112, 114, 157, 160, 161, 165, 170, 172, 178～180, 195, 203, 205～211, 214, 226, 228, 231, 241, 243, 244, 275, 278, 281
先住民教育援助計画　　61
先住民教育政策　　60, 61, 205, 206
先住民土地権利法　　60
先住民ユニット　　158, 162, 209
セントラルクイーンズランド大学　　108, 109, 112, 113
相互承認法　　66, 131

た行

ターゲット・グループ　　7, 47, 50, 64, 68, 81～83, 110, 119, 144, 158, 169, 235, 238, 241, 242, 270, 271, 277
ダーリング＝ハモンド（Darling-Hammond, L.）　　13, 14, 28, 265
第二言語としての英語→ESL　　x, 23, 58
卓越性　　65, 153
多文化　　i, ii, 3～18, 22～29, 33, 45, 47, 59, 60, 62, 63, 65, 69, 70, 76, 84, 85, 88, 90, 91, 93, 114, 149, 150, 153, 156, 195, 199, 200, 202～204, 206, 207, 225, 229, 235, 241, 247, 263, 270, 274, 275, 277, 282, 283, 310～314
多文化教育　　i, 4, 6, 8～14, 16～18, 23～26, 29, 59, 60, 65, 70, 76, 84, 85, 90, 93, 150, 153, 156, 200, 202, 206, 207, 225, 229, 235, 241, 247, 263, 270, 274, 275, 282, 283, 311～313
多文化主義　　ii, 4, 5, 9, 10, 14, 15, 22, 23, 26, 29, 33, 45, 47, 59, 62, 63, 70, 88, 90, 149, 150, 156, 195, 202, 203, 206, 207, 263, 270, 274, 283, 310, 312, 313
多様性　　a, i, ii, iii, ix, 1, 3～9, 11～24, 26～29, 31～37, 45～48, 50, 55～57, 59, 62, 65～67, 69～78, 81, 83, 84, 88, 93～95, 114～120, 128, 132, 139, 147, 149, 153, 156, 159, 160, 168, 174, 179, 180, 193, 195, 199～212, 214, 216～218, 220, 223～230, 232～249, 254, 255, 262, 263, 265, 269～272, 274,～281, 295, 310, 312, 314
チュートリアル　　213, 218～221, 228～230, 245, 249, 263, 265
ツァイヒナー（Zeichner, K.）　　14, 28, 265
テイラー（Taylor, S.）　　82
同化政策　　58, 60
統合アプローチ　　208, 235, 241, 263, 277, 278
ドーキンス改革　　105, 107
特別支援学校　　39, 48, 87, 125, 287, 288
特別ニーズ教育　　10, 23, 57, 111, 114, 157, 241, 274
トレス海峡諸島嶼民　　3, 88

な行

二元制　　105, 107
ニューメラシー　　43, 44, 87, 93, 114, 116, 119, 122, 168, 169, 172, 184, 207, 210, 211, 215, 226, 227, 249, 254, 274, 293, 302

は行

パーティントン（Partington, G.）　　11, 14, 26, 76, 144
ハーバート（Herbert, J.）　　14
ハイド（Hyde, M.）　　12
白豪主義　　58, 59, 274
バチェラー　　105, 109～112, 153, 158, 159, 195, 287, 311
8大学　　108, 143, 289
パブリックサービス法　　79, 133
バンクス（Banks．J. A.）　　4, 11, 23, 76, 144, 312
比較教育学　　10, 20, 24, 25, 201, 311, 314

ヒックリング＝ハドソン(Hickling-Hudson, A.) 14
フィールドワーク 10, 155, 156, 161, 170, 205, 206, 210, 211, 225〜227, 236, 242, 244
フォーリン(Forlin, C.) 14
副専攻 151, 152, 156, 176, 177
ブリスベン高等教育カレッジ viii, ix, 105, 150〜155, 163, 201〜204
プログラムガイドライン viii, 114, 121, 122, 178
文化的アイデンティティ 45, 166, 211, 225〜227, 231, 239, 244, 245
文化的・言語的多様性政策 69, 71, 74, 76〜78
包摂 4, 5, 7, 8, 10, 16, 17, 25, 62, 63, 70, 77, 92, 114, 123, 173, 204〜206, 222, 232, 233, 235, 271
ポートフォリオ 28, 133, 146, 175, 182, 183, 242, 245, 246, 248, 249, 255, 259, 260, 262, 265, 266〜278
北部準州 x, 29, 60, 84, 131, 286, 288
保護者と市民連合 135
補助教員(teacher aid) 41, 78, 101, 255, 281, 300
ホバート宣言 63, 64, 93, 150, 153, 157, 204, 207
ボンド大学 108, 109, 112, 113

ま行

マーティン委員会 104
マクナマラ報告 59
馬渕仁 26, 283, 313
マレー委員会 104
見世千賀子 25, 29, 90, 93, 282, 313
見習い制度 100〜103, 138, 171, 273
ミルズ(Mills, C.) 14
メルボルン宣言 64, 65
問題解決学習 226, 244〜276, 278

や行

ユネスコ 5

ら行

ラング(Lang, H.)&エヴァンス(Evans, D.) 13
リアリティ・ショック 54, 89
リテラシー 43, 44, 81, 86, 87, 93, 114〜116, 119, 122, 143, 168, 169, 172, 174, 179, 184, 196, 205, 207, 210, 211, 213, 215〜217, 220, 221, 223, 225〜227, 232, 254, 262, 265, 274, 293, 302, 312
リンガード(Lingard, B.) 81
臨時的雇用 36, 40, 86, 131, 133, 146
連携教員 185〜187, 189, 198
連邦教育省 44, 53, 57, 86, 145
ロアマン(Loreman, T.) 12, 24, 76
ロールモデル 280

著者紹介
本柳とみ子（もとやなぎ　とみこ）
1954年京都市生まれ。早稲田大学大学院教育学研究科博士後期課程修了。博士（教育学）
神奈川県の公立中学校英語科教員として勤務の後、早稲田大学大学院で研究を行う。
現在、神奈川県立国際言語文化アカデミア専任講師。専門は比較教育学。

主要著書・論文
『オーストラリア研究－多文化社会日本への提言』（共著、オセアニア出版社、2009年）
『新版　理工系学生のための日本語表現法－学士力の基礎をつくる初年次教育－』（共著、東信堂、2010年）
「オーストラリアにおける教員登録制度の意義-クイーンズランド州を事例として」（『オーストラリア研究紀要』第37号、2011年）
「オーストラリアの学校教育における多様性への対応－クイーンズランド州のインクルーシブ教育に着目して－」（『比較教育学研究』第36号、2008年）
「オーストラリアにおける学校教育の多様性に対応した教員養成」（『国際教育』第14号、2008年）

Globalization and Australian Teacher Education :
Developing Competencies to Address Student Diversity

オーストラリアの教員養成とグローバリズム
――多様性と公平性の保証に向けて――

2013年10月30日　初　版第1刷発行　　〔検印省略〕
定価はカバーに表示してあります。

著者Ⓒ本柳とみ子　発行者　下田勝司　　　印刷・製本／中央精版印刷株式会社

東京都文京区向丘1-20-6　　郵便振替 00110-6-37828
〒113-0023　TEL (03) 3818-5521　FAX (03) 3818-5514
発行所　株式会社　東信堂
Published by TOSHINDO PUBLISHING CO., LTD.
1-20-6, Mukougaoka, Bunkyo-ku, Tokyo, 113-0023, Japan
E-mail : tk203444@fsinet.or.jp　http://www.toshindo-pub.com

ISBN978-4-7989-1197-7 C3037　Ⓒ 2013 Motoyanagi, Tomiko

東信堂

比較教育学事典	日本比較教育学会編	一二〇〇〇円
比較教育学	馬越徹	三六〇〇円
比較教育学——伝統・挑戦・新しいパラダイムを求めて	M・ブレイ編 馬越徹・大塚豊監訳	三八〇〇円
世界の外国人学校	末藤美津子・大塚豊編著	三八〇〇円
多様社会カナダの「国語」教育（カナダの教育3）	関口礼子編著	三八〇〇円
国際教育開発の再検討——途上国の基礎教育普及に向けて	小川啓一・西村幹子・北村友人編著	二四〇〇円
中国教育の文化的基盤	大塚豊監訳 顧明遠	二九〇〇円
中国大学入試研究——変貌する国家の人材選抜	大塚豊	三六〇〇円
中国高等教育独学試験制度の展開	南部広孝	三二〇〇円
中国の職業教育拡大政策——背景・実現過程・帰結	劉文君	五〇四八円
中国の後期中等教育の拡大と経済発展パターン——江蘇省と広東省の比較	呉琦来	三八二七円
中国高等教育の拡大と教育機会の変容	王傑	三九〇〇円
現代中国初中等教育の多様化と教育改革	楠山研	三六〇〇円
ドイツ統一・EU統合とグローバリズム——教育の視点からみたその軌跡と課題	木戸裕	六〇〇〇円
教育における国家原理と市場原理——チリ現代教育史に関する研究	斉藤泰雄	三八〇〇円
中央アジアの教育とグローバリズム	川野辺敏編著 嶺井明子	三二〇〇円
バングラデシュ農村の初等教育制度受容	日下部達哉	三六〇〇円
オーストラリアの教員養成とグローバリズム——多様性と公平性の保証に向けて	本柳とみ子	三六〇〇円
オーストラリア学校経営改革の研究——自律的学校経営とアカウンタビリティ	佐藤博志	三八〇〇円
オーストラリアの言語教育政策——多文化主義における「多様性と」「統一性」の揺らぎと共存	青木麻衣子	三八〇〇円
戦後オーストラリアの高等教育改革研究	杉本和弘	五八〇〇円
マレーシア青年期女性の進路形成	鴨川明子	四七〇〇円
「郷土」としての台湾——郷土教育の展開にみるアイデンティティの変容	林初梅	四六〇〇円
戦後台湾教育とナショナル・アイデンティティ	山﨑直也	四〇〇〇円

〒113-0023 東京都文京区向丘1-20-6　TEL 03-3818-5521　FAX03-3818-5514　振替 00110-6-37828
Email tk203444@fsinet.or.jp　URL:http://www.toshindo-pub.com/

※定価：表示価格（本体）＋税

東信堂

転換期を読み解く——潮木守一時評・書評集	潮木守一	二六〇〇円
大学再生への具体像——大学とは何か【第二版】	潮木守一	二四〇〇円
フンボルト理念の終焉？——現代大学の新次元	潮木守一	二五〇〇円
いくさの響きを聞きながら——横須賀そしてベルリン	潮木守一	二四〇〇円
大学教育の思想——学士課程教育のデザイン	絹川正吉	二八〇〇円
国立大学法人の形成	大﨑仁	二六〇〇円
国立大学・法人化の行方——自立と格差のはざまで	天野郁夫	三六〇〇円
転換期日本の大学改革——アメリカと日本	江原武一	三八〇〇円
大学の責務		三六〇〇円
大学戦略経営論	篠田道夫	三四〇〇円
中長期計画の実質化によるマネジメント改革		
大学の財政と経営	D・ケネディ著 井上比呂子訳	
私立大学マネジメント	(社)私立大学連盟編	三三〇〇円
私立大学の経営と拡大・再編	両角亜希子	四二〇〇円
一九八〇年代後半以降の動態		
大学の発想転換——体験的イノベーション論二五年	丸山文裕	三三〇〇円
ドラッカーの警鐘を超えて		
30年後を展望する中規模大学	坂本和一	二〇〇〇円
マネジメント・学習支援・連携		
大学のカリキュラムマネジメント	坂本和一	二五〇〇円
戦後日本産業界の大学教育要求	市川太一	二五〇〇円
経済団体の教育言説と現代の教養論	中留武昭	三三〇〇円
教育機会均等への挑戦	飯吉弘子	五四〇〇円
授業料と奨学金の8カ国比較		
アメリカ連邦政府による大学生経済支援政策	小林雅之編著	六八〇〇円
アメリカ大学管理運営職の養成	犬塚典子	三八〇〇円
【新版】大学事務職員のための高等教育システム論	高野篤子	三三〇〇円
——より良い大学経営専門職となるために	山本眞一	一六〇〇円
アメリカにおける多文化的歴史カリキュラム	桐谷正信	三六〇〇円
現代アメリカの教育アセスメント行政の展開	北野秋男編	四八〇〇円
——マサチューセッツ州（MCASテスト）を中心に		
現代アメリカにおける学力形成論の展開	石井英真	四二〇〇円
——スタンダードに基づくカリキュラムの設計		
スタンフォード 21世紀を創る大学	ホーン川嶋瑤子	二五〇〇円

〒113-0023 東京都文京区向丘1-20-6
TEL 03-3818-5521　FAX 03-3818-5514　振替 00110-6-37828
Email tk203444@fsinet.or.jp　URL:http://www.toshindo-pub.com/

※定価：表示価格（本体）＋税

東信堂

子ども・若者の自己形成空間──教育人間学の視線から	高橋勝編著	二七〇〇円
君は自分と通話できるケータイを持っているか──「現代の諸課題と学校教育」講義	小西正雄	二〇〇〇円
教育文化人間論──知の逍遥／論の越境	小西正雄	二四〇〇円
グローバルな学びへ──協同と刷新の教育	田中智志編著	二〇〇〇円
教育の共生体へ──ボディエデュケーショナルの思想圏	田中智志編	三五〇〇円
人格形成概念の誕生──近代アメリカの教育概念史	田中智志	三六〇〇円
社会性概念の構築──アメリカ進歩主義教育の概念史	田中智志	三八〇〇円
教育の自治・分権と学校法制	結城忠	四六〇〇円
教育による社会的正義の実現──アメリカの挑戦〔1945-1980〕	D.ラヴィッチ著／末藤美津子訳	五六〇〇円
学校改革抗争の100年──20世紀アメリカ教育史	D.ラヴィッチ著／末藤・宮本・佐藤訳	六四〇〇円
教育における国家原理と市場原理──チリ現代教育政策史に関する研究	斉藤泰雄	三八〇〇円
ヨーロッパ近代教育の葛藤	太田美幸編	三二〇〇円
教育改革抗争──地球社会の求める教育システムへ	関川慶男編	三二〇〇円
ミッション・スクールと戦争──立教学院のディレンマ	前田一男編	五八〇〇円
多元的宗教教育の成立過程──アメリカ教育と成瀬仁蔵の「帰一」の教育	大森秀子	三六〇〇円
未曾有の国難に教育は応えられるか	新堀通也	三二〇〇円
〈じひょう〉と教育研究 年		
演劇教育の理論と実践の研究──自由ヴァルドルフ学校の演劇教育	広瀬綾子	三八〇〇円
教育の平等と正義	大桃敏行・中村雅子・後藤武俊訳 〈シリーズ 日本の教育を問いなおす〉	三二〇〇円
拡大する社会格差に挑む教育	K.ハウ著	三二〇〇円
混迷する評価の時代──教育評価を根底から問う	西村和雄・大森不二雄・倉元直樹・木村拓也編	二四〇〇円
教育における評価とモラル	西村和雄・大森不二雄・倉元直樹・木村拓也編	二四〇〇円
地上の迷宮と心の楽園〔コメニウス・セレクション〕	J.コメニウス／藤田輝夫訳	三六〇〇円

〒113-0023　東京都文京区向丘1-20-6
TEL 03-3818-5521　FAX 03-3818-5514　振替 00110-6-37828
Email tk203444@fsinet.or.jp　URL:http://www.toshindo-pub.com/
※定価：表示価格（本体）＋税

東信堂

大学の自己変革とオートノミー―点検から創造へ	寺﨑昌男	二五〇〇円
大学教育の創造―歴史・システム・カリキュラム	寺﨑昌男	二五〇〇円
大学教育の可能性―教養教育・評価・実践	寺﨑昌男	二五〇〇円
大学は歴史の思想で変わる―FD・評価・私学	寺﨑昌男	二八〇〇円
大学改革 その先を読む	寺﨑昌男	一三〇〇円
大学自らの総合力―理念とFD そしてSD	寺﨑昌男	二〇〇〇円
大学教育のネットワークを創る―FDの明日へ	立教学院英語教育研究会編	三六〇〇円
臨床的人間形成論の構築―臨床的人間形成論第1部	田中毎実	三六〇〇円
臨床的人間形成論第2部	田中毎実	三六〇〇円
大学教育の臨床的研究	田中毎実	二八〇〇円
高等教育質保証の国際比較	羽田貴史 杉本和弘 本澤巳代子 編	三六〇〇円
英語の一貫教育へ向けて	京都大学高等教育研究開発推進センター編	三二〇〇円
「主体的学び」につなげる評価と学習方法―カナダで実践されるICEモデル	松下佳代編集代表	一〇〇〇円
大学教育を科学する―学生の教育評価の国際比較	土持ゲーリー法一監訳	二五〇〇円
ポートフォリオが日本の大学を変える―ティーチング/ラーニング/アカデミック・ポートフォリオの活用	土持ゲーリー法一	二五〇〇円
ティーチング・ポートフォリオ―授業改善の秘訣	土持ゲーリー法一	二〇〇〇円
ラーニング・ポートフォリオ―学習改善の秘訣	土持ゲーリー法一	二五〇〇円
学生支援に求められる条件―学生支援GPの実践と新しい学びのかたち	大島真夫 野澤有希 清多英羽	二八〇〇円
学士課程教育の質保証へむけて―学生調査と初年次教育からみえてきたもの	山田礼子	三二〇〇円
一年次(導入)教育の日米比較	山田礼子編著	三六〇〇円
「深い学び」につながるアクティブラーニング―全国大学の学科調査報告とカリキュラム設計の課題	山田礼子編著	二八〇〇円
アクティブラーニングでなぜ学生が成長するのか―経済系・工学系の全国大学調査からみえてきたこと	河合塾編著	二八〇〇円
初年次教育でなぜ学生が成長するのか―全国大学調査からみえてきたこと	河合塾編著	二八〇〇円

〒113-0023 東京都文京区向丘1-20-6
TEL 03-3818-5521　FAX 03-3818-5514　振替 00110-6-37828
Email tk203444@fsinet.or.jp　URL:http://www.toshindo-pub.com/

※定価：表示価格（本体）＋税

東信堂

現代日本の地域分化——センサス等の市町村別集計に見る地域変動のダイナミックス	蓮見音彦	三八〇〇円
地域社会研究と社会学者群像——社会学としての闘争論の伝統	橋本和孝	五九〇〇円
「むつ小川原開発・核燃料サイクル施設問題」研究資料集	舩橋晴俊編著	二五〇〇〇円
組織の存立構造論と両義性論——社会学理論の重層的探究	舩橋晴俊	一八〇〇〇円
新版 新潟水俣病問題——加害と被害の社会学	飯島伸子・舩橋晴俊編	三八〇〇円
新潟水俣病をめぐる制度・表象・地域	関礼子編	五六〇〇円
新潟水俣病問題の受容と克服	堀田恭子	四八〇〇円
公害被害放置の社会学——イタイイタイ病・カドミウム問題の歴史と現在	藤川賢・渡辺伸一・堀田恭子編	三六〇〇円
自立支援の実践知——阪神・淡路大震災と共同・市民社会	似田貝香門編	三八〇〇円
[改訂版]ボランティア活動の論理——ボランタリズムとサブシステンス	西山志保	三六〇〇円
自立と支援の社会学——阪神大震災とボランティア	佐藤恵	三二〇〇円
個人化する社会と行政の変容——情報、コミュニケーションによるガバナンスの展開	藤谷忠昭	三八〇〇円
《大転換期と教育社会構造：地域社会変革の社会論的考察》		
第1巻 教育社会史——日本とイタリアと	小林甫	七八〇〇円
第2巻 現代的教養I——生活者生涯学習の地域的展開	小林甫	六八〇〇円
第3巻 現代的教養II——技術者生涯学習の生成と展望	小林甫	六八〇〇円
第4巻 学習力変革——地域自治と社会構築	小林甫	近刊
第5巻 社会共生力——東アジアと成人学習	小林甫	近刊
コミュニティワークの教育的実践	J・フィールド 矢野裕俊監訳	三二〇〇円
ソーシャルキャピタルと生涯学習	高橋満	二〇〇〇円
NPOの公共性と生涯学習のガバナンス	高橋満	二八〇〇円
コミュニティワークの教育的実践	橋本和孝・藤田編著	三二〇〇円
都市社会計画の思想と展開	弘田弘夫・吉原直樹編著	二三〇〇円
世界の都市社会計画——グローバル時代の都市社会計画〈アーバン・ソーシャル・プランニングを考える〉（全2巻）	弘田弘夫・吉原直樹・藤田編著	

〒113-0023 東京都文京区向丘1-20-6
TEL 03-3818-5521 FAX 03-3818-5514 振替00110-6-37828
Email tk203444@fsinet.or.jp URL:http://www.toshindo-pub.com/
※定価：表示価格（本体）＋税

東信堂

オックスフォード キリスト教美術・建築事典	P&L・マレー著／中森義宗監訳	三〇〇〇〇円
イタリア・ルネサンス事典	J・R・ヘイル編／中森義宗監訳	七八〇〇円
美術史の辞典	中森義宗・P・デューロ他訳	三六〇〇円
日本人画工 牧野義雄―平治ロンドン日記	中森義宗・清水忠訳	五四〇〇円
ネットワーク美学の誕生	ますこひろしげ	三六〇〇円
〔芸術学叢書〕		
芸術理論の現在―モダニズムから	川野 洋	
絵画論を超えて	谷川渥編著	三八〇〇円
美を究め美に遊ぶ―芸術と社会のあわい	藤枝晃雄編著	四六〇〇円
バロックの魅力	荻野厚志編	二八〇〇円
新版 ジャクソン・ポロック	藤枝晃雄	二六〇〇円
美学と現代美術の距離―アメリカにおけるその乖離と接近をめぐって	小田原晶子	二六〇〇円
ロジャー・フライの批評理論―性の間で	金 悠美	三八〇〇円
レオノール・フィニ―境界を侵犯する新しい種―知性と感受	尾形希和子	四二〇〇円
いま蘇るブリア＝サヴァランの美味学	要真理子	二八〇〇円
	川端晶子	三八〇〇円
〔世界美術双書〕		
バルビゾン派	井出洋一郎	二〇〇〇円
キリスト教シンボル図典	中森義宗	二三〇〇円
パルテノンとギリシア陶器	関 隆志	二三〇〇円
中国の版画―唐代から清代まで	小林宏光	二三〇〇円
象徴主義―モダニズムへの警鐘	中村隆夫	二三〇〇円
中国の仏教美術―後漢代から元代まで	久野美樹	二三〇〇円
セザンヌとその時代	浅野春男	二三〇〇円
日本の南画	武田光一	二三〇〇円
画家とふるさと	小林 忠	二三〇〇円
ドイツの国民記念碑 一八一三年	大原まゆみ	二三〇〇円
日本・アジア美術探索	永井信一	二三〇〇円
インド、チョーラ朝の美術	袋井由布子	二三〇〇円
古代ギリシアのブロンズ彫刻	羽田康一	二三〇〇円

〒113-0023 東京都文京区向丘1-20-6　TEL 03-3818-5521　FAX03-3818-5514　振替 00110-6-37828
Email tk203444@fsinet.or.jp　URL:http://www.toshindo-pub.com/

※定価：表示価格（本体）＋税

東信堂

ハンス・ヨナス「回想記」	H・ヨナス／盛永・木下・馬渕・山本訳	四八〇〇円
責任という原理——科学技術文明のための倫理学の試み（新装版）	H・ヨナス／加藤尚武監訳	四八〇〇円
原子力と倫理——原子力時代の自己理解	小Th・リット／尾崎道雄編	一八〇〇円
死の質——エンド・オブ・ライフケア世界ランキング	丸祐一・小野谷加奈恵・飯田亘之訳	二二〇〇円
生命の神聖性説批判	H・クーゼ著／飯田・小野谷・片桐・水野訳	四六〇〇円
メルロ＝ポンティとレヴィナス——他者への覚醒	屋良朝彦	三八〇〇円
概念と個別性——スピノザ哲学研究	朝倉友海	四六四〇円
〈現われ〉とその秩序——メーヌ・ド・ビラン研究	村松正隆	三八〇〇円
省みることの哲学——ジャン・ナベール研究	越門勝彦	三二〇〇円
ミシェル・フーコー——批判的実証主義と主体性の哲学	手塚博	三二〇〇円
カンデライオ（ブルーノ著作集 1巻）	加藤守通訳	三二〇〇円
原因・原理・一者について（ブルーノ著作集 3巻）	加藤守通訳	三二〇〇円
傲れる野獣の追放（ブルーノ著作集 5巻）	加藤守通訳	四二〇〇円
英雄的狂気（ブルーノ著作集 7巻）	加藤守通訳	三六〇〇円
ロバのカバラ——ジョルダーノ・ブルーノにおける文学と哲学	加藤守通訳	三六〇〇円
自己〈哲学への誘い——新しい形を求めて 全5巻〉	N・オルディネ／加藤守通監訳	三六〇〇円
世界経験の枠組み	松永澄夫	三二〇〇円
社会の中の哲学	松永澄夫	三二〇〇円
哲学の振る舞い	松永澄夫	三二〇〇円
哲学の立ち位置	松永澄夫	三二〇〇円
哲学史を読むⅠ・Ⅱ	松永澄夫	各三八〇〇円
言葉は社会を動かすか	浅田淳一・松永澄夫編	三三〇〇円
言葉の働く場所	松永澄夫／佐藤淳二編	三二〇〇円
食を料理する——哲学的考察	松永澄夫編	二八〇〇円
言葉の力（音の経験・言葉の力 第Ⅰ部）	松永澄夫	二五〇〇円
音の経験（音の経験・言葉の力 第Ⅱ部）	松永澄夫	二八〇〇円
環境の経験——言葉はどのようにして可能となるのか	松永澄夫編	三三〇〇円
環境 安全という価値は…	松永澄夫編	二〇〇〇円
環境 設計の思想	松永澄夫編	二三〇〇円
環境 文化と政策	松永澄夫編	二三〇〇円

〒113-0023 東京都文京区向丘1-20-6
TEL 03-3818-5521　FAX 03-3818-5514　振替 00110-6-37828
Email tk203444@fsinet.or.jp　URL:http://www.toshindo-pub.com/

※定価：表示価格（本体）＋税